D1731036

Rechts- und wirtschaftswissenschaftliche Fakultät der Universität Bern

Berner Tage für die juristische Praxis 1990

Eugen Bucher (Herausgeber)

Wiener Kaufrecht

Rechts- und wirtschaftswissenschaftliche Fakultät der Universität Bern

Berner Tage für die juristische Praxis 1990

Wiener Kaufrecht

**Der schweizerische Aussenhandel unter dem UN-Übereinkommen über den
internationalen Warenkauf**

Herausgegeben von Dr. EUGEN BUCHER,
Professor für Privatrecht und Rechtsvergleichung
an der Universität Bern

Verlag Stämpfli & Cie AG Bern · 1991

Inhaltsverzeichnis

Die hier veröffentlichten Beiträge zum Wiener Kaufrecht sind veranlasst durch eine am *18. und 19. Oktober 1990* an der Berner Universität veranstaltete Tagung. Teilweise stellen sie den durch wissenschaftlichen Apparat erweiterten Text der bei diesem Anlass gehaltenen Referate dar, teilweise gehen sie indessen auch inhaltlich über das, was im gegebenen Rahmen mündlich vorgetragen werden konnte, wesentlich hinaus.

Auch an dieser Stelle kann namens der Fakultät der herzliche Dank ausgesprochen werden: An die Tagungsteilnehmer für ihr Interesse, an die Referenten, dass sie mit ihrem grossen Einsatz die Tagung wie auch das Erscheinen des hier vorgelegten Bandes überhaupt möglich gemacht haben.

Der Herausgeber

Literaturauswahl zum Wiener Kaufrecht (WKR)

I. Bibliographie

WILL, M. R.: Internationale Bibliographie zum UN-Kaufrecht. Europa-Institut der Universität des Saarlandes, 2. Aufl., Saarbrücken 1989.
WILL, M. R.: Internationale Bibliographie zum UN-Kaufrecht. Bundesstelle für Aussenhandelsinformation (BFAI), 3. erweiterte Auflage, Köln/Berlin, Stand 12. 1990; Best.-Nr.: 21.013.90.000.

II. Gesamtdarstellungen und Kommentare

BIANCA, C. M./BONELL, M. J.: Commentary on the International Sales Law: The 1980 Vienna Sales Convention. Mailand 1987.
CAEMMERER VON, E./SCHLECHTRIEM, P.: Kommentar zum Einheitlichen UN-Kaufrecht – CISG. München 1990.
ENDERLEIN, F./MASKOW, D./STARGARDT, M.: Kaufrechtskonvention der UNO (mit Verjährungskonvention). Berlin (Staatsverlag der DDR) 1985.
ENDERLEIN, F./MASKOW, D./STROHBACH, H.: Internationales Kaufrecht. Kaufrechtskonvention (CIS), Verjährungskonvention, Rechtsanwendungskonvention. Berlin 1991.
GARRO, M. A./ZUPPI, A. L.: Compraventa internacional de mercaderías. Buenos Aires, 1990.
HERBER, R.: Wiener UNCITRAL-Übereinkommen über internationale Warenkaufverträge vom 11. April 1980. Köln 1988.
HERBER, R./CZERWENKA, G. B.: Internationales Kaufrecht, Kommentar zum Kaufübereinkommen. München 1991.
HONNOLD, J. O.: Documentary History of the Uniform Law for International Sales. The studies, deliberations and decisions that led to the 1980 United Nations Convention with introductions and explanations. Deventer 1989.
HONNOLD, J. O.: Uniform Law for International Sales Under the 1980 United Nations Convention. Deventer 1982 / Revised Reprint 1987.
KRITZER, A. H. (Hrsg.): Guide to Practical Applications of the United Nations Convention for the International Sale of Goods. Erschienen als Lose-Blatt-Sammlung bei Kluwer, Deventer, Niederlande.
LICHTSTEINER, R.: Übereinkommen der Vereinten Nationen über Verträge über den internationalen Warenkauf. ABB, Rechtsabteilung, Baden 1989.
LOEWE, R.: Internationales Kaufrecht. Wien 1989.
RABEL, E.: Recht des Warenkaufs, Bd. 1 (unveränderter Neudruck der Ausgabe von 1936) und Bd. 2. Berlin 1957, 1958.
REINHART, G.: UN-Kaufrecht, Kommentar. Heidelberg 1991.
SCHLECHTRIEM, P.: Einheitliches UN-Kaufrecht. Das Übereinkommen der Vereinten Nationen über internationale Warenkaufverträge – Darstellung und Texte. Tübingen 1981.

III. Sammelpublikationen im Anschluss an Tagungen

DORALT, P. (Hrsg.): Das UNCITRAL-Kaufrecht im Vergleich zum österreichischen Recht. Symposium in Baden bei Wien, 17.–19.4.1983. Beiträge von BERGSTEN, BYD-LINSKI, HERBER, POSCH, WELSER, ZEILBERGER/POSCH. Wien 1985.

GALSTON, N./SMIT, H. (Hrsg.): International Sales: The United Nations Convention on Contracts for the International Sale of Goods. Conference held by the Parker School of Foreign and Comparative Law, Columbia University; October 1983. Beiträge von EÖRSI, FARNSWORTH, HONNOLD, NICHOLAS, PFUND, SCHLECHTRIEM, SONO, TALLON, WINSHIP, ZIEGEL. New York 1984.

PERRET, L./LACASSE, N. (Hrsg.): Actes du colloque sur la vente internationale (Université d'Ottawa, le 14 octobre 1987). Beiträge von BARRERA GRAF, BEAUDOIN, BERG-STEN, BOUTIN, FELTHAM, GREGORY, HONNOLD, KILPATRICK, LACASSE, MANWARING, PAQUETTE, PERUGINI DE PAZ Y GEUSE, ROMPRÉ, SAMASON, SANCHEZ DOMINGUEZ, THIEFFRY, TRAHAN, ZIEGEL. Montréal 1989.

Problems of Unification of International Sales Law: Colloquium of the International Association of Legal Science (I.A.L.S.), Potsdam, 21.–24.8.1979. Beiträge von DATE-BAH, ENDERLEIN, FARNSWORTH, HERBER, KHOO, RÉCZEI. New York/London/Rome 1980.

ŠARČEVIĆ, P./VOLKEN, P. (Hrsg.): International Sale of Goods: Dubrovnik Lectures (11.–23.3.1985). Beiträge von CONETTI, DROBNIG, ENDERLEIN, GOLDŠTAJN, HELLNER, VON HOFFMANN, VAN HOUTTE, HOYER, ŠARČEVIĆ, SEVÓN, SONO, VILUS, VOLKEN. New York/London/Rome 1986.

SCHLECHTRIEM, P. (Hrsg.): Einheitliches Kaufrecht und nationales Obligationenrecht. Fachtagung der Gesellschaft für Rechtsvergleichung, Freiburg i.Br., 16./17.2.1987. Beiträge von HAGER, HERBER, VON HOFFMANN, HONNOLD, HUBER, HYLAND, LESER, LÜDERITZ, NICHOLAS, PILTZ, REHBINDER, REINHARD, SCHLECHTRIEM, SCHUBERT, SEVÓN, STOLL, VOLKEN, GRAF VON WESTPHALEN. Baden-Baden 1987.

Schweizerisches Institut für Rechtsvergleichung: Wiener Übereinkommen von 1980 über den internationalen Warenkauf, Lausanner Kolloquium vom 19. und 20. November 1984. Beiträge von BUCHER, EÖRSI, FARNSWORTH, LOEWE, PLANTARD, SCHLECHTRIEM, SEVÓN, STOFFEL, TERCIER, VISCHER, VOLKEN, WIDMER. Zürich 1985.

La Vendita Internazionale: La Convenzione di Vienna dell'11 Aprile 1980. Convegno di Studi, S.Margherita Ligure, 26.–28.9.1980. Beiträge von ALPA/BESSONE, ANGE-LICI, BERLINGIERI, BIANCA, BONELL, BONELLI, CARBONE, COTTINO, DATE-BAH, DE-RAINS, FARNSWORTH, GOFF, MASKOW, ROVELLI, SANTINI. Milano 1981.

IV. Monographien

AUE, J.: Mängelgewährleistung im UN-Kaufrecht unter besonderer Berücksichtigung stillschweigender Zusicherungen. Frankfurt 1989.

BEINERT, D.: Wesentliche Vertragsverletzung und Rücktritt. Bielefeld 1979.

BIANCA, C.M.: Wesentliche Vertragsverletzung im italienischen und internationalen Kaufrecht, Europa-Institut der Universität des Saarlandes. Saarbrücken 1989.

CZERWENKA, G.B.: Rechtsanwendungsprobleme im internationalen Kaufrecht. Berlin/München 1988.

ERDEM, H.E.: La Livraison des Marchandises selon la Convention de Vienne. Fribourg/Suisse 1990.

HADDAD, H.: Remedies of the Unpaid Seller in International Sale of Goods under ULIS and 1980 UN Convention. Law and Arbitration Centre, Amman 1985.

HADDAD, H.: The Unpaid Seller's Avoidance of Contract under ULIS and 1980 UN Convention. Amman 1985.

KRANZ, N.: Die Schadenersatzpflicht nach den Haager Einheitlichen Kaufgesetzen und dem Wiener UN-Kaufrecht. Frankfurt a.M. 1989.

LAUTENBACH, B.: Die Haftungsbefreiung im internationalen Warenkauf nach dem UN-Kaufrecht und dem schweizerischen Kaufrecht. Zürich 1990.

PRAGER, M.: Verkäuferhaftung und ausländische gewerbliche Schutzrechte. Die Haftung des Verkäufers beweglicher Sachen für deren Freiheit von gewerblichen Schutzrechten oder Urheberrechten nach dem UN-Kaufrechtsübereinkommen vom 11. April 1980. Pfaffenweiler 1987.

SALGER, H.-CH.: Beschaffung und Beschaffenheit. Zur vertraglichen Haftung des Warenverkäufers für seine Lieferquelle unter Betrachtung insbesondere des deutschen und amerikanischen Rechts als Beitrag zum UN-Kaufrecht. Köln/Berlin/Bonn/München 1985.

SCHEIFELE, B.: Die Rechtsbehelfe des Verkäufers nach deutschem und UN-Kaufrecht. Rheinfelden/BRD 1986.

WEY, M.: Der Vertragsschluss beim internationalen Warenkauf nach UNCITRAL- und schweizerischem Recht. Mit Einschluss der Anwendungs- und Allgemeinen Bestimmungen des Übereinkommens der Vereinten Nationen über Verträge über den internationalen Warenkauf (Wien, 11. April 1980), 2 Bde. Luzern 1984.

V. Aufsätze

ADAME-GODDARD, J.: La obligación del vendedor de entregar las mercancías, según la Convención die Viena sobre las compraventas internacionales de mercaderías, interpretada a la luz del derecho romano clásico. In: Estudios jurídicos en memoria de Roberto L. Mantilla Molina, Mexico 1984, S. 47 ff.

BERGSTEN, E./MILLER, A.J.: The Remedy of Reduction of Price. American Journal of Comparative Law 27 (1979) 255 ff.

CAEMMERER VON, E.: Die wesentliche Vertragsverletzung im international Einheitlichen Kaufrecht. Festschrift Coing Bd. 2, München 1982, S. 33 ff.

CLAUSSON, O.: Avoidance in nonpayment situations and fundamental breach under the 1980 UN-Convention on Contracts for the International Sale of Goods. New York Law School Journal of International and Comparative Law 1984 93 ff.

CORBISIER, I.: La détermination du prix dans les contrats commerciaux portant vente de marchandises – Réflexions comparatives. Revue internationale de droit comparative 1988 767 ff.

EBENROTH, C.T.: Internationale Vertragsgestaltung im Spannungsverhältnis zwischen AGBG, IPR-Gesetz und UN-Kaufrecht. östJBl. 108 (1986) 681 ff.

EÖRSI, G.: A propos the 1980 Vienna Convention on Contracts for the International Sale of Goods. American Journal of Comparative Law 31 (1983) 333 ff.

GHESTIN, J.: Les obligations du vendeur selon la Convention de Vienne du 11 avril 1980 sur les contrats de vente internationale de marchandises. The Obligations of the Seller according to the Vienna Sales Convention of the 11th April 1980, on Contracts for the International Sale of Goods. R.D.A.I. 1988 5 ff.

HONSELL, H.: Das Übereinkommen über den internationalen Warenkauf (Wiener Kaufrecht). plädoyer 1990 38 ff.

HUBER, U.: Die Haftung des Verkäufers für Verzug und Sachmängel nach dem Wiener Kaufrechtsübereinkommen. östJBl. 1989 273 ff.

MOECKE, H.-J.: Gewährleistungsbedingungen und Allgemeine Lieferbedingungen nach dem UNCITRAL-Übereinkommen über den Warenkauf. RIW *1983* 885 ff.

NIGGEMANN, F.: Les obligations de l'acheteur sous la Convention des Nations Unies sur les contrats de vente internationale de marchandises. Revue de Droit des Affaires Internationales *1988* 27 ff.

SCHWENZER, I.: Das UN-Abkommen zum internationalen Warenkauf. NJW *1990* 602 ff.

STOFFEL, W.: Ein neues Recht des internationalen Warenkaufs in der Schweiz. SJZ *1990* 177 ff.

STUMPF, H.: Das UNCITRAL-Übereinkommen über den Warenkauf und Allgemeine Geschäftsbedingungen – viel Lärm um nichts. RIW *1984* 352 ff.

TREITEL, G.: Remedies for Breach of Contract. In: International Encyclopedia of Comparative Law, Vol. VII, Chapter 16. Tübingen 1976.

Prof. Dr. Eugen Bucher

Überblick über die Neuerungen des Wiener Kaufrechts; dessen Verhältnis zur Kaufrechtstradition und zum nationalen Recht

Vorbemerkungen

Für den Rechtsvergleicher, d. h. den Juristen, der das Privatrecht nicht unter regional beschränktem, nationalstaatlichem Blickwinkel, sondern global betrachtet, ist das Zustandekommen und Wirksamwerden des Übereinkommens der Vereinten Nationen, hier als «WIENER KAUFRECHT» («WKR») bezeichnet[1], ein Ereignis von herausragender Bedeutung. Es wird der Aussenhandel der Mitgliedstaaten auf eine neue rechtliche Grundlage gestellt. Bald wird deren Zahl dreissig überschreiten und es darf mit einer stetig weiter wachsenden Verbreitung gerechnet werden[2]. Selbst im Handel zwischen Angehörigen von Nicht-Mitgliedstaaten wird das Wiener Kaufrecht als vertraglich vereinbartes Drittrecht Geltung erlangen. Das WKR ist eine juristische Gegebenheit, die den künftigen internationalen Warenaustausch grundlegend beeinflussen wird.

Für die *Schweiz* und die von ihr aus Handel Treibenden wird das Wiener Kaufrecht grössere Bedeutung erlangen als für die meisten übrigen Staaten. Dies nicht nur, weil bereits heute unsere Nachbarn und die USA zu den Mitgliedstaaten zählen und weil eines Tages, wie wir hoffen, alle europäischen Länder und die meisten unserer wichtigen Handelspartner dieses Gesetzgebungswerk ebenfalls übernommen haben werden. Die Bedeutung des Abkommens wird bestimmt vom Industrialisierungsgrad eines Landes und ist im übrigen umgekehrt proportional zu dessen Grösse: Je kleiner das Land,

[1] Terminologie: *englisch* «United Nations Convention on Contracts for the International Sale of Goods» (Abkürzung, auch im deutschen Sprachbereich häufig verwendet: «CISG»); *französisch* «Convention des Nations Unies sur les Contrats de Vente Internationale de Marchandises»; *deutsch* «Übereinkommen der Vereinten Nationen über Verträge über den internationalen Warenkauf». In der den Vereinten Nationen nicht zugehörigen Schweiz besteht kein Anlass, auf deren Urheberschaft Bezug zu nehmen; «Wiener Kaufrechtsübereinkommen» oder, noch kürzer, «Wiener Kaufrecht» bezeichnet die Sache am einfachsten.
[2] Vgl. die Zusammenstellung der Mitgliedstaaten per 1.1.1991 unten Anhang I.

um so grösser der Anteil der grenzüberschreitenden und damit vom Wiener Kaufrecht erfassten Geschäfte.

Gegenüber der Feststellung der objektiv gegebenen praktischen Bedeutung des Wiener Kaufrechts hat die Frage, ob dieses Regelwerk «vorteilhaft» sei oder nicht, bloss geringe Bedeutung. Zum vornherein soll unterstellt werden, dass jeder Vertragspartner (sei es aus Bequemlichkeit, oder weil er ein bekanntes Übel weniger fürchtet als ein unbekanntes) sein eigenes nationales Recht jedem anderen und damit auch dem Wiener Kaufrecht vorziehen wird. Der Jurist ist jedoch mit der Tatsache konfrontiert, dass die Parteien eine explizite Rechtswahl entweder im Drange der Geschäfte überhaupt unterlassen und damit das WKR oft durch Stillschweigen in Geltung bringen, oder dass in den Vertragsverhandlungen die Durchsetzung des eigenen Rechts entweder nicht möglich ist oder doch mit Konzessionen in anderen Bereichen erkauft werden müsste, was vermieden werden soll. In den Beiträgen dieser Tagung bleibt daher die Frage, ob sich die Wahl des Wiener Kaufrechts empfehle oder vielmehr dessen Wegbedingung aufdränge (und schon erst recht eine kritische Würdigung des Wiener Kaufrechts insgesamt) bewusst ausgeschaltet. Dagegen wird umgekehrt die praktisch bedeutsamere Frage aufgeworfen, welche Zusatzabsprachen im Rahmen eines im übrigen dem Wiener Kaufrecht unterstellten Vertrages zur Wahrung der eigenen Interessen sich aufdrängen.

Der vorliegende Beitrag versucht, einen Gesamtüberblick zu vermitteln, immerhin unter Ausklammerung der Pflichten der Parteien und der Auswirkungen deren Verletzung im einzelnen, was den Beiträgen der Herren SCHLECHTRIEM, WIEGAND und WEBER vorbehalten ist. Im Vordergrund steht das Grundlegende, die Frage, welchen Platz der Kauf nach Wiener Kaufrecht in der Tradition des Kaufrechts einnimmt. Es geht darum, zu zeigen, dass das Wiener Kaufrecht gegenüber einer über mehrere Jahrtausende zurückzuverfolgenden Überlieferung eine grundlegende Neufassung des Kaufrechts-Modells bringt und nicht als eine Weiterentwicklung des Bisherigen verstanden werden kann: Der Kerngehalt des Kaufs, als eines schuldrechtlichen Vertrages, d. h. das Verständnis der dadurch begründeten Verkäuferpflichten, ist von Grund auf neu konzipiert. Diese Neuschöpfung ist eine Folge der Industrialisierung, welche die unsere Jahre bestimmenden politischen Probleme schafft und selbst im Schuldrecht, einer von den Zeitläufen wenig berührten Domäne, dem Kauf als wichtigstem Vertragstypus die bisherige Grundlage auf weiten Strecken entzieht und neue Lösungen fordert. Solche sind im Wiener Kaufrecht tatsächlich auch verwirklicht: Zum ersten Mal wird die Sachqualität – früher höchstens Accidens im Kaufgeschäft – zu einer mit der Sachübergabepflicht auf gleicher Stufe stehenden Verkäuferpflicht erhoben, womit dem Vertragstypus eine grundlegende zusätzliche Dimension verliehen wird.

I. Die überlieferten Kaufrechtsmodelle

1. Ausgangspunkt

Grundproblem des heutigen Kaufrechts ist die Behandlung der sog. *Sach-mängel.* Hier ist zu zeigen, dass in den bisher bestehenden Kaufrechtsmodel-len dem (inzwischen allerdings abgeschwächten) Grundsatze nach die Sach-qualität nicht Bestandteil der Pflichten des Verkäufers bildet, deren Fehlen (das Vorhandensein von Sachmängeln) daher auch nicht eine Verletzung der Verkäuferpflichten darstellt: Sofern Sachmängel als sanktionierungsbedürftig betrachtet werden, kann die Sanktionierung nicht über die Mechanismen der allgemeinen vertraglichen Nichterfüllung erfolgen, sondern muss mit Sonder-mechanismen erreicht werden. Im römischen Recht wie auch in der sämtliche kontinentalen Rechte bestimmenden romanistischen Tradition sind dies die auf der Ebene ädilizischen Sonderrechts geschaffenen Behelfe der *Wandlung* und *Minderung* (dazu unter Ziff. 3) oder, im englischen Sprachbereich, eine als garantieähnliche Zusatzabsprache gedeutete *«warranty»* (Ziff. 4). Diese bisherige Situation ist veranlasst durch «technologischen Fatalismus», d. h. die (früher) im Normalfall als gegeben hinzunehmende Unmöglichkeit der Beeinflussung der Sachqualität (unter Ziff. 5).

2. Historischer Ausgangspunkt in «ursprünglichen» Rechtsordnungen: Kauf als sachenrechtliches Übereignungsgeschäft

a) Beginnen wir für einmal nicht bei den Römern, sondern machen einen Sprung zurück bis anderthalb Jahrtausende vor unserer Zeitrechnung. Von *Hammurabi,* dem ersten uns bekannten Gesetzgeber, sind Keilschriften über-liefert, die als Normierung der *Pfandbestellung* und als Regeln über die *Bürg-schaft* zu interpretieren sind. Dies deute ich so, dass der Kauf, sicher auch da-mals unendlich viel verbreiteter als die beiden Sicherungsgeschäfte, über-haupt nicht als schuldrechtlicher Vorgang in unserem Sinn verstanden, son-dern als *sachenrechtliche Verfügung* gedeutet wurde und als solche, wie die Abwesenheit von Rechtsnormen indiziert, offenbar *unproblematisch* war. Die Probleme, und damit ein Regelungsbedarf, setzen damals anscheinend erst bei der Ausnahmesituation ein, dass ein Käufer ausnahmsweise nicht Zug um Zug bezahlt oder (wohl seltener) der Verkäufer erst später liefern soll. Erst Aufschub der einen Leistung – Kreditierung, wie wir heute sagen – schafft die Frage der Sicherstellung der aufgeschobenen Leistung und führt anscheinend dann zu ähnlichen Lösungen, wie wir sie heute als Real- bzw.

Personalsicherheit kennen. Für uns ist dieses Primitivmodell des Kaufs deshalb interessant, weil es den Kauf, mit heutigen Denkmustern qualifiziert, nicht als schuldrechtlichen Vertrag, sondern viel eher als sachenrechtlichen Vorgang und Eigentumsübertragungsakt versteht. In diesem Modell ist es selbstverständlich, dass der Kauf auf die Sachqualität in keiner Weise Bezug nimmt: Eigentumsübertragung, die an die Voraussetzungen irgendwelcher Eigenschaften der zu übertragenden Sache geknüpft wäre, ist eine wohl sachlogisch ausgeschlossene Vorstellung.

b) Ein ähnliches Bild bietet die *germanische* Tradition. Auch hier ist der Kauf (sala) im typischen Fall Handgeschäft, d. h. Barkauf, und als solches eher als sachenrechtliche Verfügung (Übereignung) denn als schuldrechtliches Verpflichtungsgeschäft verstanden [3]. Die dem germanischen Kaufmodell nachgesagte Zurückhaltung gegenüber der Verkäufergewährleistung geht wohl weniger auf entsprechende Wertvorstellungen zurück, sondern ist vorab durch die Tatsache des Verhaftetseins des Geschäfts in sachenrechtlichen Vorstellungen bedingt, welche für eine schuldrechtliche Garantenstellung irgendwelcher Art des Verkäufers keinen geeigneten Ansatzpunkt bietet.

c) Die Annahme, dass *sala* als das germanische Kaufmodell wesensmässig auf das sachenrechtliche Übereignungsgeschäft ausgerichtet ist, findet seine Bestätigung in der *englischen Tradition,* deren *sale* heute noch diesen Ursprung erkennen lässt (dazu noch weiteres unter Ziff. 4).

3. Römisches Recht und romanistische Tradition

Auch im alten Rom ist der Kauf ursprünglich entweder *Handgeschäft* oder begründet die Pflicht zur Übergabe einer bestimmten Sache: Im Ausgangspunkt ist die Sachqualität nicht im Vertrag berücksichtigt [4]. Es gehört nun zu den grossen und unvergänglichen Leistungen der römischen Juristen, dass sie dabei nicht stehenblieben. Festgehalten wurde zwar das Grundschema, dass Sachqualität ausserhalb der Verkäuferpflichten steht (massgeblich ist dabei wohl weniger das Verhaftetsein in sachenrechtlichen Konzepten der Eigentumsübertragung als die Tatsache, dass angesichts der fehlenden Möglichkeiten der Beeinflussung der Sachqualität – dazu noch unten Ziff. 5 – die Vorstellung der Vertrags-Nichterfüllung sich verbot). Als Sanktionen wurden ge-

---

[3] Vgl. etwa Mitteis/Lieberich, Deutsches Privatrecht, 10. Aufl. München 1990, § 50, Hermann Conrad, Deutsche Rechtsgeschichte, Bd. I, Karlsruhe 1962, S. 44. Zur vorliegenden Frage möge der Leser insbesondere berücksichtigen die in den vorliegenden Band aufgenommenen Untersuchungen von Kollegen Prof. Dr. B. Huwiler (p. 249–274), die bei Ausarbeitung dieser Zeilen noch nicht verwertet werden konnten, was der Schreibende bedauert.

[4] Nicht einmal in unserem heutigen Sinn die Eigentumsverschaffungspflicht: Lediglich Eviktionshaftung, falls der Käufer in seinem Sachgenuss von einem besser Berechtigten gestört würde.

funden die *actio redhibitoria* bzw. die *actio quanti minoris* (genau entsprechend unserer *Wandelung* und *Minderung).* Es gilt jedoch zu beachten, dass
diese Behelfe sich ursprünglich ausserhalb der ordentlichen Justiz des Prä-
tors, d. h. im *Marktpolizeirecht der Ädile* entwickeln. Es handelt sich um selbständige zum Vertrag hinzutretende Behelfe und Sanktionsfolgen; die Konzeption, dass die Sacheigenschaft ausserhalb der Vertragspflichten des Verkäufers steht, wird nicht berührt: Sachmängel werden zwar wirksam sanktioniert (Rückgängigmachung des Geschäfts bzw. Preisreduktion), ohne dass
dies aber als Folge der Verletzung von Vertrag oder Verkäuferpflicht verstanden würde.

Noch heute bestimmt die romanistische Tradition das Kaufrecht der nationalen Kodifikationen bis in Details hinein, und dies nicht etwa bloss im deutschen Sprachraum, sondern in sämtlichen «Civil Law Countries», d. h. praktisch überall, wo man nicht englisch spricht und es Kodifikationen in unserem Sinne gibt. Sacheigenschaft ist nicht Vertragsbestandteil i. S. von Leistungsgegenstand, nicht Verkäuferpflicht, nicht am Anfang der Entwicklung,
aber auch nicht später und grundsätzlich bis heute eigentlich nicht.

4. Entwicklung im englischen Sprachbereich

Noch im heutigen *englischen Recht* sind die gleichen Ursprünge erkennbar,
die für Mesopotamien und das germanische Recht angenommen wurden:
sale war ursprünglich ausschliesslich und ist auch noch heute primär *sachenrechtliche* Verfügung/Eigentumsübertragung; ein Kauf bzw. ein Kauf mit
aufgeschobenem Eigentumsübergang ist nicht *sale,* sondern *agreement to
sell*[5], d. h. gewissermassen ein Vorvertrag zum dinglich wirkenden Geschäft.

Sale im eigentlichen Sinn enthält keinerlei Bezugnahme auf die Sachqualität; ursprünglich gilt auch hier allein, wie im germanischen Recht, das «Augen auf – Kauf ist Kauf». Das Verständnis der *sale* als Figur des Sachenrechts und nicht des Schuldrechts ist mit aller wünschbaren Deutlichkeit erkennbar bei BLACKSTONE (1723–1780). Dessen *Commentaries on the Laws of
England* (4 Bände, Oxford 1765–69) behandeln die Verträge insgesamt im Zusammenhang des Sachenrechts, dem Book II («Of the Rights of Things») gewidmet ist; innerhalb des Vertragsrechts (ch. 30, p. 440–470) betrifft der Abschnitt über *sale* (Ziff. 1, p. 446–452) ausschliesslich sachenrechtliche Fragen:
Grundsatz der Translativwirkung des Abschlusses des *sale,* Ausbleiben des

---

[5] Sale of Goods Act, 1893, sec. 1, par. 3: «Where under a contract of sale the property in the
goods is transferred from the seller to the buyer the contract is called a sale; but where the transfer
of the property in the goods is to take place at a future time or subject to some condition thereafter
to be fulfilled the contract is called an agreement to sell.» Unter der heute geltenden Sale of Goods
Act des Jahres 1979 sinngemäss gleich sec. 2, par. 4 und 5.

Eigentumserwerbs im Falle der Veräusserung durch einen Nichtberechtigten (dieser Grundsatz wiederum durchbrochen im Falle des Erwerbs auf «market overt» – ähnlich der Regel von ZGB Art. 934/II) usw.; mit keinem Wort wird die Sachqualität, geschweige denn Sachmängelhaftung, angesprochen.

Dass man in der Folge nicht dabei stehenbleiben konnte, ändert nichts am Prinzip: Das sich im Verlauf des 19. Jahrhunderts entwickelnde Einstehenmüssen des Verkäufers für bestimmte Eigenschaften wird als *warranty* verstanden, das ist aber eine zum dinglichen *sale* hinzutretende Garantiezusage, die ihre eigenen schuldrechtlichen Gesetzmässigkeiten hat; bei Fehlen notwendiger Eigenschaften wird «breach of warranty» angenommen: Rechtsfolge ist Schadenersatzpflicht i. S. des Einstehenmüssens infolge Fehlens der zugesicherten Eigenschaften, wobei diese Haftungsgrundlage weniger als Bestandteil des *sale* als vielmehr als Konsequenz einer zu diesem hinzutretenden (ausdrücklichen oder auch konkludenten) Zusatzabsprache gedeutet wird[6].

5. «Technologischer Fatalismus» als weiterer Bestimmungsfaktor

Die Sachqualität nicht zum Gegenstand des Kaufgeschäfts zu erheben, die Sachqualität nicht zu einer primären Vertragspflicht des Verkäufers zu machen und Sachgewährleistung, wenn überhaupt, nur im Rahmen eines gewissermassen von aussen an das Geschäft herangetragenen Accidentale zu verwirklichen, ist nicht nur durch den Ursprung des Kaufs im Sachenrecht bedingt, sondern durch die Tatsache, dass im Normalfall die Qualität der verkauften Sache von Natur gegeben ist und mit menschlichem Eingriff nicht oder bloss wenig beeinflusst werden kann. Daher ist es meist unmöglich, die Sachqualität zu einer echten Leistungspflicht zu erheben (impossibilium nulla obligatio), und daher auch wenig sinnvoll, den Verkäufer mit einer Haftung für Fehlen von Sacheigenschaften zu belasten: Da die Ware als solche nicht verändert werden kann, soll der Käufer sie vor Vertragsschluss auf Eignung prüfen, wenn er sie aber erwirbt, alle deren Eigenschaften «in Kauf nehmen».

Hier sprechen wir nur vom *Stückkauf,* der in traditioneller Sicht den Normalfall darstellt[7]. In kleinen Verhältnissen und in Geschäften unter Anwe-

---

[6] Selbst die (u. a. eine Verbesserung des Verbraucherschutzes anstrebende) *Sale of Goods Act* des Jahres 1979 statuiert noch als allgemeinen Grundsatz die Vermutung gegen das Vorliegen einer *warranty,* damit aber im Ergebnis das Fehlen von Sachmängel-Gewährleistung: sec. 14, par. 1: «Except as provided by this section and section 15 below and subject to any other enactment, there is no implied condition or warranty about the quality or fitness for any particular purpose of goods supplied under a contract of sale.»

[7] Der hier betonte Grundsatz, dass die Eigenschaften der Kaufsache nicht Bestandteil der Leistungspflichten des Verkäufers darstellen, hat zum vornherein keine Bedeutung beim Gattungs-

senden wird auch der Handel in Gattungen rechtlich zum Stückkauf: Man erwirbt ein bestimmtes Behältnis von Wein oder eine Gewichtseinheit eines besichtigten Vorrates von Getreide; da das Aussondern in Gegenwart des Käufers geschieht, muss als Kaufgegenstand die Spezies der ausgesonderten Menge gelten; Handgeschäfte sind Stückkäufe. Dazu kommt, dass bis in die jüngere Neuzeit der Kreis der dem Kauf zugänglichen Gattungen sehr begrenzt ist: In Betracht kommen nur Naturprodukte, soweit diese überhaupt präziser gattungsmässiger Beschreibung zugänglich sind; Kohle und Erdöl fehlen noch so gut wie Kartoffeln.

Es bedarf dieses Hinweises auf entschwundene Zeiten, um ins Bewusstsein zu bringen, wie sehr unsere Gegenwart sich gegenüber der Welt, in der unsere Rechtstraditionen gewachsen sind, verändert hat. Während der römische Jurist, wenn er an emptio venditio dachte, Pferd, Vieh oder Sklaven vor Augen hatte, ist unser heutiges Vorlesungsbeispiel die Auto-Occasion. An die Stelle der bisher (und in der Rechtsüberlieferung heute noch) die Vorstellungen des Kaufmodells bestimmenden *naturgegebenen Produkte* sind die von *menschlicher Technik geschaffenen Kaufobjekte* getreten, die anderen nicht geradezu ausschliessend, aber an Bedeutung in den Hintergrund drängend. Während bei den naturgegebenen Kaufobjekten eine Veränderung und Besserung durch Menschenhand nur in beschränktem Umfang oder überhaupt nicht möglich ist, sind der Veränderung von künstlich geschaffenen Produkten keine Grenzen gesetzt; hier ist alles bloss eine Kostenfrage.

6. Technologische Entwicklung überwindet den Typus des Gattungskaufs

In der kontinentalen Tradition wird bisher die Einteilung der Käufe in Stückkäufe und Gattungskäufe als umfassende Einteilung und kontradiktorischer Gegensatz verstanden. Die hier gezeigte Veränderung infolge technischer Entwicklung bezieht sich auf den Stückkauf, im traditionellen Verständnis der Normalfall, auf den die rechtliche Regelung ausgerichtet ist. Aber selbst die Variante des Gattungskaufs wird durch die moderne Technik von Grund auf verändert: Während früher fast nur die Natur Gegenstände gattungsweise hervorbrachte, hat der Mensch mindestens seit der Erfindung des Fliessbandes mit der serien- und gattungsmässigen Herstellung von Indu-

---

kauf: Da nicht der Vertrag, sondern der den Leistungsgegenstand auswählende Verkäufer das zu leistende Objekt bestimmt, besteht für diesen Möglichkeit wie Pflicht, die Auswahl konform mit der normativen Umschreibung des Vertrages auszuwählen. Ein sachenrechtlicher Bezug fehlt beim Gattungskauf im Zeitpunkt des Vertragsschlusses ohnehin; beiden hier für den Kauf als wesentlich betrachteten Merkmalen entzieht sich der Gattungskauf. Kein Wunder, dass von verschiedenen Autoren angenommen wird, die *emptio venditio* der Römer sei auf den Stückkauf beschränkt geblieben (so BECHMANN, E. SECKEL u. a.; vgl. die Hinweise bei F. HAYMANN, Haben die Römer den Gattungskauf gekannt? in Jherings Jahrbuch Bd. 79/43, 1928, S. 95 ff.).

strieprodukten eine neue Situation geschaffen: obwohl die elementaren Bedürfnisse immer noch vorab von Naturprodukten gedeckt werden, dürften für den Juristen die Artefakte die Naturprodukte an Bedeutung weit hinter sich gelassen haben, da Auseinandersetzung der Parteien hier weit eher zu erwarten ist. Die moderne industrielle Massenproduktion hat den früheren geschlossenen Kreis gattungsmässig bestehender Naturprodukte ins Grenzenlose ausgeweitet: Die Zahl serienmässig hergestellter Industrieprodukte könnte nur mit astronomischen Zahlen beschrieben werden. – Indes hat die Technisierung nicht bloss den Kreis handelbarer Gattungen ausgeweitet und damit dem Gattungskauf gegenüber früher neue Gefilde eröffnet; blickt man näher hin, hat sie den Gattungskauf in seiner Bedeutung relativiert, in bestimmten Bereichen als juristische Kategorie überflüssig gemacht. Das Merkmal des Gattungskaufs besteht darin, dass die zu liefernde Sache nicht wie beim Stückkauf durch Verweisung auf eine definierte, real von der übrigen Umwelt abgegrenzte Einheit bestimmt wird, sondern durch Verweisung auf eine bestimmte, zum vornherein und unabhängig vom Vertrag bestehende Gattung von Waren, aus der ein bestimmtes Quantum zu liefern ist. Der Typus des Gattungskaufes wird erst möglich infolge des Bestehens einer Gattung, deren bekannte Eigenschaften die vertragliche, d.h. normative Bestimmung des Leistungsgegenstandes durch Verweisung auf diese Gattungseigenschaften zulässt. Die moderne Technik schafft nun aber nicht bloss neue Gattungen in Gestalt industrieller Massenprodukte, sondern impliziert die Unterscheidung des Planens vom Ausführen, was durch Verweisung auf die Planung den normativen (vertraglichen) Beschrieb eines erst herzustellenden Kaufobjektes ermöglicht. Das Merkmal der Vielzahl von Exemplaren, wie er im Gattungsbegriff enthalten ist, verliert seine Bedeutung; werden technisch gefertigte Produkte zum Gegenstand eines Kaufs gemacht, spielt es keine Rolle, ob diese als Unikate oder als Serienprodukte hergestellt werden[8].

Es erweist sich, dass die in alter Tradition stehende Vorstellung des Gattungskaufs mit seiner Umschreibung des Leistungsgegenstandes durch Verweisung auf eine Gattung ebenfalls (wie das oben genannte Ausklammern der Qualität des Kaufobjekts) durch das Fehlen technischer Machbarkeit bedingt ist: Nur die Natur ist in der Lage, Gattungen zu schaffen, die ihrerseits eine definierte Qualität haben, auf die zu verweisen die vertraglich-normative Umschreibung des vom Verkäufer zu liefernden Gegenstandes erlaubt. Sobald industrielle Produkte zum Vertragsgegenstand werden, können diese ihrerseits ohne Bezugnahme auf einen Gattungsbegriff beschrieben werden; die Vorstellung des Gattungskaufes erweist sich als zu eng. Das ist im englischen Sprachbereich früher als bei uns erkannt worden: Man spricht hier seit

---

[8] In jedem Fall ist ein technischer Beschrieb des zu liefernden Objektes notwendig; im Falle serienmässiger Produktion (und damit des Bestehens einer Gattung) besteht lediglich die Besonderheit, dass dieser technische Beschrieb durch Verweisung auf ein Muster erfolgen kann.

langem von *sale by description*[9], der gleichermassen die (wohl ursprünglich auch hier im Vordergrund stehenden) Gattungskäufe in unserem Verständnis erfasst wie auch die Verkäufe industriell gefertigter Produkte. Der englische Jurist, obwohl Abstraktionen traditionell abhold, hat sich hier seit langem auf den wesentlichen Punkt konzentriert, auf den es im Grunde ankommt und der sowohl Gattungskäufe in traditionellem Sinne wie Verkäufe «nach technischem Beschrieb» umfasst: die Tatsache der vertraglich-normativen Bestimmung des Kaufobjekts, das der Bestimmung des Vertragsinhalts durch Individualisierung des Kaufobjekts i. S. unseres Stückkaufs als Sonderfall gegenübertritt.

II. Grundelemente des Kaufs nach Wiener Kaufrecht

1. Negativumschreibung

Die obigen historischen Hinweise hatten allein den Zweck, die im folgenden zu skizzierenden Grundelemente des Wiener Kaufrechts als Neuerungen und Veränderungen gegenüber dem Bisherigen sichtbar zu machen. Das Wiener Kaufrecht, voll der heutigen, durch Technik und Industrialisierung bestimmten Lage Rechnung tragend und im übrigen richtigerweise primär auf den Handel mit industriell gefertigten Produkten ausgerichtet, muss in folgenden Punkten von jahrtausendealter Tradition abgehen:

a) Der *Stückkauf,* traditionell als Kauf schlechthin verstanden und die nationalen Kaufrechts-Gesetzgebungen bestimmend, tritt völlig zurück; das massgebliche Modell ist der Kauf mit «normativer» Beschreibung der geschuldeten Sache und deren Qualitäten (Bestimmung des Kaufgegenstandes «by description»), während es Mühe bereitet, im Text und System des Wiener Kaufrechts den Stückkauf im traditionellen Sinn überhaupt noch als miterfasst zu erkennen[10, 11]. Der traditionelle Stückkauf (Verkauf technisch nicht beeinflussbarer Unikate) existiert zwar immer noch, ist aber im Rahmen des Wiener Kaufrechts sogut wie bedeutungslos: Mögliche Kaufobjekte sind Antiquitäten und Kunstgegenstände, Rennpferde usw. Selbst bei «technisch beeinflussbaren» Kaufgegenständen sind nicht leicht Beispiele zu finden;

---

[9] «Sale by description» als Marginale zu Art. 13 sowohl der Sale of Goods Act des Jahres 1979 wie auch bereits derjenigen des Jahres 1893.

[10] Was nicht erstaunen darf und vorbehaltlos als sachgerecht anerkannt werden muss, bereitet es doch heutzutage Schwierigkeiten, im Anwendungsbereich des Wiener Kaufrechts sich Beispiele von Stückkäufen von einiger praktischer Bedeutung auszudenken (dazu auch das Folgende).

[11] Legislatorische Kernpunkte der hier diskutierten Frage sind die Abschnitte I und II der Verkäuferpflichten (Art. 31–44), die wiederum in die Normierung der Lieferpflicht (Abschnitt I) und

neu hergestellte Objekte werden in der Regel «nach Beschrieb» bestellt, nicht i.S. von Stückkauf ein individualisiertes Objekt zum Vertragsgegenstand erhoben. Der Verkauf von «Occasionen», d.h. bereits gebrauchter Objekte, die als Unikat gelten dürfen und damit Gegenstand des Stückkaufs sind, dürfte im Geltungsbereich des WKR nicht häufig sein.

b) Die Sacheigenschaften der zu liefernden Sache sind nicht mehr unbeeinflussbar, sondern werden als machbar vorgestellt und sind daher vom Verkäufer zu vertreten. Dies gilt nach WKR grundsätzlich auch für den (ohnehin bloss Ausnahmefall darstellenden) Stückkauf.

c) Der Gattungskauf im traditionellen Verständnis der kontinentalen Rechtsordnungen verliert seine eigenständige Bedeutung und geht auf im umfassenderen Typus des Kaufs, der die zu liefernde Sache durch Beschreibung der Eigenschaften, die ihr nach Vertrag zukommen müssen, bestimmt.

2. Grundlegende Neuerung des Wiener Kaufrechts: Sachqualität als Bestandteil der prinzipalen Leistungspflicht des Verkäufers

Die geschilderten technologischen Entwicklungen machen es möglich, dass die Eigenschaften der zu liefernden Sache (die Sachqualität, oder die Abwesenheit von Sachmängeln im traditionellen Sinn) – in dieser Grundsätzlichkeit erstmals in der Rechtsgeschichte – zum Gegenstand der Leistungspflicht des Verkäufers gemacht werden und auf der gleichen Stufe stehen wie die Lieferung der Sache selber: Die Eigenschaften der Sache sind gleichermassen geschuldet wie deren Übergabe, Fehlen dieser Eigenschaften («Sachmängel», «Schlechtlieferung») sind dem Grundsatze nach der Nichtlieferung gleichgestellt[12].

Der Grundsatz der Erhebung der Sachqualität zu einer primären vertraglichen Leistungspflicht des Verkäufers wird in Kapitel II («Pflichten des Verkäufers») des Teils II des Wiener Kaufrechts (Titel «Warenkauf», Art. 25–88, d.h. dem Sitz des materiellen Kaufrechts schlechthin) zum Ausdruck ge-

---

Vertragsmässigkeit der Ware (Abschnitt II) zerfallen. Der ganze Abschnitt betr. «Vertragsmässigkeit», von zentraler Bedeutung im Rahmen des Wiener Kaufrechts, hat nur eine Funktion bei «normativer Bestimmung» des Kaufobjektes i.S. eines «sale by description» (d.h. im traditionellen Sinne beim Gattungskauf), ist dagegen gegenstandslos beim Stückkauf, wenn dieser im «orthodoxen» Sinn verstanden wird: Hier beschränkt sich die Verkäuferpflicht auf Wahrung der Identität zwischen Kauf- und Lieferobjekt.

[12] Zur Veranschaulichung: Beim traditionellen Kauf (Stückkauf) mögen zahlreiche Autoren ebenfalls von «Pflicht» des Verkäufers bezüglich Sachqualität sprechen. Aber der Begriff «Pflicht» ist vieldeutig, in seiner Bedeutung nur an den Sanktionen der Pflichtverletzung zu erkennen. «Pflichtverletzung» (d.h. Vorliegen von Sachmängeln) erlaubt nicht, die Leistungspflicht als nicht erfüllt zu betrachten: Der Kaufpreis ist, da Erfüllung vorliegt, grundsätzlich geschuldet, mögen auch die Kaufrechtsbehelfe (Wandelung/Minderung) oder gar – systemwidrig – Schadenersatz i.S. von OR Art. 97 wegen Schlechterfüllung zuerkannt werden.

bracht. Zwar ist die Einleitungsnorm des Art. 30 («... verpflichtet, die Ware zu liefern ... und das Eigentum an der Ware zu übertragen») hier noch nicht explizit. Auch die Festschreibung der Sachqualität als Verkäuferpflicht in Art. 35/I will als solche noch nichts besagen, da im Rahmen der bisherigen Konzeption die (missverständliche) Formel der Sachqualität als Verkäuferpflicht (im Hinblick auf die Behelfe Wandelung und Minderung, evtl. Schadenersatz) ebenfalls Verwendung findet. Die Gleichstellung von Lieferpflicht einerseits und der Gewährspflicht für Sachqualität wird erst deutlich in der Umschreibung der Sanktionen im Abschnitt III («Rechte des Käufers wegen Vertragsverletzung durch den Verkäufer», Art. 45–52), wo für die Sachmängel keinerlei Sondernormen statuiert werden, diese vielmehr in den bei vertraglicher Nichterfüllung schlechthin zur Verfügung stehenden Sanktionsfolgen aufgehen[13].

Die einzige innerhalb der Voraussetzungen von Sanktionsfolgen getroffene Differenzierung bezieht sich auf die Unterscheidung zwischen «wesentlichen» und sonstigen Vertragsverletzungen. Diese Grenzziehung verläuft wohl mitten durch die Mängel der gelieferten Sache hindurch, indem nur solche von einer gewissen Bedeutung die Aufhebung des Vertrages erlauben, so gut wie sonstige Nichtbeachtung von vereinbarten Liefermodalitäten nur im Falle von «Wesentlichkeit» dieses Vorgehen gestattet. Lediglich im Zusammenhang des Erfordernisses der Mängelrüge (Art. 38 und 39; dazu auch unten Ziff. III/3c) kann man eine Sonderbehandlung der Sachmängel erkennen.

Die Erhebung der Sachqualität zu einer Leistungspflicht und die Deutung von Sachmängeln als Nichterfüllungstatbestand ist die grundlegende Neuerung des Wiener Kaufrechts, die den Kauf als Vertragstypus bis in dessen Fundamente hinein verändert; die Umschreibung der Pflicht der die charakteristische Leistung erbringenden Vertragspartei ist die zentrale rechtliche Entscheidung, die schlechthin das Wesen des in Frage stehenden Vertragstypus ausmacht. Diese m. E. von der bisherigen Literatur nicht in ihrer vollen Tragweite gewürdigte neue Konzeption des Kaufs wurde möglich und notwendig allein durch die grundlegend *veränderte technologische Basis,* auf der sich der Warenaustausch in unserer Industriegesellschaft abspielt, und die in den wesentlichen Punkten vom jahrtausendelang Gewohnten von Grund auf abweicht.

---

[13] Art. 45/I: «Erfüllt der Verkäufer eine seiner Pflichten nach dem Vertrag oder diesem Übereinkommen nicht, so kann der Käufer ...» (folgt die Nennung aller überhaupt zur Verfügung gestellten Sanktionsbehelfe).

3. Gegenstandslosigkeit des Typus des Gattungskaufes; Ausweitung des Kaufs hin zum Werkvertrag

Die Integrierung der Eigenschaften der verkauften Sache in die vertraglichen Pflichten des Verkäufers (diese als Leistungspflichten bzw. vertragliche Hauptpflichten verstanden) hat die Konsequenz, dass einerseits die traditionelle Figur des *Gattungskaufs* ihre selbständige Bedeutung einbüsst und im allgemeinen Vertragsbegriff aufgeht. Umgekehrt öffnet sich das Wiener Kaufrecht-Vertragsmodell gegenüber dem *Werkvertrag,* mit dem der Kauf in gewissem Sinne verschmolzen wird.

Der *Gattungskauf* ist gegenüber dem Normalfall des Kaufs (d. h. dem Stückkauf) dadurch gekennzeichnet, dass nicht das zu liefernde Objekt als solches im Vertrag körperlich bestimmt und individualisiert, sondern normativ umschrieben wird durch Verweisung auf eine als bekannt vorausgesetzte (vertraglich im einzelnen zu präzisierende) Sachgattung. Während in einer vorindustriellen Ära die normative Umschreibung des Kaufgegenstandes die von Natur vorgegebenen Produkte-Gattungen voraussetzte, auf die bei der Formulierung der vertraglichen Soll-Beschaffenheit verwiesen werden konnte, schafft die moderne Technik nicht bloss eine Vielzahl von Produkten, die infolge ihrer serienmässigen Herstellung ihrerseits Gattungen konstituieren, sondern die technischen Produkte lassen sich überhaupt, unerachtet der Herstellung in Mehrzahl oder Einzahl, in ihrem Sollbestand genau beschreiben und definieren. Ob die vertragliche Soll-Qualität sich auf eine von Natur geschaffene Gattung oder aber auf ein (als Einzelstück oder in Vielzahl zu lieferndes) Kunstprodukt bezieht, macht grundsätzlich keinen Unterschied; die Tatsache, dass im einen Fall (bei Naturprodukten oder bei von Dritten in Serie hergestellten Industrieprodukten) der Verkäufer auf die Herstellung der Ware und damit das Vorhandensein der Soll-Eigenschaften keinen direkten Einfluss hat, somit die Verkäuferpflicht sich praktisch auf die gehörige Auswahl des zu beschaffenden Leistungsgegenstandes reduziert, während in anderen Fällen (der Herstellung der verkauften Objekte im eigenen Verantwortungsbereich) die gehörige Herstellung des Kaufgegenstandes als Pflicht des Verkäufers betrachtet wird, ist grundsätzlich unerheblich. Damit deckt der Begriff des Gattungskaufs keinen eigenständigen Problem- bzw. Regelungsbereich mehr ab und kann nur noch zur Erfassung von Sonderproblemen (etwa im Falle einer «begrenzten Gattungsschuld», «Vorratsschuld» o. dgl.) dienen.

Mit der hier beschriebenen Neufassung der Leistungspflicht des Verkäufers, die im Ergebnis auf die Bewirkung eines bestimmten *Erfolges* zielt (den Käufer in den Besitz einer Sache mit bestimmten Eigenschaften zu setzen), ist der Unterschied zum und die Abgrenzung gegenüber dem *Werkvertrag* im Kernbereich aufgehoben und auf eher zufällige (nicht immer in der Definition der Vertragspflicht sich niederschlagende) Elemente reduziert. Die Hauptpflicht des Werkunternehmers, wie jene des Verkäufers unter Wiener Kaufrecht, geht auf die *Bewirkung eines Erfolges*. In beiden Fällen ist dieser Erfolg grundsätzlich auf ein sachliches Substrat bezogen. Zwar trifft es zu, dass der Werkvertrag im ursprünglichen Sinn eine Erfolgsbewirkung im *Eigentumsbereich des Bestellers* zum Gegenstand hat: Es ist der *locator* («Besteller»), der die zu reinigende Toga oder den zu einem Kleid zu verarbeitenden Stoff «stellt», während der conductor das ihm Übergebene be- oder verarbeiten soll; in der Folgezeit wird vor allem bedeutsam der Bauunternehmer, dessen auf dem Grund des Bestellers zu errichtendes Gebäude infolge des Akzessionsprinzips zum vornherein in dessen Eigentum entsteht. Bei diesem traditionellen Typus des Werkvertrages entfällt das Element der Eigentumsübertragung. Indessen werden seit langem auch Verträge, bei denen das zur Herstellung des Werks benötigte Material vom Unternehmer gestellt wird, den Werkverträgen zugeordnet (vgl. OR Art. 365/I), ohne dass im übrigen der oft als «Werklieferungsvertrag» bezeichnete Typus in den Grundzügen vom Werkvertrag im traditionellen Sinn abweichen würde; zu den «normalen» Elementen des Werkvertrages tritt lediglich die Übereignungspflicht des Unternehmers sowie dessen Haftung (analog jener des Verkäufers) im Falle der Mangelhaftigkeit des Stoffes hinzu [14].

Ein zusätzlicher Unterschied könnte noch im Umstand erkannt werden, dass der Werkvertrag, entgegen obiger Annahme, nicht immer notwendig sachbezogen ist, d.h. eine Gruppe von Werkverträgen existiert, die dieses – für den Kauf natürlich konstitutive Element – nicht aufweist. Dieser Unterschied besteht tatsächlich, wird aber in seiner Bedeutung durch die Feststellung relativiert, dass diese Ausweitung des Werkvertragsbegriffes auf «Erfolgsverträge schlechthin» erst das Ergebnis einer jüngeren Entwicklung ist: Da in der romanistischen Tradition keine anderen Erfolgsverträge überliefert sind, das Erfolgselement jedoch mit Fortentwicklung der Technik an Bedeutung gewinnt, werden dann auch Erfolgsverträge ohne dauerndes körperliches Substrat hier eingeordnet: ein Gebäude zu heizen, ein Theater- oder Filmspektakel zu veranstalten [15].

Wenn wir von diesen – unter dem Gesichtspunkt der Pflichten des die charakteristische Leistung erbringenden Partners – bloss sekundären Unterschieden absehen, ergibt sich eine weitgehende Übereinstimmung des WKR-Kaufs und des traditionellen Werkvertrages. Es ist daher nur folgerichtig, dass das Wiener Kaufrecht seinen Anwendungsbereich auf die (in vorgenanntem Sinn thematisch eingeschränkten) Werkverträge i.S. der Werklieferungsverträge ausdehnt: Unter den Begriff des Kaufs i.S. des Wiener Kauf-

---

[14] BGB § 651/I; in OR Art. 365/I wird zwar die Verkäuferhaftung normiert, die Übereignungspflicht jedoch nicht explizit statuiert; schon die Ablieferungspflicht bleibt unausgesprochen!
[15] Vgl. z.B. BGE *70* II 34, *80* II 218 usw.

rechts fallen auch Verträge, in deren Rahmen der Verkäufer die zu liefernde Sache erst herzustellen hat (WKR Art. 3/I). Die Bedeutung dieser Erweiterung liegt darin, dass sie auch die Bereitstellung von Maschinen, Anlagen u. dgl. erfasst, die ganz nach den Bedürfnissen des Erwerbers konstruiert, evtl. auch in dessen Bereich montiert werden[16]. Mit dieser Grundsatzentscheidung werden die Probleme der Abgrenzung der Werklieferungsverträge gegenüber den Kaufverträgen[17] gegenstandslos. Zwangsläufig wird damit die traditionelle Problematik der Grenzziehung zwischen Werkvertrag einerseits, Arbeitsleistungsverträgen andererseits zu einem kaufrechtlichen Problem, dem Art. 3/II gewidmet ist: Es dürfen die «an Ort» zu erbringenden Montage-, Anpassungs-, Instruktions- und sonstigen Arbeitsleistungen nicht einen überwiegenden Teil der Leistungspflichten ausmachen, damit der Kaufcharakter i. S. des Wiener Kaufrechts und damit dessen Anwendbarkeit gewahrt bleibt.

III. Materielles Kaufrecht: Gegenüberstellung Wiener Kaufrecht und Obligationenrecht in ihren Einzelanordnungen

1. «Definition» des Kaufvertrages und der Vertragspflichten

Gesetzgeber sind Definitionen mit gutem Grund abhold. Im OR (wie im BGB) hilft man sich, bei der Abgrenzung des zu behandelnden Typus durch die Beschreibung der durch den Vertrag begründeten Pflichten der Parteien (OR 184/I, BGB § 433/I, II). Im WKR findet sich keine Umschreibung unter den «Allgemeinen Bestimmungen»; da Käufer- und Verkäuferpflichten systematisch getrennt werden (Pflichten des Verkäufers 30–52; des Käufers 53–65), wird auch diese «indirekte Definition» zwangsläufig aufgespalten; so die Art. 30 und 53.

WKR Art. 30 deckt sich mit *OR 184/I:* Pflicht zur Übergabe und zur Eigentumsverschaffung, wobei als Ergänzung «Übergabe der sie betreffenden Dokumente» beigefügt wird. Diese Präzisierung bringt indes nichts grundlegend Neues: Soweit Warenpapiere bestehen, ist deren Übergabe hinsichtlich der faktischen Verfügungsmacht (Übergabe) oder/und hinsichtlich Eigentums-

---

[16] Sogar Montage am Ort einschliesslich der Verankerung im Grund (mit welchen der «Kaufgegenstand» den Charakter als bewegliche Sache einbüsst), schliesst den Kaufcharakter i. S. des WKR nicht aus.

[17] Solche stellen traditionell sich regelmässig bei den sog. Werklieferungsverträgen, in denen eine mehr oder weniger auf die Bedürfnisse des Erwerbers ausgerichtete Ware herzustellen und zu liefern ist, jedoch das Geschäft in der Sicht der Parteien weitgehend nach kaufrechtlichen Mechanismen verstanden wird.

verschaffung notwendig und deshalb bereits Bestandteil der allgemeinen Verkäuferpflichten. Lediglich für ausserhalb dieses Bereichs wirksame Papiere (Versicherungsdokumente, Qualitätszertifikate o. dgl.) werden hier Nebenpflichten explizit formuliert. In *Art. 34* wird sodann eine etwas «betuliche» Präzisierung betreffend Dokumente beigefügt, die ebenfalls wohl nur ohnehin Geltendes zu formulieren versucht. Mit Bezugnahme auf Dokumente wollte das WKR auf zwar jahrhundertealte, aber in heutiger Bedeutung doch moderne Mechanismen Bezug nehmen. «Modernität» impliziert Gefahr rascher Alterung: Die dokumentenlose elektronische Datenerfassung und -übermittlung, die in Ansätzen seit ganz kurzem sichtbar wird, mag in wenigen Jahrzehnten im Warenaustausch so weit fortgeschritten sein, dass diese dokumentenbezogenen Regeln vielleicht nostalgische Gefühle erwecken werden.

Die Abnahmepflicht des Käufers ist bereits in der Schweiz umstritten (OR Art. 211 erwähnt eine solche, OR 184/I dagegen nicht); WKR bringt in Art. 60 m. E. keine Klärung: Auch hier wird gelten, dass Abnahmepflicht nicht auf gleich hoher Stufe steht wie die Pflicht zu zahlen; ob und wenn ja in welchem Sinne eine Käuferpflicht zur Abnahme besteht, bestimmt sich nach Vertrag bzw. den Interessen des Verkäufers. Nur in Ausnahmefällen wird bei Nicht-Abnahme – unerachtet erfolgter Bezahlung – eine «wesentliche Vertragsverletzung» i. S. Art. 64/I/a angenommen werden und der Verkäufer «Aufhebung des Vertrages» erklären können[18].

2. Modalitäten der Lieferung und des Leistungsaustausches

Fälligkeit der Preiszahlung: WKR 58 begründet, ähnlich wie OR 82, eine Vermutung für Zug-um-Zug-Leistung (allerdings mit der zusätzlichen Vermutung, dass bereits der Fixierung eines bestimmten Zahlungstermins ein vertraglicher Verzicht auf Zug-um-Zug-Austausch zu entnehmen sei); im übrigen wird das Prinzip auf Sonderfälle abgewandelt.

Eigentumsverschaffungspflicht: Nicht mit einem Wort wird auf sie Bezug genommen: Die Frage, ob der Käufer auch Eigentümer der empfangenen Ware geworden ist, darf nicht ins Spiel gebracht werden; die den Gegenanspruch auslösende Verkäuferleistung ist allein die faktische Sachübergabe bzw. sind deren Surrogate. Die (kontinentale bzw. romanistische Kaufrechtstradition verkörpernde) Ausschaltung der Eigentumsverschaffung innerhalb der primären Leistungspflichten des Verkäufers wird zugunsten des Käufers auf der Ebene der Rechtsmängel durch eine Verschärfung kompensiert: Vgl. unten Ziff. 5.

---

[18] Vgl. auch HAGER, Komm. SCHLECHTRIEM Art. 64 N. 6, der ebenfalls nur für Ausnahmefälle eine Abnahmepflicht annimmt.

Ort des Leistungsaustausches (Erfüllungsort): Eine generelle Regel wie jene von OR 74 fehlt; aus WKR 31, lit. b lässt sich für Stückschulden oder Vorratsschulden wohl dieselbe Regel wie jene von OR 74/II/3 entnehmen: Erfüllungsort ist der *Lageort bei Vertragsschluss.* In den übrigen Fällen gilt *Verkäuferdomizil;* WKR Art. 31, lit. c, analog OR Art. 74/II/Ziff. 3. Den Parteien steht es frei, den Erfüllungsort vertraglich zu bestimmen. Ein dahingehender Parteiwille soll allerdings nur mit Vorsicht angenommen werden; zu beachten ist insbesondere, dass die Vereinbarung von Lieferklauseln (CIF, FOB usw.) zwar (neben der Kostentragung) Übergang der Preisgefahr normieren, jedoch nicht den Erfüllungsort festlegen (der den Übergang der Leistungsgefahr bestimmt; vgl. dazu auch unten Ziff. VI/1 und Anm. 32).

Hier wird sichtbar die (praktisch gerechtfertigte) Ausrichtung des WKR auf den *Versendungskauf* (der im OR nicht geregelt, sondern in Art. 185/II – im Rahmen der Gefahrtragungsregel – als bekannt vorausgesetzt wird): 31/lit. a, 32 und 34.

Erfüllungszeit: OR Art. 75 stellt eine Vermutung für *sofortige Fälligkeit* bei Vertragsschluss auf; die Regel von 33/lit. c «innerhalb einer angemessenen Frist nach Vertragsabschluss» ist realistischer (aber aufgrund der Umstände auch nach OR geltend). Lit. a und b enthalten Selbstverständlichkeiten.

3. Gewährleistung: Sachmängel

a) Sachmängelbegriff

Wie im OR wird eine Unterscheidung getroffen zwischen Rechts- und Sachmängeln, jedoch wird – im Gegensatz zu OR und BGB wie auch zum franz. CC – die Sachmängelhaftung vorangestellt (für Sachmängel Art. 35–40; Rechtsmängel Art. 41–44); unser Gesetz spiegelt noch die romanistische Tradition, wo angesichts fehlenden Gutglaubensschutzes bei anvertrauten Sachen und «probatio diabolica» die Rechtsmängelhaftung eine viel grössere Rolle spielte als heute.

Das WKR umschreibt nicht die *Sachmängel,* sondern umgekehrt (positiv) die *geforderte Sachqualität Art. 35/II/a:* «Wenn sie sich für die Zwecke eignet, für die Ware der gleichen Art gewöhnlich gebraucht wird.» (Die Formulierung erinnert an die «Tauglichkeit zu dem vorausgesetzten Gebrauche» von OR 197/I, welche Vorschrift, wie BGB § 459/I, auf Dresd.E. Art. 172 zurückgeht, der seinerseits auf dem *französischen CC art. 1641* beruht («Le vendeur est tenu de la garantie à raison des défauts cachés de la chose vendue qui la rendent impropre à l'usage auquel on la destine ...»).

b) Massgeblicher Zeitpunkt des Gefahrübergangs

Gemäss Art. 36 sind Sachmängel («Vertragswidrigkeit») der Ware festzustellen bezogen auf den *Zeitpunkt des Gefahrübergangs* (Art. 66–70; unten Ziff. VI).

c) Prüfungs- und Rügepflicht; Art. 38 und 39/I

Die Prüfungs- und Rügepflicht, uns aus OR Art. 201 wohl bekannt, wird hier in Art. 38 und 39, Absatz I, je gesondert behandelt. Art und Umfang der *Prüfung* (Art. 38) werden (wie im OR) nicht umschrieben. Die Ware ist zu prüfen «innerhalb einer so kurzen Frist, wie es die Umstände erlauben». Sofern der Transport in den Vertrag einbezogen ist, darf die Untersuchung bis zum Eintreffen der Ware am Bestimmungsort aufgeschoben werden. Im Falle des direkten Weiterverkaufs (der vom Verkäufer als Möglichkeit vorausgesehen werden muss) ist die Prüfung auch erst beim Endabnehmer erlaubt.

Die *Rüge* (Art. 39) soll erfolgen «innerhalb einer angemessenen Frist» seit Kenntnis. Zwischen anfänglichen feststellbaren (offenen oder verdeckten) und später zum Vorschein kommenden Mängeln wird nicht unterschieden.

d) Relativierung der Sanktionen versäumter Rüge (Art. 40, 44)

aa) Art. 40: Bezüglich Mängeln, die der *Verkäufer* gekannt hat (hätte kennen müssen), gibt es keine Sanktionen für eine unterlassene Rüge. Vorbild ist die Regelung in HGB 377/IV. Damit entfällt wohl ein erheblicher Teil aller Verwirkungstatbestände, denn was der Käufer bei üblicher Prüfung an Mängeln feststellen kann, kennt der Verkäufer zum vornherein, oder müsste es wenigstens kennen. Es wird damit das Vorbild von HGB § 377/IV («arglistig verschwiegener Mangel») in zugunsten des Käufers abgeschwächter Form übernommen (während nach OR Art. 203 dem Käufer sein Rügeversäumnis nur geradezu im Fall «absichtlicher Täuschung» nicht schadet).

bb) Art. 44: Über das Gesagte hinaus gibt diese Bestimmung auch im Falle versäumter Rüge wenigstens reduzierten Schutz (Schadenersatz auf negatives Interesse oder Preisminderung, wenn auch keine Vertragsaufhebung bzw. Wandelung), falls der Käufer «eine vernünftige Entschuldigung dafür hat, dass er die erforderliche Anzeige unterlassen hat».

4. Beschränkung der Gewährspflicht auf 2 Jahre (Art. 39, Absatz II)

Nichts mit der Frage der gebührenden Promptheit der Rüge nach Entdeckung zu tun hat die Regel von Art. 39, Absatz II. Was nicht binnen 2 Jahren gerügt ist, kann überhaupt nicht geltend gemacht werden. Diese Regel ist uns von OR Art. 210/I her bekannt, nur ist die Frist gegenüber OR verdoppelt (vervierfacht gegenüber ABGB und BGB, wo je eine 6-Monate-Frist gilt). Durch die Regel von Art. 39/II wird – anders als mit der Verwirrung stiftenden Vermischung beider Fragen in OR Art. 210 – die Frage der *Verjährung* der Gewährleistungsansprüche *nicht* berührt; vgl. dazu unten Ziff. VII/6.

5. Gewährleistung: Rechtsmängel (Art. 41–43)

Der Aufbau von Art. 41 ff. zeigt, dass der Kaufpreis mit faktischer Sachübergabe fällig wird, mangelnde Eigentumsverschaffung dem Käufer gegenüber der Kaufpreisforderung keine Einrede gibt. Im Ergebnis wird die Pflicht des Verkäufers auf eine reine *Eviktionshaftung* guten römischrechtlichen Ursprungs reduziert, die auch dem franz. CC und dem OR zugrunde liegt (im BGB allerdings abgeschwächt erscheint und in einzelnen neueren Lehrmeinungen durch Aufwertung der Eigentumsverschaffung und deren Gleichstellung mit der faktischen Sachübergabe völlig aus den Angeln gehoben wird): Wie auch immer die Eigentumsfrage zu beurteilen ist, der Verkäufer haftet dann und nur dann, wenn der Käufer wegen des Rechtsmangels Angriffe erleidet. Auch hier jedoch findet sekundär eine Anpassung an neue Gegebenheiten statt: Es ist der Käufer nicht nur geschützt im Falle des Bestehens besserer *dinglicher* Rechte Dritter, sondern auch bei solchen auf der Ebene der Immaterialgüterrechte. Diesen Ansprüchen aus «gewerblichem oder anderem geistigen Eigentum» ist eine Sonderregel (Art. 42) gewidmet. Einzelne Autoren wollen diesen Schutz auf beliebige, insbesondere auch *rein schuldrechtliche Ansprüche ausdehnen* und einen Gewährleistungstatbestand selbst im Falle von unbegründeten Ansprüchen Dritter annehmen[19]; nach einigen soll dies wiederum nicht gelten bei «offensichtlicher» Unhaltbarkeit, «Frivolität» der vom Ansprecher geltend gemachten Rechtspositionen. Ich glaube, dass hier Vorsicht am Platze ist:
– Das Postulat, auch *«obligatorische»* Ansprüche einzubeziehen, ist m. E. gehaltlos. Sollte aus Mietvertrag ein Anspruch auf Mietbesitz bestehen, kann die Sache gar nicht geliefert werden, so dass keine Erfüllung vorliegt, Rechtsgewährleistung gar nicht zum Zuge kommt. Sollten aber, etwa aufgrund einer englischen «lease», Ansprüche Dritter (aus deren Vertrag mit dem Verkäufer) durchgesetzt werden, liegen in kontinentaler Diktion keine obligatorischen, sondern eben dingliche Rechte vor. Das gleiche gilt, wenn nach dem für den Anspruch des Dritten massgeblichen nationalen Recht etwa im Falle eines Doppelverkaufs der Erstkäufer die Sache vom Zweitkäufer herausfordern

---

[19] Vgl. SCHWENZER in Komm. SCHLECHTRIEM, Art. 41 N. 3 ff., mit Nachweisen.

könnte; wenn diese Regel tatsächlich irgendwo bestünde und gegenüber dem Käufer durchgesetzt werden könnte, wäre dieser natürlich schadlos zu halten, wobei dieser (hierzulande schwer vorstellbare, dem Schreibenden nicht gut scheinende) Anspruch nicht mehr als obligatorischer, sondern ebenfalls als dinglicher zu bezeichnen wäre.

– Die These der Verkäufergewährleistung im Falle ungerechtfertiger Ansprüche Dritter hat im Gesetzestext keine Basis, denn «Rechte und Ansprüche» Dritter sind, in juristisch-technischer Diktion, immer *begründete* Ansprüche. Immerhin würde ich der These insofern und (nur) dann zustimmen, wenn die Drittansprüche vom Verkäufer vorausgesehen werden konnten oder diese aus «seinem Bereich» stammen, also von seinem Geschäftspartner o. dgl. erhoben werden. Undenkbar, da ohne jede innere Rechtfertigung ist die These aber dann, wenn der Drittansprecher keinerlei Beziehung zu den Parteien hat, sein Auftreten ein rein zufälliges Ereignis ist. Undiskutabel wird die Regel dann, wenn sie auf den Fall angewendet wird, dass der Drittansprecher aus der Sphäre des Käufers stammt, also wenn z. B. dessen Konkurrent oder in Zerwürfnis geratene Vertragspartner den Käufer behelligen.

6. Behelfe des Käufers bei Vertragsverletzung des Verkäufers (WKR Art. 45–52)

Die Rechte des Käufers sind naturgemäss in gewissem Sinne die spiegelbildliche Umkehrung der Pflichten des Verkäufers, wenn auch mit der Besonderheit, dass nicht der Normalfall (d. h. die Erfüllungsansprüche), sondern vielmehr umgekehrt die Sanktionsfolgen (Sekundäransprüche im Falle nicht richtiger Erfüllung der käuferischen Primäransprüche) in Frage stehen. Die Behandlung im einzelnen sei meinen Mitreferenten SCHLECHTRIEM und WIEGAND überlassen; hier lediglich der Hinweis, dass die *Grundstruktur* der Sanktionsfolgen im Zusammenhang mit den eingangs geschilderten Grundsachverhalten gesehen werden muss:

– *Schadenersatz* ist (wie in OR Art. 97) die Grundsanktion, die in jedem Fall Platz greifen kann und durch die Beanspruchung anderer Behelfe nicht ausgeschlossen wird, d. h. neben diesen kumulativ beansprucht werden kann (so ausdrücklich Art. 45/II);

– Der Anspruch auf *Erfüllung* i. S. der *Realexekution* wird (wie in OR und BGB) an erster Stelle genannt (Art. 46/I)[20]. Dieser Anspruch auf judizielle

---

[20] Die *Durchsetzbarkeit* des Anspruchs auf Realexekution wird allerdings nicht im WKR geregelt, sondern ist nach dem Vorbehalt von Art. 28 nur soweit gewährleistet, als auch nach dem Recht des die Exekution anordnenden Gerichts Durchsetzbarkeit gewahrt wäre. Im *englischen Sprachbereich* ist der Anspruch auf «*specific performance*» gewissermassen die Ausnahme (gegeben nicht auf der Ebene des Common Law, sondern für Sonderfälle – diese kaum verwirklicht im Anwendungsbereich des WKR! – im Rahmen des Equity-Rechts).

Bewirkung der Erfüllung hat im Rahmen nationaler Kaufrechte bloss untergeordnete Bedeutung; dies dürfte auch unter dem WKR nicht anders sein. Wichtiger sind indes die in Art. 46 weiterhin gewährten Behelfe des Rechts auf *Nachlieferung* und *Nachbesserung,* die ihrerseits als Abarten der Realerfüllung betrachtet werden können. Die *Ersatzlieferung* (Art. 46/II) steht jedoch nicht (anders als gemäss OR Art. 206/I) in jedem Falle zu, sondern bloss bei Vorliegen einer «wesentlichen Vertragsverletzung» (i. S. von Art. 25). Umgekehrt ist grundsätzlich immer (d. h. auch bei nicht «wesentlicher Vertragsverletzung») *Nachbesserung* geschuldet, wenn diese für den Verkäufer nicht geradezu «unzumutbar» ist (beide Behelfe sind an rechtzeitige Geltendmachung gebunden, d. h. müssen zusammen mit der Rüge gemäss Art. 39 erfolgen oder wenigstens innerhalb einer angemessenen Frist danach).

Diese Neuerungen werden erst infolge der heutigen wirtschaftlich-technologischen Lage möglich; sie sind zudem die zwangsläufige Folge des Konzepts, dass Sachqualität zu den Verkäuferpflichten gehört und wie diese den allgemeinen Vertragsregeln zu unterwerfen ist. Die Ausweitung der Rechtsbehelfe des Käufers gegenüber dem bisherigen Zustand besteht einmal darin, dass die Nachlieferung nicht auf den Gattungskauf beschränkt bleibt (zum grundsätzlichen Entfallen dieser Kategorie vgl. oben Ziff. I/6), sondern auf jeden Kauf, d. h. auch den *Stückkauf* ausgedehnt wird[21]; die Beschränkung war ja durch die technologische Unmöglichkeit bedingt, bei anderen als Gattungskäufen überhaupt Realersatz zu verwirklichen. An Stelle der Nachlieferung kann nun auch die *Nachbesserung* der Kaufsache treten. Auch diese ist natürlich bei jeglichem Kauf gegeben und bleibt nicht auf den Gattungskauf beschränkt[22]; es genügt die (wie vom WKR als Regelfall vorausgesetzte) technische Möglichkeit der Nachbesserung.

Neben den genannten Ansprüchen auf Nachbesserung und Ersatzlieferung, die Neuerungen des WKR darstellen, sind auch die traditionellen Sanktionen verfügbar. Die in *Art. 49* normierte Aufhebung des Vertrages hat verschiedene Funktionen:

– im Falle der *Nichtlieferung* bzw. der *Lieferverspätung* wird eine Lösung, die derjenigen von *OR Art. 107* im Ergebnis nahekommt, statuiert: Vertragsaufhebung kann nach Ablauf einer angesetzten *Nachfrist* (dazu Art. 47) erklärt werden (Art. 49, Abs. I, lit. b); auf Nachfristansetzung kann verzichtet werden, wenn Nichtlieferung «wesentliche Vertragsverletzung» darstellt, was im Ergebnis weitgehend die als Fixgeschäfte bezeichneten Fälle erfassen

[21] Wobei in diesem Fall die sachlogische Schranke bestehen bleibt, dass Nachbesserung nur bei Stückkäufen über «technisch machbare» Kaufobjekte in Betracht fällt, damit aber die Käufe im Sinne der traditionellen Modellvorstellung dieses Vertragstypus ausgeschlossen bleiben.

[22] Wobei auch hier, wie beim Stückkauf, die Fälle von Gattungskäufen i. S. traditioneller Modellvorstellung von naturgegebenen Gattungen (Agrarprodukte u. dgl.) im Regelfall faktischer Nachbesserung entzogen bleiben, weshalb nur Nachlieferung erwogen wird (OR Art. 206, BGB § 480.)

dürfte (Art. 49, Abs. I, lit. a). Beachtlich ist, dass selbst in diesem letzteren Fall (d. h. bei Verträgen, die ein genau präzisiertes, als zwingend vorgegebenes Lieferdatum vorsehen), eine *explizite* Erklärung des Verkäufers gefordert ist; eine Vermutung des Verzichts des Käufers auf Lieferung entsprechend der Regel von OR Art. 190 ist dem WKR nicht bekannt[23]. – Die nach OR Art. 107 nur für den Fall der noch ausstehenden Lieferung gewährte Rücktrittsmöglichkeit wird von WKR Art. 49, Abs. II, lit. a auch auf den Fall bereits erfolgter verspäteter Lieferung ausgedehnt.

– Der Fall der *Schlechtlieferung* wird in WKR Art. 49, Abs. II, lit. b unter dem Gesichtspunkt einer «*anderen Vertragsverletzung*» erfasst; der Käufer kann binnen angemessener Frist Vertragsaufhebung erklären, was im Ergebnis der *Wandelung* i. S. der Tradition der actio redhibitoria gleichkommt. (Demgegenüber ist die *Preisminderung* als expliziter Sonderfall in WKR Art. 50 geregelt).

– Schliesslich führt das WKR nach dem Vorbild des *anticipatory breach,* des englischen Sprachraums in Art. 71–73 als Neuerung Behelfe im Falle *vorweggenommener Vertragsverletzung* ein.

7. Pflichten des Käufers (WKR Art. 54–60)

Während die Leistungspflichten des Verkäufers, da i. S. einer Neuerung des WKR auch die Sachqualität mitumfassend, gesonderte Betrachtung erforderten, bedarf die im Grundsätzlichen selbstverständliche Preiszahlungspflicht des Käufers kaum vieler Worte. Präzisierend die folgenden Bemerkungen:

Art. 54 statuiert in Ergänzung der Preiszahlungspflicht eine Zusatzobligation zur Vornahme allenfalls notwendiger Formalitäten, dies wohl einschliesslich der Beschaffung erforderlicher devisenrechtlicher Genehmigungen. Diesbezüglich ist wohl nicht bloss eine Pflicht des Tätigwerdens gemeint, sondern eine Haftung für den Erfolg, enthält doch wohl das Versprechen einer Preiszahlung die Gewährsübernahme für deren rechtliche Möglichkeit und Zulässigkeit.

Art. 55 betrifft nicht die Zahlungspflicht als solche, sondern stellt eine Regel dar zur Bestimmung des Preises; vgl. dazu auch unten Ziff. V/3.

Art. 57/I: Die Parteien können den Erfüllungsort bestimmen; fehlt eine Absprache, ist das *Verkäuferdomizil* Erfüllungsort. Soll Zahlung gegen Übergabe von Dokumenten erfolgen, gilt der für den Austausch vorgesehene Ort als Erfüllungsort (praktisch wohl häufig der Ort der ein Akkreditiv notifizierenden Bank, d. h. in der Regel wiederum das Verkäuferdomizil).

---

[23] Die Regel von OR Art. 190 ist fragwürdig, da sie wohl in Widerspruch zu den Anschauungen der beteiligten Kreise steht, was unter anderem durch das WKR belegt wird. Vorbild für OR Art. 190 war ADHGB § 357/I bzw. HGB § 376/I.

Die Regel des Verkäuferdomizils als Erfüllungsort (und ganz allgemein jene der Geldschulden als Bringschulden) entspricht alter Tradition und ist in der Schweiz seit je vertraut (OR Art. 74/II/Ziff. 1). Das Bild wird verdüstert durch die Regel von Art. 5, Ziff. 1 des *«Lugano-Abkommens»*, der ganz allgemein (damit auch im Falle von Geldschulden) am Erfüllungsort ein zusätzliches Klagedomizil einräumt. Das bedeutet, dass der Gläubiger (Verkäufer) nicht dem Schuldner folgen muss, sondern an seinem Domizil klagten kann. Dieses sachlich schwer zu rechtfertigende (zudem Art. 59 unserer Bundesverfassung widersprechende) Ergebnis ist nicht vom WKR, sondern vom Lugano-Abkommen verschuldet. Im Rahmen der nationalen Gesetzgebung kann eine Korrektur herbeigeführt werden, indem man die Sonderregel «Geldschulden sind Bringschulden» aufhebt; ein Vorgehen, das ich bezüglich Art. 74/II, Ziff. 1 OR dringend empfehle und das der deutsche Gesetzgeber bereits anno 1900 im BGB verwirklicht hat [24]. Im Geltungsbereich des WKR ist diese Korrekturmöglichkeit dem nationalen Gesetzgeber verwehrt; dem Käufer bleibt es überlassen, durch Vertragsabsprache sein Domizil als Erfüllungsort der Kaufpreisschuld auszubedingen, wozu Art. 57/I ohne weiteres Raum lässt.

Art. 58 und 59 beziehen sich auf den *Zeitpunkt* der Zahlung. Massgeblich ist das vertraglich Vereinbarte mit der Präzisierung von Art. 59, dass der Verkäufer ohne weitere Aufforderung im vertraglich festgesetzten Zeitpunkt zu zahlen habe, womit wohl nicht bloss Fälligkeit, sondern nach unserer Diktion auch Verzugseintritt gemeint sein dürfte, da damit i. S. von Art. 74 und 78 Verzugszinse und ebenso Schadenersatz für Verspätung verfallen. Im übrigen wird in Art. 58 vorab eine Vermutung für Zug-um-Zug-Leistung statuiert mit Angabe von Sondermodalitäten. *Art. 60* zur Abnahmepflicht: Vgl. Hinweise oben Ziff. III/1.

8. Ansprüche des Verkäufers bei Verletzung von Käuferpflichten (Art. 61–65)

Es wiederholt sich das für die Verkäuferpflichtverletzung Gesagte, jedoch mit den sachlogisch sich ergebenden Vereinfachungen (Nachbesserung entfällt sogut wie Ersatzlieferung). Voraussetzung der «Aufhebung des Vertrages» ist die Nachfristansetzung (Art. 63).

Art. 64: Voraussetzung der Vertragsaufhebung ist auch hier das Vorliegen einer «wesentlichen Vertragsverletzung». Bei Ausbleiben des Kaufpreises

---

[24] Dies im Hinblick auf § 29/I der deutschen ZPO des Jahres 1877, der, wie das Lugano-Abkommen, den Erfüllungsort zum Gerichtsstand erhebt. Nur vor diesem Hintergrund lässt sich erklären, weshalb das BGB nicht, wie das OR, Geldschulden als Bringschulden deklariert, sondern die allgemeine Regel (Schuldnerdomizil als Erfüllungsort, BGB § 269) bestehen lässt, um das auch von ihm gewollte Ergebnis der Bringschuld mit der Formel von § 270/I zu erreichen: «Geld hat der Schuldner ... auf seine Gefahr und seine Kosten dem Gläubiger an dessen Wohnsitz zu übermitteln.»

wird sie grundsätzlich immer gegeben sein. Fraglich erscheint immerhin, quid iuris, wenn 70, 90, 95 oder 99% des Kaufpreises bezahlt sind. Liegt auch im letzten Fall (Ausstehen von 1% des Preises) noch «wesentliche Vertragsverletzung» vor? Verweigerung der Abnahme ist wohl nur ganz ausnahmsweise «wesentliche Vertragsverletzung».

Rechtsvergleichend erscheint beachtlich, dass das WKR keine Regel i.S. OR 214/III (entsprechend BGB § 454) kennt, womit im Falle des Ausbleibens der Zahlung ein Rücktrittsrecht des Verkäufers immer, und nicht (wie nach OR und BGB) bloss bei entsprechendem Vorbehalt besteht; mangels Sondernorm gilt die allgemeine Regel[25].

IV. Allgemeine Bestimmungen (Art. 7–13)

Kapitel II (Art. 7–13) enthält einige zusammengewürfelte Bestimmungen, die für die Schweiz keine grundlegenden Neuerungen bringen. Immerhin sei das Folgende festgehalten:

Art. 7 will insgesamt in Fällen von *Auslegungsfragen* verhindern, dass im Zweifel auf nationales Recht zurückgegriffen wird: Nach *Abs. I* soll das WKR insbesondere aus sich selber heraus, aufgrund weltweit verbreiteter, nicht nationaler Auffassungen, und im Hinblick auf «einheitliche Anwendung» interpretiert werden.

Abs. II betrifft Regelungslücken innerhalb des Sachbereichs des WKR, soweit diese nicht nach Art. 4 nationalem Recht überlassen sind: Auch hier wird primär betont die Massgeblichkeit des WKR, d.h. die «allgemeinen Grundsätze, die diesem Übereinkommen zugrunde liegen»; nur subsidiär, wenn dies nicht hilft, soll nach nationalem Recht (jenem, das nach IPR anwendbar wäre) die Lücke gefüllt werden.

Art. 8 enthält insgesamt im Ergebnis kaum etwas anderes als eine Beschreibung der hierzulande unter der Etikette *«Vertrauensprinzip»* zusammengefassten Grundsätze.

Abs. III (in fine) bringt eine wertvolle Präzisierung eines oft zuwenig beachteten Grundsatzes: Zu berücksichtigen ist auch das *«spätere Verhalten»* der Parteien (gemeint wohl insbesondere jenes im Rahmen der Vertragsabwicklung). Dies ist nicht nur deshalb richtig, weil zu vermuten ist, die Parteien würden sich im Rahmen ihres oder des gemeinsamen Vertragsverständnisses bewegen: eine gemeinschaftlich und unwidersprochen beobachtete Vertragspraxis kann darüber hinaus eine stillschweigende Vertragsänderung implizieren (vgl. dazu auch BUCHER, OR AT § 12/IV/2).

---

[25] So auch die *französische Tradition,* die von der «condition résolutoire-Regel» (franz.CC art. 1184/I) keine Ausnahme für den Preiszahlungsverzug statuiert (explizit franz.CC art. 1654: «Si l'acheteur ne paie pas le prix, le vendeur peut demander la résolution de la vente.»)

Art. 9: Handelsbräuche, d. h. in der fraglichen Branche allgemein geltende Regeln, binden dann, wenn explizit anerkannt (Abs. I), jedoch auch, wenn sie im fraglichen Geschäftszweig einerseits «regelmässig beachtet» werden und überdies die Parteien diese kannten oder kennen mussten. Im übrigen hält *Abs. I* fest, dass die zwischen den Parteien des Vertrages anlässlich anderer Geschäfte entwickelten *parteiinternen Gepflogenheiten* sie auch im zu beurteilenden Geschäft binden.

Art. 10 betrifft die Frage der *örtlichen Verknüpfung* durch Umschreibung des vom Gesetz verwendeten Begriffes der «Niederlassung», wobei im Falle mehrerer konkurrierender Anknüpfungspunkte Bewertungsregeln aufgestellt werden. Bei Fehlen einer festen örtlichen Beziehung wird auf den «gewöhnlichen Aufenthalt» verwiesen.

Art. 11: Es wird der Grundsatz der *Formfreiheit* festgeschrieben, der in der Schweiz ohnehin im Bereich des WKR vorbehaltlos gilt. Im internationalen Verhältnis ist jedoch höchst beachtlich und von grundlegender Bedeutung der Zusatz, dass der Vertrag *«auf jede Weise»,* «auch durch *Zeugen»* bewiesen werden könne und dem Richter insofern freie Beweiswürdigung offensteht. Damit wird einer Tradition, die dem französischen wie dem englischsprachigen Rechtskreis gemeinsam ist, eine Absage erteilt: Der Regel, dass zum Beweis von Forderungen, die einen bestimmten Wert übersteigen, der Zeugenbeweis versagt sei[26]. Diese Tradition wird verkörpert durch die *«Ordonnance de moulins»* des Jahres 1566, die in Art. 54 den Zeugenbeweis ausschloss für Forderungen, die den Betrag von «100 livres» überstiegen. Der Einfluss dieser Regel blieb nicht auf Frankreich bzw. den romanischen Sprachbereich beschränkt, sondern soll auch das *Statute of Frauds* beeinflusst haben[27]. Angesichts der bis heute weltweit immer noch weitreichenden Bedeutung dieser Tradition kann die Entscheidung des WKR zu Gunsten des uns selbstverständlichen Prinzips nicht hoch genug veranschlagt werden[28].

Art. 12 eröffnet den Signatarstaaten die Möglichkeit, mit einem Vorbehalt durch Erklärung i. S. von Art. 96 die Regel von Art. 11 auszuschalten.

Art. 13 statuiert, dass «Telegramm oder Fernschreiben» dem Schrifterfordernis, soweit im WKR gefordert, Genüge tut.

---

[26] *Französischer Code Civil,* art. 1341 ff., wo in heutiger Fassung die Grenze bei 5000 Franken festgesetzt wird. Im ursprünglichen Code Civil des Jahres 1804 lag die Grenze bei 150 Franken und damit geldwertmässig vielleicht zwanzigmal höher als heute.

[27] Vgl. dazu Ernst Rabel, The Statute of Frauds and Comparative Legal History, Law Quaterly Rev. *61* (1947) 174–187, oder in Rabel, Gesammelte Aufsätze, Bd. III (Tübingen 1967), S. 261 ff. Die Regel von Art. 54 der Ordonnance des moulins beruht ihrerseits auf langer Tradition (vgl. Hinweise a. a. O., S. 263 f.).

[28] Art. 11 des WKR hat einen Vorläufer in *ZGB Art. 10,* welche Regel verhindern sollte, dass die welschen Kantone, um ihren bisherigen am französischen Code Civil orientierten Rechtszustand zu bewahren, den bundesrechtlich-materiellrechtlichen Grundsatz der Formfreiheit auf prozessrechtlicher Ebene ins Gegenteil wenden würden.

V. Abschluss des Vertrages (Art. 14–24)

1. Allgemeines

Hier werden keine allgemeinen Konsensregeln statuiert, sondern über *Offerte* und *Akzept* Grundsätze aufgestellt, die weitgehend mit dem uns Gewohnten übereinstimmen:

Art. 14: «*Angebot*» setzt voraus, dass ihm der Wille, im Falle einer Annahme gebunden zu sein, entnommen werden darf. Dies erfordert Adressierung an einen beschränkten Personenkreis; bei «Streuung» der Erklärung wird lediglich eine Einladung zur Offertstellung vermutet (ähnlich OR Art. 7/II). Angebot wie Annahme werden wie nach OR wirksam mit *Zugehen beim Adressaten* (in dessen Briefkasten, Kenntnisnahme nicht gefordert; Art. 15/I, 18/II). Das Wirksamwerden kann durch überholende schnellere Erklärung ausgeschaltet werden (Art. 15/II, 22; wie OR Art. 9). Ein Angebot erlischt durch Ablehnung (Art. 17); eine «modifizierende Annahme» wird als Ablehnung, verbunden mit einer Gegenofferte, verstanden (Art. 19/I). In diesem Zusammenhang findet sich eine sinnvolle Einschränkung, die für die Behandlung von *Bestätigungsschreiben* bedeutsam ist: Nicht wesentliche Änderungen, denen nicht «unverzüglich» widersprochen wird, hindern das Zustandekommen des Vertrages nicht (Art. 19/II). Dieser Grundsatz erfährt in Art. 19 Abs. III wiederum eine Einschränkung, wonach Zusätze betr. Preis, Ware oder «Beilegung von Streitigkeiten» (Schieds- oder Gerichtsstandsklauseln!) von den nicht wesentlichen explizit ausgenommen sind, d.h. nicht auf dem Umweg über Bestätigungsschreiben modifiziert bzw. eingeführt werden können.

Art. 23 mit Verweisung auf *Art. 18/II* regelt den *Zeitpunkt* des Vertragsschlusses (und der *Bindungswirkungen):* entscheidend ist der *Zugang* (nicht die Kenntnis) *der Annahmeerklärung*[29].

Art. 21 betrifft den Fall *verspäteten Eintreffens* der Annahme-Erklärung. Absatz II enthält eine im wesentlichen OR Art. 5/III entsprechende Regel, wonach im Falle erkennbar rechtzeitiger Versendung der Akzept-Empfänger im Falle der Verspätung in der Übermittlung eine ablehnende Erklärung abgeben muss, um nicht gebunden zu sein. In Art. 5/III OR wird die (von WKR

---

[29] Eine Regel entsprechend *OR Art. 10* (Rückbezug der Bindungswirkungen auf Zeitpunkt der Versendung) besteht zum Glück nicht. Diese letztere Regel stellt nicht mehr dar als eine Konzession an rationalistische Konsenstheorien, wonach «eigentlich» der Konsens bereits mit Versendung der Annahme bestand. Eine sachliche Rechtfertigung von OR Art. 10 kann nicht erkannt werden.

21/II explizit geforderte) Erkennbarkeit nicht genannt, muss aber wohl trotzdem als Voraussetzung gelten[30].

2. Insbesondere: Bindende Offerten?

In der Schweiz wie nach BGB sind bindende Offerten zulässig, d.h. der Offerent bestimmt, wie lange er die Offerte «offenhält» und der Empfänger den Vertrag durch Annahme zustande bringen kann, obwohl er, der Offerent, vielleicht bereits nicht mehr kontrahieren möchte. Es geht um die Doppelfrage, ob Offerten innerhalb eines bestimmten Rahmens geschaffener Erwartungen als unwiderrufen verstanden werden, oder ob umgekehrt, bei vermuteter Widerruflichkeit, der Offerent wenigstens durch (ausdrückliche oder stillschweigende) Erklärung seine Offerte bindend (d.h. unwiderruflich) machen kann.

Im *englischen Sprachbereich* wird Bindungswirkung der Offerte i.S. deren Unwiderruflichkeit grundsätzlich abgelehnt; selbst durch ausdrückliche Zusicherung der Unwiderruflichkeit tritt dieser Erfolg nicht ein. Massgeblich ist das Argument, dass Bindung an eine Offerte nicht bestehen könne, da für dieses Gebundensein «consideration» (d.h. die Einräumung eines diese Bindung rechtfertigenden Gegenvorteils) fehle[31].

Im Bereich des *französischen Code Civil* (der zur Frage schweigt), hat sich die Auffassung herausgebildet, dass Bindung an sich möglich sei, dieser Wille des Offerenten jedoch nicht vermutet werde, sondern explizit erklärt werden müsse. Auf dieser «mittleren Linie» bewegt sich Art.16 des WKR, bleibt jedoch insgesamt etwas schwankend, bringt aber zusätzliche wesentliche neue Elemente:

Die *Widerruflichkeit* wird als allgemeiner Grundsatz an den Anfang gestellt; die Wirksamkeit des vermutungsweise zulässigen Widerrufs setzt voraus, dass er dem Oblaten zugeht (jedoch nicht notwendigerweise zur Kenntnis kommt), bevor dieser seine Annahmeerklärung versandt hat (Art.16/I).

Ausschluss der Widerruflichkeit und damit *Bindungswirkung der Offerte* tritt nach Art.16/II in zwei Fällen ein, deren gegenseitige Abgrenzung allerdings nicht leicht fallen wird:

---

[30] Die in Absatz I aufgestellte Forderung, dass im Falle des (aus irgendwelchen Gründen) verspäteten Eintreffens der Annahme der Offerent, um den Akzeptierenden im Vertrag zu behaften, eine explizite Erklärung abgeben müsse, scheint mir etwas des Realitätsbezugs zu entbehren und Ausdruck eines überholten Vertragsverständnisses zu sein.

[31] Diese Regel wird freilich durch Sondererlasse durchbrochen; wichtigstes Beispiel ist der Uniform Commercial Code (UCC), dessen § 2–205 «firm offers» zulässt im Falle expliziter schriftlicher Zusicherung der Unwiderruflichkeit, auch dies allerdings nur im Rahmen des Kaufrechts und unter Ausschluss einer drei Monate übersteigenden Bindungswirkung.

– (lit. a) im Falle einer die Widerruflichkeit ausschliessenden *Erklärung des Offerenten* (dieser muss die Unwiderruflichkeit «zum Ausdruck» gebracht haben)

– (lit. b) im Falle eines *Vertrauenstatbestandes seitens* des *Offert-Empfängers.* Dieser muss, das ist die hochinteressante Neuerung des WKR, nicht bloss berechtigte Erwartungen in das Zustandekommen eines Vertrages hegen dürfen; gefordert ist vielmehr, dass er auch gestützt auf das «Vertrauen auf das Angebot *gehandelt* hat» (z. B. Anstalten zur eigenen Vertragserfüllung oder zur Entgegennahme bzw. Verwendung der Gegenleistung getroffen hat). Abgrenzungsprobleme gegenüber dem Tatbestand gemäss lit. a (wo eine «Vertrauenshandlung» nicht vorausgesetzt wird) ergeben sich zwangsläufig aus dem Umstand, dass auch das «Vertrauen» gemäss lit. b zweifellos voraussetzt, dass dieses nicht durch Zufall verursacht, vielmehr durch das Verhalten des Offerenten geschaffen wurde, wir uns damit zwangsläufig dem «zum Ausdruck bringen» des lit. a nähern.

3. Insbesondere: Erfordernis der Preis-Bestimmtheit? Art. 14, Art. 55)

Zu einem Zentralthema des Kaufrechts gehört seit je die Frage, ob das Zustandekommen des Kaufs Preisvereinbarung voraussetze oder nicht. Aus Zeitgründen konnte darauf an der Tagung nicht eingegangen werden; mit den Tagungsunterlagen wurde auszugsweise ein diesem Gegenstand gewidmeter Aufsatz abgegeben, der als Anhang beigefügt wurde (p. 53–82).

VI. Übergang der Gefahr (Art. 66–70)

1. Vorbemerkungen – Preisgefahr und Leistungsgefahr

Eine Umschreibung des Begriffs des Gefahr-Übergangs versucht Art. 66: Die dortige Formel stellt klar, dass «Gefahr» als *«Preisgefahr»* zu verstehen ist. Im übrigen macht sie bewusst, dass es hier nicht bloss um die Zuordnung von sachimmanenten Risiken des Untergangs bzw. der Verschlechterung geht, sondern um die grundlegendere Frage, in welchem Zeitpunkt *Erfüllung der Verkäuferpflicht* (sc. der Hauptpflicht der Sachverschaffung) unter dem Gesichtspunkt des dadurch ausgelösten Entstehens des Anspruchs auf Gegenleistung (sc. Preiszahlung) anzunehmen ist.

Der hier im Vordergrund stehenden *Preisgefahr* wird begrifflich die *Leistungsgefahr* gegenübergestellt, welche die Frage bezeichnet, in welchem Zeitpunkt der Verkäufer von seiner Leistungspflicht befreit wird (und deshalb auch nicht wegen Nichtlieferung oder Lieferverspätung ersatzpflichtig werden kann)[32]. Mangels expliziter die Leistungsgefahr treffender Regeln muss angenommen werden, dass die für die Preisgefahr statuierten Regeln Gefahrübergangsregeln schlechthin sind: Es wird unter beiden Aspekten (Entstehung des Anspruchs auf Gegenleistung, Befreiung von der eigenen Leistungspflicht) der Zeitpunkt vertragswirksamer Leistungserbringung übereinstimmend definiert. Eine Präzisierung ist immerhin insofern notwendig, als in Art. 31 eine selbständige Umschreibung der Verkäuferpflichten vorliegt, die gleichzeitig auch statuiert, wann die Leistung als erbracht, der Verkäufer als befreit zu gelten hat. Dies würde bedeuten, dass im Falle einer Abweichung der Regeln von Art. 31 gegenüber Art. 66 ff. (insbesondere, beim Platzkauf, Art. 31 lit. c gegenüber Art. 69/I)[33] erstere vorgehen würden. Die Unterschiede sind aber wohl marginaler Natur; soweit bestehend, dürfen sie jedenfalls nur in einer Richtung wirken, dass nämlich die Leistungspflicht früher erlischt, der Kaufpreisanspruch in späterem Zeitpunkt erst entsteht, da die entgegengesetzte Variante (der Verkäufer hat zwar bereits seinen Preis verdient, steht aber noch in Lieferpflicht, d. h. muss die untergegangene Sache neu beschaffen) als sachlogisch ausgeschlossen zu gelten hat.

Hier ist ganz allgemein vorauszuschicken, dass die Frage der Preisgefahr insofern von geringer Bedeutung ist, als die Parteien routinemässig (insbesondere durch Vereinbarung von Lieferklauseln) eine vertragsautonome Regelung vereinbaren und damit die gesetzliche Regel ausschalten.

2. Massgeblicher Gesichtspunkt für Gefahrübergang: Sachübergabe

Das WKR lässt grundsätzlich die Preisgefahr zusammen mit der Sache auf den Käufer übergehen, wobei im einzelnen umschrieben wird, welche Tatbestände als Sachübergang gelten oder wenigstens in den Folgen gleich behandelt werden sollen (dazu Ziff. 3).

Es liegt eine Entscheidung von grundsätzlicher Bedeutung vor. Sie ist unter sachlichen Gesichtspunkten unzweifelhaft die beste Lösung, im übrigen aber auch durch die Tatsache bedingt, dass das WKR auf die Regelung des Eigentumsübergangs zum vornherein verzichtet (Art. 4, lit. c), womit zwangsläufig das weltweit immer noch grosse Bedeutung bewahrende *Gegenmodell des Gefahrübergangs als Folge des Eigentumsübergangs, dieser seinerseits mit Vertragsschluss eintretend,* als legislatorische Möglichkeit ausgeschlossen wird[34].

---

[32] Im Rahmen von CIF- oder FOB-Klauseln fallen z. B. beide Gefahrenzeitpunkte auseinander: Preisgefahr geht je im Zeitpunkt des Passierens der Reling über, während die Leistungsgefahr richtigerweise wohl am (durch CIF- oder FOB-Klauseln wie auch die übrigen Lieferklauseln nicht veränderten) *Erfüllungsort,* d. h. also mit Verlassen des Verkäuferdomizils, als übergegangen gelten muss.

[33] So der Hinweis bei HAGER, in Komm. SCHLECHTRIEM, Art. 69, N. 10.

[34] Dieses Gegenmodell ist vor allem im *französischen Code Civil* verwirklicht und die zwangsläufige Folge der an den Vertragsschluss geknüpften Eigentumsübertragungswirkungen (CC art. 711,

3. Die drei Grundregeln

M. E. lassen sich die Regeln von Art. 66–70 auf drei Grundprinzipien zurückführen:

a) Regel I: Gefahrübergang mit faktischer Sachübergabe

Ich beginne mit der von den Urhebern des WKR an zweite Stelle gerückte Regel (Art. 69/I). Diese ist nicht eine Ausnahme, sondern vielmehr eine Subsidiärregel, die, wie alle Subsidiärregeln, das allgemeine Prinzip verkörpert, das solange gilt, als nicht die Voraussetzungen einer Sonderregelung verwirklicht sind. Gefahrübergang mit faktischer Sachübergabe ist ein einleuchtendes, einfaches Prinzip, das allgemeinen vertragsrechtlichen Grundsätzen entspricht: Sachübergabe ist die wichtigste Verkäuferpflicht. Hat er diese Pflicht erfüllt (die auch gleichzeitig die Pflicht ist, deren Erfüllung äusserlich sichtbar ist, und jene, die dem Käufer den wohl praktisch entscheidenden körperlichen Zugriff auf die Sache gibt), so soll er auch die vertragliche Gegenleistung erhalten. Es ist die Lösung, die beispielsweise mit jener des deutschen BGB[35] sich weitgehend deckt.

Die für die direkte Übergabe der Sache durch den Verkäufer an den Käufer bzw. für die direkte Übernahme der Sache durch den Käufer beim Verkäufer aufgestellte Regel hat einen weiteren Anwendungsbereich, als man annehmen könnte: Sie muss immer auch dann gelten, wenn der Käufer durch «seine Leute» die Ware beim Verkäufer abholen lässt oder wenn sie von ihm an einem dritten Ort übernommen wird.

b) Regel II: Übergabe an den ersten Frachtführer lässt Gefahr übergehen

Der Sachverhalt, der vom WKR als häufigster vorausgesetzt und daher in der Normierung als allgemeine Regel vorangestellt wird (Art. 67/I), betrifft den Fall, dass die Ware gemäss Vertrag der Parteien transportiert werden muss. Dies ist dahin zu präzisieren, dass das Prinzip von Art. 67/I nur gilt, wenn der Transport durch einen vertragsfremden Dritten zu geschehen hat; hat der

---

art. 1138/II und art. 1606). Diese Lösung ist in weiten Teilen des romanischen Sprachbereichs (immerhin mit Ausnahme von Chile, Argentinien, Spanien, Kolumbien und Brasilien) verwirklicht (vgl. dazu A. Röthlisberger, Mobiliarübereignung, Zürich 1982). Auch die heute niemandem mehr Freude bereitende Gefahrtragungsregel von OR Art. 185 war gesetzgeberisch die Folge der Verankerung der französischen Schweiz in dieser Tradition (vgl. dazu die Hinweise bei Bucher, E., OR/BT § 3/VI/4.) Im *englischen Sprachbereich* ist Eigentumsübergang die Folge eines Sale (nicht aber eines Agreement to Sell); vgl. dazu die Hinweise oben Ziff. I/4. Die Preisgefahr folgt auch hier dem Eigentum, geht also bei Sale vermutungsweise bereits mit Vertragsschluss über (vgl. Sale of Goods Act, 1979, sec. 20/I: «... when the property in them – the goods – is transferred to the buyer the goods are at the buyer's risk whether delivery has been made or not».

[35] BGB § 446/I, 1. Satz: «Mit der Übergabe der verkauften Sache geht die Gefahr des zufälligen Unterganges und einer zufälligen Verschlechterung auf den Käufer über ...».

Verkäufer mit seinen eigenen Transporteinrichtungen die Ware zu transportieren, soll das Risiko während des Transports noch vom Verkäufer getragen werden, in dessen Bereich sich die Ware damit noch befindet[36].

Jener der in Art. 67/I statuierten Grundregel zugrunde liegende Sachverhalt deckt sich weitgehend, wenn auch nicht völlig, mit der Vereinbarung eines «Versendungskaufs» i.S. der Doktrin zu BGB und OR. Der Unterschied liegt darin, dass die Versendung, d.h. die Veranlassung des Transports, beim Versendungskauf als eine Verkäuferpflicht verstanden wird, im Rahmen von Art. 67/I jedoch dem einen wie dem anderen Vertragspartner (oder auch einem Dritten) obliegen kann, und der Vertrag immer noch i.S. von Art. 67 einen Transport «involviert». Beim Versendungskauf geht sowohl in Deutschland (BGB § 447) wie in der Schweiz (OR Art. 185/II) die Gefahr mit Übergabe an den ersten Frachtführer auf den Erwerber über, eine Lösung, die jener von WKR Art. 67 entspricht[37].

c) Regel III: Bei Verabredung eines vom Verkäuferdomizil verschiedenen Erfüllungsortes geht die Gefahr erst am Erfüllungsort über

Die Verabredung eines Erfüllungsortes (der hier als ein vom Verkäuferdomizil verschiedener Ort vorausgesetzt wird) lässt die Gefahr erst übergehen, wenn sich die Ware an diesem Ort befindet und noch weitere Voraussetzungen erfüllt sind. Diese hängen davon ab, ob ein Transporteur oder aber der Käufer selber die Ware am Erfüllungsort übernehmen soll:

Ist die Ware am Erfüllungsort einem *Transporteur* (der «Dritt-Transporteur» sein muss, d.h. weder in das Unternehmen des Verkäufers noch jenes des Käufers integriert sein darf) zu übergeben, bewirkt erst die Übergabe an diesen den Übergang der Gefahr (WKR Art. 67/I, 2. Satz); es wird gewissermassen die Regel II (Art. 67/I, 1. Satz) auf den Sonderfall der Verabredung eines Erfüllungsortes transponiert.

Hat am Erfüllungsort der *Käufer* die Ware selber zu übernehmen, so greift WKR Art. 69/II Platz; danach geht die Gefahr erst auf den Käufer über, wenn sich die Ware am Erfüllungsort befindet, die Leistung fällig ist und der Käufer Kenntnis von der Erfüllungsbereitschaft des Verkäufers hat. Auf ein formelles Anbieten der Leistung an den Käufer wird allerdings verzichtet; geht die Ware unter, nachdem der Käufer auf irgendeine Weise Kenntnis erhalten hatte, dass die Ware zu seiner Verfügung stand, muss dieser den Preis bezahlen, ohne Nachlieferung verlangen zu können. – Wenn im Vertrag glei-

---

[36] So auch JOHN HONNOLD, Uniform Law for International Sales, Deventer 1982, No. 368, und PETER SCHLECHTRIEM, Einheitliches UN-Kaufrecht, Tübingen 1981, S. 80.

[37] Für das schweizerische Recht ist immerhin anzumerken, dass die hier beschriebene Versendungskauf-Regel gemäss OR 185/II nur für den Gattungskauf gilt, während im Bereich des Stückkaufs, Versendungskauf hin oder her, es bei der allgemeinen Gefahrtragungsregel von OR Art. 185/I sein Bewenden hat.

chermassen verabredet ist, dass der Verkäufer die Ware zum Transport einem dritten Transporteur zu übergeben und der Käufer die Ware an einem benannten Bestimmungsort zu übernehmen habe, also gleichzeitig die Tatbestände von Art. 67/I, 1. Satz und Art. 69/II gegeben sind, hat m. E. die Regel II (Art. 67/I) Vorrang, da die Einschränkung von Art. 69/I, dass diese Bestimmung bloss für die nicht von Art. 67 und 68 erfassten Fälle gelte, sich wohl nicht bloss auf Abs. 1, sondern auf den ganzen Art. 69 bezieht.

4. Spezifikation des Leistungsgegenstandes als Voraussetzung des Gefahrüberganges

Weniger positivrechtliche Norm als vielmehr die Anerkennung sachlogischer Zwangsläufigkeit stellt die an zwei Stellen (WKR Art. 67/II und Art. 69/III) ausgedrückte Regel dar, dass Gefahrübergang (sc. im Rahmen eines Gattungskaufs bzw. eines «sale by description») in jedem Fall erst dann stattfindet kann, wenn der Kaufgegenstand ausgesondert ist, wobei die erstere Bestimmung exemplifikatorisch die Mittel derartiger Spezifikation aufzählt.

5. Sonderfall der «goods sold in transit» (WKR Art. 68)

Die für den Verkauf reisenden Guts getroffene Sonderregelung des Gefahrenübergangs hat eine bewegte Entstehungsgeschichte[38], die an dieser Stelle nicht näher interessieren darf. Hier nur einige grundsätzliche Bemerkungen. Während die Grundregel, wonach die Preisgefahr mit Vertragsschluss übergeht, sich in den Rahmen bekannter Konzepte einfügt, stellt die demgegenüber statuierte Ausnahmeregel des Rückbezugs des Übergangs der Gefahr auf den Zeitpunkt des Verladens der (damals noch nicht verkauften) Ware eine exzeptionelle Regel dar. Denn es wird nicht bloss eine Gefahrtragungsregel aufgestellt, sondern vielmehr ein Prinzip, das die *Vertragsgültigkeit,* die Frage des Zustandekommens eines rechtswirksamen Vertrages, betrifft, die gemäss der Programmerklärung von WKR Art. 4 lit. a gerade nicht Gegenstand der Konvention sein soll. Ist nämlich die Ware nach Verladen, jedoch vor deren Verkauf, untergegangen, ist der Vertrag wohl nach den meisten Rechtsordnungen der kontinentalen Rechtsfamilie wegen Unmöglichkeit ungültig (impossibilium nulla obligatio)[39]. Dies dürfte aber auch nach englischem Recht zutreffen; leading case ist *Couturier v. Hastie,* in dem das House of Lords 1856 einem Kauf einer Schiffsladung Mais, die bereits vor Vertrags-

---

[38] Vgl. dazu SCHLECHTRIEM, a. a. O., S. 81 f.

[39] Vgl. ABGB § 878, OR Art. 20/I, BGB § 306; ähnlich im Ergebnis auch der französische Code Civil.

schluss wegen Gärung notverkauft worden war, die Gültigkeit versagte. In WKR Art. 68 wird daher nicht bloss ein eventueller Gefahrübergang auf den Käufer statuiert, sondern vor allem (wenn auch unausgesprochen) vorerst einmal die Regel, dass der Vertrag trotz bei Vertragsschluss bereits nicht mehr bestehender Kaufsache gültig ist.

Der Konventionstext verschweigt das anscheinend unbestrittenermassen massgebliche Element, das einen rückwirkenden Gefahrübergang auf den Käufer zu rechtfertigen vermag, nämlich das Bestehen einer *Versicherung,* aus welcher der Käufer begünstigt ist und welche dessen Verlust deckt. Das ist zu bedauern. Sodann muss, zur Vermeidung von Illusionen, bedacht werden, dass der böse Glaube des Verkäufers (d. h. sein Wissen oder Wissenmüssen um den zwischenzeitlichen Verlust des reisenden Kaufgegenstandes) vom Käufer nachzuweisen ist (ZGB Art. 3; ähnlich wohl die Beweislastregeln der meisten Rechtsordnungen), was nicht in allen Situationen leichtfallen dürfte und missbräuchlichen Machenschaften des Verkäufers Raum gibt.

VII. Die vom WKR nicht erfassten, daher nach nationalem Recht (ZGB und OR) zu behandelnden Fragen – Abgrenzungsprobleme

1. Ausgangspunkt: WKR Art. 4, Hinweis auf Art. 5 und 28

Kaufvertragsrecht ist nicht ein isolierter Bereich, sondern ist integriert in allgemeines Vertragsrecht, ja in die Privatrechtsordnungen überhaupt. Das WKR kann nur einen Sektor des Ganzen regeln, daher entstehen Probleme der Grenzziehung; diesen ist die Regelung von in Art. 4 gewidmet.

Art. 4 geht das Problem von beiden Seiten an: *Erstens* wird der vom WKR erfasste Bereich umschrieben: «Abschluss des Kaufvertrages und die aus ihm erwachsenden Rechte und Pflichten». Aber selbst diese *positive* Umschreibung wird mittelbar ins Negative gewendet, indem gesagt wird, dass *«ausschliesslich»* dieser Bereich erfasst werde, alles übrige nicht. Im übrigen werden dann negativ die nicht erfassten Bereiche umschrieben (und zwar lediglich exemplifikativ, nicht abschliessend: «insbesondere») und folgende Beispiele genannt:

«a) die Gültigkeit des Vertrages oder einzelner Vertragsbestimmungen oder die Gültigkeit von Handelsbräuchen;

b) die Wirkungen, die der Vertrag auf das Eigentum an der verkauften Ware haben kann.»

Neben Art. 4 bestehen weitere ausschliessende Klauseln. *Art. 5* betrifft Mangelfolgeschäden bei Personen, einen Teil der «Produktehaftung»; *Art. 28* bezieht sich auf Vollstreckung/Realexekution. Andere Bereiche sind ausgeschlossen, ohne dass ein expliziter Vorbehalt bestünde (so z. B. hinsichtlich der *Verjährung;* unten Ziff. 6).

2. In den vom WKR nicht erfassten Bereichen gilt jenes Recht, das nach IPR-Grundsätzen anwendbar ist

Das WKR, selbst wenn global übernommen und überall geltend, würde nicht Kollisionsprobleme ausschliessen, internationales Privatrecht entbehrlich machen. Dies sei anhand zweier Beispiele vorweg kurz erläutert:
– Eigentum, d. h. die Frage, wann/wie Eigentum übertragen wird, entscheidet nicht das WKR, sondern das jeweilig anwendbare Sachenrecht;
– die *Zedibilität* der aus dem WKR unterliegenden Verträge sich ergebenden einzelnen Ansprüche (auf Lieferung, Preiszahlung) wird nicht vom WKR geregelt; sofern die allgemeine Kollisionsregel Recht macht, dass das Statut der abzutretenden Forderung für deren Abtretung massgeblich sei (nach IPRG Art. 145/I allerdings nur dann geltend, wenn im Abtretungsvertrag eine Rechtswahl fehlt), sind wir auf WKR zurückverwiesen; dessen Schweigen führt zur subsidiären Anwendung jenes Rechts, auf welches das IPR des Gerichtsstandes verweist (Sicherungszession des Exporteurs untersteht daher in der Regel dessen Recht).

Die nicht geregelten Fragen können, wie jene des Eigentumsübergangs, direkt das Kaufgeschäft betreffen oder lediglich Vorfragen (Handlungsfähigkeit, Stellvertretung) oder Annexprobleme (Zedibilität). Immer dann, wenn nach dem Verständnis des Prozessdomizils die vom WKR offengelassene Frage an sich vom Vertragsstatut zu beantworten ist, stellt dieses – nach IPR-Grundsätzen bestimmte – Recht gegenüber dem WKR ein *subsidiäres Recht* dar.

3. Die nach Art. 4, lit. a ausgenommenen Bereiche («Gültigkeit» des Vertrages) im allgemeinen [40]

Zu untersuchen bleibt die angeblich ausgenommene «Gültigkeit des Vertrages» insgesamt oder einzelner seiner Bestimmungen. Nachdem WKR einerseits die Vertragsentstehung (Art. 14–24, oben Ziff. V) regelt, anderseits die «Aufhebung» des Vertrages infolge wesentlicher Vertragsverletzung zu einem Zentralthema macht, kann dieser Vorbehalt nicht wörtlich gemeint sein; betroffen sein können nur die übrigen, nicht behandelten Aspekte. Dieser Grundsatz ist im Ergebnis und im allgemeinen unbestritten; Meinungsver-

---

[40] *Lit. b* – Eigentum – ist bereits behandelt; «Gültigkeit» von Handelsbräuchen ist für unser Verständnis keine normativ-materiellrechtliche Frage, vielmehr eine Fakten- und Beweisfrage.

schiedenheiten bestehen aber wohl hinsichtlich der Frage der Auswirkungen im einzelnen.

In Betracht kommen Normen objektiven (insbesondere öffentlichen) Rechts, die bestimmte Verträge als solche nicht zulassen, dann sonstige, ausserhalb des Schuldrechts i.e.S. liegende Gültigkeitsvoraussetzungen der Rechtsfähigkeit, der Geschäftsfähigkeit, des Vertretungsrechts usw.

a) Rechtsfähigkeit

Sie gibt bei *natürlichen Personen* keine Probleme auf. Anders bei *juristischen Personen;* hier gilt wohl das für diese massgebliche Recht. Nach IPRG Art. 154 (Verweisung gemäss Art. 155, lit. c) ist massgebend das «Recht des Staates, *nach dessen Vorschriften* sie organisiert sind».

b) Handlungsfähigkeit

Bei *natürlichen Personen* bestimmt sich diese nach dem für die handelnde Person massgeblichen Statut; gemäss IPRG Art. 35 gilt das Recht deren Wohnsitzes.

Bei juristischen Personen gilt das oben lit. a Gesagte. Damit wird insbesondere die praktisch höchst bedeutsame Frage beantwortet, welche natürliche Person unter welchen Voraussetzungen die betreffende juristische Person vertreten könne, d.h. ob beispielsweise deren Organstellung als solche genüge, oder ob eine Sonderermächtigung erforderlich sei (also etwa: ob ein Verwaltungsrat die Gesellschaft vertreten könne, oder ob die Beschlüsse irgendwelcher übergeordneter Instanzen notwendig sind).

c) Vertretung

Bürgerliche Stellvertretung (OR Art. 32 ff.) oder *kaufmännische Vertretung* (OR Art. 458 ff.), vgl. IPRG Art. 126, für die Vertretung juristischer Personen vgl. oben lit. b.

d) Gesetzes- oder Sittenverstösse

Vorbehalten bleibt OR Art. 20 (oder BGB § 138), jedoch unter Ausschluss der Frage der Unmöglichkeit (dazu unten).

e) AGB-Gesetzgebung (Deutschland/Österreich):

Es wird die Auffassung vertreten, dass im Falle kollisionsrechtlicher Anwendbarkeit nationalen Rechts die AGB-Schutzgesetzgebung gelten sollte.

Diese Auffassung mag zwar mit WKR vereinbar sein, jedoch werden die Rechtssicherheit im internationalen Bereich und das Ziel der Schaffung eines Einheitsrechts in Frage gestellt. Problematisch erscheint, dass AGBG-Restriktionen inhaltlich nur eingeordnet werden können als Regeln der *Vertragsentstehung* oder als materielle Schranken inhaltlicher Gestaltung. Ersteres (Entstehung) ist explizit im WKR geregelt. Mangels Vorbehalt muss dies aber auch für den *Inhalt* gelten; WKR setzt Vertragsfreiheit voraus. Damit erweist sich die Durchsetzung des AGB-Gesetzes als dessen Erhebung in den Rang des nationalen *ordre public*[41], woraus sich deren Schranken ergeben.

4. Erfasst der Vorbehalt in Art. 4 WKR anfängliche und nachträgliche Unmöglichkeit i. S. von OR Art. 20 bzw. 119?

Ohne weiteres ist klar, dass der Vorbehalt von lit. a den Vorbehalt der *Widerrechtlichkeit* und der *Sittenwidrigkeit* wie in Art. 20 (bzw. BGB § 138) festgehalten erfasst; in diesen Punkten liegt ein Hauptanliegen des Vorbehalts. Auch der «*Wuchervorbehalt*», wie im Übervorteilungstatbestand von Art. 21 enthalten, fällt in diese Gruppe von Gegenständen, die nicht vom WKR, sondern dem nationalen Subsidiärrecht geregelt werden.

Nicht so klar ist dies bei der *anfänglichen Unmöglichkeit,* wie ebenfalls in Art. 20 normiert. Eine Gleichbehandlung dieser Frage, bloss weil sie in derselben Gesetzesvorschrift beantwortet wird, ist in keiner Weise begründet; es darf hier darauf hingewiesen werden, dass die beiden Dinge im BGB wie im ABGB legislatorisch getrennt sind: Unmöglichkeit in BGB § 306, im ABGB (der Sittenwidrigkeit unmittelbar vorangestellt) in § 878. Der legislatorische Sinn der Ungültigkeit von Verträgen, die zu unmöglicher Leistung verpflichten, ist fraglich: dass nicht erfüllt werden wird, ist ohnehin klar; von Interesse sind nur die Sanktionsfolgen. Solche wird man jedenfalls dann erwägen müssen, wenn der sich zu Unmöglichem Verpflichtende bei Vertragsschluss die Unmöglichkeit kannte; die Nichtigkeitsfolge, die ihn von Vertragspflichten freistellt, muss jedenfalls durch eine Culpa-in-contrahendo-Haftung ergänzt werden. Es darf hier immerhin die Frage gestellt werden, ob nicht die direkte Anwendung des WKR zu einer sachlich adäquateren Lösung führen und zahlreiche Abgrenzungsfragen vermeiden würde[42].

---

[41] HERBER, Komm. SCHLECHTRIEM, Art. 4, N. 12, Art. 6, N. 28.

[42] STOLL (Komm. SCHLECHTRIEM, Art. 79, N. 21) nimmt zudem mit guten Gründen an, dass die in OR 20 – wie in zahlreichen ausländischen Ordnungen – enthaltene Ungültigkeitsregel als «abdingbare Interpretationsregel» zu verstehen ist. Die Regel ist nicht eine solche der Vertragsgültigkeit, sondern eine solche der Vertragsentstehung und -auslegung (bei Vereinbarung von Unmöglichem – hypocentaurum dari – wird Fehlen der Ernsthaftigkeit vermutet), als solche aber vom WKR geregelt und nationalem Recht entzogen.

Ähnliche Gesichtspunkte gelten m.E. auch bei der *nachträglichen Unmöglichkeit* i.S. von OR Art. 119. Nur bleibt hier festzuhalten, dass der normative Gehalt dieser Regel minimal ist; es geht vorab um «dogmatische Konstruktion» ohnehin geltender allgemeiner Grundsätze, die auch dem WKR zugrunde liegen.

5. Insbesondere nicht erfasst: Irrtumsanfechtung, OR Art. 23 ff.

Ob betreffend Sacheigenschaften (d.h. Sachmängeln) eine Irrtumsanfechtung zulässig sei, ist kontrovers. Dies wird im Bereich des BGB abgelehnt, jedenfalls nach Lieferung/Gefahrübergang (Sachmängelgewährleistung als die Allgemeinregel von § 119 ausschaltende Sondernorm), während in der Schweiz das Bundesgericht konsequent den Gegenstandpunkt vertritt. Obwohl ich die Praxis des Bundesgerichts für zutreffend halte, neige ich im Rahmen des WKR eher zur Annahme der *Unzulässigkeit der Irrtumsanfechtung.* Zwar wird in Art. 4, lit. a aus dem Anwendungsbereich des WKR die *Geltung* des Vertrages ausgeschlossen. Die Irrtumsfrage betrifft jedoch die *Entstehung* der Verträge und ist jedenfalls Bestandteil des *Konsensproblems* (das ja, über Offerte und Akzept, zum Regelungsbereich des WKR gehört); das Fehlen einer Irrtumsanfechtung im Rahmen des WKR kann als qualifiziertes Schweigen verstanden werden, so dass Irrtumsanfechtung als ausgeschlossen zu gelten hat. Darüber hinaus muss festgehalten werden, dass von der Sache her bei den WKR unterliegenden Verträgen kaum Anwendungsfälle der Irrtumsanfechtung vorstellbar sind. Irrtum bezogen auf Sacheigenschaften kommt hauptsächlich beim *Stückkauf* in Frage: Er bezieht sich auf effektive Eigenschaften der Sache und beruht nicht auf Fehlern der normativen Beschreibung des Leistungsgegenstandes im Rahmen des Vertragsschlusses. Damit bleiben zum vornherein nur ausserhalb der Qualität des Kaufobjektes liegende Irrtümer im Bereich des Möglichen.

Das vorstehend für die Irrtumsanfechtung Gesagte gilt nicht zwangsläufig für die Willensmängel der *Täuschung* und *Drohung* (deren Behandlung sich auch in der Geschichte anders entwickelt hat als jene des Irrtums, der als Dissens- und Nichtigkeitstatbestand verstanden wurde); die diesbezüglichen Regeln können als auf die «Gültigkeit des Vertrages» bezogen gelten und werden daher vom Vorbehalt zugunsten nationalen Rechts von WKR Art. 4, lit. a erfasst.

6. Verjährung

Es steht fest, dass das WKR die Verjährung nicht regelt, demnach also der Anspruch auf Lieferung der Sache bzw. auf Zahlung des Kaufpreises ebenso wie derjenige auf Schadenersatz nach 10 Jahren gemäss OR Art. 127 verjährt, falls schweizerisches Recht als Subsidiärrecht zur Anwendung gelangt.

Eine Sonderüberlegung fordert das Zusammenspiel von WKR 39/II mit OR Art. 210. Nach WKR wird – wie in OR 210/I – eine Verwirkungsfrist statuiert, innerhalb derer die Mängelrüge erfolgt sein muss, sollen Gewährleistungsansprüche überhaupt entstehen. Die Frist wird von WKR Art. 39/II auf 2 Jahre bemessen, während sie nach OR nur 1 Jahr beträgt. Es steht fest, dass das WKR nicht bloss die Rügefrist verlängert, sondern dass auch die (in OR Art. 210/I ebenfalls enthaltene) Frist der Verjährung der infolge der gerügten Sachmängel bestehenden Ansprüche erstreckt werden muss, da andernfalls die Mängel (nach WKR) zwar noch rügbar, die daraus resultierenden Ansprüche (nach OR) bereits verjährt wären. In wörtlicher Gesetzesanwendung würde Art. 127 OR gelten und die Frist 10 Jahre betragen; eine korrigierende Annahme etwa einer Frist von 2 Jahren lässt sich allerdings nicht ausschliessen (wobei hier das Argument der Gleichbemessung der in Art. 210 OR enthaltenen Rüge- und Verjährungsfrist berufen werden könnte). Falls man sich für die letztere Variante entscheiden will, müsste immerhin daran festgehalten werden, dass i. S. einer echten Verjährung deren Frist erst mit der Entstehung des fraglichen Anspruchs zu laufen beginnt, d. h. bei Sachgewährleistungsansprüchen wohl mit der Entdeckung des Mangels (nicht aber, wie unglücklicherweise in OR Art. 210/I, mit «Ablieferung» der Kaufsache an den Käufer).

VIII. Schlussbemerkungen – Rückwirkungen des WKR auf das Verständnis der nationalen Kaufrechte

Das hier besprochene Kaufrechts-Übereinkommen wird nicht nur auf weiten Strecken den künftigen Welthandel regeln, sondern als Gesetzgebungswerk auch für alle absehbare Zukunft gelten und Wirksamkeit entfalten: Sind schon die nationalen Kaufrechte innerhalb der nationalen Kodifikationen der kontinentaleuropäischen Tradition von erwiesener Langlebigkeit, kann einem internationalen Abkommen, dessen Neufassung wohl grössere Schwierigkeiten im Weg stehen würden, noch grössere Lebenserwartung zuerkannt werden. Diese Perspektive ruft der Frage nach den in den kommenden Jahrzehnten, ja Jahrhunderten, zu erwartenden Auswirkungen. Und zwar geht es nicht um die praktische Bedeutung des WKR in dessen eigentlichen Anwendungsbereich, sondern vielmehr um dessen Einfluss auf das Kaufrecht schlechthin, d. h. das Verständnis des Kaufs im Rahmen der nationalen Rechtsordnungen.

Beeinflussung der nationalen Kaufrechte durch das WKR steht mit Sicherheit zu erwarten; sie wird in kleinen Ländern, in denen der Anteil des Aussenhandels am gesamten Geschäftsvolumen am grössten ist, am ausgeprägtesten sein. Dieser Einfluss wird in konkreten Einzelanordnungen sichtbar werden. Es lässt sich nur schwer vorstellen, dass die in der Schweiz traditionelle, vom Schreibenden bereits vor zwei Jahrzehnten kritisierte Überspannung der Anforderungen der Rügepflicht des Käufers[43] in bisheriger Form weiterdauern kann; der Richter, der im internationalen Verhältnis und regelmässig bezogen auf Kaufleute eine Verwirkung der Sachgewährleistungs-Ansprüche wegen versäumter Mängelrüge nur unter wesentlich eingeschränkten Voraussetzungen annehmen darf und zudem die Billigkeitsregel von WKR Art. 44 (Minderung oder Schadenersatz trotz versäumter Mängelrüge im Falle «vernünftiger Entschuldigung») berücksichtigen muss, wird kaum geneigt sein, den geschäftsunerfahrenen privaten Käufer mit bisher gewohnter Härte zu behandeln. Oder es wird wohl die in OR Art. 190 enthaltene «Rücktrittsvermutung» neuer Überprüfung zugänglich sein (dazu oben Anm. 23); weitere Beispiele ähnlicher Art werden gewiss folgen.

An dieser Stelle interessieren mehr die Auswirkungen auf das Verständnis des Kaufrechts im Grundsätzlichen. Es wurde oben zu zeigen versucht, dass das WKR mit seiner Ausrichtung auf die Lieferung einer vertraglich-normativ beschriebenen (bei Vertragsschluss jedoch den Parteien nicht vorliegenden) Sache i. S. einer Sale by description einen grundsätzlich neuen Vertragstypus schafft, der näher beim Werkvertrag als beim Kauf im traditionellen Sinne steht und dessen wesentlichste Neuerung darin besteht, dass die Qualität der gelieferten Sache Bestandteil der Leistungspflicht des Verkäufers bildet und Sachmängel, wie Nichtlieferung oder Lieferverspätung, als Verletzung der eigentlichen Leistungspflicht des Verkäufers zu qualifizieren sind, welche die üblichen Nichterfüllungsfolgen (unter Einschluss der Befugnis der eigenen Leistungs-, d. h. Zahlungsverweigerung) nach sich zieht. Wird diese Neuerung in voller Tragweite erkannt, zwingt dies zu erkennen, wie grundlegend das in den nationalen Kaufrechten überlieferte Modell abweicht: Auf den Stückkauf ausgerichtet und in orthodoxem Verständnis auf eine Sache bezogen, die nicht besserungsfähig ist, kann dieser Kaufrechtstypus die Sachqualität nicht zu einer echten Leistungspflicht des Verkäufers machen, da sie ausserhalb des Könnens des Verkäufers liegt. Diese zum WKR gegensätzliche Position in voller Konsequenz sich zu vergegenwärtigen ist deshalb von Bedeutung, da bereits im Bisherigen der das orthodoxe Kaufrechtsverständnis rechtfertigende «technologische Fatalismus» keineswegs in allen Fällen zwingend war und man nicht konsequent dabei bleiben wollte, Sachmängel nur im Rahmen der traditionellen Sachgewährleistung (Wandelung und Minderung) zu sanktionieren, nicht jedoch sie auch gleichzeitig als Vertragsverletzung anzuerkennen. Der Praxis fehlten aber insgesamt klare

---

[43] Vgl. BUCHER, Der benachteiligte Käufer, in SJZ *1971* 1 ff., 17 ff.

Konturen; es bleibt bei der Feststellung der Anwendbarkeit der Regel von OR Art. 97 [44]. Hier wird, so hoffe ich, das Kontrastmodell des Wiener Kaufrechts Anlass der Feststellung sein, dass eine auf die Sachqualität bezogene Vertragspflicht i. e. S. aus sachlogischen Gründen zwar beim Gattungskauf oder beim Verkauf nach technischem Beschrieb, im Falle des Stückkaufs jedoch nur bei technologischer Beeinflussbarkeit der Sachqualität in Frage kommt, eine Vertragshaftung nach OR Art. 97 daher auch bloss in diesen Fällen in Betracht gezogen werden kann; neben die Vertragspflichtverletzung in den Fällen beeinflussbarer Sachqualität tritt bei fehlender Beeinflussbarkeit die Möglichkeit einer Haftung aus «Übernahmeverschulden», d. h. zufolge Vertragsschlusses in Kenntnis (oder schuldhafter Unkenntnis) vertragswidriger, jedoch nicht beeinflussbarer Eigenschaften der Sache. Eine letzte Möglichkeit ist die Übernahme einer Garantie i. S. einer verschuldensunabhängigen Erfolgshaftung, welche letztere Variante jedoch m. E. nicht ohne eine zum Kauf i. e. S. hinzutretende vertragliche Zusatzvereinbarung angenommen werden sollte. Über diese Dinge mehr nachzudenken, wird das WKR Anlass sein.

Als weiteren, letzten Gesichtspunkt möchte ich die *Eigentumsverschaffungspflicht* des Verkäufers nennen, die zwar zu einer echten Leistungspflicht gemacht werden könnte, trotzdem nicht auf die Stufe der primären Leistungspflicht gehoben werden darf (und in der romanistischen und deutschsprachigen Tradition auch nicht als echte Leistungspflicht verstanden wurde): Diesfalls könnte der Käufer, obwohl er die Sache erhalten hat und sie ungestört nutzen kann, die Preiszahlung verweigern, was als nicht akzeptabel erscheint. Das traditionelle Kaufrecht verlangt denn auch, als Voraussetzung der Leistungserfüllung bzw. der Entstehung des Kaufpreisanspruchs, vom Verkäufer nichts weiter als faktische Sachübergabe und Vornahme der zum Eigentumsübergang allenfalls notwendigen zusätzlichen Handlungen (und insbesondere das Unterlassen von Eigentumsübergangs-Hinderungen, wie Eigentumsvorbehalt o. dgl.), während der Eintritt des Erfolgs, d. h. Erlangung echter Eigentümerstellung seitens des Käufers, nicht gefordert wird, der Preis auch bei ausgebliebenem Eigentumserwerb geschuldet ist und der Schutz des Käufers ausschliesslich über die Eviktionshaftung im Rahmen kaufrechtlicher Rechtsgewährleistung erfolgt. Auch hier gab es, seit den Zeiten naturrechtlicher Aufklärungsphilosophie, Bestrebungen, welche den Eigentumsübergang in den Status einer prinzipalen Verkäuferpflicht erhoben und damit zu einer Leistungsvoraussetzung machten («Garantieprinzip» o. dgl.). Gegenüber der reinen Eviktionshaftungs-Tradition lässt OR Art. 196 Sanktionen auch bei blosser *Gefahr* der Entwehrung eintreten, während um-

---

[44] Echtes Präjudiz und leading case ist BGE *82* II 139, während in weiteren Entscheidungen (vgl. Hinweise bei Bucher, OR Allg. Teil. Zürich 1988, § 4/VII/3/b, S. 105 f.) meist obiter dicta vorliegen.

gekehrt BGB § 440 auch die freiwillige Herausgabe an den besser Berechtigten als Tatbestand der Rechtsgewähr betrachtet (woraus die Lehre Rückschluss auf eine wenigstens teilweise Verwirklichung des Garantieprinzips ableiten will). Wichtiger ist, dass anscheinend heute ein Teil der Literatur dahin zu neigen scheint, gestützt auf den Wortlauf von BGB § 433 («Verkäufer verpflichtet ... Eigentum an der Sache zu verschaffen ...»), dem nicht zum Eigentümer gewordenen Käufer die Einrede der ausstehenden Vertragserfüllung zu gestatten, was m.e. guter kontinentaler Rechtstradition zuwiderläuft, Schemadenken und Fehlen an Sachbezug verrät. Das WKR nun, das den Eigentumsübergang nicht regelt, kann die Eigentumsübertragung weder zur Verkäuferpflicht machen noch an dessen Ausbleiben unmittelbar Sanktionen anknüpfen. Das dem Käufer gebotene Arsenal von Nichterfüllungs-Ansprüchen wird insgesamt nur spielen, wenn dem Käufer infolge von Drittansprüchen praktisch Nachteile entstehen, ein Resultat, das im praktischen Ergebnis von der traditionellen Eviktionshaftung nicht allzuweit abweichen kann. Daraus wird wohl folgen, dass auch die das BGB behandelnde Doktrin sich gezwungen sehen wird, in dieser vielleicht mehr grundsätzlich wichtigen als praktisch bedeutsamen Frage für allenfalls divergierende Auffassungen ernsthafte Sachgründe vorzutragen[45].

---

[45] Lediglich als Fussnote sei nachgetragen, dass der obige, bei der Eigentumsfrage besonders deutlich zutage tretende Gesichtspunkt auch bei den Sacheigenschaften wirksam wird: Die Leistungspflicht einer Vertragspartei muss auf ein einziges Element beschränkt bleiben, oder, umgekehrt gesehen, die Pflicht der Gegenleistung darf nur vom Erfülltsein eines einzigen Elementes abhängen, da andernfalls der Partner aufgrund des Fehlens eines Elementes trotz verwirklichter anderer Elemente mit dem Argument der Nichterfüllung seine Gegenleistung verweigern könnte. Dieser Umstand zwingt, bei jedem Vertragstypus das zentrale Element als massgebliche Leistung herauszustellen und die übrigen Elemente in den Hintergrund zu verweisen. Beim Kauf ist dieses zentrale Element die Sachübergabe und die Verschaffung faktischer Sachherrschaft. Ist dieses Element verwirklicht, ist auch die Preiszahlung geschuldet; es kann dem Käufer nicht gestattet werden, dass er, obwohl den Vertrag nicht auflösend und die Kaufsache besitzend, unter Hinweis auf fehlende Sachqualität oder aber auf noch nicht erfolgten Eigentumserwerb die Preiszahlung verweigert. Noch viel weniger dürfte man umgekehrt dem Verkäufer, der keine Lust hat zu erfüllen, die Berufung auf Vertragsungültigkeit infolge Unmöglichkeit (der Verschaffung der Ware als mangelfreie, oder der Eigentumsverschaffung) einräumen: Dem Verkäufer mängelbehafteter Ware kann man aufgrund der Mängel ein Leistungsverweigerungsrecht sowenig einräumen wie dem Verkäufer einer gestohlenen Sache infolge der Unmöglichkeit der Eigentumsverschaffung.

Prof. Dr. EUGEN BUCHER

Anhang

Preisvereinbarung als Voraussetzung der Vertragsgültigkeit beim Kauf *

Zum angeblichen Widerspruch zwischen Art. 14 und Art. 55 des «Wiener Kaufrechts»

Inhaltsübersicht

* Teilabdruck eines Aufsatzes von E.B., erschienen in: Mélanges Paul Piotet, Bern 1990, S. 371–408.

V. Die behauptete Widersprüchlichkeit des «Wiener Kaufrechts» (Art. 14/I und Art. 55) in der Frage des Erfordernisses der Preisbestimmtheit

1. Text des WKR

Eine explizite, unmittelbar dieser Frage zuzuordnende Stellungnahme zum Erfordernis der Bestimmtheit des Kaufpreises findet sich im WKR nicht. Im Zusammenhang der allgemeinen Bestimmungen über den «Abschluss des Vertrages» (Teil II, Art. 14–24) wird dort, wo vom System her die Beantwortung der Frage erwartet werden darf, diese nicht gegeben, einleitend jedoch festgehalten:

Art. 14:
«(1) Der an eine oder mehrere Personen gerichtete Vorschlag zum Abschluss eines Vertrages stellt ein Angebot dar, wenn er bestimmt genug ist und den Willen des Anbietenden zum Ausdruck bringt, im Falle der Annahme gebunden zu sein. Ein Vorschlag ist bestimmt genug, wenn er die Ware bezeichnet und ausdrücklich oder stillschweigend die Menge und den Preis festsetzt oder deren Festsetzung ermöglicht.
(2) Ein Vorschlag, der nicht an eine oder mehrere bestimmte Personen gerichtet ist, gilt nur als Einladung zu einem Angebot, wenn nicht die Person, die den Vorschlag macht, das Gegenteil deutlich zum Ausdruck bringt.».

In Teil III («Warenkauf», Art. 25–88) wird im Zusammenhang der «Pflichten des Käufers» (Kapitel III, Abschnitt I: «Zahlung des Kaufpreises») die Regel statuiert:

Art. 55:
«Ist ein Vertrag gültig geschlossen worden, ohne dass er den Kaufpreis ausdrücklich oder stillschweigend festsetzt oder dessen Festsetzung ermöglicht, so wird mangels gegenteiliger Anhaltspunkte vermutet, dass die Parteien sich stillschweigend auf den Kaufpreis bezogen haben, der bei Vertragsabschluss allgemein für derartige Ware berechnet wurde, die in dem betreffenden Geschäftszweig unter vergleichbaren Umständen verkauft wurde.».

2. Die These der Widersprüchlichkeit

Gemeinhin wird zwischen WKR Art. 14/I und Art. 55 ein *innerer Widerspruch* gesehen; hier seien nur einige der prominenten Vertreter dieser Auffassung genannt:

SCHLECHTRIEM bedauert das Erfordernis eines *pretium certum* für die Offerte und konstatiert einen «Widerspruch zu Art. 55, der die Möglichkeit eines Vertragsschlusses ohne Bestimmung oder Bestimmbarkeit des Preises voraussetzt» [24]. HERRMANN stellt (insbesondere zum WKR und dessen Verhältnis zum EAG) fest: «Eine (allerdings weniger klare) Neuerung enthält Art. 14 UNKÜ, der für die Bestimmtheit eines Angebots, die neben erkennbarer Bindungsabsicht notwendig ist, eine Angabe über die Waren und eine ausdrückliche oder stillschweigende Bestimmung oder Bestimmbarkeit der Warenmenge und des Preises verlangt. Mit dem ‹pretium certum›-Erfordernis nicht leicht zu vereinbaren ist Art. 55, wonach Parteien eines Vertrages, der trotz Fehlen einer solchen Preisbestimmung wirksam zustandegekommen ist, so behandelt werden, als hätten sie den allgemein üblichen Preis vereinbart. Ein solcher Fall kann nur dann eintreten, wenn Art. 14 nicht anwendbar ist, sei es dass ein anderes Recht für die Gültigkeit Mass gibt, weil Teil II nicht ratifiziert wurde, sei es dass die Parteien das Erfordernis des Art. 14 abbedungen haben, eine für die Angebotsphase nicht ganz unproblematische Annahme.» [25]. POSCH examiniert einlässlich die seinerzeit vorliegende Literatur und stellt einen «vor allem in den bisher vorliegenden Stellungnahmen bundesdeutscher Autoren monierte(n) Widerspruch» fest [26]. An einer der bisher in der Schweiz durchgeführten Tagungen hat aber auch ein französischer Autor eine *incohérence* der Art. 14/I und Art. 55 behauptet [27]; in einer der neuesten Darstellungen des Kaufrechts, jener von GERHARD WALTER, wird ebenfalls ein echter Widerspruch zwischen Art. 14 und Art. 55 angenommen [28].

---

[24] PETER SCHLECHTRIEM, Einheitliches UN-Kaufrecht, Tübingen 1981, S. 37, sowie ähnlich 72. Ebenso *ders.*, Uniform Sales Law, The UN-Convention on Contracts for the International Sales of Goods, Wien 1986, S. 51 bzw. 81; *ders.* bei PETER DORALT (Hg.), Das UNCITRAL-Kaufrecht im Vergleich zum österreichischen Recht, Wien 1985, S. 91.

[25] GEROLD HERRMANN, Einheitliches Kaufrecht für die Welt: UN-Übereinkommen über internationale Warenkaufverträge, in: IPRax *I* (1981) S. 112.

[26] WILLIBALD POSCH bei DORALT (Fn. 24), S. 155 f.

[27] J.-P. PLANTARD in «Wiener Übereinkommen von 1980 über den internationalen Warenkauf, Lausanner Kolloquium vom 19. und 20. November 1984», Veröffentlichungen des Schweiz. Instituts für Rechtsvergleichung, Zürich 1985, S. 113. – Die Behauptung einer «incohérence» bleibt auch dann noch bestehen, wenn von ihr gesagt wird, dass sie eine bloss scheinbare («apparente») sei; PLANTARD nimmt an, dass Art. 55 nur gelte, wenn Art. 14 nicht anwendbar sei, wofür er drei Fälle nennt (Ausschluss von Art. 14 durch die Parteien nach Art. 6, oder Ausschluss nach Art. 9, weiterhin die Nichtanwendbarkeit als Folge eines Vorbehaltes unter Art. 92).

[28] GERHARD WALTER (Fn. 14), S. 658 f.

Die Liste der Autoren, die einen sachlogischen Widerspruch der Normge-
halte der Art. 14 und Art. 55 annehmen, liesse sich verlängern[29].

3. Versuche der Erklärung des Widerspruchs

Soweit die i. S. des vorstehend Gesagten einen Widerspruch feststellenden
Autoren nach dessen Gründen fragen, werden unterschiedliche Antworten
gegeben:
Ein erster Erklärungsversuch geht dahin, die Widersprüchlichkeit als eine
Folge des Zusammenstosses verschiedener Auffassungen und Rechtstraditionen zu sehen. So sagt SCHLECHTRIEM (in einem Diskussionsvotum): «Vor allem aus der Entstehungsgeschichte ist ganz klar: da war ein Konflikt zwischen verschiedenen Gruppen, der hier verdeckt worden ist, ohne gelöst worden zu sein.»[30]. POSCH formuliert das so: «Der offensichtliche Widerspruch
zwischen Art. 14 und 55 ist deshalb auch ein anschauliches Beispiel dafür,
dass rechtsvereinheitlichende Konventionen, insbesondere wenn sie die Vereinheitlichung privatrechtlicher Materien auf globaler Ebene anstreben, in
einzelnen Detailregelungen nicht selten auf nicht vollständig geglückten
Kompromissen aufbauen und daher entweder in unbestimmte Rechtsbegriffe
oder in halbe, in sich widersprüchliche Regelungen flüchten müssen.»[31]. In
ähnlicher Richtung gehen wohl auch die Auffassungen von STOFFEL, PLAN-
TARD und KAHN[32].
Eine andere Version versucht, die gegebene Textlage gewissermassen als
entstehungsgeschichtlichen Betriebsunfall zu deuten, und nimmt eher ein Versehen denn eine bewusste Rechtsgestaltung an. So weist etwa ULRICH HUBER

---

[29] An erster Stelle ist in der Schweiz die *Botschaft* des Bundesrates zu nennen (Fn. 1), S. 28 oben
(Ziff. 222.1) und 60 (Ziff. 233.22). – Vgl. sodann: ULRICH HUBER, in RabelsZ *43* (1979) S. 437–439;
FRANZ BYDLINSKI bei DORALT (Fn. 24), S. 62/63; PETER JABORNEGG bei DORALT (Fn. 24), S. 184;
WALTER STOFFEL in «Lausanner Kolloquium» (Fn. 27), S. 62, lit. a; MARC WEY, Der Vertragsschluss
beim internationalen Warenkauf nach UNCITRAL- und schweizerischem Recht, Diss. Basel 1984,
N. 685 f.; WOLFGANG WITZ (Fn. 15), S. 223 f.; E. ALLAN FARNSWORTH, Formation on Contract, in:
International Sales: The United Nations Convention on Contracts for the International Sale of
Goods, New York 1984, § 3.04 [1]; MICHAEL JOACHIM BONELL, La nouvelle Convention des Na-
tions-Unies sur les contrats de vente internationale de marchandises, in: Droit et pratique du com-
merce international, Tome 7, N° 1, Mars 1981, S. 24 f.
[30] SCHLECHTRIEM bei DORALT (Fn. 24), S. 92. Vgl. im übrigen *ders.* (Fn. 24), S. 37 und 72 (engl.
Text, S. 50 und 81).
[31] WILLIBALD POSCH bei DORALT (Fn. 24), S. 155/156. (Folgt Hinweis in Fussnote: «Vgl. dazu allgemein POSCH, Rechtsetzungsprobleme in der Privatrechtsvereinheitlichung, in SCHÄFFER [in
Druck].»)
[32] STOFFEL (Fn. 29); PLANTARD (Fn. 27); PHILIPPE KAHN, La Convention de Vienne du 11 avril
1980 sur les contrats de vente internationale de marchandises, in: Revue internationale de droit
comparé *33* (1981) S. 980.

darauf hin, dass das materielle Kaufrecht (hier Art. 55) und das Abschluss-recht (Art. 14) in getrennten Beratungen geschaffen wurden[33].

Die bisher genannten Verfasser, die einen sachlogischen Widerspruch zwischen Art. 14 und Art. 55 annehmen, schlagen meist auch Regeln vor, nach denen der *Geltungsbereich* der beiden als unvereinbar betrachteten Norminhalte beschränkt und gegenseitig abgegrenzt werden soll. Dieser «kollisions-rechtliche approach» soll an dieser Stelle nicht weiter verfolgt werden[34].

VI. Die ein sinnvolles Zusammenspiel der Art. 14 und Art. 55 erkennenden Autoren

Im Folgenden seien immerhin jene Autoren erwähnt, die einen sachlichen Widerspruch zwischen Art. 14 und Art. 55 nicht annehmen und daher auch keine Kollisionsprobleme lösen müssen:

JOHN O. HONNOLD, der (zusammen mit Allan Farnsworth) die Vereinigten Staaten an den WKR-Konferenzen vertreten hat, hält vorab fest, dass hinsichtlich von Offerten in erster Linie die Frage zu beantworten ist, ob überhaupt ein (bedingter) Bindungswille vorhanden ist oder lediglich die Absicht bekundet werden soll, Verhandlungen zu eröffnen. Im Ergebnis will er in Art. 14/I wohl bloss eine Auslegungsregel in dem Sinne erblicken, dass das Fehlen von Preisangaben eine Vermutung gegen diesen Bindungswillen dar-

---

[33] ULRICH HUBER (Fn. 29), S. 439; vgl. im übrigen auch den Hinweis von ROLAND LOEWE, Internationales Kaufrecht – Wiener UN-Kaufrechtsübereinkommen, mit Erläuterungen (Wien 1989), Bem. zu Art. 14 und Art. 55, der S. 76 daran erinnert, dass bei der Konferenz «jede Bestimmung einzeln angenommen werden musste, und zwar mit Zweidrittelsmehrheit. ... Es hätte daher ohne weiteres ein Widerspruch entstehen können, etwa weil bestimmte Staaten nach Art. 92 Teil II oder Teil III ... gar nicht anzunehmen beabsichtigten und daher an Art. 14 oder Art. 55 nicht interessiert waren» (welche Schlussfolgerung allerdings von LOEWE nicht gezogen wird). – Zur *Entstehungsgeschichte der Art. 14 und 55* im allgemeinen ist wohl am aufschlussreichsten die Darstellung von G. EÖRSI bei BIANCA/BONELL, Commentary on the International Sales Law, Mailand 1987, Art. 14 (Bem. Ziff. 1, S. 132–136).

[34] Vgl. dazu z. B. HERRMANN (Fn. 25), S. 112, und PLANTARD (Fn. 27), S. 113; SCHLECHTRIEM erwähnt in einer Fussnote die Möglichkeit, «validy» in Art. 55 WKR nicht auf die Preisbestimmung, sondern nur auf andere Gültigkeitsvoraussetzungen zu beziehen; die Auslegung einer Offerte ohne Preisbestimmung könnte dann im Lichte von Art. 55 erfolgen, d. h. es könnte ein stillschweigender Bezug der Parteien auf den üblichen Preis für die angebotene Ware vermutet werden (Einheitliches UN-Kaufrecht [Fn. 24], S. 72, Anm. 319); WALTER löst den Widerspruch mit der Vorbehaltsmöglichkeiten der Staaten [Art. 92]: Art. 55 findet demnach nützliche Anwendung, wenn ein Staat Teil II des Abkommens nicht übernommen hat, und nach den kollisionsrechtlich anzuwendenden Vorschriften ein Kaufvertrag auch ohne Preisbestimmung gültig sein kann [Fn. 14], S. 659. Weiter seien erwähnt WITZ (Fn. 15), S. 226; FARNSWORTH (Fn. 29), § 3.04 [1]; BONELL (Fn. 29), S. 24 f.; J. D. FELTHAM, UN Convention on Contracts for International Sale of Goods, in: The Journal of Business Law, London 1981, S. 351. – Anders hingegen WEY (Fn. 29), N. 688: Er erachtet eine isolierte Betrachtungsweise von Art. 14 und Art. 55 WKR als wenig sinnvoll und möchte dem Grundgedanken von Art. 55 in Art. 14 Nachachtung verschaffen.

stelle, während die Gültigkeit des schliesslich geschlossenen Vertrages nicht von Art. 14/I, sondern von Art. 55 beantwortet werde[35].

E. Eörsi stellt zwar fest, dass «the provision on price in Article 14 creates considerable difficulties with respect to Art. 55». Indessen wird im Zusammenhang mit letzterer Bestimmung, nach Hinweis auf Gegenauffassungen, gesagt: «However, another conclusion is possible. Article 14 is concerned with offers and Article 55 with contracts. Once a contract is concluded, the offer becomes irrelevant and the conclusion of the contract in itself proves that the offer was sufficiently definite, irrespective of whether a provision was made for determining the price. An approach which concentrates on the offer is no longer appropriate after the contract has been concluded.»[36].

Alexander Lüderitz sagt zu Art. 14 und Art. 55: «Eine Harmonisierung beider Vorschriften ist entgegen verbreiteter Skepsis durchaus möglich, wenn man sich zum einen von der schon unter internem Recht verfehlten Vorstellung löst, jeder Vertrag setze für sein Zustandekommen ein Angebot und eine Annahme voraus; solange nicht fehlgeschlagene Erklärungen, Obliegenheitsverletzungen bei Vertragsschluss u. ä. zu beurteilen sind, genügt Einigkeit – mag sie erzielt sein, wann und wie sie will. Zum anderen sind sämtliche Vorschriften ... nachgiebiges Recht; daher kann auch Art. 14 von den Parteien stillschweigend abgeändert werden.»[37].

VII. Vorbemerkung zur Frage des Widerspruchs

1. Zwei mögliche Prämissen, um die «Widerspruchsthese» zu stützen

Die These eines inneren Widerspruches des normativen Aussagegehaltes von WKR Art. 14/I und Art. 55 wird primär auf die These gestützt, dass ein gültiger Vertragsschluss im Wechselspiel der Unterbreitung eines Angebotes und der Mitteilung dessen Annahme zustande komme, womit zwangsläufig die

---

[35] John O. Honnold, Uniform Law for International Sales under the 1980 UN Convention, Deventer etc. 1982, p. 160–163 (N. 133–137). Vgl. vor allem Überschrift zu N. 134 («The Ultimate Criterion: Indication of intent to be bound») oder N. 137, p. 163: "Article 14 (1) (second sentence) standing alone, might be read to cast doubt on the existence of a contract in the above situation. However, the issue was resolved at the Diplomatic Conference in the setting of Article 55." (folgt Zitat). Vgl. auch dort Fussnote 88.

[36] G. Eörsi bei Bianca/Bonell (Fn. 33), S. 133 (zu Art. 14) und 407 (zu Art. 55). An letzterer Stelle führt Eörsi aus, dass sich seine Auffassung mit derjenigen von Schlechtriem, Herber und Huber decke, die wie er einen Vorrang von Art. 55 gegenüber Art. 14 annähmen. Übereinstimmung oder wenigstens Annäherung mag in praktischen Ergebnis bestehen, während die dahin führenden Argumente wohl doch abweichend sind.

[37] Alexander Lüderitz bei Schlechtriem (Hg.), Einheitliches Kaufrecht und nationales Obligationenrecht, Referat der Fachtagung vom 16./17.2.1987, Baden-Baden 1987, S. 188.

schliessliche «Gültigkeit» des ausgehandelten Vertrages an die Voraussetzung der «Gültigkeit» der Vertragsverhandlungen einleitenden Offerte knüpft. Diese Prämisse («kein gültiger Vertrag ohne gültige Offerte») wirkt wohl bei allen Vertretern der «Widerspruchsthese» in der einen oder anderen Form mit. Am deutlichsten wird sie von BYDLINSKI formuliert, der es als ein *«Paradoxon»* bezeichnet, *«dass aus einem ungültigen Offert durch Annahme ein gültiger Vertrag wird»*[37b]. Das Erfordernis «gültiger» Offerte kann nur unter der Voraussetzung aufgestellt werden, dass ein Vertrag überhaupt eine Offerte voraussetze, Vertragsschluss ohne Wechselspiel von «Offert und Annahme» nicht möglich sei.

Neben dieser ersten Prämisse («Kein Vertrag ohne gültiges Angebot») ist allerdings auch eine zweite denkbar: Für Vertragsschluss ist der Weg über Angebot und Annahme zwar entbehrlich, die an die inhaltliche Bestimmtheit des Angebotes zu stellenden Anforderungen sind jedoch identisch mit den Anforderungen an die inhaltliche Bestimmtheit des zu schliessenden Vertrages (Prämisse von der «Identität der Erfordernisse inhaltlicher Bestimmtheit bei Angebot und Vertragskonsens»). Auch dieser Gedanke mag in der einen oder anderen Form bei einzelnen Vertretern der «Widerspruchsthese» eine Rolle spielen.

Die «Widerspruchsthese» ist durch die eine wie die andere der genannten Prämissen hinreichend begründet; zu deren Widerlegung müssen beide genannten Prämissen falsifiziert werden. Dies soll unter Ziffern VIII und IX unternommen werden; um Elemente der Beurteilung zu gewinnen, wird ein Hinweis auf den geschichtlichen Hintergrund der Figuren «Angebot» bzw. «Annahme» vorangestellt (Ziffer 2), da in der Tat beide aufgeworfenen Fragen auf die Deutung dieses Begriffspaares zurückverweisen.

2. Geschichtlicher Hintergrund der Figuren Offerte und Akzept

Die hier geschilderte wissenschaftliche Diskussion illustriert, dass das gegenwärtige Vertragsverständnis in nicht geringem Masse von den Begriffen Offerte/Akzept bestimmt wird, die eine suggestive, wenn nicht hypnotische Wirkung auf das wissenschaftliche Publikum ausüben, ist doch bei zahlreichen Autoren eindeutig die Meinung erkennbar, den Vertrag bzw. den diesen konstituierenden Vertragskonsens unter Rückkoppelung auf Offerte/Akzept deuten zu müssen bzw. gar nicht ohne Einbezug dieser Elemente verstehen zu dürfen.

Um Offerte und Akzept an den ihnen zukommenden Platz zu verweisen, genügt ein Blick in die Vergangenheit. Die Geschichte dieser Begriffe in der

---

[37b] BYDLINSKI (Fn. 29), S. 63 (Hervorhebung durch Verfasser).

modernen Vertragsrecht-Dogmatik ist leider nicht geschrieben; diese Aufgabe kann nicht an dieser Stelle erfüllt werden; im vorliegenden Zusammenhang müssen einige Hinweise genügen.

Blicken wir in die *römischen Quellen,* begegnen wir weder Offerte noch Akzept; entsprechend spielen diese Figuren in der *Pandektenliteratur* des vergangenen Jahrhunderts höchstens eine nebensächliche Rolle, obwohl die Mehrzahl der Autoren diese Vorstellungen wenigstens am Rande vermerken. Dabei besteht in der *späteren Pandektistik des ausgehenden 19. Jahrhunderts* eher die Neigung, Offerte bzw. Akzept als dogmatische Grössen von allgemeinerer Bedeutung zu verstehen [38]; demgegenüber ist die *ältere Pandektistik* sehr viel zurückhaltender [39].

Der *französische Code Civil* (1804) verwendet die Begriffe nicht, wie sich auch zu diesem Thema weder bei DOMAT noch bei POTHIER Ausführungen finden lassen [40]. Es ist erst die *neue französischsprachige Literatur,* die sich mit grossem Elan diesen Figuren zuwendet, wobei vor allem das Phänomen In-

---

[38] REGELSBERGER widmet in seinen Pandekten (Leipzig 1893) «Antrag und Annahme» eine vergleichsweise einlässliche Darstellung: «Die meisten Verträge werden in der Art geschlossen, dass der eine Teil den Inhalt des beabsichtigten Geschäfts dem anderen mit dem Willen kundgibt, dessen Zustimmung und dadurch die Entstehung des Vertrages zu erlangen» (§ 150, S. 546/547), wobei dann für den Antrag weiter ausgeführt wird «Er muss ... dem Inhalte nach vollständig und in bindender Absicht gestellt sein» (S. 547, lit. A). Dabei ist festzuhalten, dass REGELSBERGER nicht behauptet, Verträge würden schlechthin und notwendigerweise über «Antrag und Annahme» geschlossen, sondern dies bloss für «die *meisten* Verträge» feststellt. Ebenso HEINRICH DERNBURG, der ausdrücklich erklärt, Verträge könnten auch ohne Offerte und Akzept geschlossen werden: «Der beiderseitige Wille muss simultan erklärt werden, ohne dass der eine Theil die Rolle des Offerenten, der andere die des Acceptanten hat.» (Pandekten, 5. Aufl., Berlin 1897, Bd. II § 11, S. 29 Fn. 2). Eine ausführliche Darstellung von Offerte und Akzept, insbesondere im Zusammenhang mit Vertragsschluss unter Abwesenden, findet sich weiter bei ALOIS BRINZ (Fn. 4), §§ 571 und 572.

[39] In den Pandekten von ANTON FRIEDRICH JUSTUS THIBAUT kann ich keine Bezugnahme auf Offerte/Akzept erkennen (System des Pandekten-Rechts, Bd. II, hier benützt 6. Aufl. 1823), und ebensowenig bei FRIEDRICH CARL V. SAVIGNY, System des heutigen Römischen Rechts, Bd. III, Berlin 1840, und Obligationenrecht, Bd. II, Berlin 1853, wobei im letztgenannten Werk immerhin die Formel beachtenswert ist: «Vertrag überhaupt ist die Vereinigung Mehrerer zu *einer* übereinstimmenden Willenserklärung» (a. a. O., S. 7, § 52; Auszeichnung beigefügt), womit sich SAVIGNY von WINDSCHEID unterscheidet, der von der «Vereinigung *zweier* Willenserklärungen» spricht (vgl. unten bei Fn. 42; Auszeichnung beigefügt) und damit schon einen Schritt näher bei der Theorie von Offert/Akzept steht. – Bei C. F. MÜHLENBRUCH, Lehrbuch des Pandekten-Rechts, 2. Teil, Halle 1836 (§ 331) findet sich lediglich, bei Erörterung des Erfordernisses «gegenseitiger Einwilligung», die Bemerkung: «Sehr zweifelhaft ist es aber, wann die gegenseitige Einwilligung im Fall der einem Abwesenden (z. B. brieflich) gemachten Offerte als vorhanden anzunehmen sei»; dieser Frage allein gelten auch die (ausführlicheren) Bemerkungen von KARL ADOLPH VON VANGEROW (Lehrbuch der Pandekten, hier zit. Bd. III, 7. Aufl., Marburg/Leipzig 1869, § 603, S. 248 ff.), wobei auf S. 250 zum «Antrag» ausgeführt wird: «dazu gehört, dass der Anträger seinen Willen, den fraglichen Vertrag abzuschliessen, bestimmt erklärt, und dabei den Vertrag so präzisiert hat, dass es zu seinem Abschluss nur einer einfachen Beistimmung des anderen Theils ... bedarf» (sc. zur Abgrenzung gegenüber der Einladung zu Verhandlungen).

[40] DOMAT und POTHIER (Fn. 7 und 11). – Im franz. CC erscheint der Begriff der *«offre»* allein in Art. 1258 ff. als *Leistungs*angebot («Pour que les offres réelles soient valables, il faut ...»), in welchem Sinn sich der Terminus auch in der vorangehenden Literatur gelegentlich nachweisen lässt.

teresse weckt, dass bei Zulassung bindender Offerten Verträge als zustande gekommen gelten, obwohl möglicherweise in keinem Zeitpunkt wirkliche Willensübereinstimmung bestand (der Offerent wird gebunden, obwohl er im Zeitpunkt der Bildung des korrespondierenden Annahmewillens bereits keinen Abschlusswillen mehr hatte), ebenso die Frage des Wirksamwerdens der beidseitigen Erklärungen bzw. des Eintritts der Vertragswirkungen[41].

Im Gegensatz zum französischen CC kennt das *österreichische ABGB* (1811) eine Bezugnahme in § 861: «Wer sich erklärt, dass er jemandem sein Recht übertragen, das heisst, dass er ihm etwas gestatten, etwas geben, dass er für ihn etwas tun, oder seinetwegen etwas unterlassen wolle, macht ein Versprechen; nimmt aber der andere das Versprechen gültig an, so kommt durch den übereinstimmenden Willen beider Teile ein Vertrag zustande. Solange die Unterhandlungen dauern, und das Versprechen noch nicht gemacht oder weder zum voraus, noch nachher angenommen ist, entsteht kein Vertrag.»

Ähnliche Aussagen lassen sich auch im *preussischen Allgemeinen Landrecht* (ALR; 1794) erkennen:

ALR I/5 § 4: «Zur Wirklichkeit eines Vertrages wird wesentlich erfordert, dass das Versprechen gültig angenommen.»

Gerade der Vergleich mit dem ALR zeigt, dass ABGB § 861 nicht primär den Fall des (heute im Vordergrund stehenden) zeitlichen Auseinanderfallens der beidseitigen Erklärungen des Vertragswillens normieren will; der Gehalt der Aussage des historischen Gesetzgebers beschränkt sich auf die negative Feststellung, dass eine Bindung nicht bereits durch die einseitige Erklärung des Willens, verpflichtet zu werden, ausgelöst wird, sondern vielmehr erst durch Erklärung des Adressaten, das Versprechen anzunehmen; es geht um das Festschreiben der im damaligen Zeitpunkt keineswegs selbstverständlichen Regel, dass Verbindlichkeiten nicht durch einseitige Verpflichtungserklärung, sondern nur durch *zweiseitige* Rechtsgeschäfte begründet werden können. Diese gleiche Absicht liegt aber auch, wenigstens teilweise, der Äusserung WINDSCHEIDS zugrunde, der festhält: «Der obligatorische Vertrag besteht, wie jeder Vertrag, in der Vereinigung zweier Willenserklärungen.»[42]. Noch deutlicher wird dieser Hintergrund bei JULIUS BARON, der von der auf

---

[41] Vgl. dazu die moderneren Lehrbücher zum Vertragsrecht, z.B. MAZEAUD/JUGLART/CHABAS, Le cours de droit civil, Tome II/1, Obligations (7. Aufl., Paris 1985), N. 128–146.

[42] WINDSCHEID/KIPP (Fn. 4), § 305, Bd. II, S. 243 (identischer Text bereits in Vorauflagen, z.B. 2. Aufl. 1869); die These, dass es auch ihm um den Ausschluss der Bindungswirkung durch einseitige Verpflichtungserklärung ging, wird gestützt durch den Umstand, dass mit keinem Wort die Offerte (insbesondere die an sie zu stellenden inhaltlichen Anforderungen spezifiziert) Erörterung findet, während in § 306 einlässlich die Frage behandelt wird: «Genügt zum Abschluss des Vertrages, dass die Annahmeerklärung abgegeben worden sei, oder muss dieselbe dem Antragsteller zum Bewusstsein gekommen, oder wenigstens an ihn gelangt sein?».

Sonderfälle beschränkten *pollicitatio* als einseitigem Rechtsgeschäft ausgeht [43], um dann anschliessend den Begriff der Offerte als Versprechen, eine Verpflichtung begründen zu wollen, zu beschreiben, vor welchem Hintergrund die Annahmeerklärung gewissermassen zur Behaftung des seinen Verpflichtungswillen erklärenden Schuldners wird [44]; Angebot und Annahme wurden nicht wie heute verstanden als Willenserklärungen, die den *Abschluss eines Vertrages* zuwege bringen, als vielmehr als unentbehrliche Konstitutivelemente der einzelnen *Schuld (Obligation)* bzw. der ihr entsprechenden *Forderung* [45]. *Daraus ergibt sich, dass die Figuren Offerte/Akzept ihren Ursprung nicht in der Vertragslehre haben, sondern vielmehr aus der Theorie der Obligationen* stammen, die im 18. und 19. Jahrhundert in der juristischen Betrachtungsweise gegenüber der Theorie der Schuld- bzw. Vertragsverhältnisse Übergewicht hatten [46].

Das Gesagte zeigt, dass die Vorstellung von Offerte und Akzept, die heute von einigen zu zentralen Elementen der Vertrags- und Konsenslehre gemacht wird, bloss geringe zeitliche Tiefendimension besitzt. In der zweitausendjährigen Geschichte, auf welche die Schuldverträge im modernen Sinn zurückblicken, beherrschte in der hier behandelten Frage die Vorstellung der *Willenseinigung, des Konsenses der Parteien,* die Betrachtung. Offerte und Akzept sind demgegenüber «*Denkfiguren der letzten Minute*». Diese Neuschöpfung ist durch das praktische *Bedürfnis der Deutung der Verhältnisse des Vertragsschlusses unter Abwesenden* (auf dem Korrespondenzweg) veranlasst [47]. Das neugeschaffene Modell geht auf Begriffe zurück, die ursprüng-

---

[43] Baron (Fn. 4); in § 211 beschreibt er die *pollicitatio* als «einseitige Willenserklärung, worin jemand zu Gunsten eines anderen eine Leistung verspricht: pactum est duorum consensus atque conventio, pollicitatio vero solius offerentis promissum» (Zitat von Dig. 50, 12, 3, pr.).

[44] Baron (Fn. 4) § 212 (p. 575, Ziff. I): «Die Einigung ist geschehen (der Vertrag ist abgeschlossen, perfect), wenn zweierlei vorliegt, nämlich: a) ein Antrag (Offerte) seitens des zukünftigen Schuldners, d.h. ein Versprechen desselben zum Zweck eines Vertragsschlusses, b) die Annahme (acceptation) des Antrages (des Versprechens) seitens des zukünftigen Gläubigers; im Übrigen kann zeitlich das Versprechen der Annahme vorausgehen oder umgekehrt die Erklärung des Gläubigerwillens nachfolgen.».

[45] Vgl. neben Baron: Windscheid/Kipp (Fn. 4), Bd. II, § 305; Mühlenbruch (Fn. 4), Bd. II, § 331; Seuffert (Fn. 4), Bd. I, § 255; Sintenis (Fn. 4), Bd. II, § 96. Sie alle behandeln Offerte und Akzept zwar unter dem Titel des Vertragsschlusses, beschränken ihren Inhalt aber auf das Versprechen bzw. die Annahme einer bestimmten *Leistung.* Die spätere Pandektistik betrachtet die Offerte nicht mehr als blosses Versprechen einer Leistung, sondern als Angebot zu einem *Vertragsschluss;* vgl. Regelsberger (Fn. 4), Bd. I, § 150; Hölder (Fn. 4), § 42; Wächter (Fn. 4), § 185/III; Keller (Fn. 4), § 223, S. 443; Wendt (Fn. 4), § 199; Holzschuher (Fn. 4), Bd. III, § 236.

[46] Zum Gegensatz der auf die Obligation (Recht/Pflicht-Beziehung) oder aber die Schuldverhältnisse (Verträge) ausgerichteten Betrachtungsweise in Systemgeschichte und Rechtsvergleichung vgl. Bucher, Schweiz. Obligationenrecht, Allgemeiner Teil, 2. Aufl., Zürich 1988, S. 38 f., 389; *ders.,* Einfluss des franz. Code Civil auf das Obligationenrecht, in «Das Obligationenrecht 1883–1983», hg. von Caroni, Bern 1983, S. 139–176, bes. 165–170.

[47] In aller Regel erfolgt die ausführlichere Erörterung von Offerte und Akzept nicht im Zusammenhang der Grundsatzfrage der Vertragsentstehung schlechthin, sondern des Sonderfalles des Vertragsschlusses unter Abwesenden. Besonders erwähnt seien Dernburg, der dem Vertrags-

lich der Behandlung des Gegensatzes zwischen einseitig erklärter Schuldver-
pflichtung (pollicitatio) und dem zweiseitigen Rechtsgeschäft des Vertrages
dienten[48]. Wie oft entfalten künstlich geschaffene Begriffe eine Eigendyna-
mik, die eine Tragweite über die ursprüngliche Sinngebung hinaus schafft
(ein Phänomen, das sich etwa bei den Denkfiguren des *Gestaltungsrechts,* der
Zuwendung und anderen modernen Kunstbegriffen feststellen lässt). Zum
richtigen Einordnen der durch Art. 14/I und Art. 55 WKR aufgeworfenen
Frage ist eine Rückbesinnung auf die hier gezeigten Ursprünge unentbehrlich.

VIII. Keine positivrechtliche Grundlage der Prämisse der Notwendigkeit von Offerte und Akzept

1. Grundsatz

Vorab die Feststellung, dass der Text des WKR zwar in Art. 14 eine Regel
über Offerten aufstellt, dass im übrigen jedoch das WKR insgesamt nicht den
geringsten Anhaltspunkt enthält, der den Schluss rechtfertigen würde, die
Konvention stelle die Forderung auf, dass Abschluss der Käufe über den
Austausch von Offerte und Akzept erfolge, während auf andere Weise ge-
schlossene Käufe als nicht existent betrachtet würden.

In diesem Punkte weicht das WKR in keiner Weise von der Rechtstradition der (in diesem Punkt völlig übereinstimmenden) Vertragsstaaten ab, der-
zufolge zwar die Möglichkeit des Vertragsschlusses über Offerte und deren
Akzept selbstverständlich ist, jedoch der Nachweis eines Vorgehens der Parteien über Unterbreitung von Offerten niemals zur Voraussetzung der Gültigkeit eines Vertrages gemacht wird, sondern Konsens der Parteien, unerachtet
auf welchem Wege dieser erzielt sein mag, gültigen Vertragsschluss konstituiert. Auch ausserhalb des WKR ist eine Gesetzesregel, welche explizit das
Gegenteil des Gesagten statuieren würde, nicht bekannt. Etwas Derartiges ist
auch sachlogisch ausgeschlossen und schlechthin undenkbar. Dasselbe gilt

---

schluss unter Abwesenden einen eigenen Paragraphen widmet (Pandekten, 5. Aufl., Berlin 1897,
Bd. II, § 11), und HÖLDER, der beim Vertragsschluss unterscheidet zwischen gemeinsamer und suk-
zessiver Willensäusserung und nur im zweiten Fall Offerte und Akzept erwähnt (zit. Fn. 4, § 42,
S. 220); vgl. im übrigen die in Fn. 38 und 45 erwähnten Autoren.
[48] Die Auffassung, dass die Vorstellung der Offerte ihre Ursprünge in der Theorie der «pollicitatio» hat, findet eine Bestätigung im französischen Sprachgebrauch, der mit «pollicitation» neben
dem traditionellen Sinngehalt untechnisch auch nichts anderes als *offre* bezeichnet (so z. B. Hinweis bei MAZEAUD/JUGLART/CHABAS [Fn. 41], N. 131).

nicht weniger für Gerichtsentscheidungen, die, wenn der obigen Auffassung widersprechend, statuieren müssten, dass die Parteien, obwohl sie sich unstreitig oder erwiesenermassen über den notwendigen Inhalt des Vertrages (die Essentialien i. w. S.) geeinigt haben, trotzdem nicht in gültiger Vertragsbeziehung stehen, weil nicht vorgetragen oder bewiesen wurde, dass der gegebene Konsens auf dem Weg der Unterbreitung eines gültigen Angebots und dessen Annahme erzielt worden ist.

Der Standpunkt, dass im Hinblick auf Vertragsgültigkeit allein die Erzielung der Willensübereinstimmung der Parteien gefordert werden darf, während der Weg, auf dem diese Willensübereinstimmung erreicht wird, keine Rolle spielt, wird zwar durch den weltweit präsenten (insbesonders auch im englischen Sprachbereich herrschenden) Gemeinplatz «Vertragsschluss erfolgt durch Offerte und deren Akzept» überlagert und etwas aus dem Blickfeld verdrängt, jedoch keineswegs in Frage gestellt. Die Gegenauffassung, ausdrücklich formuliert («Vertragsschluss allein durch Austausch von Angebot und Annahme»), wäre nicht bloss sachlich unhaltbar, sondern würde, wie vorstehend dargelegt, der Rechtstradition sämtlicher kontinentaler Rechtsordnungen und nicht weniger jener des englischen Sprachbereichs widersprechen; es würde damit der Vertragsschluss, heute vom Grundsatz der Formfreiheit dominiert, zu einem formbedürftigen Akt gemacht, der einen Austausch gegenseitiger Erklärungen voraussetzt (deren Solemnitätsgrad allerdings erst noch zu determinieren wäre), was gänzlich ausserhalb der Vorstellungswelt der heutigen Juristen (und zwar auch jener Juristen, welche Wert auf die Formel «Vertrag durch Offerte und Akzept» legen) steht.

Wenn man die moderne Vertragspraxis betrachtet und gleichzeitig das Rechtsverständnis des Publikums miteinbezieht, stellt man fest, dass bei einem ganz erheblichen, wenn nicht überwiegenden Teil der Fälle die Vorstellung, Verträge würden durch Annahme unterbreiteter Offerten zustande gebracht, an den Realitäten gänzlich vorbeigeht. Ob wir den Abschluss eines Kaufs von Zigaretten oder Zeitschriften am Verkaufsstand an der Strassenecke betrachten, oder ob es, am anderen Ende der Skala der wirtschaftlichen Bedeutung der geschlossenen Transaktionen, um den Abschluss eines Liefervertrages über eine komplexe Produktionsanlage geht, immer ist es nutzlose intellektuelle Übung, wenn nicht gar aufgrund der Ungewissheit der Verhandlungsabläufe unmöglich, die vertragskonstituierenden Äusserungen der Parteien als Offerte oder deren Akzept zu qualifizieren, und niemand wird aus diesem Umstand Zweifel an der Gültigkeit des zustande gekommenen Vertrages ableiten. Zur Illustration, dass diese im kontinentalen Rechtsbereich nicht bestrittene Beurteilung auch im englischen Sprachbereich genau gleich gilt, sei anhand des Zitates aus einem genau in den Tagen der Redaktion dieser Zeilen erscheinenden Aufsatz von E. ALLAN FARNSWORTH (einem der zahlreichen Väter des WKR; vgl. oben bei Fn. 35) belegt:

«The law governing the formation of contracts is usually analyzed in terms of the classic rules of offer and acceptance. But however suited these rules may have been to the measured cadence of contracting in the nineteenth century, they have little to say about the complex processes that lead to major deals in most countries today. – Major contractual commitments, especially international ones, are typically set out in a lengthy document, or in a set of documents, signed by the parties in multiple copies and exchanged more or less simultaneously at a closing. The terms are reached by negotiations, usually face-to-face over a considerable period of time and often involving corporate officers, bankers, engineers, accountants, lawyers and others. The negotiations are a far cry from the simple bargaining envisioned by the classic rules of offer and acceptance. There is often no offer or counter-offer for either party to accept, but rather a gradual process in which agreements are reached piecemeal in several 'rounds' with a succession of drafts. There may first be an exchange of information and an identification of the parties' interests and differences, then a series of compromises with tentative agreement on major points, and finally a refining of contract terms. The negotiations begin with managers, who refrain from making offers because they want the terms of any binding commitment to be worked out by their lawyers. Once these original negotiators decide that they have settled those matters that they regard as important, they turn things over to their lawyers, whose drafts are not offers because the lawyers lack authority to make offers. When the ultimate agreement is reached, it is often expected that it will be embodied in a document or documents that will be exchanged by the parties at a closing. – If the parties sign and exchange documents at the closing, there is no question that they have given their assent to a contract. There is little occasion to apply the classic rules of offer and acceptance. ...» [49].

2. Die Figuren von Offerte und Akzept nur sinnvoll im Sonderfall des zeitlich gestaffelten Vertragsabschlusses

Die Feststellung, dass weltweit und in allen uns zugänglichen Rechtsordnungen Verträge zwar Willensübereinstimmung i.S. des Vertragskonsenses über die wie auch immer umschriebenen notwendigen Konsenselemente (die sog. Essentialien) voraussetzen, dass aber nirgends der Nachweis gefordert ist, dass diese Willensübereinstimmung auf dem Wege des Austauschs von Offerte und Akzept erreicht wurde, darf hier, da niemand diese Auffassung bisher explizit bestritten hat, gar nicht erst weiter begründet werden. Haben die Figuren Offerte/Akzept keinerlei Bedeutung als generelle Gültigkeitsvoraussetzungen von Verträgen, behalten sie natürlich trotzdem praktische Bedeutung, aber dies nur in einem genau umschriebenen Sonderbereich, d.h. in einer bestimmten (statistisch keineswegs häufigen) *Streitsituation*. Diese Streitlage bezieht sich auf den *Sonderfall des zeitlich gestaffelten Vertragsschlusses*,

---

[49] E. ALLAN FARNSWORTH, in Mélanges en l'honneur d'Alfred E. von Overbeck, Fribourg 1990, S. 657/658.

bei dem nicht, wie im Regelfall, auf die Erklärung des Abschlusswillens der einen Partei unmittelbar die entsprechende Gegenerklärung der anderen Partei erfolgt oder beide Erklärungen gleichzeitig ergehen, sich diese vielmehr, wenn die Verhandlungen unter Anwesenden (oder am Telefon) geführt werden, eine *Bedenkzeit* ausbedingt, oder, im Falle der *Verhandlung unter Abwesenden,* eine die Annahme erklärende Gegenäusserung aus technischen Gründen erst nach einem gewissen Zeitablauf zur Kenntnis der anderen Partei gelangen kann[50]. Bei «punktuellem Vertragsschluss», d.h. der durch kein Zeitintervall getrennten Erklärung der Vertragswillen der Parteien, ist es sinnlos, von Offerte und Akzept zu sprechen; diese Figuren erlangen allein dann Gehalt, wenn die beidseitigen Erklärungen durch eine Zeitspanne getrennt sind. Soll eine, auf die erste Erklärung (Offerte) folgende zweite Erklärung den Vertrag zustande bringen, dann muss sie, soll Konsens resultieren, natürlich nur formalen Charakter haben (*JA* lauten), nicht aber inhaltliche Elemente nachschieben (da diesfalls ein auf diese bezogener Vertragswille des Ersterklärenden noch nicht vorliegt). Diese selbstverständliche (in WKR Art. 19/I festgeschriebene) Regel vorausgesetzt, geht die zentrale Frage in diesem Zusammenhang dahin, ob der Zeitraum zwischen Begebung von Offerte und Akzept überdehnt wurde oder nicht, ob bei Annahme der Offerte diese überhaupt noch «offen» war, oder umgekehrt die Annahme verspätet. Weil die Figuren von «Offerte» und «Akzept» sich auf den *Sonderfall des zeitlich gestaffelten Vertragsschlusses* beziehen, regeln auch die Art. 15–24 WKR die Probleme der *zeitlichen Abfolge* (wie lange sind Offerten «offen», in welchem Moment wird die Annahmeerklärung wirksam, wie ist eine unverschuldete Verzögerung der Übermittlung zu behandeln usw.)[51]. Folgt aus dem Gesagten, dass die Figuren «Angebot» und «Annahme» schlechthin, und natürlich auch im Rahmen des WKR, keine allgemeine, d.h. jeglichen Vertragsschluss betreffende Geltung haben, sondern im gezeigten Sinn sach-

[50] Wenn in der bisherigen (insbesonders älteren) Literatur von *«Vertragsschluss unter Abwesenden»* gesprochen wird, ist nichts anderes gemeint als das hier mit «zeitlich gestaffelter Vertragsschluss» bezeichnete Phänomen. Dass örtlich getrennte Verhandlungsparteien wie Anwesende zu behandeln sind, wenn sie sich telefonisch unterhalten, bleibt diesfalls unberücksichtigt, während der vergleichsweise weniger häufige Fall, dass auch bei Verhandlungen unter Anwesenden eine die Verhandlung überdauernde Offerte gestellt werden kann (wenn der eine Partner sich Bedenkzeit ausbedingt und diese zugestanden erhält), bei dieser traditionellen Formel ausgeklammert bleibt.

[51] Demgegenüber kann die Frage der an die Offerte zu stellenden *inhaltlichen Anforderungen,* wie in WKR Art. 14 behandelt, gewissermassen nur als *Vorfrage* betrachtet werden, die dem genannten Hauptproblem des zeitlichen Ablaufs der korrespektiven Willenserklärungen von Käufer und Verkäufer untergeordnet ist. Bei dieser Sicht der Dinge wird dann auch erst einsichtig, dass kein hinreichender Grund besteht, die Umschreibung der notwendigen Inhaltselemente im Zusammenhang der Problemlage Offerte/Akzept und jener des Vertragskonsenses gleich zu treffen (wird noch weiter ausgeführt unten Ziff. IX).

logisch auf Sondersituationen beschränkt bleiben, ist die erste der Prämissen («Kein Vertrag ohne gültiges Angebot») als unhaltbar erwiesen.

IX. Keine Identität der Erfordernisse inhaltlicher Bestimmtheit von Angeboten und von vertraglichen Konsensinhalten

1. Allgemeine Überlegungen zum Textverständnis

Die oben (Ziffer VI) genannten Autoren, welche einen Widerspruch zwischen den Art. 14/I und 55 ablehnen, begründen ihren Standpunkt letztlich mit dem Argument, die beiden Bestimmungen würden verschiedene Fragen regeln. So am deutlichsten EÖRSI (Fn. 36): «Art. 14 is concerned with offers and Art. 55 with contracts.». Mit EÖRSI Angebot und Vertrag (bzw. deren Gültigkeit) als verschiedene Fragen zu behandeln, ist nur möglich, wenn man den Abschluss von Verträgen auch ohne vorangestelltes (i. S. von Art. 14 gültiges) Angebot anerkennt. LÜDERITZ (Fn. 37) hält fest, es genüge «Einigkeit – mag sie erzielt sein, wann und wie sie will», während HONNOLD (Fn. 35), wenn er Art. 14 auf eine für den Fall fehlender Preisfixierung statuierte gesetzliche Vermutung fehlenden Bindungswillens reduziert, offensichtlich die Möglichkeit gültigen Vertragsschlusses auch ohne vorangehende gültige Offerte als selbstverständlich voraussetzt. – Die genannten Autoren, deren Auffassungen sich mit dem Standpunkt des Schreibenden, wie vorstehend in Ziffer VIII formuliert, vorbehaltlos decken, unterlassen es jedoch, die zweite Prämisse zu widerlegen; ihrer Argumentation kann entgegengehalten werden, dass selbst bei der Annahme der Entbehrlichkeit der Unterbreitung eines Angebots immer noch die Auffassung möglich bleibt, die Umschreibung der Inhaltserfordernisse im Zusammenhang des Angebots (Art. 14) enthalte gleichzeitig – in verkürzter Darstellung – eine Umschreibung der Konsenserfordernisse im allgemeinen.

Diese zweite Prämisse lässt sich durch Hinweise auf das bisherig Gesagte (Ziffer VIII) widerlegen, womit, im Ergebnis, auch die Auffassungen der drei hier genannten Autoren eine Begründung finden. Die Figuren Angebot und Annahme haben in der globalen Rechtstradition nie jene zentrale dogmatische Bedeutung erlangt, welche ihr heute – nur in vorliegendem Zusammenhang – etwas unbedacht zugeschoben wird; es bleibt unterschiedslos in allen in Betracht fallenden Rechtsordnungen und auch im WKR der zentrale vertragsrechtliche Begriff die *«Willensübereinstimmung»* bzw. der *«Konsens»* der Parteien. Daher verbietet sich von vornherein eine Textinterpretation, welche in der in Art. 14/I für den Sonderfall der Abgabe einer Offerte aufgestellten Regel eine Stellungnahme in der viel grundsätzlicheren Frage der Preisvereinbarung als Gültigkeitsvoraussetzung des Vertrages erblickt.

2. Rechtsfiguren Angebot und Annahme sind bezogen auf eine Streitlage vor Vertragsabwicklung

Zu diesen Allgemeinüberlegungen tritt hinzu der sachliche Gesichtspunkt, dass Offerte/Akzept nicht bloss, wie oben (Ziffer VIII/2) gezeigt, *keine allgemeinen* Konsensbildungs-Regeln bilden und auf das Sonderproblem der zeitlich gestaffelten Konsensbildung bezogen sind, sondern dass darüber hinaus hinter diesen Begriffen eine ganz bestimmte *Streitlage* steht, ausserhalb derer ein Sachbezug auf diese Begriffe nur schwer feststellbar ist: Es ist die Auseinandersetzung der Verhandlungspartner, von denen der eine einen bereits erfolgten wirksamen Vertragsschluss behauptet, während der andere diesen bestreitet; typischerweise wird der angebliche Offerent die Bestreitung entweder damit begründen, er selber habe keine wirkliche Offerte abgegeben und z. B. lediglich den Partner zur Offertstellung eingeladen, so dass durch die Äusserung des Partners kein Vertrag geschaffen worden sein könne, oder er wird die Wirksamkeit der Annahmeerklärung bestreiten (diese sei zu spät erfolgt bzw. zugegangen, sei mit Vorbehalten verknüpft und damit wirkungslos gewesen o. dgl.).

Es liegt nun auf der Hand, dass in aller Regel Streit um Vorliegen gültiger Offerte bzw. Akzept nur während oder am Ende der Phase der Vertragsverhandlungen ausgetragen wird, jedenfalls in einem Zeitpunkt, in dem mit der Ausführung des Vertrages noch nicht begonnen wurde, bzw. in dem die eine Partei diese Ausführung fordert bzw. anbietet und die Gegenseite diese ablehnt mit der Behauptung, ein gültiger Vertrag bestehe nicht. Im Normalfall wird eine Vertragsleistung nur erbracht, wenn der Leistende von der Gültigkeit des Vertrages überzeugt ist. Die meisten Leistungen, um voll wirksam zu werden, verlangen in irgendeinem Zeitpunkt auch die Mitwirkung des Leistungsempfängers; auch hier wird man aus dieser Mitwirkung in aller Regel auf das Überzeugtsein des Leistungsempfängers vom Bestand des Vertrages schliessen dürfen. Daraus folgt, dass mit Leistungserbringung, d. h. mit ganzer oder doch teilweiser Abwicklung des Vertrages, die auf Offerte/Akzept zu beziehende Streitlage zu einem Abschluss kommt: Wer seine Leistung erbracht oder jene der Gegenpartei entgegengenommen hat, wird die Entstehung eines Vertrages nicht bestreiten wollen oder, angesichts des Rechtsmissbrauchsverbots, nicht bestreiten dürfen, da Bestreitung der Vertragsgeltung nach Leistungsaustausch ein *venire contra factum proprium* darstellen würde [52].

---

[52] Die nach (ganzem oder teilweisem) Leistungsaustausch aufkommenden Auseinandersetzungen können zwar immer noch auf Infragestellung der Vertragsgültigkeit zielen: Es mögen irgendwelche Konsensmängel (Willensmängel, wenn nicht gar nachträglich entdeckter Dissens) vorgebracht werden, ohne dass diesfalls jedoch Offerte und Akzept in ihrer angestammten Funktion ins Spiel kommen könnten.

Vor diesem Hintergrund sollte sichtbar werden, dass WKR Art. 14/I einerseits, Art. 55 anderseits, auf *verschiedene Streitlagen* bezogen sind und deshalb von der Sache her andere Regeln (d. h. andere Anforderungen an den Inhalt der Erklärungen, hier hinsichtlich des Preises) aufgestellt werden können, ohne dass diese deshalb als inkonsistent bezeichnet werden dürften:

Der auf *Angebot/Annahme* bezogene *Art. 14/I* ist, wie diese Figuren selber, zur Hauptsache nur für den *Zeitraum vor Leistungserbringung* bzw. Vertragserfüllung gerechtfertigt. Hier ist es sachlich sinnvoll, denjenigen nicht als zur Leistungserbringung verpflichtet zu halten, der nicht genau weiss, welchen Preis er für seine Leistung erwarten darf; ebensowenig ist demjenigen die Entgegennahme einer Leistung zuzumuten, der nicht genau weiss, was ihn diese kosten soll.

Nach Erbringung und Entgegennahme der Leistung gelten ganz andere Gesichtspunkte. Der seinerseits bereits erfüllt habende Partner wird im Regelfall kein Interesse haben, die Gültigkeit des Vertrages zu bestreiten, sondern umgekehrt unter Berufung auf den Vertrag die Gegenleistung fordern. Demgegenüber soll sich nun nicht der Partner, um seine Leistung (Preiszahlung) zu verweigern, darauf berufen dürfen, dass der Preis noch nicht vertraglich festgelegt sei. Mitwirken am Leistungsaustausch impliziert den Verzicht auf die Einwendung, ein gültiger Vertrag sei mangels gültiger Willenseinigung nicht zustande gekommen: Der Käufer, der eine Sache als Kaufgegenstand entgegengenommen (und vielleicht die Zustellung der Ware durch seine «Bestellung» veranlasst) hat, soll nicht, nach Entgegennahme der Ware (und möglicherweise deren Verzehr oder Untergang, was Rückleistung unmöglich macht) die Preiszahlung verweigern können unter Berufung auf Vertragsungültigkeit infolge fehlenden Preiskonsenses[53]. Diese Regel ist sachlogisch in einem Masse zwingend und in der Praxis wohl auch allseits mit Selbstverständlichkeit respektiert, dass man wohl sagen kann, WKR Art. 55 selber statuiere diesen Grundsatz nicht, sondern setze ihn als selbstverständlich voraus, während der normative Gehalt dieser Bestimmung sich darin erschöpfe,

---

[53] Vertragsungültigkeit würde den Verkäufer zum vornherein um jeglichen Vertrags- (Preis-) Anspruch bringen, während die an dessen Stelle tretenden Rückforderungs- bzw. Bereicherungsansprüche nur ungenügenden, mit mancherlei Unsicherheiten belasteten Ersatz dafür bieten. Im Falle zufälligen Untergangs der Sache in den Händen des Käufers könnte sich dieser auf die fehlende Preisvereinbarung besinnen, um die Gefahr auf den Verkäufer zurückspringen zu lassen. – Der Gedanke, dass bei erfolgter Leistung die Gegenleistung ebenfalls (und unabhängig von der formellen Gültigkeit des zugrunde liegenden Vertrages) geschuldet sei, war im römischen Recht anscheinend ein gewichtiges Anliegen. In diesem Zusammenhang vorab zu bedenken die Ausnahmen, welche gegenüber der Regel «nudum pactum non parit actionem, sed exceptionem» aufgestellt wurden; die ausnahmsweise möglichen Klagen fanden wohl regelmässig ihre Rechtfertigung letztlich darin, dass der Klageberechtigte seinerseits eine Leistung erbracht (und der Beklagte diese empfangen) hat. Das kann hier allerdings nicht weiter verfolgt werden.

das *Folgeproblem* des Grundsatzes der Vertragsgültigkeit trotz fehlender Preisvereinbarung zu lösen, d. h. Regeln für die Bestimmung des zu zahlenden Preises zu geben.

3. Erfordernis der Preisbestimmung bei Offerten zusätzlich gerechtfertigt unter dem Gesichtspunkt der Auslegung des Erklärungswillens

Als allgemeine Regel soll nach wie vor gelten, dass bei Deutung des Inhalts wie Feststellung der Gültigkeit von Verträgen primär auf die von beiden Parteien gemeinsam konstituierte Grösse des Konsenses, der Willenseinigung abzustellen ist, während die je beidseitigen Erklärungen der Parteien nur vorfrageweise zu berücksichtigen sind. Diese Grundposition schliesst nicht aus, dass bei zeitlich gestaffeltem Vertragsschluss durch Austausch von Angebot und dessen Annahme die betreffenden Willenserklärungen, im Hinblick auf ihren funktionellen Gehalt, gesondert betrachtet und situationskonform ausgelegt werden. Die Eigentümlichkeit der Offerte besteht nun darin, dass sie, ohne den Standpunkt des Adressaten zu kennen, eine Erklärung eines bedingten Bindungswillens des Offerenten enthält, der bei Erklärung des korrespektiven Bindungswillens des Partners Vertragsschluss konstituiert. Nachdem ein Primärproblem der (Bindungswillen voraussetzenden) Offerte in deren Abgrenzung gegenüber der (ohne Bindungswillen abgegebenen) blossen Einladung zu Vertragsverhandlungen besteht, muss die Frage der Preisnennung vorab in diesem Zusammenhang gesehen werden. Hier nun bestehen gute Gründe, aus dem Fehlen der Preisbestimmung in der die Verhandlungen auslösenden Erklärung die Vermutung abzuleiten, die fragliche Erklärung sei nur eine Einladung zu Verhandlungen (oder eine Aufforderung zur Offertstellung an den Partner), nicht jedoch eine echte (d. h. mit eventualem Bindungswillen ausgestattete) Offerte. Dies ist nun der (oder wenigstens ein) unbestreitbarer Normgehalt von WKR Art. 14/I: Erfolgt keine Preisnennung, darf die Erklärung (evtl. bis zum Beweis des Gegenteils) nicht als eine echte Offerte verstanden werden, d. h. der Erklärende nicht durch Akzept gegen seinen Willen in den Kaufvertrag eingebunden werden.

Die vorangehenden Ausführungen (Ziffer 2) sollten gezeigt haben, dass die gleichen Gründe nun nach erfolgter (ganzer oder teilweiser) Vertragsabwicklung keinerlei Geltung mehr haben, da Leistungserbringung und -entgegennahme eine violenta praesumptio für die beidseitige Annahme des Bestehens eines Vertrages und die darin implizierte beidseitige Erklärung des Bindungswillens begründen. Wird erkannt, dass die an die Offerte zu stellenden inhaltlichen Anforderungen zwar ebenfalls durch die Notwendigkeit hinreichender Bestimmung des angebotenen Vertrages bestimmt sind, dass sich diesem Gesichtspunkt die (praktisch wohl wichtigere, da häufiger Streit veranlassende) Anforderung des hinreichenden Nachweises des Bindungswillens des Offerenten überlagert, folgt zwangsläufig, dass die Offerte zwar den für den schliesslich begründeten Vertrag notwendigen Konsensinhalt aufweisen muss, darüber hinaus aber unter letzterem Gesichtspunkt sehr wohl Zusatzerfordernisse kennen kann, wie dies hier für die Preisnennung angenommen wird. Bei dieser Sicht entfällt jeder innere Widerspruch zwischen der (aus Art. 14/I abgeleiteten) Regel, dass Offerten, um wirksam zu sein, eine Preisangabe enthalten müssen, während (wie in Art. 55 wenigstens indirekt gesagt wird) für die Geltung des schliesslich resultierenden Vertrages Preisfestsetzung entbehrlich ist.

Diese Betrachtungsweise liegt wohl auch den (nicht näher begründeten) Äusserungen jener Autoren zugrunde, welche die These der Widersprüchlichkeit von Art. 14/I und Art. 55 ablehnen (dazu oben Ziffer VI): HONNOLD, EÖRSY wie LÜDERITZ[54] setzen alle gleichermassen als selbstverständlich voraus, dass die an Offerten zu stellenden Anforderungen der Inhaltsbestimmtheit nicht auf den Vertragskonsens übertragen werden dürfen, sondern dass letzterer eigenen Gesetzmässigkeiten folgt. LÜDERITZ stützt diese Auffassung noch explizit mit dem Argument, dass die Parteien frei sind, von nachgiebigem Recht abzuweichen, daher einen vollgültigen Vertrag schliessen können durch stillschweigenden Ausschluss von Art. 14/I[55].

X. Erfordernis der Preisbestimmung entfällt mit Lieferung der Kaufsache

1. Anwendungsbereich des Preisbestimmtheits-Erfordernisses gemäss Art. 14/I

Stimmt man dem Bisherigen zu, bleiben noch einige Fragen bezüglich der Tragweite und Begrenzung des Geltungsbereichs der Regel des Preisbestimmtheits-Requisits von Art. 14/I.

Nach der insbesondere von HONNOLD und LÜDERITZ vertretenen Auffassung hat Art. 14/I lediglich den Charakter einer Auslegungsregel (HONNOLD) oder (im praktischen Ergebnis nicht stark abweichend) die Tragweite einer nachgiebigen (durch Parteiabsprache zu beseitigenden) Norm (LÜDERITZ). Das gibt Raum für die Frage, wie zu urteilen ist, wenn der Offerent zum Aus-

---

[54] Vgl. oben bei Fn. 35, 36 und 37.

[55] Das Argument ist interessant, wenn auch m. E. entbehrlich, was festzuhalten gerechtfertigt ist, weil die Parteien einerseits gar nicht über Austausch von Offerte und Akzept kontrahieren müssen (vgl. oben Ziff. VIII), anderseits die Nachgiebigkeit von Vertragsbildungsregeln für den Schreibenden nicht ausser Zweifel steht.

druck bringt, dass sein Angebot bindend gemeint sei und er einen Vertrag schliessen wolle unter derzeitigem Offenlassen des Preises und der Partner eine bindende Annahmeerklärung unter Inkaufnahme fehlender Preisbestimmung abgibt. Damit hängt zusammen die Frage der Vertragsbindung im Fall, dass die Parteien unter Anwesenden (und nicht über Austausch von Offerte und Akzept) unter Offenlassen des Preises kontrahiert haben. Kann im einen wie im anderen Fall der eine der Vertragspartner, wenn er in der Folge anderen Sinnes wird, sich im Zeitraum bis zur Leistungserbringung im oben (Ziffer IX/2) definierten Sinn, sich vom Vertrag lossagen unter Berufung auf fehlenden Preiskonsens?

Die Beantwortung beider Fragen hängt letztlich davon ab, ob man den erklärten und eindeutigen *Parteiwillen* als das Massgebliche betrachtet oder vielmehr die *Erbringung* bzw. *Entgegennahme der Leistung*. Wenn man (mit HONNOLD und LÜDERITZ) das entscheidende Gewicht auf den *Parteiwillen* legt, muss dessen klare Formulierung die Anwendung von Regeln ausschalten, die aus der Lebenserfahrung auf ihn Rückschlüsse ableiten, so dass *im Sinne der Vertragsgültigkeit* zu entscheiden ist. Werden jedoch *Sachgesichtspunkte* in den Vordergrund gerückt, muss *Vertragsgültigkeit verneint* werden: Die Zulassung von Vertragsbindungen, die in ihrer Tragweite unbestimmt sind, wie dies bei einem Kaufvertrag ohne Preisfestsetzung der Fall ist, erscheint aus grundsätzlichen Überlegungen als bedenklich und im Hinblick auf die dadurch geschaffene Streitlage unerwünscht; dass umgekehrt im Falle bereits erfolgter Leistung diese Gesichtspunkte mit Selbstverständlichkeit nicht berücksichtigt werden, erklärt sich hinlänglich durch Rücksichten auf den Leistenden und die Notwendigkeit, ihm angesichts der Gefährdung des Rückforderungsanspruches einen Anspruch auf die Gegenleistung zuzuerkennen, ohne dass ein Rückschluss auf die hier behandelte Streitlage zulässig wäre.

Eine Entscheidung im einen oder anderen Sinne lässt sich aufgrund der Textlage nicht gewinnen. Es müsste wohl auch die Entstehungsgeschichte des WKR erforscht werden, was an dieser Stelle nicht möglich ist. Immerhin will der Schreibende festhalten, dass er dazu neigt, die *Sachgesichtspunkte* in den Vordergrund zu stellen, in diesem Sinne den Vertrag bis zur Leistungserbringung seitens des einen Partners unter die Regel von WKR Art. 14/I zu stellen und dementsprechend nur unter Vorbehalt der Revokation als bindend zu betrachten.

Bewertende Gesichtspunkte sprechen dafür, vor (ganzer oder teilweiser) Erfüllung den ohne Preisvereinbarung geschlossenen Vertrag als noch nicht bindend zu betrachten. Vertragsverhandlungen wie deren Ergebnis, die Erlangung einer Willensübereinstimmung, bewegen sich insgesamt im selben voluntaristisch-normativen Bereich, der sich grundlegend von der im Bereich der Fakten liegenden *Erfüllung* der getroffenen Vereinbarung unterscheidet.

Es spricht nun einiges dafür, die für Angebote statuierten Anforderungen auf die Vertragsschlussphase (unter Einschluss des Zeitraums des Bestehens eines geschlossenen, jedoch noch nicht abgewickelten Vertrages) schlechthin auszudehnen, da das in Art. 14/I geregelte Problem innerhalb der der Erfüllung vorangehenden «Verhandlungsphase im weitesten Sinne» das praktisch bedeutsamste darstellt, dies um so mehr, als es in der Regel nicht leichtfallen (und oft nicht ohne Willkür möglich sein) wird, zu entscheiden, ob der vorliegende Vertrag lediglich auf Austausch einer (gemäss Art. 14/I ungültigen) Offerte und entsprechendem Akzept beruht, in welchem Fall es bei Vertragsungültigkeit sein Bewenden hätte, oder aber, ob die Parteien mit der Erklärung ihres Kontrahierungswillens explizit einen vorläufigen Verzicht auf Preisfestsetzung verbanden, in welchem Fall nach der Gegenauffassung der Vertrag gültig wäre. Ist unterschiedliche Behandlung dieser beiden Situationen von der Sache her nur schwer zu begründen, drängt es sich auf, *als entscheidende Grenze zwischen der eine Preisvereinbarung erfordernden «Vorbereitungsphase» und der «Leistungserbringungs-Nachfolgephase» den Zeitpunkt der (ganzen oder teilweisen, einseitigen oder erst recht beidseitigen) Vertragserfüllung zu betrachten*[56].

2. Analoge Wertentscheidung des Gesetzgebers: Preisvereinbarung kein Essentiale beim Werkvertrag

Bei allen Differenzierungen (und auch Unklarheiten) in Einzelfragen durfte die vorherrschende Auffassung, wie oben in Ziffer IV ausgeführt, dahin zusammengefasst werden, dass im Zusammenhang des *Kaufvertrages* im deutschen Sprachbereich insgesamt die Neigung besteht, eine Bestimmtheit, oder doch eine mehr oder weniger weitgehende «Bestimmbarkeit» des Preises als vertragsnotwendig (Essentiale) zu betrachten, wobei in der Schweiz diese Auffassung besonders deutlich ausgeprägt ist. Vergleichen wir damit den *Werkvertrag*, fällt auf, dass hier die Verhältnisse ziemlich genau in spiegelbildlicher Umkehrung vorliegen: Die allgemeine Auffassung geht hier dahin,

---

[56] Dass dieses Ergebnis in Wertungsübereinstimmung mit einer beim *Werkvertrag* getroffenen gesetzgeberischen Entscheidung wie auch mit einer deutlichen Tendenz der Gerichtspraxis steht, soll in den folgenden Ziffern 2 und 3 illustriert werden. – Nicht zu bestreiten ist allerdings, dass der *Zeitpunkt der Leistungserbringung* seinerseits nicht ohne Abgrenzungsschwierigkeiten bestimmt werden kann. Massgeblich müsste wohl sein der Zeitpunkt, in dem der Leistungsempfänger die Leistung entgegennimmt bzw. an der Leistungserbringung mitwirkt oder doch bestimmte Kenntnis von der Leistungsvorbereitung des Partners hat, ohne diesem zu widersprechen. Liegt ein (mit eindeutiger Erklärung des Bindungswillens verbundener) expliziter Verzicht auf Preisfestsetzung vor, kann die nachträgliche Abstandnahme vom Vertrag unter Berufung auf mangelnde Preisbestimmung vielleicht Anlass geben, die vom Gegner gutgläubig gemachten Aufwendungen für die Bereitstellung der zwecklos werdenden Leistungen nach den Regeln der *culpa in contrahendo* auszugleichen.

dass für das Zustandekommen eines gültigen Vertrages nicht nur die Bestimmung des Preises selber, sondern auch die nähere Umschreibung der dessen Festsetzung erlaubenden Gesichtspunkte entbehrlich seien. Dies gilt gleichermassen in der *Schweiz*[57], wie in *Deutschland*[58] oder *Österreich*[59].

Die Gegensätzlichkeit der Auffassungen beim Kauf einerseits, dem Werkvertrag anderseits ruft nach der Frage nach deren Ursachen; sachimmanente Gründe der Verschiedenheit lassen sich nicht ohne weiteres erkennen, dies um so weniger, als in wichtigen Bereichen beide Vertragstypen sich überschneiden (z.B. Vertrag über die Lieferung einer Maschine oder Anlage, die mehr oder weniger nach den Bedürfnissen des Destinatärs zu fertigen ist); warum soll in der Frage der Preisbestimmung hinsichtlich einer schlüsselfertig zu errichtenden Garage die Preisbestimmung weniger gefordert sein als bezüglich des Kaufs des in der Garage unterzubringenden Automobils? Ist bei Unbestimmtheit des Preises die Erstellung der Garage für den Unternehmer nicht ebensowenig zuzumuten wie Lieferung des Autos für den Verkäufer, oder umgekehrt das Geschehenlassen der Garageerstellung durch den Besteller wie die Entgegennahme des Wagens?

Eine unterschiedliche Behandlung der Fragen durch Gesetzgeber wie Wissenschaft kann ich nur darin begründet sehen, dass die idealtypisch vorgestellte Lebenssituation und Streitlage, nach der sich Wissenschaft wie Gesetzgebung unbewusst ausrichten, bei Kauf und Werkvertrag verschieden sind: Beim *Kauf* sieht man die regelungsbedürftige Auseinandersetzung über die Vertragsentstehung in der Phase *vor* der Lieferung (Verkäufer oder Käufer bestreiten gültigen Vertragsschluss, um Lieferung oder deren Abnahme abzuwehren), in welcher Streitlage es, wie gesehen, in der Tat sinnvoll ist, Vertragsentstehung von einer Preisfestsetzung abhängig zu machen. Demgegen-

---

[57] Vgl. OR Art.374; im übrigen genüge der Hinweis auf BECKER, Komm. OR 363, N.9 («Über die Entgeltlichkeit müssen die Parteien sich einigen. Dagegen ist nicht erforderlich, dass die Parteien die *Höhe* der Vergütung ziffernmässig festsetzen – BGE *32* II 345 f. –; vielmehr gilt in Ermangelung einer Einigung Art.374, wonach die Vergütung nach dem Wert der Arbeit unter Berücksichtigung der Auslagen zu bestimmen ist.») und TERCIER (Fn.20), S.319, N.2453 («... il n'est pas nécessaire en revanche que les parties conviennent du prix ou de la manière de le calculer, puisque l'art.374 fixe à cet égard les règles supplétives»).

[58] Hier vorab die allgemeine Feststellung, dass sich in der Kommentarliteratur durchwegs Ausführungen zum Erfordernis der Preisbestimmung im Zusammenhang des Abschlusses von Kaufverträgen finden (vgl. oben Fn.14 und 16), dagegen beim Werkvertrag der Gesetzestext selbst in § 632 klare Stellung bezieht: durch Fiktion wird auf das Erfordernis einer Vergütungsvereinbarung verzichtet.

[59] Im Ergebnis gleich wie in der Schweiz und in Deutschland wird in der Literatur zum ABGB zwar die Entgeltlichkeit an sich des Werkvertrags betont (und entsprechend die Vereinbarung der Entgeltlichkeit an sich als Essentiale bezeichnet), während die Höhe des Preises nach allgemeiner Auffassung offen bleiben kann und nach den Regeln von ABGB § 1152 («Ist im Vertrage kein Entgelt bestimmt und auch nicht Unentgeltlichkeit vereinbart, so gilt ein angemessenes Entgelt als bedungen») zu bestimmen ist. Vgl. KREJCI bei Komm. ABGB, hg. von RUMMEL (Bd.II, Wien 1984) zu § 1165/66, N.100, 101 ff., oder ADLER/HÖLLER, Komm. ABGB, hg. von KLANG/GSCHNITZER (Bd.V, Wien 1954), § 1170, S.414.

über ist die Vorstellung des *Werkvertrages* von der Tatsache bestimmt, dass eine vorgängige Preisbestimmung häufig unterbleibt, dies insbesondere, weil der Umfang des zu erstellenden Werks wie die zu dessen Ausführung erforderlichen Aufwendungen bei den Vertragsverhandlungen noch nicht feststehen; die vorgestellte Streitlage ist die im nachhinein aufkommende Auseinandersetzung um die Höhe des zu bezahlenden Preises, in welchem Zeitpunkt die Vertragsgeltung von den Parteien regelmässig nicht bestritten wird und vom Gesetzgeber natürlich nicht in Frage gestellt werden will.

Bei richtigem Zusehen verschwindet in der Frage, ob Preisbestimmung erforderlich sei («Essentiale» darstelle) oder nicht, der Gegensatz zwischen Kauf und Werkvertrag: *Vor der Erfüllung* (d. h. wenn die Parteien streiten, ob erfüllt werden müsse oder nicht) ist die *Frage in beiden Fällen gleichermassen zu bejahen,* wie sie *nach Vertragserfüllung* (wenn die Parteien um die Gegenleistung streiten) *zu verneinen* ist: Der Werkunternehmer so gut wie der Besteller können die Werkerrichtung ablehnen, wenn keinerlei Preisabsprachen vorliegen (da Vertragsabwicklung unter Ungewissheit über den schliesslich massgeblichen Preis weder dem einen noch dem anderen zuzumuten ist), genau wie bei ausstehender Preisabsprache Verkäufer und Käufer Lieferung bzw. Abnahme der Kaufsache ablehnen können. Ist umgekehrt die Kaufsache einmal geliefert, kann Bezahlung unter Berufung auf fehlenden Preiskonsens dagegen genausowenig verweigert werden wie die Bezahlung eines Werklohnes nach ausgeführtem Werk; nach Erbringung der charakteristischen Leistung kann in beiden Fällen fehlende Preisvereinbarung Vertragsgeltung nicht hindern.

3. Tendenz der Gerichtspraxis, nach Vertragsvollzug das Gültigkeitserfordernis der Preisbestimmung ausser acht zu lassen

Die Feststellung, dass die «Gültigkeit» eines Kaufs nach erfolgtem ganzen oder teilweisen Vollzug (insbesondere nach erbrachter Verkäuferleistung) anders zu beurteilen ist als vor diesem Zeitpunkt, findet sich in dieser Form in der bisherigen Literatur nur ganz ausnahmsweise[59b]. Wichtig daher die Feststellung, dass unerachtet dieses Umstandes keineswegs eine persönliche Auffassung des Schreibenden oder gar eine doktrinelle Neuerung vorliegt, vielmehr mit den hier gemachten Ausführungen nur der *bestehende Rechtszustand* beschrieben wird. Dies folgt aus der oben getroffenen negativen Feststellung, dass keine doktrinellen wie auch gesetzlichen Regeln, noch entsprechende Gerichtsentscheide bekannt sind, die nach erfolgter Sachlieferung

---

[59b] Am deutlichsten in diesem Sinne WITZ (Fn. 15), S. 169–171, 238; in dieser Richtung weisend (im Zusammenhang mit BGB § 154) sodann auch STAUDINGER/DILCHER § 154 N. 3 und PALANDT/HEINRICHS § 154 N. 1/b.

und -entgegennahme die Vertragsgeltung verneinen und den Verkäufer auf einen ausservertraglichen (insbesondere kondiktionsrechtlichen) Anspruch verweisen: Wird nach Sachübergabe die Vertragsgeltung durch fehlende Preisbestimmung nicht in Frage gestellt, während sie, nach auf dem Kontinent vorherrschender Auffassung, vor Sachübergabe als unentbehrlich betrachtet wird, ergibt sich zwangsläufig die Feststellung der *Duplizität der Geltungserfordernisse,* die für den *Fall vor und nach Sachlieferung grundlegend verschieden* sind. – Hier ist lediglich nachzutragen, dass für die Behauptung «Nach Sachlieferung keine Hinderung der Vertragsgeltung durch Fehlen der Preisbestimmung» (oder umgekehrt: «Sachlieferung lässt das Erfordernis der Preisbestimmung entfallen») sich in der *Gerichtspraxis* Entscheidungen finden lassen, die auf diesem Grundsatz beruhen, d. h. trotz fehlender Preisbestimmung Vertragsgeltung festschreiben.

Aus der *deutschen Praxis* seien etwa genannt: *BGHZ vom 23. 11. 1959:* Dem Entscheid lag der Sachverhalt zugrunde, dass bei den Verhandlungen über die Gründung einer Gesellschaft statuiert wurde, es solle eine Vereinbarung über die Bewertung der von einem der Gesellschafter zu erbringenden Einlagen getroffen werden. Obwohl eine solche jedoch in der Folge nicht zustande kam und hinsichtlich der Einbringungs- bzw. Eröffnungsbilanz eine Einigung ausblieb, kam es zum Abschluss eines Gesellschaftsvertrages, der auch «in Vollzug gesetzt» wurde. Das Gericht erachtet BGB § 154/I Satz 1 nicht als anwendbar und bejaht «die volle Wirksamkeit des abgeschlossenen Gesellschaftsvertrages» (d. h. in einer einem Kaufvertrag doch sehr nahe kommenden Lage Vertragsgültigkeit trotz ausstehender – und überdies explizit vorbehaltener – Preisbestimmung), wobei die fehlende Preisbestimmung nicht einmal als «wichtiger Grund» nachträglicher Auflösung i. S. von HGB § 133 zugelassen wurde[60]. In ähnlicher Richtung weist BGHZ 61, 288/89. *Der Entscheid des OLG Hamm vom 24. 10. 1975* beurteilt den Sachverhalt, dass im Zusammenhang einer unstreitig gültigen Übereignung eines Einfamilienhauses hinsichtlich des Preises der separat verkauften Einrichtungsgegenstände Einigung nicht zustande kam. «Das Fehlen einer Einigung steht jedoch unter den besonderen Umständen dieses Falles dem Zustandekommen eines Kaufvertrages nicht entgegen», stellt das Gericht fest; das diesen Ent-

---

[60] BGH in NJW *1960* 430/31. Weitere Hinweise auf Praxis bei WITZ (Fn. 15), S. 169–171. – In vorliegendem Zusammenhang ist sodann noch von Interesse, dass die Vorinstanz sich auf die Figur der *faktischen Gesellschaft* gestützt hatte (welches Argument der BGH von seinem Standpunkt aus nicht aufnehmen musste). Die Figur der *faktischen Vertragsverhältnisse* hat ihrerseits einen Bezug zu dem hier beschriebenen Grundgedanken, dass eine erbrachte und vom Empfänger entgegengenommene Leistung auch dann nicht ohne vertragliche Folgen (d. h. Pflicht zur Gegenleistung) bleiben soll, wenn aufgrund besonderer Umstände ein den üblichen Anforderungen entsprechender Vertragsschluss nicht zustande kam.

scheid bewirkende Faktum liegt offenkundig im Übergang der Kaufsache und in deren vorbehaltloser Entgegennahme durch den Käufer[61].

In dem *Entscheid des BGHZ vom 24.2.1983* wurde hinsichtlich des Zustandekommens eines Handelsvertretervertrages das Ausbleiben einer Einigung über die für die Übertragung der Handelsvertretung zu leistende Entschädigung nicht als Ungültigkeitsgrund betrachtet, weil «das Vertragsverhältnis in vollem Umfang praktiziert worden» war. «Es entspricht der Lebenserfahrung, dass die Parteien ihre Beziehung als vertragliche Beziehung betrachten, und dass sie nicht in einem vertragslosen Zustand handeln wollten», stellt das Gericht fest und bringt damit einen Gedanken zur Geltung, der nicht weniger bei Kaufverträgen im eigentlichen Sinne zu gelten hat[62].

In der *schweizerischen Praxis* lassen sich keine entsprechenden Entscheide im Bereich entgeltlicher Sachübereignung (Kauf im weitesten Sinne) feststellen, wohl aber, bei identischer Interessenlage, bei *Immobiliarmiete*. Auch hier kann auf die Frage der Notwendigkeit bzw. Entbehrlichkeit der Mietpreisbestimmung keine allgemeingültige Antwort gegeben werden: Einerseits ist weder Mieter noch Vermieter zuzumuten, bei zwar im übrigen bindend gemeinter Vereinbarung, aber noch ausstehender Vereinbarung der Höhe der Miete, die Mietsache zur Verfügung zu stellen oder die Miete «anzutreten». Ist indessen der Mietvertrag einmal in Vollzug gesetzt, das Mietobjekt vom Mieter bezogen und in Besitz genommen, kann die Abwicklung (Fortsetzung) des Vertrages nicht mehr unter dem Gesichtspunkt fehlender Mietpreisbestimmung abgelehnt werden: In *BGE 108 (1980) II 111* war zu beurteilen der Fall der jahrelangen Mitbenutzung eines für zwei Liegenschaften gemeinschaftlich errichteten Hallenbades durch den Eigentümer der einen. Die Vereinbarung eines Entgelts war unterblieben, weil ursprünglich eine Übernahme in gemeinschaftliches Eigentum vorgesehen war. Nachdem entsprechende Vereinbarungen scheiterten, wurde ein (infolge fehlender Mietpreisbestimmung) «unvollständiger Mietvertrag» angenommen, der vom Richter durch Preisfestsetzung zu ergänzen ist (Vorliegen bloss eines «faktischen Vertragsverhältnisses» wurde diskutiert, diese Annahme jedoch zugunsten derjenigen eines echten, wenn auch ergänzungsbedürftigen Vertrages verworfen). – Der genannte Entscheid beruft sich als Präjudiz auf *BGE 100 (1974) II 330;* die Parteien hatten eine Miete mit fester zehnjähriger Dauer vereinbart, wobei nach Ablauf von vier Jahren der Vermieter eine Verlängerung der Miete um weitere zehn Jahre zusicherte. Die These, dass der bisherige Mietpreis stillschweigend weiterdauern sollte, wurde angesichts allgemeiner Preissteige-

---

[61] OLG Hamm in NJW *1976* 1212; vgl. auch oben Fn.14.
[62] BGH in NJW *1983* 1727/28, u.a. mit Hinweis auf BGHZ *41* 271, 275 (NJW *1964* 1617).

rung abgelehnt, die Vertragsverlängerung um zehn Jahre, trotz fehlender Preisbestimmung, als gültig erachtet[63].

XI. Schlussfolgerungen für das Verständnis des WKR

Ziel der vorangehenden Ausführungen war es zu zeigen, dass die Frage notwendigen Inhalts des Vertragskonsenses unabhängig betrachtet werden muss von jener der an Offerten zu stellenden inhaltlichen Anforderungen; beim Kaufvertrag insbesondere ist es sinnvoll, im Rahmen der *Offerte eine Preisbestimmung* zu fordern, während eine Übertragung dieses Erfordernisses auf den Kaufvertrag insgesamt, zumal wenn dessen Geltung in der der Leistungserbringung nachgehenden Phase zur Beurteilung steht, sachlich verfehlt ist. Eine derartige Übertragung würde auch weder der kontinentalen Rechtstradition noch derjenigen des englischen Sprachraumes entsprechen. Ist dies zutreffend, *fällt die Behauptung eines Widerspruchs zwischen WKR Art. 14/I und Art. 55 in sich zusammen; nicht nur ist Gleichbehandlung der beiden Fragen nicht gefordert, sondern von der Sache her verboten;* die beiden Bestimmungen beziehen sich auf verschiedene Fragen und sind auf unterschiedliche Streitlagen bezogen:

Artikel 14/I bezieht sich, wie aus Wortlaut und systematischer Einordnung klar hervorgeht, auf die *Phase der Vertragsentstehung.* Kommt hier Streit auf, ob ein Vertrag besteht (d. h. ob die Parteien je zu Leistungen verpflichtet sind), ist es in dieser der Erfüllung vorangehenden Phase sinnvoll, die Verbindlichkeit der Offerte wie diejenige des daraus durch Annahme resultierenden Kaufvertrages von der Bestimmtheit des Preises abhängig zu machen, d. h. den Parteien weder Erbringung der Leistung noch deren Entgegennahme ohne Kenntnis der daraus resultierenden Folgen (d. h. Preisanspruch oder -zahlungspflicht) zuzumuten[64].

Artikel 55 bezieht sich nicht mehr auf die Vertragsentstehung, sondern auf die *Phase während oder nach der Erfüllung.* Hier ist das Zustandekommen des Vertrages nicht mehr streitig, sondern die Ungewissheit darüber (bzw. die diesbezügliche potentielle Verschiedenheit der Parteistandpunkte) ist bereits ausgeräumt, was im praktisch wichtigsten Fall durch die Erbringung der Leistung des Verkäufers und deren Entgegennahme durch den Käufer bewirkt wird. In diesem Stadium der Vertragsabwicklung sind beide Parteien (und

---

[63] Zur Begründung erfolgte u. a. Hinweis auf ROQUETTE, Mietrecht des BGB, Komm. zu BGB § 535, N. 238 f.

[64] Dabei kann in vorliegendem Zusammenhang die Frage offenbleiben, ob die Preisfestsetzung ein zwingend gefordertes Element darstellt oder, wie einzelne annehmen, von den Parteien durch entsprechende Willensäusserung ausgeschaltet werden kann; vgl. dazu oben Ziffer IX/4 (der Schreibende verneint letztere Ansicht im praktischen Ergebnis und neigt dazu, das Erfordernis der Preisbestimmung erst mit Leistungserbringung entfallen zu lassen).

vor allem der Käufer) mit dem Standpunkt ausgeschlossen, mangels hinreichender Einigung (sc. hinsichtlich Preis) sei der Vertrag ungültig bzw. nicht zustande gekommen (und vor allem kann unmöglich der Käufer die Bezahlung der von ihm empfangenen Ware verweigern); der Vertrag ist jedenfalls gültig (d. h. für die Parteien bindend), und bei fehlender Festsetzung des Preises müssen objektive Rechtsnormen, wie sie eben in Art. 55 statuiert werden, bei dessen Bestimmung helfen.

Für das Erfordernis vertraglicher Preisbestimmung gelten unter *sachlogischen Gesichtspunkten* unterschiedliche Regeln, je nachdem, ob das Bestehen des Vertrages *vor oder nach (teilweiser) Erfüllung,* d. h. der Lieferung des Kaufgegenstandes streitig wird: Während im ersten Fall das Erfordernis der Preisbestimmtheit zulässig (und in den kontinentalen Rechtsordnungen regelmässig in der einen oder anderen Form verwirklicht) ist, darf dieses Erfordernis keinerlei Geltung mehr haben nach erbrachter Verkäuferleistung. Dies gilt gleichermassen in den nationalen Rechtsordnungen und nicht weniger unter WKR, wo die von der Sache her geforderte Lesart vielleicht im Text nicht mit letzter Deutlichkeit zum Ausdruck kommt, aber jedenfalls mit ihm vorbehaltlos zu vereinbaren ist.

Mit dem Gesagten soll nur gezeigt sein, dass *keinerlei innerer Widerspruch zwischen WKR Art. 14/I und Art. 55* besteht, und dass folglich auch nicht Anlass gegeben ist, die Geltung der einen Norm unter irgend einem geltungsrechtlichen oder kollisionsrechtlichen Gesichtspunkt einzuschränken. In der Frage der *Entstehungsgeschichte* soll keine Position bezogen werden: Nicht nur hat der Schreibende, der an der Vorbereitung und Ausarbeitung des WKR nicht teilhatte, keine persönliche Erfahrung einzubringen; angesichts der hier entwickelten Auffassung besteht für ihn auch kein Anlass, der Frage nachzugehen, welche Umstände zu der heutigen Textgestaltung geführt haben. Selbst wenn diese durch Spannungen, Missverständnisse oder Versehen mitbestimmt wäre: Es ist eine schöne Erfahrung, dass ausnahmsweise auch unglückliche Verumständungen schliesslich ein glückliches Ergebnis bewirken können. Und als solches möchte ich die hier behandelten Bestimmungen betrachten.

XII. Besinnung auf Grundsätzliches

Ziel des Vorangehenden war es zu zeigen, dass in der alten Streitfrage der Notwendigkeit des *pretium certum* das WKR eine sinnvolle, d. h. sachlich überzeugende und befriedigende Lösung zwar nicht gerade explizit festschreibt, aber doch nahelegt. Der bei erstem Zusehen aufkommende Anschein eines Widerspruchs zwischen den Art. 14/I und Art. 55 kann ausgeräumt werden durch Berücksichtigung der Interessenlagen der Parteien in den verschiedenen Stufen der Abwicklung der Kaufverträge wie auch mittels Rückbesinnung auf die Handhabung des zwar nicht im englischen Sprachbereich, wohl aber in der kontinentalen Tradition vorgezeichneten Erfordernisses der Preisbestimmtheit: Dieses führt zwar in der Phase vor Erfüllung zu einer Verneinung der Gültigkeit und zu beidseitiger Verweigerung der Erfüllungsansprüche, während umgekehrt nach begonnener Erfüllung (sc. nach Lieferung der Kaufsache) der Preisanspruch des Verkäufers (und damit die Vertragsgeltung) nicht in Frage stehen. Bei allen Unterschieden in Einzelfragen steht das WKR damit insgesamt in Übereinstimmung mit der kontinentalen Tradition; der Gegensatz zum englischen Sprachbereich reduziert sich darauf, dass in letzterem in der Phase vor Erfüllung insgesamt eine weitergehende Bereitschaft zu bestehen scheint, unter bestimmten Voraussetzungen auch ohne Preisfixierung Vertragsgeltung anzunehmen, d. h. Erfüllungsansprüche zuzulassen.

Die sachliche Angemessenheit und Problemlosigkeit des Resultates ruft der Frage nach den Gründen des Missverstehens der Verhältnisse durch die bisherige Literatur, die mehrheitlich sachliche Unangemessenheit befürchtet und die deshalb zu problembelasteten Korrekturversuchen sich aufgerufen fühlt. Das Missverstehen kann nicht den Wissenschaftern, die sich zu dieser Frage geäussert haben, angelastet werden, zumal sie sich nur beiläufig äussern und nicht, wie hier versucht wurde, die Frage zum Gegenstand einer selbständigen Untersuchung gemacht haben. Die Ursache liegt in der *traditionellen Fragestellung,* die auf die Frage der *Vertragsgültigkeit schlechthin* ausgerichtet ist und ohne jede Differenzierung die sachlichen Voraussetzungen dieser generell verstandenen Vertragsgültigkeit enumerieren will. So gestellt *kann die Frage nach der Notwendigkeit des Preiskonsenses nur falsch beantwortet werden:* Wird sie *bejaht* und damit Preiskonsens als Gültigkeitserfordernis schlechthin statuiert, ist diese Position insofern falsch und sachlich nicht zu halten, als auch im Falle willentlicher Lieferung und Entgegennahme der Kaufsache der Verkäufer seines vertraglichen Preisanspruches verlustig ginge und auf Rückübertragung der Kaufsache verwiesen wäre; bei bereits erfolgtem Verbrauch würde ihm lediglich ein Bereicherungsanspruch zustehen, bei zufälligem Untergang der Sache in den Händen des Käufers jeder Anspruch des Verkäufers überhaupt entfallen, eine Lösung, die in dieser Form niemand zu fordern oder zu akzeptieren bereit ist. Wird umgekehrt die in dieser Form gestellte Frage *verneint,* d. h. eine Preisvereinbarung als entbehrlich bezeichnet, bedingt dies das Resultat, dass im Streit der Parteien, ob sie überhaupt einen Vertrag geschlossen haben und entsprechend zur Lieferung der Sache bzw. deren Entgegennahme und Bezahlung verpflichtet sind, unerachtet ausstehenden Preiskonsenses die Vertragsgeltung zu bejahen wäre und die Parteien entsprechend in Leistungspflicht stünden. Diese Auffassung verzeichnet die Rechtslage, wie sie in der kontinentalen Tradition mehr oder weniger fest verankert ist und in gewissem Sinne über Art. 14/I auch im WKR Aufnahme gefunden hat.

Trifft die hier für die nationalen Kaufrechte wie für das WKR gestellte Diagnose zu, ergibt sich, dass die Gültigkeitsvoraussetzungen (die Umschreibung der Essentialia) eines Kaufvertrages unterschiedlich beschrieben werden müssen, je nachdem, ob die Rechtslage vor oder nach Lieferung der Kaufsache in Frage steht. Damit erweist sich aber, dass verschiedene traditionelle Vorstellungen nicht zu halten sind: Es lassen sich beim Kauf weder die Essentialien allgemeingültig umschreiben noch ist es möglich, aufgrund des Wissens um den Inhalt des von den Parteien erzielten Konsenses festzustellen, ob ein «gültiger» Vertrag zustande gekommen ist; die Antwort muss verschieden ausfallen, je nachdem, ob die Beurteilung auf die Streitlage vor oder nach Lieferung der Kaufsache ausgerichtet ist. Die traditionelle Frage nach der Notwendigkeit der Preisvereinbarung darf in dieser Allgemeinheit überhaupt nicht gestellt werden. Im praktischen Ergebnis bedeutet die Lieferung der Sache «Heilung» des bis dahin nicht gültigen (da mangels hinreichenden Konsenses die Parteien nicht bindenden) Vertrages; ebensogut könnte man sagen, dass die Lieferung an die Stelle der an sich dem Grundsatze nach geforderten Preisabsprache trete. So oder anders lässt sich die Rechtslage mit der traditionellen Vorstellung der Vertragsgültigkeit bloss schwer vereinbaren, denn wie soll das – vom Ergebnis her wohl einleuchtende – Resultat begründet werden, dass die Lieferung der Sache, d. h. mit anderen Worten eine teilweise Erfüllung des Vertrages, den vorerst nicht gültigen Vertrag zum gültigen machen könne? Zustandekommen eines Vertrages kraft dessen Erfüllung ist mit überlieferten Vorstellungen nicht zu vereinbaren. Die traditionale Frage nach der «Gültigkeit» eines Vertrages, die systemkonform allein auf den Zeitpunkt des Vertragsschlusses bezogen werden darf, erweist sich damit im betrachteten Bereich als falsch gestellt, da Beantwortung nicht möglich ist bzw. jede Antwort zwangsläufig den Rechtszustand unzutreffend beschreibt. – Unter Ziffer X/2 wurde sodann gezeigt, dass im Rahmen des *Werkvertrages* (der im WKR in Randbereichen ebenfalls miteinbezogen ist!) die entgegengesetzte Position (Preisvereinbarung *kein* Essentiale) in spiegelbildlicher Umkehrung gleichermassen zu korrigieren ist: Die genannte Regel darf nur auf den Zeitpunkt nach Werkerstellung bezogen werden, kann jedoch keine Geltung beanspruchen, wenn vor dieser die Vertragsgeltung streitig wird.

Der Schreibende hat an anderem Ort zu zeigen versucht, dass in bestimmten Zusammenhängen (Verträge, die infolge des Übermasses ihrer Bindungswirkungen gemäss ZGB Art. 27 bzw. BGB § 138 nicht durchsetzbar sind, Missachtung von Formvorschriften mit dem Zweck des Schutzes bloss des einen Partners, bei Vertragsschlüssen durch einen Handlungsunfähigen usw.) die Vorstellung der Gültigkeit oder Nichtigkeit des Vertrages den legislatorischen Anliegen nicht gerecht wird, vielmehr nur, unter grundsätzlicher Annahme der Vertragsgültigkeit, die Gewährung einer in der einen oder anderen Art befreienden Einrede an den zu Schützenden[65].

Die hier beschriebene Rechtslage ist sehr vergleichbar; die Verschiedenheit der beschriebenen Sachverhalte liegt vor allem darin, dass hier nicht der Schutz bloss des einen Partners in Frage steht, vielmehr jeder der beiden den Schutz des Requisits der Bestimmtheit des Kaufpreises anrufen kann: Der Kaufvertrag wird dem Grundsatze nach als gültig geschlossen betrachtet, wenn die Parteien sich nur über die sonstigen Elemente (Vertragsgegenstand, Sachübereignung als Ziel, Entgeltlichkeit, allenfalls weitere «konsensuale Essentialia») geeinigt haben. In dem Umfange jedoch, als die massgebliche Rechtsordnung die Preisbestimmtheit fordert, wird Käufer wie Verkäufer die Einrede mangelnder Preisbestimmung gewährt, welche vertragliche Gegenansprüche abschneidet. Diese Einrede erlischt indes mit Lieferung bzw. Entgegennahme der Kaufsache, da in diesem Vorgang ein Verzicht auf die Einrede zu erblicken ist. Diese Betrachtungsweise scheint mir die naheliegendste, wenn auch vielleicht nicht die einzige Art der «dogmatischen Konstruktion» des Sachverhaltes, dass vor und nach Sachlieferung unterschiedliche sachliche Voraussetzungen der Durchsetzbarkeit des Kaufvertrages statuiert sind.

Zum Schluss sei die Feststellung erlaubt, dass die vorstehend im Zusammenhang des Kaufvertrages hinsichtlich dessen «Gültigkeitsvoraussetzungen» gemachten Beobachtungen nicht bloss, wie gesehen, beim *Werkvertrag* (oben Ziff. X/2) und bei der *Miete* (oben Ziff. X/3, sowie BGE *108* II 111) Bedeutung erlangen, sondern Tragweite im Grundsätzlichen haben. Insbesondere die Vorstellung der (losgelöst von der Streitlage festzustellenden) *«Vertragsgültigkeit»* wie auch jene der *«Essentialien»* wird nicht bloss bei den hier betrachteten Fragen, sondern auch im Zusammenhang der übrigen Austauschverträge fragwürdig. Beide sollten im Rahmen des allgemeinen Vertragsrechts neu überdacht werden.

---

[65] Bucher, in AcP *186* 1–73.

Dr. Gerold Herrmann [1]

Anwendungsbereich des Wiener Kaufrechts – Kollisionsrechtliche Probleme

Einführung für die schweizerische Aussenhandelspraxis

Seit 1. März 1991 steht, wie im Untertitel unserer Tagung so bildlich beschrieben, der schweizerische Aussenhandel unter dem UN-Übereinkommen über Verträge über den internationalen Warenkauf. Ob ein bestimmter Vertrag unter das neue Recht fällt, ergibt sich aus den Bestimmungen über den Anwendungsbereich des Übereinkommens. Besonders in der Anfangszeit werden Fragen zum Anwendungsbereich im Mittelpunkt stehen, und manche der nötigen Abgrenzungen dürften Zweifel aufwerfen. Daher möchte ich mich für die Gelegenheit bedanken, die neuen Bestimmungen zum Anwendungsbereich und zum Regelungsbereich vorstellen zu dürfen und damit vielleicht manche Anfangsschwierigkeit vermeiden zu helfen.

Wie es sich für ein Referat im Rahmen der Berner Tage für die juristische Praxis gehört, möchte ich meine Ausführungen an dem mutmasslichen Informationsbedürfnis der schweizerischen Praxis ausrichten und daher auf folgende vier Dinge verzichten, so reizvoll sie auch bei unserem Thema sein mögen.

Erstens werde ich keine Vergleiche mit dem Haager Einheitlichen Kaufgesetz anstellen, mit dem Sie in der Schweiz ja keine Erfahrungen sammeln konnten. Gleichwohl vermute ich, dass auch Ihre Gerichte bei Bedarf die bisherige Rechtsprechung derjenigen Staaten anschauen werden, die (z.B. Deutschland, Italien, Niederlande) das Haager Kaufrecht durch das neue Kaufrecht ersetzt haben, das bei unserer Tagung «Wiener Kaufrecht (WKR)» heisst. Ich darf anmerken, dass ich einen anderen Namen (z.B. «UN-Kaufrecht» oder «UNCITRAL-Kaufrecht» und als Abkürzung «UNKÜ») vorziehen würde, nicht wegen mangelnder Hochachtung gegenüber dem Konferenzort, sondern einfach zwecks Vermeidung der recht häufigen Verwechslung mit dem Wiener Vertragsrechtsübereinkommen von 1969.

---

[1] Der Verfasser ist Mitarbeiter im UNCITRAL-Sekretariat, er vertritt jedoch in diesem Referat ausschliesslich seine persönliche Meinung.

Zweitens werde ich mich mit persönlichen Bewertungen von Übereinkommensbestimmungen sowie mit eigenen Stellungnahmen zu Streitfragen zurückhalten. Schliesslich nützt es dem Praktiker wenig, zu wissen, dass Herr Herrmann aus Wien die Meinung von acht Autoren teilt, gegenüber drei oder auch zwanzig Vertretern der Gegenmeinung. Viel wichtiger ist es zu wissen, dass eine bestimmte Frage ernsthaft streitig ist und eine bestimmte Norm unterschiedlich ausgelegt wird. So wie ein Zweifel bekanntlich die Voraussetzung einer Bedingung ist, nützt die Kenntnis einer Streitfrage oder eines erheblichen Zweifels als Voraussetzung für eine klärende Vertragsbedingung oder Abbedingung einer zweifelhaften Übereinkommensnorm.

Drittens will ich Sie als Praktiker mit theoretischen, dogmatischen und terminologischen Fragen verschonen, soweit sie nicht praktische Folgen zeitigen. So mag beispielsweise dahinstehen, ob Abgrenzungsnormen über den Anwendungsbereich als Sachnormen, einseitige Kollisionsnormen oder materielles internationales Privatrecht zu qualifizieren sind[2].

Viertens werde ich solche Sachverhalte ausklammern, die in Ihrer Praxis sehr selten sind, auch wenn deren Behandlung intellektuell reizvoll wäre (wie etwa die vielen denkbaren Fallkonstellationen des später vorzustellenden Art. 1(1)(b)). Konzentrieren wir uns vielmehr auf die Fälle, die Sie in Ihrer Praxis erwarten dürfen, sei es als Wirtschaftsjurist eines schweizerischen Unternehmens, sei es als Rechtsanwalt eines ausländischen Klienten, sei es als Richter oder Schiedsrichter in einem internationalen Verfahren. Sie wollen und müssen wissen, wann denn nun dieses neue Kaufrecht Anwendung findet, soweit nicht abbedungen (dazu später, siehe unten II.). Dies ist die Frage nach dem Anwendungsbereich des Übereinkommens, wobei wir die persönlich-räumlichen Voraussetzungen (A.), den zeitlichen Aspekt (B.) und die sachlichen Voraussetzungen (C.) getrennt betrachten wollen.

I. Anwendungsbereich: Wann WKR Anwendung findet

A. Persönlich-räumliche Voraussetzungen (Art. 1(1))

1. «Internationaler» Kaufvertrag: Niederlassung der Parteien in verschiedenen Staaten

Die erste von zwei kumulativen Anwendungsvoraussetzungen ist, dass die Parteien ihre Niederlassung in verschiedenen Staaten haben. Für diese Vor-

---

[2] Vgl. dazu CZERWENKA, Rechtsanwendungsprobleme im internationalen Kaufrecht (Berlin 1988), besonders S. 28–35.

aussetzung, die den internationalen Charakter des Kaufvertrags betrifft, ist es unerheblich, ob ein Staat Vertragsstaat des Übereinkommens ist; diese Frage spielt erst bei der zweiten Voraussetzung eine Rolle (siehe unten 2.). Hier wie dort ist mit Staat das Völkerrechtssubjekt gemeint, selbst wenn Teileinheiten die Bezeichnung «Staat» tragen. So ist beispielsweise die USA gemeint und nicht der Staat New York. Ein Vertrag zwischen Parteien mit Niederlassungen in New York und Chikago unterliegt also mangels Internationalität nicht dem WKR.

Der internationale Charakter oder Auslandsbezug muss den Parteien bekannt oder zumindest objektiv erkennbar sein, um sie nicht einem unerwarteten, «fremden» Recht zu unterwerfen. Gemäss Art. 1(2) bleibt die Tatsache, dass die Parteien ihre Niederlassung in verschiedenen Staaten haben, unberücksichtigt, wenn sie sich nicht aus dem Vertrag, aus früheren Geschäftsbeziehungen oder aus Verhandlungen oder Auskünften spätestens bei Vertragsabschluss ergibt. Da Konsumentengeschäfte nach Art. 2(a) nicht erfasst sind, bleibt als Anwendungsfall für die Unkenntnis-Vorschrift wohl im wesentlichen nur die sogenannte verdeckte oder mittelbare Stellvertretung, soweit hier überhaupt der nicht offenbarte Vertretene Vertragspartei wird[3].

Der internationale Charakter des Vertrages ist mit der Niederlassung der Parteien in verschiedenen Staaten abschliessend bestimmt; andere Faktoren, die der Uneingeweihte für bedeutsam halten könnte, sind ohne Belang. Beispielsweise ist nicht erforderlich, dass die Ware jemals eine Staatsgrenze überschreitet. Zu der gelegentlichen Kritik daran[4] möchte ich aus dem Blickwinkel der Rechtsvereinheitlichung nur anmerken, dass der Grenzübertritt der Ware die Rechtskenntnis der Parteien unberührt lässt.

Art. 1(3) erklärt ausdrücklich für unerheblich, welche Staatsangehörigkeit die Parteien haben, weiterhin ob sie Kaufleute oder Nichtkaufleute sind oder ob der Vertrag handelsrechtlicher oder zivilrechtlicher Art ist. Sowohl die Kaufmannseigenschaft als auch die Unterscheidung von handels- und zivilrechtlichen Verträgen sind nur einigen Rechtsordnungen vertraut und werden auch dort keineswegs einheitlich verstanden. Sie eignen sich daher schlecht als Abgrenzungskriterien für ein Welt-Kaufrecht. Praktisch wird allerdings etwas Ähnliches dadurch erreicht, dass Art. 2 Verbrauchergeschäfte vom Anwendungsbereich ausschliesst, aber eben nicht durch Rückgriff auf nationale Rechtsfiguren oder Konzepte, sondern deskriptiv-faktische Merkmale («Kauf von Ware für den persönlichen Gebrauch oder den Gebrauch in der Familie oder im Haushalt»).

---

[3] SCHLECHTRIEM/HERBER, Art. 1 CISG Rn. 51.
[4] VOLKEN, in: International Sale of Goods, Dubrovnik Lectures (ed. Sarcevic/Volken, New York 1986), S. 26.

Der Begriff «Niederlassung» ist im WKR nicht definiert; aber es hat sich bereits eine recht einheitliche Auslegung herausgebildet. Verlangt wird eine Einrichtung von gewisser Dauer und mit bestimmten kaufmännischen Befugnissen, so dass etwa Messestände oder reine Warenlager ausscheiden. Nicht verlangt wird die kaufmännische Leitung, wie sich indirekt aus Art. 10(a) ergibt. Danach entscheidet bei mehreren Niederlassungen einer Partei diejenige, die mit dem Vertrag und seiner Erfüllung die engste Beziehung hat. Dies kann, muss aber nicht, der Hauptsitz des Unternehmens sein. Das Kriterium der engsten Beziehung erscheint sachgerecht, da es den Erwartungen der Parteien entsprechen dürfte[5]. Handelt es sich bei dem fraglichen Unternehmensteil jedoch um eine selbständige Tochter, wird diese als juristische Person in aller Regel selbst Vertragspartei sein, womit Art. 10(a) nur insoweit anwendbar wäre, als die Tochter selbst mehrere Niederlassungen in verschiedenen Staaten hätte.

2. Verbindung zu Vertragsstaat gemäss Art. 1(1)(a) oder (b)

Die zweite persönlich-räumliche Voraussetzung für die Anwendung des WKR ist eine bestimmte Anseilung an einen Vertragsstaat, und zwar entweder in der unmittelbaren Art gemäss lit. a) oder per IPR-Vorschaltlösung nach lit. b).

a) Niederlassung beider Parteien in Vertragsstaaten

Nach Art. 1(1)(a) ist das WKR anwendbar, wenn die Parteien ihre Niederlassung in verschiedenen Vertragsstaaten haben. Diese erste Anseilungsalternative erfasst bereits heute weitaus mehr Sachverhalte als die zweite Alternative in lit. b). Der Grund liegt in der erfreulich hohen Zahl der Vertragsstaaten, derzeit 30: Ägypten, Argentinien, Australien, Bulgarien, Chile, China, ČSFR, Dänemark, Deutschland, Finnland, Frankreich, Guinea, Italien, Irak, Jugoslawien, Lesotho, Mexiko, Niederlande, Norwegen, Österreich, Sambia, Schweden, Schweiz, Spanien, Syrien, Ungarn, UdSSR (gesondert Weissrussland und Ukraine)[6] und USA (Stand 15. Februar 1991).

---

[5] Dagegen führt dieses Kriterium nicht, wie der BGH in bezug auf das Haager EKG angenommen hat, häufiger zur Anwendung des Einheitsrechts als der Hauptsitz-Massstab; vgl. Urteilsanmerkung von HERRMANN, IPRax *1983* 212.

[6] Entgegen der von STOFFEL, SJZ *1990* 172, geäusserten Vermutung treten die Sowjetrepubliken dem WKR nicht gestaffelt bei; vielmehr war ein separater Beitritt nur von Weissrussland und Ukraine zu erwarten, die aus Gründen der Ost–West-Ausgewogenheit selbständige Mitglieder der Vereinten Nationen und Völkerrechtsvertragssubjekte sind.

Alles deutet darauf hin, dass die Zahl der Vertragsstaaten in den nächsten Jahren beträchtlich steigen wird. Für die Schweiz und andere Vertragsstaaten ist also vorherzusehen, dass der weit überwiegende Teil des Aussenhandels kraft erster Alternative unter dem WKR stehen wird. Dies ist aus Gründen der Rechtsklarheit und -sicherheit auch insofern zu begrüssen, als die zweite Anseilungsalternative ungleich problematischer ist und beträchtliche Anwendungsschwierigkeiten aufwirft.

b) IPR-Regeln führen zur Anwendung des Rechts eines Vertragsstaates

Haben die Parteien ihre Niederlassung in verschiedenen Staaten, von denen wenigstens einer kein Vertragsstaat ist, findet das WKR gemäss Art. 1(1)(b) dennoch Anwendung, wenn die Regeln des internationalen Privatrechts zur Anwendung des Rechts eines Vertragsstaats führen. Diese Vorschrift hat es in sich, ganz abgesehen davon, dass sie zu rechtspolitischen Streitigkeiten geführt hat[7]; sind doch bei ihrer Anwendung nicht nur die Staaten zu betrachten, in denen die Parteien ihre Niederlassung haben, sondern auch der davon möglicherweise verschiedene Forum-Staat, wobei wiederum andere Überlegungen für ein Schiedsgericht gelten, da es in diesem Sinne kein Forum hat. Ist der Forum-Staat ein Vertragsstaat, könnte weiterhin erheblich werden, ob die IPR-Regeln auf das Recht dieses Staates selbst oder auf das eines anderen Vertragsstaates weisen. Die Rechtslage wird weiter kompliziert durch die in Art. 95 eröffnete Vorbehaltsmöglichkeit, wonach ein Staat erklären kann, dass Art. 1(1)(b) für ihn nicht verbindlich ist. Schliesslich ist auch bei Nichtanwendung der IPR-Vorschaltlösung des Art. 1(1)(b) die Untersuchung nicht am Ende, sondern auf dem normalen IPR-Weg fortzusetzen, der unter Umständen doch zur Anwendung des WKR führen kann.

Zum Glück sind von den nahezu 50 denkbaren Fallkonstellationen für Sie nur wenige von praktischem Interesse. Nehmen wir zunächst den Fall eines Berner Verkäufers, der vom englischen Käufer in der Schweiz verklagt wird. Da Grossbritannien bisher nicht Vertragsstaat ist, scheidet die erste Anseilungsalternative aus. Im Rahmen der zweiten Alternative wird der schweizerische Richter zu dem Schluss kommen, dass die Regeln seines internationalen Privatrechts (hier: charakteristische Leistung durch den Verkäufer) zur Anwendung des Rechts der Schweiz und damit eines Vertragsstaates führen. Damit steht nach Art. 1(1)(b) fest, dass das WKR als schweizerisches Recht und nicht etwa das Obligationenrecht Anwendung findet.

---

[7] Vgl. insbesondere SCHLECHTRIEM, Einheitliches UN-Kaufrecht (Tübingen 1981), S. 10–12; VÉKÁS, IPRax *1987* 342; PÜNDER, RIW/AWD *1990* 864; SIEHR, RabelsZ *1988* 587; HERBER, in: Das UNCITRAL-Kaufrecht im Vergleich zum österreichischen Recht (Hrsg. Doralt, Wien 1985), S. 37.

Dieselbe Konsequenz wird noch deutlicher sichtbar, wenn wir den Fall dahin abwandeln, dass dieselbe Streitigkeit von einem österreichischen Richter zu entscheiden ist. Auch er wird nach seinen IPR-Regeln angesichts der charakteristischen Verkäuferleistung zur Anwendung des Rechts des Vertragsstaates Schweiz gelangen. Durch Art. 1(1)(b) ist geklärt, dass das WKR und nicht das Obligationenrecht Anwendung findet. Nach einer verbreiteten Meinung ist sogar anzunehmen, dass das Forum eines Vertragsstaates (hier: Österreich) das WKR als inländisches Recht anwendet, was prozessual bedeutsam werden kann, etwa für die Ermittlung dieses Rechts oder eine etwaige Nachprüfung in der Revisionsinstanz[8]. Schliesslich bleibt gerade für die österreichische Variante anzumerken, dass eine etwaige Rück- oder Weiterverweisung, die nach nationalen IPR-Regeln zu befolgen wäre, bei der IPR-Vorschaltlösung des Art. 1(1)(b) ausgeschlossen ist.

Die Lage ist freilich anders, wenn Art. 1(1)(b) nicht anwendbar ist, sei es, dass ein Vertragsstaat seine Anwendung kraft Art. 95 ausgeschlossen hat, sei es, dass der Forum-Staat kein Vertragsstaat ist. Schauen wir uns zunächst den zweiten Fall an, indem wir unsere obige Streitigkeit einem englischen Richter anvertrauen. Auch er wird seine IPR-Regeln anwenden und vermutlich das Recht der Schweiz als «proper law of the contract» ansehen. Da seine Prüfung nicht nach Art. 1(1)(b) erfolgt, bleibt für ihn jedoch die Frage, ob schweizerisches Recht hier WKR oder OR bedeutet. Er wird die Antwort mit seiner eigenen IPR-Methode suchen und sich gegebenenfalls zwecks Entscheidungseinklangs von der mutmasslichen Antwort eines schweizerischen Richters leiten lassen. Vermutlich wird er zur Anwendung des WKR gelangen, als von der Schweiz angenommene lex specialis für internationale Warenkaufverträge, wobei Art. 1(1)(b) als interne Verteilungsnorm aufgefasst werden kann. Letzteres wäre dann zumindest zweifelhaft, wenn die Schweiz Art. 1(1)(b) durch Vorbehaltserklärung ausgeschlossen hätte.

Damit betreten wir das unsichere Gelände des Art. 95, von dem glücklicherweise bisher nur drei Staaten Gebrauch gemacht haben (China, ČSFR und USA), offenbar um ihr eigenes, gelobtes Kaufrecht nicht dem WKR zu opfern in Fällen, in denen inländische Unternehmen mit Partnern aus Staaten kontrahieren, die dem Weltkaufrecht fernbleiben[9]. Da diese Situation – Kaufvertrag zwischen Parteien in Vorbehaltsstaat und Nichtvertragsstaat – für ein schweizerisches Unternehmen nicht in Betracht kommt, müssen wir einen anderen, seltenen Fall nehmen, um Tragweite und Tücken des Art. 95 zu erkennen. Vertrauen wir also unsere Ausgangsstreitigkeit (zwischen schweizerischem Verkäufer und englischem Käufer) einem US-Richter an.

---

[8] Zum Beispiel SCHLECHTRIEM/HERBER, Art. 1 CISG Rn. 41 (mit weiteren Nachweisen).

[9] HONNOLD, Uniform Law for International Sales under the 1980 United Nations Convention (Deventer 1982) Art. 1 Rn. 47; SIEHR, RabelsZ *1988* 608.

Als Richter eines Vertragsstaates wendet er zwar das WKR an, aber kraft Vorbehalts nicht dessen Art. 1(1)(b). Auch wenn er nach seinen «conflict-of-laws rules» zum schweizerischen Recht gelangen dürfte, bleiben doch die erwähnten Unterschiede zur IPR-Vorschaltlösung. Freilich könnte man ihm als einem Richter in einem Dritt-Staat nahelegen, doch die Eigenheiten der Vorschaltlösung zu beachten. Immerhin hindert die völkerrechtliche Erklärung der Unverbindlichkeit des Art. 1(1)(b) nicht dessen freiwillige oder indirekte Anwendung; vor allem spricht das obige Motiv der Rettung des gelobten eigenen Rechts nicht gegen die Anwendung des WKR in einem reinen Forum-Staat, wo also keine der Parteien ihre Niederlassung hat [10].

Von praktischem Interesse könnte für Sie in der Schweiz als einem beliebten und durch das neue IPR-Gesetz noch weiter geöffneten Forum-Staat auch folgender Fall sein, der weitere Zweifelsfragen zu Art. 95 erhellt. Ein schweizerisches Gericht hat über eine Streitigkeit zwischen einem New Yorker Verkäufer und einem englischen Käufer zu entscheiden. Das Gericht wendet Art. 1(1)(b) an und gelangt über seine IPR-Regeln zum Recht der USA, also eines Vertragsstaates, der aber den Vorbehalt nach Art. 95 erklärt hat. Nach Meinung einiger Kommentatoren sind die USA nicht als Vertragsstaat i. S. des Art. 1(1)(b) zu betrachten, zumindest müsse der Vorbehalt vom Richter eines anderen Vertragsstaates in gleichem Masse beachtet werden wie von einem US-Gericht [11]. Überzeugender ist die Gegenmeinung, wonach der Vorbehalt ausschliesslich den inländischen Richter bindet, da Überlegungen der Gegenseitigkeit oder des internationalen Entscheidungseinklangs hier fehl am Platz sind [12]. Lassen Sie mich anfügen, dass die Streitfrage für den deutschen Richter durch Art. 2 des Vertragsgesetzes verbindlich geklärt ist, und zwar in der erstgenannten Richtung [13]. Ohne diesen deutschen «Teilvorbehalt» kritisieren zu wollen – immerhin klärt er eine Streitfrage –, bleibt doch sehr fraglich, ob er auch bei subjektiver Verweisung auf das Recht eines Vorbehaltsstaates (d. h. kraft Rechtswahl) gelten soll. Überhaupt scheint mir, dass viele Überlegungen zu Art. 1(1)(b) und Art. 95 die praktisch bedeutsame Möglichkeit der subjektiven Verweisung vernachlässigen (zur Rechtswahl siehe später unter II. Parteiautonomie).

---

[10] VÉKÁS, IPRax *1987* 345.

[11] SCHLECHTRIEM, Uniform Sales Law (Wien 1986), S. 27; CARBONE, in: La vendita internazionale (Mailand 1981), S. 80; WINSHIP, in: International Sales: The United Nations Convention on Contracts for the International Sale of Goods (ed. Galston & Smit, New York 1984) S. 1–27/28.

[12] SIEHR, RabelsZ *1988* 601–603; SCHLECHTRIEM/HERBER, Art. 1 CISG Rn. 42, 43; LANDO, RabelsZ *1987* 82.

[13] Art. 2 des Vertragsgesetzes lautet: Führen die Regeln des internationalen Privatrechts zur Anwendung des Rechts eines Staates, der eine Erklärung nach Art. 95 des Übereinkommens von 1980 abgegeben hat, so bleibt Art. 1 Abs. 1 Buchst. b des Übereinkommens ausser Betracht.

3. Beschränkung oder Ausschluss der Anwendung durch gewisse Schlussbestimmungen

Aufgrund verschiedener Schlussbestimmungen kann die Anwendung des Übereinkommens beschränkt oder ausgeschlossen sein. Beispielsweise erlaubt Art. 93 einem Mehrrechts-Staat zu erklären, dass sich das Übereinkommen auf alle oder nur auf eine oder mehrere seiner Gebietseinheiten erstreckt, die verfassungsgemäss unterschiedliche Rechtsordnungen haben.

Art. 92 erlaubt einem Vertragsstaat zu erklären, dass Teil II (Abschluss des Vertrages) oder Teil III (Warenkauf) für ihn nicht verbindlich ist. Von dieser Möglichkeit haben bisher die skandinavischen Staaten Dänemark, Finnland, Norwegen und Schweden Gebrauch gemacht und die Anwendung von Teil II ausgeschlossen. Sie sind demnach hinsichtlich der im Teil II geregelten Gegenstände nicht als Vertragsstaaten i. S. des Art. 1(1) anzusehen.

Die skandinavischen Staaten haben auch von der in Art. 94 eingeräumten Möglichkeit Gebrauch gemacht, die Anwendung des Übereinkommens für die Fälle auszuschliessen, wo beide Parteien ihre Niederlassung in den erklärenden Staaten (hier: skandinavische Staaten einschliesslich Islands) haben, im Hinblick auf das Bestehen gleicher oder ähnlicher Kaufrechtsvorschriften in diesen Staaten.

Schliesslich ist auf eine Schlussbestimmung zu verweisen, die keine Erklärung durch Vertragsstaaten voraussetzt [14]. Nach Art. 90 geht das Übereinkommen «bereits geschlossenen oder in Zukunft zu schliessenden internationalen Vereinbarungen, die Bestimmungen über in diesem Übereinkommen geregelte Gegenstände enthalten, nicht vor, sofern die Parteien ihre Niederlassung in Vertragsstaaten einer solchen Vereinbarung haben». Welche internationalen Vereinbarungen hier in Betracht kommen, lässt sich – schon wegen der Zukunftsklausel – nicht abschliessend beantworten. Klar ist freilich, dass die Haager Übereinkommen von 1964 zum einheitlichen Kaufrecht ausscheiden, da diese von WKR-Vertragsstaaten gemäss Art. 99 zu kündigen waren.

Für die Schweiz kommt etwa das Haager IPR-Übereinkommen von 1955 in Betracht, das mit den Anwendungsbestimmungen des WKR konkurrieren könnte. Ohne hier auf die vielfältigen Konfliktsituationen und die damit zusammenhängenden (Streit-)Fragen einzugehen [15], möchte ich auf die beschränkte praktische Relevanz hinweisen. Im wesentlichen geht es darum, ob das anwendbare Kaufrecht auf «normalem» IPR-Weg (hier: gemäss den international vereinbarten IPR-Regeln von 1955) ermittelt wird, wobei sich durchaus die Anwendbarkeit des WKR ergeben kann, oder ob das WKR

---

[14] Dennoch hat Ungarn, wohl zum Zweck der Klarstellung, bei Ratifizierung erklärt, dass es die RGW/ALB als Art. 90 unterliegend betrachtet.
[15] LANDO, RabelsZ *1987* 61; VÉKÁS, IPRax *1987* 343.

nach seinem Art. 1 Anwendung findet, wobei für die zweite Anseilungsalternative ebenfalls die IPR-Regeln von 1955 und die obigen Eigenheiten der IPR-Vorschaltlösung (z. B. Anwendung des WKR als eigenes Recht) erheblich werden können. Dabei ist zu beachten, dass Art. 90 den Konflikt nur dann regelt (und zwar im Sinne eines Kotau vor dem anderen Übereinkommen), wenn beide Parteien ihre Niederlassung in Vertragsstaaten des anderen Übereinkommens haben. Für eine schweizerische Partei wäre dies der Fall, wenn der Vertragspartner seine Niederlassung beispielsweise in Frankreich, Italien oder Belgien hätte, soweit man nicht überhaupt den Konflikt dadurch verneint oder löst, dass man grundsätzlich dem materiellen Einheitsrecht den Vorrang vor IPR-Übereinkommen einräumt[16]. Schliesslich bleibt anzumerken, dass das Konfliktpotential mit dem Inkrafttreten des neuen Haager IPR-Übereinkommens von 1985 entschärft würde, dank seiner speziell auf das WKR zugeschnittenen Artikel 8(5) und 23(b)[17].

B. Zeitlicher Aspekt: Ab wann Kaufverträge dem WKR unterliegen

Eine weitere Schlussbestimmung regelt die zeitliche Dimension des Anwendungsbereiches. Gemäss Art. 100 ist Stichtag der Tag des Inkrafttretens für die in Art. 1(1)(a) genannten Staaten oder für den in Art. 1(1)(b) genannten Staat, wobei für die Anwendung des Teils II die Abgabe des Angebots und für die Anwendung des Teils III der Vertragsabschluss Mass gibt.

Der Endzeitpunkt der Anwendbarkeit für den Fall des Ausserkrafttretens ist nicht ausdrücklich geregelt. Wenn dieser Fall in ferner Zukunft aktuell wird, wäre Art. 100 analog anzuwenden, Stichtag also das Wirksamwerden der Kündigung des WKR durch den fraglichen Vertragsstaat.

C. Sachliche Voraussetzungen: Welche Verträge und Waren erfasst werden

1. Warenkaufvertrag nicht definiert, aber abgegrenzt gegen benachbarte Verträge

Das auf Warenkaufverträge anwendbare WKR bietet keine Legaldefinition der Begriffe «Ware» und «Kaufvertrag». Allgemein wird angenommen, dass als Waren nur bewegliche Sachen in Betracht kommen; sie brauchen aber

---

[16] ZWEIGERT/DROBNIG, RabelsZ *1965* 148.
[17] Vgl. LANDO, RabelsZ *1987* 61.

wohl nicht körperlich zu sein, so dass beispielsweise auch Gas[18] oder standardisierte Soft-Ware[19] erfasst sein dürften.

Was ein Kaufvertrag ist, ergibt sich indirekt aus den WKR-Bestimmungen über die Hauptpflichten des Verkäufers (Art. 30) und des Käufers (Art. 53). Überdies bietet Art. 3 Kriterien der Abgrenzung gegenüber benachbarten Vertragstypen. Überraschend für Sie, angesichts der schweizerischen Einordnung des Werklieferungsvertrages, erstreckt sich das WKR gemäss Art. 3(1) auf Werklieferungsverträge, es sei denn, dass der Besteller einen wesentlichen Teil der Rohstoffe zur Verfügung stellt. Das Kriterium des (nicht notwendigerweise überwiegenden) wesentlichen Teiles – wohl nach dem von den Parteien beurteilten Wertverhältnis zu bestimmen – kann durch seine Unschärfe zu Zweifeln führen, die man besser vermeiden sollte, durch eine klare Rechtswahl bei Werklieferungsverträgen.

Derselbe praktische Rat ist noch angebrachter in bezug auf Art. 3(2), wonach Lieferverträge mit überwiegendem Dienstleistungsanteil nicht vom WKR erfasst sind. Hier kommen beispielsweise Pflichten der Montage oder der Personalausbildung in Betracht, wie sie sich etwa im Anlagenbau finden. Bei der Beurteilung solcher gemischttypischen Verträge ist vorrangig zu klären, ob es sich überhaupt um einen einheitlichen Vertrag handelt. Dabei ist streitig, ob die Frage der Vertragseinheit oder -trennung nach WKR[20] oder nationalem Recht[21] zu beantworten ist. Letztlich sollte der Parteiwille entscheiden, der freilich oft dunkel und schwer zu ermitteln ist. Er sollte daher aufgehellt und geklärt werden, am besten durch Vereinbarung einer einheitlichen oder, bei gewünschter Trennung, gespaltenen Rechtswahlklausel.

2. Ausschluss bestimmter Käufe aufgrund des Kaufzweckes, des Verkaufsmodus oder der Warenart (Art. 2)

Gemäss Art. 2 liegen gewisse Kaufverträge ausserhalb des sachlichen Anwendungsbereichs des WKR, entweder im Hinblick auf den Kaufzweck oder aufgrund des Verkaufsmodus oder wegen der Warenart.

Im Hinblick auf den Kaufzweck sind, wie eingangs erwähnt, Verbrauchergeschäfte ausgeschlossen, soweit der ausschliesslich bezweckte Privatgebrauch dem Verkäufer bekannt sein musste (Art. 2(a)). Damit soll eine Beeinträchtigung nationaler Verbraucherschutzgesetze vermieden werden, auch wenn in Einzelfällen gewisse Überschneidungen und Zweifelsfragen bleiben. Freilich dürften internationale Konsumentenkäufe recht selten und im we-

---

[18] SCHLECHTRIEM/HERBER, Art. 2 CISG Rn. 37.
[19] CZERWENKA (Fn. 2), S. 148.
[20] SCHLECHTRIEM/HERBER, Art. 3 CISG Rn. 6.
[21] SCHLECHTRIEM (Fn. 11), S. 32.

sentlichen auf Versandhäuser, Touristen und den kleinen Grenzverkehr beschränkt sein.

Im Hinblick auf den Verkaufsmodus findet das WKR keine Anwendung auf den Kauf bei Versteigerungen (Art. 2(b)) oder aufgrund von Zwangsvollstreckungs- oder anderen gerichtlichen Massnahmen (Art. 2(c)). Käufe dieser Art sind besonders stark ortsgebunden und unterliegen zum Teil zwingenden Sonderregeln; überdies kennen sich Verkäufer und Käufer häufig nicht, zumindest nicht genügend, um die Anwendungsvoraussetzungen des WKR beurteilen zu können[22].

Im Hinblick auf die Warenart bleibt einmal der Kauf von Wertpapieren und Zahlungsmitteln ausgeschlossen (Art. 2(d)), die ohnehin häufig von anderen internationalen Übereinkommen erfasst sind. Aus praktischer Sicht ist erwähnenswert, dass Rektapapiere keine Wertpapiere i. S. des Art. 2(d) sind und dass auch das Abladegeschäft, selbst wenn man es als Dokumentenkauf und nicht als Warenkauf klassifiziert, nicht vom Anwendungsbereich des WKR ausgeschlossen ist. Zum andern sind ausgenommen See- und Binnenschiffe, Luftkissen- und Luftfahrzeuge (Art. 2(e)), unabhängig davon, ob sie registrierungspflichtig sind. Ob kleinere Schiffe und Boote erfasst sind, ist streitig[23], so dass eine klare Rechtswahlklausel hier besonders ratsam ist. Schliesslich ist auch der Kauf von elektrischer Energie ausgenommen (Art. 2(e)), wohl als Nachwirkung früherer Körperlichkeitserfordernisse; jedenfalls war nicht der Energiecharakter entscheidend, so dass andere Energieträger wie Gas, Öl oder Dampf nicht etwa analog Art. 2(e) ausgenommen sind. Überhaupt sollten die Bestimmungen über den sachlichen Anwendungsbereich wegen ihres Ausnahmecharakters eng ausgelegt werden.

II. Parteiautonomie: Änderung der Anwendbarkeit durch Parteivereinbarung (Art. 6)

Gemäss Art. 6 können die Parteien die Anwendung des Übereinkommens ausschliessen oder, vorbehaltlich des Art. 12, von seinen Bestimmungen abweichen oder deren Wirkung ändern. Der Ausschluss kann ausdrücklich oder stillschweigend durch eine entsprechende Rechtswahlklausel erfolgen, während das Abweichen von WKR-Bestimmungen, oder das Ändern ihrer Wirkung, durch andere Vertragsbedingungen erfolgt.

---

[22] LOEWE, Internationales Kaufrecht (Wien 1989), S. 27.
[23] Vgl. SCHLECHTRIEM/HERBER, Art. 2 CISG Rn. 33; HONNOLD (Fn. 9), Art. 2 Rn. 54.

A. Ausschluss der Anwendung durch Rechtswahl

Die Parteien können die Anwendung des WKR einmal durch ausdrückliche Rechts-Abwahl ausschliessen, ohne das anwendbare Recht zu vereinbaren. Bei der dann nötigen Ermittlung des anwendbaren Rechts auf normalem IPR-Weg ist der vereinbarte Ausschluss des WKR erheblich und zu beachten, wenn objektiv auf das Recht eines Vertragsstaates verwiesen wird. Beispielsweise wäre bei Verweisung auf das Recht der Schweiz das Obligationenrecht anwendbar.

Zum andern kann die Anwendung des WKR indirekt durch die positive Wahl eines anderen Rechtes ausgeschlossen werden, so es denn ohne Rechtswahl gemäss seinen Anwendungsbestimmungen anwendbar wäre. Ein solches anderes Recht könnte etwa allgemein das Recht eines Nichtvertragsstaates (z. B. Belgien) oder das spezifizierte innerstaatliche Recht eines Vertragsstaates (z. B. OR) sein.

Weitaus weniger klar wäre die allgemeine Wahl des Rechts eines Vertragsstaates (z. B. schweizerisches Recht). Aufgrund der Erfahrungen mit dem Haager Einheitlichen Kaufgesetz lässt sich voraussagen, dass diese Frage in den nächsten Jahren die schweizerischen Gerichte häufig beschäftigen wird. Die Frage lässt sich nicht generell beantworten; vielmehr kommt es, wie wir Juristen (zu) gern sagen, auf den Einzelfall an[24]. Die Frage kann sich in einer Situation der ersten Anseilungsalternative stellen (als Abweichung von Art. 1(1)(a)) oder im Rahmen der zweiten Alternative (bei Beurteilung der IPR-Vorschaltlösung des Art. 1(1)(b)) oder aber ausserhalb des WKR (auf normalem IPR-Weg, wenn der Forum-Staat entweder kein Vertragsstaat ist oder von dem Vorbehalt des Art. 95 Gebrauch gemacht hat).

Die nötige Ermittlung und Auslegung des Parteiwillens ist erschwert durch die Vielfalt möglicher Tatumstände, wobei gewisse Faktoren unterschiedlich bewertet werden können. Wie ist etwa eine Rechtswahlklausel von Parteien auszulegen, die vom Inkrafttreten des WKR im gewählten Staat keine Ahnung hatten oder die sich auf alte, lange vor Inkrafttreten verfasste AGB beziehen? Einerseits könnte man sagen, dass in solchen Fällen nur das innerstaatliche Recht gemeint sein kann, wobei im Falle der Schweiz vielleicht ein zusätzlicher Vertrauensbonus für die Güte der Rechtsordnung berücksichtigt werden könnte[25]. Andererseits könnte man die Auffassung vertreten, dass der Wille, das WKR auszuschliessen, die Kenntnis seines Inkrafttretens voraussetzt und, bezüglich älterer AGB, dass Parteien nicht darauf vertrauen dür-

[24] Loewe (Fn. 21), S. 24, 31.
[25] Stoffel, SJZ *1990* 174.

fen, dass der gewählte Staat sein Recht nicht ändert, etwa durch Übernahme eines einheitlichen Sonderrechts für den internationalen Warenkauf[26].

Eine Leitlinie für die Auslegung bietet die Entstehungsgeschichte des Art. 6, der zwar den stillschweigenden Ausschluss erlaubt, dies aber nicht ausdrücklich sagt, um Gerichte von der zu leichten Annahme eines Ausschlusses abzuhalten[27]. Ein stillschweigender Ausschluss ist daher nur bei hinreichend klaren Anhaltspunkten zu bejahen. Dies kann auch ohne Rechtswahlklausel in Betracht kommen, etwa wenn Vertragsbedingungen (oder AGB) eindeutig in ein innerstaatliches Recht eingebettet sind oder wenn sich beide Parteien – auch noch während des Streitverfahrens – auf tragende innerstaatliche Vorschriften berufen.

Ohne diese Fragen der allgemeinen Rechtswahl, die Herr Professor HER-BER später ausführlich behandeln wird, zu vertiefen, möchte ich als Anregung meine Überzeugung äussern, dass eine baldige höchstrichterliche Klärung in der Schweiz sehr hilfreich wäre und Streitigkeiten vermindern könnte. Vor allem möchte ich allen zukünftigen Vertragsparteien dringend eine klare, spezifizierte Rechtswahl empfehlen, die also eindeutig sagt, ob innerstaatliches Recht oder das WKR anwendbar sein soll.

Zur Rechtswahl sei noch vermerkt, dass ihre Zulässigkeit und Wirksamkeit auch dann nicht nach WKR zu beurteilen ist, wenn das WKR als anwendbares Recht gewählt ist. Auch aus diesem Grunde scheint mir die gelegentlich in den USA geäusserte Auffassung unzutreffend, wonach die Wahl des WKR in einem Vorbehaltsstaat kraft Art. 95 unzulässig sein soll.

Schliesslich kommt eine positive Rechtswahl zugunsten des WKR auch für Verträge und Gegenstände in Betracht, die ausserhalb des sachlichen Anwendungsbereichs liegen. In solchen Fällen sollte die Zulässigkeit und Wirksamkeit der Rechtswahl gründlich geprüft werden (z. B. für den Kauf registrierungspflichtiger Seeschiffe); ausserdem sollte gut überlegt werden, ob die Wahl des WKR hier sinnvoll und ausreichend ist, was beispielsweise für den Kauf elektrischer Energie wohl zu bejahen, für einen komplexen Anlagenbauvertrag aber zu verneinen wäre.

B. Beschränkung der Anwendung von WKR-Bestimmungen durch abweichende Vertragsbedingungen (einschl. Handelsbräuche)

Steht nach obiger Prüfung der Anwendbarkeit das WKR als anwendbares Recht fest, sind seine Bestimmungen insoweit anzuwenden, als die Parteien

---

[26] WITZ, Rec. Dall. 1990-Chron. S. 107; HOLTHAUSEN, RIW/AWD *1989* 516; vgl. auch HERBER, sowie Diskussionsbeiträge von SCHLECHTRIEM und (kritisch) NEUMAYER, in: Das UNCITRAL-Kaufrecht ... (Fn. 6), S. 42, 49.

[27] BONELL, in: BIANCA/BONELL, Commentary on the International Sales Law, S. 52.

nicht eine andere Regelung getroffen haben. Eine solche andere Regelung kann durch individuelle Vertragsbedingungen oder durch eine wirksame Bezugnahme auf allgemeine Geschäftsbedingungen erfolgen, die von einzelnen WKR-Bestimmungen abweichen oder deren Wirkung ändern.

Ausserdem kann sich eine andere Regelung aus Gepflogenheiten der Parteien und aus Handelsbräuchen ergeben, soweit sie gemäss Art. 9 als vereinbart gelten. Einmal sind die Parteien an Handelsbräuche gebunden, mit denen sie sich einverstanden erklärt haben (Abs. 1). Zum andern gelten diejenigen Handelsbräuche als stillschweigend vereinbart, die die Parteien kannten oder kennen mussten und die im internationalen Handel den Parteien von Verträgen dieser Art in dem betreffenden Geschäftszweig weithin bekannt sind und von ihnen regelmässig beachtet werden (Abs. 2). Diese Bestimmung will verhindern, dass eine unwissende Partei durch einen in anderen Teilen der Welt befolgten Handelsbrauch überrascht wird; trotzdem kann auch ein lokaler Handelsbrauch für eine ausländische Partei beachtlich sein[28].

Die grundsätzliche Abdingbarkeit der WKR-Bestimmungen ist für die Praxis äusserst wichtig, weil sie den Parteien die volle Freiheit gewährt, ihre Rechtsbeziehungen gemäss den besonderen Umständen und Wünschen zu gestalten. Ausserdem hält sie das Weltkaufrecht offen für zukünftige Entwicklungen und verhindert damit eine Zementierung der Rechtslage auf dem Stand von 1980.

Die einzige zwingende Bestimmung ist Art. 12, wonach die Bestimmungen zur Formfreiheit dann nicht gelten, wenn eine Partei ihre Niederlassung in einem Vertragsstaat hat, der eine Erklärung nach Art. 96 abgegeben hat. Eine solche Erklärung, die jeder Vertragsstaat abgeben kann, nach dessen Rechtsvorschriften Kaufverträge schriftlich zu schliessen oder nachzuweisen sind, ist bisher von Argentinien, Chile, China, Ungarn und der UdSSR abgegeben worden. Ohne auf Detailfragen dieses Vorbehalts eingehen zu können, möchte ich der weithin herrschenden Meinung zustimmen, dass der Vorbehalt nicht notwendigerweise zum Schriftzwang führt; vielmehr ist die Frage, mangels Anwendbarkeit der WKR-Bestimmungen zur Formfreiheit, nach den üblichen IPR-Regeln zu klären[29] (allerdings könnte eine ausserhalb des Vorbehaltsstaats getroffene Entscheidung zugunsten der Formfreiheit eine spätere Urteilsvollstreckung im Vorbehaltsstaat erschweren).

---

[28] LOEWE (Fn. 22), S. 35.
[29] LOEWE, in: Wiener Übereinkommen von 1980 über den internationalen Warenkauf, Lausanner Kolloquium vom 19.–20. November 1984 (Zürich 1985), S. 19–20.

III. Weitere Abgrenzungsfragen und kollisionsrechtliche Probleme

A. Fragen zum Regelungsbereich

Steht nach der Prüfung der obigen Anwendungsvoraussetzungen fest, dass das WKR auf einen bestimmten Warenkaufvertrag anwendbar ist, bleibt zu untersuchen, welche rechtlichen Fragen es regelt und beantwortet. Ist eine mit dem Kauf zusammenhängende Frage nicht geregelt, ist die Antwort einem anderen Recht zu entnehmen, wobei kollisionsrechtliche Probleme bei der Ermittlung dieses Rechts sowie bei der Abgrenzung des Regelungsbereiches selbst und bei möglichen Regelungskonflikten auftauchen können.

Gemäss Art. 4 regelt das WKR den Abschluss des Kaufvertrages sowie die aus dem Vertrag erwachsenden Rechte und Pflichten der Parteien, aber insbesondere nicht die Gültigkeit des Vertrages, einzelner Vertragsbestimmungen oder Handelsbräuche (lit. a)) und auch nicht die Wirkungen des Vertrages auf das Eigentum an der Ware (lit. b)). Ebensowenig ist die Produkthaftung für Tod oder Körperverletzung erfasst (Art. 5).

Eindeutig nicht geregelt sind also etwa Fragen der Rechts- und Geschäftsfähigkeit, Abtretung, Schuldübernahme oder Vertretungsmacht. Hierfür ist das anwendbare Recht nach IPR-Regeln zu ermitteln, wobei die Meinungen in einem Land durchaus geteilt sein können (z. B. darüber, welches Recht nach deutschem IPR auf den Vertreter ohne Vertretungsmacht anwendbar ist[30]).

Ebenso eindeutig ist, dass Fragen der Sittenwidrigkeit, des Verstosses gegen Verbotsgesetze oder der Nichtigkeit wegen mangelnden inneren Konsenses vom WKR nicht geregelt sind. Aber wie steht es etwa mit der anfänglichen Unmöglichkeit der Leistung, die nach nationalem Recht zur Nichtigkeit führt, oder mit der möglichen Anfechtbarkeit wegen Irrtums über die Beschaffenheit der Ware? Diese wie andere Regelungsgrenzfragen sind nicht nach der nationalrechtlichen Qualifizierung oder Etikettierung zu entscheiden, sondern allein danach, ob der betreffende Sachverhalt im WKR geregelt ist, und zwar erschöpfend. Da das WKR die Verantwortung der Parteien insbesondere für Leistungsstörungen umfassend regelt und die angemessenen Gewährleistungsrechte bereithält, bleibt für zusätzliche Rechtsfolgen kein Raum[31]. Freilich wurde dies einmal für die anfängliche Unmöglichkeit bezweifelt[32] und für den Eigenschaftsirrtum von einigen Kommentatoren in Österreich abgelehnt, wo die Irrtumsanfechtung nach nationalem Recht ne-

[30] REINHART, IPRax *1990* 289, 292 (mit Besprechung erster deutscher Gerichtsentscheidungen zum WKR).

[31] SCHLECHTRIEM/HERBER, Art. 1 CISG Rn. 13; SCHWENZER, NJW *1990* 603.

[32] TALLON, in: BIANCA/BONELL (Fn. 27), S. 577.

ben der Sachmängelhaftung zugelassen ist[33] – eine Auffassung, die den Grundsätzen des WKR, insbesondere dem in Art. 7(1) niedergelegten Ziel der Rechtsvereinheitlichung zuwiderläuft.

Auch im Rahmen des Art. 5 gelten ähnliche Überlegungen für die Abgrenzung des Regelungsbereichs gegenüber nationalrechtlichen Regelungen. Ist also durch Lieferung fehlerhafter Ware ein Sachschaden eingetreten, entscheidet nicht die Qualifizierung der möglichen nationalen Produkthaftung als vertraglich oder deliktisch. Freilich kann die WKR-Regelung nur dann abschliessend sein und einen nationalrechtlichen ausservertraglichen Anspruch ausschliessen, wenn zwischen Geschädigtem und Hersteller ein (dem WKR unterliegender) Kaufvertrag besteht[34].

Weiterhin kann zwischen einer Rechtsmaterie, die klar ausserhalb des WKR-Regelungsbereichs liegt (z. B. Verjährung)[35], und einer WKR-Bestimmung ein inhaltlicher Konflikt bestehen (z. B. zwischen einer kurzen Verjährungsfrist des nationalen Rechts und der Zweijahres-Ausschlussfrist für die Mängelrüge in Art. 39(2)[36]).

Schliesslich kann es vorkommen, dass von einer Frage nur ein bestimmter Teil im WKR geregelt ist; so regelt etwa Art. 78 den Anspruch auf Zinsen, überlässt aber die Festlegung ihrer Höhe dem nach IPR (nicht immer leicht) zu ermittelnden Recht[37]. Davon sind diejenigen Fragen zu unterscheiden, die das WKR zwar regelt, aber nicht ausdrücklich entscheidet. Gemäss Art. 7(2) ist hier die Antwort zunächst in den allgemeinen Grundsätzen zu suchen, die dem WKR zugrundeliegen (z. B. favor contractus); erst wenn diese Suche erfolglos bleibt, ist die Frage gemäss dem nach IPR anwendbaren Recht zu entscheiden.

B. Kollisionsrechtliche Probleme stark reduziert

Wie die Erörterung der Anwendungsvoraussetzungen und der Rechtswahl gezeigt hat, gibt es bei der Prüfung der Anwendbarkeit des WKR einige, teils streitige Abgrenzungsfragen und zuweilen kollisionsrechtliche Probleme, vor allem im Zusammenhang mit Art. 1(1)(b) und Art. 95. Sodann sind wir eini-

---

[33] BYDLINSKI, in: Das UNCITRAL-Kaufrecht... (Fn. 7), S. 86; LESSIAK, (Österr.) JBl 1989 487; die gegenteilige Meinung vertritt in Österreich LOEWE (Fn. 22), S. 66.

[34] SCHLECHTRIEM/HERBER, Art. 5 CISG Rn. 10.

[35] Die Verjährung ist in einem anderen UNCITRAL-Übereinkommen geregelt (Übereinkommen über die Verjährung beim internationalen Warenkauf, New York 1974, mit Protokoll vom 11. April 1980), das seit 1. August 1988 in Kraft ist für Ägypten, Argentinien, ČSFR, Dominikanische Republik, Ghana, Jugoslawien, Mexiko, Norwegen, Sambia und Ungarn.

[36] Vgl. LOEWE (Fn. 22), S. 60; richtet sich die Verjährung nach deutschem Recht, ist der Konflikt durch Art. 3 Vertragsgesetz entschärft, wonach die HGB-Verjährungsfrist erst mit der Mängelanzeige zu laufen beginnt.

[37] Vgl. Urteilsanmerkung von REINHART (Fn. 30), S. 292.

gen Streitfragen bei der Abgrenzung des Regelungsbereichs begegnet, einschliesslich möglicher Anspruchskonkurrenzen oder anderer Regelungskonflikte.

Kollisionsrecht im engeren Sinne, als die Wahl zwischen zwei oder mehr kollidierenden Rechten, spielt im wesentlichen nur dann eine Rolle, wenn ein Gegenstand nicht im WKR geregelt ist und deshalb das anwendbare Recht nach IPR ermittelt werden muss. Diese Notwendigkeit der Anwendung des IPR, samt möglicher Probleme und Unwägbarkeiten, ist freilich nicht durch das WKR entstanden und schon gar nicht vergrössert worden. Im Gegenteil, das Potential kollisionsrechtlicher Probleme im internationalen Handelsverkehr ist durch das neue Kaufrecht erheblich verringert worden, dank der weltweiten Verbreitung dieses zukunftsträchtigen Einheitsrechts.

Schluss

Sie werden bemerkt haben, dass ich auch bei der Erörterung der Fragen zur Rechtswahl nicht die Werbetrommel für das Weltkaufrecht gerührt habe. Ich will das auch jetzt nicht tun, nicht nur aus Furcht, wegen Befangenheit abgelehnt zu werden. Ich möchte aber allen zukünftigen Vertragsparteien und ihren Rechtsberatern dringend raten, sich die Entscheidung gründlich zu überlegen und das Für und Wider besonnen abzuwägen.

Ich bin zuversichtlich, dass die zunächst vielleicht bestehende Abschreckungswirkung der Neuheit und Fremdheit des WKR sich bei grösserer Vertrautheit mit den WKR-Bestimmungen erheblich vermindert. Dabei dürfte die Aussicht hilfreich sein, dass Sie es immer mehr nur mit diesem einen Recht zu tun haben werden (statt mit den fremden und möglicherweise überraschenden Kaufgesetzen Italiens, Frankreichs, Chinas, Argentiniens, Ungarns usw.). Soweit die Novität des WKR durch den Mangel an gefestigter Rechtsprechung abschrecken sollte, darf ich zum Schluss anmerken, dass – abgesehen von dem Erfahrungsschatz zum Haager Kaufrecht[38] – wir schon bald eine Flut von Urteilen aus vielen Staaten haben und durch ein UNCITRAL-Informationssystem zugänglich machen werden. Die von Länderkorrespondenten gesammelten Entscheidungen werden in Wien aufbewahrt und auf Wunsch zugesandt, vor allem wird für jede Entscheidung eine Kurzfassung in Form angereicherter Leitsätze in den sechs UN-Sprachen veröffentlicht werden.

---

[38] Der Schatz ist geborgen bei SCHLECHTRIEM/MAGNUS, Internationale Rechtsprechung zu EKG und EAG (Baden-Baden 1987).

Diskussion zu den Referaten Bucher und Herrmann

Dr. K. HOFSTETTER, Rechtsanwalt, Hergiswil: Gehe ich richtig in der Annahme, dass für den räumlichen Geltungsbereich auf den Zeitpunkt des Vertragsschlusses abzustellen ist, für den zeitlichen Geltungsbereich dagegen auf
den Zeitpunkt der Klageeinreichung?

Dr. G. HERRMANN: Der räumliche Geltungsbereich ist Art.1 Abs.1 des
Übereinkommens zu entnehmen, während für den zeitlichen Geltungsbereich
Art.100 massgeblich ist. Das bedeutet in einem Anwendungsfall des Art.1
Abs.1 lit.a, also wenn sowohl der Käufer als auch der Verkäufer ihre Niederlassung in Vertragsstaaten haben, dass das Übereinkommen bei Vertragsabschluss in beiden Staaten in Kraft sein muss. Anders ausgedrückt: Das Übereinkommen gilt für Kaufverträge, die abgeschlossen werden am oder nach
dem Tage, an welchem es für den zweiten dieser beiden Staaten in Kraft tritt.
In einem Anwendungsfall des Art.1 Abs.1 lit.b, wo die Anknüpfung nur an
einen Vertragsstaat erfolgt, gilt eben nur das Datum des Inkrafttretens des
Übereinkommens in diesem einen Staat. Der Zeitpunkt der Klageeinreichung
spielt hingegen gar keine Rolle. Im übrigen muss man noch unterscheiden:
Für den Teil II des Übereinkommens bezüglich des Vertragsschlusses ist
massgeblich der Zeitpunkt der Abgabe des Angebots, während es für den
kaufrechtlichen Teil III auf den Zeitpunkt des Abschlusses des Vertrages ankommt.

Dr. A. STRUB, Rechtsanwalt, Zürich: Wie werden die Ausschlüsse nach
Art.2 qualifiziert? Herr Dr. Herrmann erwähnte z.B. die Frage, ob ein Schiff
ein Seeschiff usw. im Sinne von Art.2 lit.e sei. Die gleiche Frage stellt sich
natürlich auch für z.B. Wertpapiere oder Zahlungsmittel, bei elektrischer
Energie wohl weniger. Wie wird qualifiziert, gibt es gewissermassen einen
Begriff unter diesem Vertrag oder wird jedes Land, jedes Gericht, jeder Fo-
rumstaat selber bestimmen, was unter den genannten Begriffen zu verstehen
ist?

Dr. G. HERRMANN: Es gibt für diese Ausdrücke keine Legaldefinition im
Übereinkommen. Sie sind deshalb nach dem Verfasserwillen auszulegen.
Freilich wird man auch aufgrund der Materialien, die in den sechs offiziellen
UNO-Sprachen existieren, wegen der unterschiedlichen Stellungnahmen der
Delegierten nicht immer zu einem eindeutigen Auslegungsergebnis gelangen.
Wir haben jedoch vor, weltweit ein System der Entscheidungssammlung auf-
zuziehen. Dieses System sieht in groben Zügen wie folgt aus: Wir sammeln
die Originale der Gerichtsentscheidungen. Von jedem Vertragsstaat be-
stimmte Nationalkorrespondenten verfassen von den Gerichtsentscheidun-

gen ihres Staates in einer der UNO-Sprachen eine Kurzfassung, welche wir in die anderen UNO-Sprachen übersetzen und in einer Publikationsreihe veröffentlichen. Das Ziel der Entscheidungssammlung ist insbesondere auch, im Bereich der Auslegung und Anwendung des Übereinkommens auf eine Einheitlichkeit hinzusteuern, wie sie in Art. 7 des Übereinkommens programmatisch niedergelegt ist. Ob das voll gelingt, weiss ich nicht. Voraussetzung für eine einheitliche Anwendung und Auslegung des Übereinkommens ist jedoch die Information darüber, was andere Gerichte gemacht haben.

Prof. Dr. R. VON BÜREN, Bern: Dr. Herrmann, Sie haben erwähnt, dass auch Software unter den Begriff der Ware i. S. des Übereinkommens fällt. Haben Sie dabei konkrete Werkexemplare, also Datenträger, oder die dahinterliegenden Urheberrechte gemeint?

Dr. G. HERRMANN: Zunächst wollte ich nur darauf hinweisen, dass sich das Übereinkommen nicht an einem eng verstandenen Begriff der beweglichen körperlichen Sache orientiert und damit dessen Anwendbarkeit auf den Erwerb von Software ausgeschlossen wäre. Datenprogramme sind allerdings körperlich auf einem Datenträger fixiert, dieser stellt jedoch nicht den eigentlichen Vertragsgegenstand dar. Art. 42 des Übereinkommens beinhaltet sodann eine besondere Regelung bezüglich allfälliger Urheberrechte oder sonstiger gewerblicher Schutzrechte Dritter am Kaufgegenstand. Der Bestand von Schutzrechten der genannten Art, wenn und soweit ein solcher überhaupt gegeben ist, spricht somit nicht gegen die Anwendbarkeit des Übereinkommens auf den Erwerb von Software, denn dasselbe trägt dem in der genannten Vorschrift explizit Rechnung. Andererseits sind ja nicht die Schutzrechte an der Software als solche Vertragsgegenstand, sondern das Programm, welches der Erwerber nutzen möchte.

PD Dr. R. SCHNYDER, Zürich: Die beiden Referenten haben heute morgen sehr schön auf die kollisionsrechtlichen Probleme hingewiesen, die wir mit diesem neuen Übereinkommen haben werden. Ich möchte im Hinblick auf den Umstand, dass wir seit dem 1. Januar 1989 ein neues IPR-Gesetz haben, darauf hinweisen, dass, solange eine gefestigte Rechtsprechung, die uns zu einer einheitlichen, verbindlichen Auslegung des Übereinkommens führen kann, nicht besteht, wir gezwungen sein werden, Lösungen anzustreben, die zwar möglichst dem Übereinkommen folgen, die aber eben die Regelungsgehalte des IPR-Gesetzes nicht völlig verdrängen. Es wird gelingen, in einzelnen Punkten eine übereinkommenskonforme Auslegung des IPR-Gesetzes herzustellen. Ich nenne zwei Beispiele: Erfüllungs- und Untersuchungsmodalitäten, Art. 125 IPRG, und Art. 16 IPRG, die ominöse und traditionsreiche Frage des Ersatzrechtes. Dann aber gibt es Aspekte, wo wir nicht ohne weiteres dem Übereinkommen folgen können. So z. B. in der Frage des Begriffes des Verbrauchers oder Konsumenten. Hier besteht keine Übereinstimmung. Ich denke, nach der qualifizierten Aussage des Gesetzgebers müssen wir diesen Begriff zunächst einmal, was die kollisionsrechtliche Frage betrifft, autonom auslegen. Einen weiteren interessanten Aspekt stellt die AGB-Gesetzgebung dar. Auch hier werden wir sicher interessante Entwicklungen sehen, nur sind wir aufgrund unserer internen Gesetzgebung (Art. 13 IPRG) gezwungen, nicht nur die dem ordre public zugehörige Schutzgesetzgebung zu beachten. Besten Dank.

Dr. G. Herrmann: Das war mehr eine Stellungnahme als eine Frage, und ich würde grundsätzlich zustimmen. Juristen werden nicht arbeitslos durch dieses Übereinkommen, und zu den einzelnen Beispielen, die Sie erwähnt haben, könnte man viel sagen. Natürlich, das Zusammenspiel etwa des AGB-Gesetzes der Bundesrepublik Deutschland mit dem Übereinkommen und dann noch mit Vertragsbedingungen, die zum Teil natürlich vom Übereinkommen abweichen, die Inhaltskontrolle, Fragen dieser Art schaffen Schwierigkeiten; nur, diese sprechen nicht gegen das Übereinkommen. Ich glaube, der Fehler ist oft der, dass Sie sagen, wenn doch alles schweizerisch wäre, wäre die Welt einfach. Das gilt nicht nur für die Schweiz, dasselbe gilt z. B. auch für die USA und viele andere Staaten. Das Übereinkommen ist ja voll abdingbar, bis auf die genannten Formvorschriften, wenn ein Staat den entsprechenden Vorbehalt gemacht hat. Sie können ja das Obligationenrecht wählen, wenn Sie das durchsetzen können, dann gilt eben Obligationenrecht. Natürlich hat ein internes Sachrecht den Vorteil, dass es in ein nationales Rechtssystem eingebettet ist, so dass Bruchstellen weniger wahrscheinlich sind. Nur sollte man das Übereinkommen eben damit vergleichen, dass Sie gemäss dem anzuwendenden IPR, oder kraft Rechtswahl durch die andere Seite, in ein fremdes materielles Recht (z. B. von England oder Frankreich) kommen können, ganz zu schweigen von der Karibik, Südamerika, Asien usw. Man sollte das wohl gewichtet sehen und sich nicht immer nur mit den angesprochenen Grenzfragen, welche das Übereinkommen unvermeidlicherweise mit sich bringt, aufhalten.

Prof. Dr. H. Hausheer, Bern: Weitere Fragen? Ist das nicht der Fall, so möchte ich dazu auffordern, die Frage der positiven Rechtswahl möglichst rasch durch das Bundesgericht klären zu lassen. Das gleiche Problem stellt sich auch innerstaatlich, beispielsweise im Zusammenhang mit dem neuen Eherecht, wo auch Normen des Erbrechts geändert haben und mit dem neuen Kanton Jura für gewisse Erblasser neues «Heimatrecht» in Erscheinung getreten ist. Es gibt unnütze Rechtsschriften, die nach Lausanne gehen. Hier könnte ein Verfahren vor dem Bundesgericht der dringlich erforderlichen Rechtssicherheit dienlich sein.

Professor Dr. Peter Schlechtriem

Die Pflichten des Verkäufers und die Folgen ihrer Verletzung, insbesondere bezüglich der Beschaffenheit der Ware

Die Möglichkeit, heute hier zu Ihnen über Verkäuferpflichten und Verkäuferhaftung nach dem Einheitlichen UN-Kaufrecht sprechen zu dürfen, nehme ich mit grosser Dankbarkeit wahr. Es ist für mich eine Ehre, zur Vermittlung des Einheitskaufrechts beitragen zu dürfen, es ist für mich eine Bereicherung, im Anschluss an meinen Vortrag mit Ihnen diskutieren zu dürfen, und es ist mir eine Freude, diese Vorstellung des Einheitskaufrechtes zusammen mit Kollegen, denen ich mich freundschaftlich verbunden fühle, unternehmen zu können.

Als im Jahre 1974 die sog. Haager Kaufgesetze in der Bundesrepublik Deutschland in Kraft traten, wurde dieses Ereignis nur von einigen wenigen Fachleuten des internationalen Einheitsrechts und des Kaufrechts wahrgenommen, und es dauerte einige Jahre, bis die Gerichte das Einheitskaufrecht dann, wenn die Voraussetzungen seiner Anwendung gegeben waren, auch tatsächlich beachteten und seine Lösungen allmählich die wissenschaftliche Diskussion um das Kaufrecht und eine mögliche Reform des deutschen Obligationenrechts zu beeinflussen begannen. Mit dem Wiener UN-Kaufrecht ist das ganz anders. Es ist bereits vor seinem Inkrafttreten in der Bundesrepublik mehrfach von den Gerichten als ausländisches, z.B. italienisches Recht angewendet worden[1]. Das setzt einen gewissen Bekanntheitsgrad voraus, und tatsächlich ist dieses neue einheitliche Kaufrecht in der Bundesrepublik wie in anderen Ländern in der juristischen Öffentlichkeit durch eine Vielzahl von Veröffentlichungen in Fachzeitschriften, durch Fachtagungen, durch dicke und gehaltvolle Bücher einerseits und gut verständliche Schriften andererseits vorgestellt worden. Es ist deshalb auch nicht möglich, zu meinem Thema überraschend Neues zu bieten, insbesondere hier in der Schweiz, wo das Kaufrechtsübereinkommen auf dem Lausanner Kolloquium im November 1984 vorgestellt und die Pflichten und die Haftung des Verkäufers durch Herrn Widmer umfassend dargestellt worden sind[2]. Ich bitte deshalb um Nachsicht, wenn ich eher wiederhole als hinzufüge.

---

[1] Vgl. LG Stuttgart, RIW *1989* 994; LG Aachen, RIW *1990* 491.
[2] M. P. Widmer, Droits et Obligations du Vendeur, in: Schweizerisches Institut für Rechtsvergleichung (Hrsg.), Wiener Übereinkommen von 1980 über den internationalen Warenkauf, Zürich 1985, S. 91 ff.

Das CISG regelt die Pflichten des Verkäufers im Teil 3 Kapitel 2 Art. 31 ff., und im Anschluss daran in Kapitel 3 die Rechtsbehelfe des Käufers wegen Vertragsverletzungen durch den Verkäufer in Art. 45–52 [3]. Bei der Haftung des Verkäufers geht es – wie auch zur Haftung des Käufers – von einem einheitlichen Tatbestand des Vertragsbruches aus und unterscheidet nicht wie das Recht des deutschen BGB zwischen den Vertragsbruchmodalitäten Unmöglichkeit und Verzug. Als besondere Vertragsbruchmodalität wird durch spezielle Vorschriften nur die vertragswidrige Beschaffenheit geregelt, für die eine Reihe von Sondervorschriften und der besondere Rechtsbehelf der Minderung gelten. Für eine Darstellung der Verkäuferpflichten und -haftung verbietet sich also eine Gliederung, die sich – entsprechend deutschen Lehrbuchdarstellungen – an die Vertragsbrucharten Unmöglichkeit, Verzug und Schlechterfüllung anlehnt [4]. Als Gliederungsprinzip bietet sich deshalb an, entweder auf einzelne Pflichten des Verkäufers und mögliche Pflichtverletzungen abzustellen, oder die Darstellung nach den Rechtsbehelfen des Käufers zu ordnen. Letzteres würde zu weit ausgreifen. Andererseits gewinnen die Pflichten des Verkäufers Anschaulichkeit vor allem durch die Folgen der Pflichtverletzungen, also die Rechtsbehelfe des Käufers. Ich möchte deshalb im folgenden zunächst einen Überblick über die Rechtsbehelfe im allgemeinen geben (Teil I), dann – entsprechend der Gliederung des CISG – die Pflichten des Verkäufers im einzelnen darstellen (Teil II), und schliesslich in einem dritten Hauptteil die Rechtsbehelfe des Käufers bei Verletzung der zuvor vorgestellten Pflichten beschreiben.

I. Überblick über die Rechtsbehelfe nach dem CISG

1. Erfüllungsansprüche

Der Erfüllungsanspruch gilt europäischen Juristen nach einem wohl auf ERNST RABEL zurückgehenden Wort als das «Rückgrat der Obligation» [5]. Er ist der «primäre» Rechtsbehelf des Gläubigers im Unterschied zu den sog. «sekundären» Rechtsbehelfen, die eingreifen, wenn der Anspruch auf Erfüllung nicht oder nicht richtig befriedigt wird. Der Käufer kann also primär

---

[3] Artikel ohne Zusatz sind solche des CISG.

[4] Obwohl auch in der Schweizer Lehrbuchliteratur zwischen den Tatbestandsgruppen Verzug, Unmöglichkeit oder nicht gehörige Leistung unterschieden wird, hat diese Unterscheidung nach meinem Eindruck nicht die gleiche kategoriale Bedeutung wie im deutschen Recht, vgl. BUCHER, Schweizerisches Obligationenrecht, Allgemeiner Teil, 2. Aufl., Zürich 1988, § 20 II, S. 334 ff.

[5] Siehe SCHLECHTRIEM/HUBER, Kommentar zum Einheitlichen UN-Kaufrecht – CISG, München 1990, Art. 28 CISG Rn. 4 für die Urheberschaft RABELS in: RABEL, Recht des Warenkaufs, Bd. 1, Berlin 1957, S. 375.

Lieferung, Eigentumsübertragung, Übergabe der die Ware betreffenden Dokumente, Erfüllung sonstiger Nebenpflichten und grundsätzlich auch Nacherfüllung bei vertragswidrig beschaffener Ware verlangen[6]. Allerdings schränkt Art. 28 CISG die Durchsetzung des Erfüllungsanspruches vor Gerichten, deren eigenes Recht Anspruch auf «specific performance» nur in Ausnahmefällen gewährt, dahin ein, dass diese Gerichte eine Verurteilung zur Erfüllung in Natur nur aussprechen müssen, wenn sie dies auch nach ihrem eigenen Recht tun würden. Diese auf den ersten Blick harmlose Konzession an Common Law Staaten, die sich in ähnlicher Form bereits in Art. 16 EKG i. V. m. Art. VII des Haager Rahmenübereinkommens findet, enthält einigen Sprengstoff. Die Verweisung auf das eigene Recht des entscheidenden Gerichtes ist Kollisionsnorm, die das Sachrecht des Forums beruft bzw. zu berücksichtigen erlaubt. Die besondere Brisanz der Vorschrift liegt dabei darin, dass ihre Formulierung nicht nur Berücksichtigung der Einschränkungen des englischen und US-amerikanischen Rechts gegenüber Klagen auf Erfüllung und Vollstreckung entsprechender Urteile zulässt, sondern auch andere materielle Einwendungen des Rechts des Forumstaates umfassen könnte, so etwa den Einwand der Befreiung des Schuldners aufgrund nicht zu vertretender nachträglicher Unmöglichkeit oder Unvermögens, des Rechtsmissbrauchs oder des Wegfalls der Geschäftsgrundlage. Die Gefahr, dass damit Art. 28 zur Einfallspforte für Vorschriften nationaler Rechte zur Entlastung des Schuldners wird, ist nicht von der Hand zu weisen. Allerdings dürfte das Problem in der Praxis erheblich an Bedeutung verlieren, wenn man, wie HUBER nachgewiesen hat[7], die eigentliche Sachfrage darin sieht, dass nach anglo-amerikanischem Recht der Gläubiger regelmässig sofort zum Schadenersatz übergehen muss und damit der für die abstrakte Schadensberechnung massgebliche Zeitpunkt bereits die Verweigerung der Erfüllung ist, während nach kontinentalem Recht und jetzt auch nach CISG der Gläubiger seinen Erfüllungsanspruch grundsätzlich behält und sich bei einer Verspätung des Deckungsgeschäftes allenfalls Mitverschulden hinsichtlich der Schadenshöhe vorhalten lassen muss, Art. 77[8].

2. Vertragsaufhebung

a) Bei schweren Pflichtverletzungen kann der betroffene Teil Aufhebung des Vertrages erklären. Für den Käufer regelt Art. 49 diese dem Rücktritt wegen Leistungsstörungen entsprechende Möglichkeit; auf die Einzelheiten der

---

[6] Vgl. zunächst Art. 46 I CISG.

[7] SCHLECHTRIEM/HUBER, Art. 28 CISG Rn. 33 ff.

[8] HUBER schlägt deshalb vor (a. a. O. Rn. 36), dass an der Regel, der Gläubiger sei zum Deckungsgeschäft nicht verpflichtet, bei Auslegung des Art. 77 nicht festgehalten werden sollte.

Vorschrift ist noch zurückzukommen. Dieser Rechtsbehelf in Form eines Gestaltungsrechtes deckt eine Reihe von Störungsfällen pauschal ab, die im OR wie im deutschen BGB verstreut und ausdifferenziert und nicht immer konsistent geregelt sind, so den Rücktritt nach OR 107 II, die Aufhebung nach OR 195 oder 196 II wegen Entwehrung der Kaufsache oder die Wandelung nach OR 205. Das Recht zur Vertragsaufhebung wird unabhängig vom konkreten Störungsfall durch eine einseitige Erklärung des Käufers ausgeübt, Art. 26 CISG. Es tritt also weder eine ipso-facto-Auflösung ein wie in bestimmten Fällen nach dem Haager Kaufrecht oder auch nach dem deutschen BGB (§ 323 I BGB), es bedarf aber auch keiner richterlichen Vertragsauflösung wie nach Code civil oder eines Aufhebungsvertrages wie nach dem herrschenden deutschen Verständnis der Wandelung wegen eines Sachmangels[9]. Auf ein Verschulden des Verkäufers kommt es nicht an; der Rechtsbehelf der Vertragsaufhebung bleibt dem Käufer nach der ausdrücklichen Regelung des Art. 79 V auch dann erhalten, wenn der Verkäufer die Leistungsstörung nicht zu vertreten hat. Auch das ist zwar eine nicht unerhebliche Abweichung von der Regelung des deutschen BGB für den Fall des Verzuges oder der Nichtleistung wegen Unmöglichkeit, nicht aber vom Schweizer Recht[10].

b) Besondere Aufmerksamkeit verdient jedoch die in Art. 25 CISG normierte Aufhebungsschwelle: Der Käufer kann bei Leistungsstörungen des Verkäufers den Vertrag nur dann aufheben, wenn die Pflichtverletzung des Verkäufers einen wesentlichen Vertragsbruch darstellt. Um die Formulierung dieser Vorschrift ist lange gerungen worden[11]. Dabei dürfte das zugrunde liegende Prinzip, dass nur eine schwere Vertragsverletzung ein Abgehen vom Grundsatz pacta sunt servanda erlaubt, ohne weiteres einsichtig sein. Fraglich ist nur, ob die Schwere der Vertragsverletzung in der Definition des Art. 25 plausibel und praktikabel festgeschrieben worden ist. Es geht dabei nicht in erster Linie um die Höhe eines eingetretenen oder zu erwartenden Schadens, sondern um das im Vertrag für den Käufer durch die jeweilige Vertragsbestimmung umschriebene und geschaffene Interesse: Hat der Käufer eindeutig klargemacht, dass er die zum Weiterverkauf nach Libyen bestimmten Fahrzeuge in grüner Farbe geliefert haben möchte, dann ist eine Lieferung roter Fahrzeuge ein wesentlicher Vertragsbruch, ohne dass der Käufer im einzelnen dartun müsste, ob und wieviel weniger sein Abnehmer

---

[9] Ein Streit wie im Schweizer Recht zur Durchführung der Wandelung kann für das CISG nicht entstehen; zum Schweizer Recht s. BUCHER, Schweizerisches Obligationenrecht, Besonderer Teil, 3. Aufl., Zürich 1988, § 4 VI 2c, S. 99 f.
[10] Vgl. BUCHER, Obligationenrecht AT, § 20 VI 1 a, S. 365; GAUCH/SCHLUEP, Schweizerisches Obligationenrecht, Allgemeiner Teil, Bd. 2, 4. Aufl., Zürich 1987, Rn. 1745, S. 135 für die Verschuldensunabhängigkeit des Verzugs, der zum Rücktritt nach OR 107 berechtigt.
[11] Vgl. EÖRSI, 31 Am. J. Comp. L. (1983), 333 ff.; BIANCA/BONELL/WILL, Commentary on the International Sales Law, the 1980 Vienna Sales Convention, Mailand 1987, Art. 25 Anm. 1 und 2; SCHLECHTRIEM, Art. 25 CISG Rn. 2.

für diese nicht in der Farbe des Propheten gelieferten Fahrzeuge zu zahlen bereit ist. Ist ein fester Termin für die Lieferung vereinbart, also ein Fixgeschäft geschlossen worden, dann kann der Käufer bei Säumnis des Verkäufers Aufhebung erklären, ohne dartun zu müssen, dass und warum er die verspätet gelieferte Ware nicht mehr gebrauchen kann. Es geht also um eine Wertung, wie sie auch OR 108 in den dort geregelten Voraussetzungen für einen sofortigen Rücktritt ohne Nachfristsetzung zugrunde liegt, aber wohl auch einer Vorschrift wie OR 196 II für die teilweise Entwehrung, und die auch in der Handhabung von OR 205 II Berücksichtigung findet[12]. Es kommt also entscheidend auf Rang und Bedeutung der jeweiligen Pflicht bzw. Pflichtmodalität an, und der Käufer hat es deshalb in der Hand, durch entsprechend eindeutige Festlegungen im Kaufvertrag sein Interesse festzuschreiben und so die Aufhebungsmöglichkeit im Störungsfalle offenzuhalten – so, wie er es beim Fixgeschäft oder auch beim Verlangen besonderer Zusicherungen von Eigenschaften ja ohnehin tut.

Voraussetzung der Aufhebung des Vertrages ist also eine schwerwiegende Pflichtverletzung. Dabei spielt es grundsätzlich keine Rolle, ob es sich um eine im Gegenseitigkeitsverhältnis stehende Pflicht, um eine Haupt- oder Nebenpflicht handelt[13]. Entscheidend ist das durch die jeweilige Pflicht geschützte Interesse des Gläubigers: Hat der deutsche Verkäufer für ein bestimmtes, an einen Abnehmer des österreichischen Käufers zu lieferndes Gerät, etwa ein Rohr, das möglicherweise in einem Langrohrgeschütz Verwendung finden kann, die Beschaffung einer Ausfuhrgenehmigung oder Unbedenklichkeitsbescheinigung versprochen, dann soll für den österreichischen Käufer das Geschäft mit dieser Zusatzleistung stehen oder fallen; an einer Lieferung des Rohrs ohne Exportmöglichkeit ist er nicht interessiert.

Wahrscheinlich geht es aber überhaupt nur um ein terminologisches Problem: Pflichten von einem derartigen Gewicht für den Käufer, dass ihre Nichterfüllung sein Interesse am gesamten Vertrag entfallen lässt, mag man als Hauptpflichten qualifizieren, um vertrauten Denkkategorien zu genügen.

c) Schwierig ist die Einschränkung des Art. 25 zu verstehen, wonach das besondere Gewicht einer bestimmten Pflicht davon abhängt, ob die Bedeutung ihrer Verletzung für den Käufer vom vertragsbrüchigen Teil oder einer vernünftigen Person in gleicher Stellung vorausgesehen worden ist oder voraussehbar war. Über diese Einschränkung ist viel gerätselt worden, und man hat sie verwechselt mit der Entlastung nach Art. 79 oder der Schadensbegren-

---

[12] Vgl. zu OR 205 II BUCHER, Obligationenrecht BT, § 4 VI 2b, S. 99.

[13] Siehe dagegen zum Schweizer Recht BUCHER, Obligationenrecht AT, § 20 VI 2, S. 366: Wichtig ist die Unterscheidung zwischen vertraglichen Haupt- und Nebenpflichten, wobei letztlich der Wille der Vertragsparteien bzw. deren Interessenlage bei Vertragsschluss die Abgrenzung bestimmen. Verletzung blosser Nebenpflichten, die gewissermassen ausserhalb des Synallagmas stehen, berechtigen den Gläubiger ... nicht ... zur Aufhebung des Synallagmas.

zungsregel, die den Art. 74 ff. zugrunde liegt. M. E. geht es aber lediglich um eine Verdeutlichung dessen, was sich schon in Anwendung der Auslegungsregel des Art. 8 ergeben würde: Der besondere Rang der verletzten Pflicht und die für den Käufer besondere Bedeutung des durch diese Pflicht geschaffenen und geschützten Interesses muss deutlich im Vertrag festgehalten oder für eine vernünftige Person in der gleichen Stellung wie der des Verkäufers erkennbar geworden sein: Wer Truthähne zum Thanksgiving Day für ein Offizierskasino der amerikanischen Armee in Deutschland bestellt, tut gut daran, entweder ein Fixgeschäft zu vereinbaren oder den Verkäufer auf die beabsichtigte Verwendung hinzuweisen, wenn er bei Lieferverzögerungen sofort vom Vertrag zurücktreten will. Denn nur dann ist für den Verkäufer oder eine vernünftige Person in der gleichen Stellung erkennbar, dass der Käufer sein Vertragsinteresse an diesen Termin gebunden hat[14].

3. Schadenersatz

Wichtigster Rechtsbehelf des Käufers in der Praxis bei Pflichtverletzungen des Verkäufers dürfte der Anspruch auf Schadenersatz sein, der auch mit Vertragsaufhebung kumuliert werden kann. Art. 45 I lit. b verweist insoweit auf die allgemeinen Vorschriften zum Schadenersatz in den Art. 74–77. Ich kann mich dieser Verweisung anschliessen, da Herr Kollege WEBER über Schadenersatz als Vertragsverletzungsfolge berichten wird.

4. Minderung

Bei vertragswidriger Beschaffenheit gibt CISG dem Käufer zusätzlich das Recht zur Minderung des Kaufpreises, Art. 50. Die dem kontinentaleuropäischen Juristen vertraute actio quanti minoris haben die angelsächsischen Juristen immer ein wenig belächelt und als einen neben dem Schadenersatzanspruch des Käufers wegen des Minderwerts der Ware überflüssigen Rechtsbehelf angesehen. Aber im Unterschied zu einem Schadenersatzanspruch kann sich der Verkäufer gegenüber einer Minderung durch den Käufer nicht darauf berufen, dass er die Mängel des Kaufgegenstandes nicht zu verantworten habe, Art. 79 V. Wie die Erfahrungen mit dem Haager Kaufrecht zeigen, ist dem Käufer damit ein Instrument in die Hand gegeben, das bei vertragswidriger Beschaffenheit der Ware gestörte Äquivalenzverhältnis von

---

[14] Zum Problem der Voraussehbarkeit SCHLECHTRIEM, Art. 25 CISG Rn. 3, 11–14; anders aber BIANCA/BONELL/WILL, Art. 25 Anm. 2.2 et passim, der im Voraussehbarkeitserfordernis einen Entlastungsgrund («weiterer Filter») sieht.

Leistung und Gegenleistung schnell und ohne Streit über die Verantwortung für die Mängel zu korrigieren. Überhaupt scheint mir darin die besondere und vielfach verkannte Funktion einer Preisanpassung durch Minderung zu liegen, dass sie eine von Verantwortung des Verkäufers unabhängige Möglichkeit der Anpassung des Vertrages an die durch den Mangel bewirkte Störung des Gleichgewichts von Leistung und Gegenleistung erlaubt.

5. Zurückbehaltungsrecht und Unsicherheitseinrede

Zu den Rechtsbehelfen im weiteren Sinne darf man auch die Möglichkeit für den Käufer rechnen, den Kaufpreis zurückzuhalten, falls der Verkäufer nicht oder nicht richtig liefert. Soweit keine Vorleistung des Käufers, etwa in Gestalt von Abschlagszahlungen, vereinbart ist, ergibt sich das Zug-um-Zug-Prinzip und die daraus folgende, wenn auch nicht ausdrücklich geregelte Einrede des nichterfüllten Vertrages aus Art. 58[15]. Bei Vorleistungspflicht des Käufers kann sich ein Zurückbehaltungsrecht aus Art. 71 ergeben, wenn sich nach Vertragsschluss herausstellt, dass der Verkäufer einen wesentlichen Teil seiner Pflichten nicht erfüllen wird.

II. Das Pflichtenprogramm des Verkäufers

1. Vertragsfreiheit

Das Wiener Kaufrecht geht vom Grundsatz der Vertragsfreiheit aus. Wichtigste Quelle für die Pflichten des Verkäufers und ihren Inhalt im einzelnen ist deshalb der Vertrag. Das Übereinkommen nimmt auf diesen Grundsatz immer wieder Bezug, so bereits in der Ausgangsnorm für die Pflichten des Verkäufers, dass er «nach Massgabe des Vertrages» (zur Lieferung usw.) verpflichtet sei[16]. Vor allem hält es ihn in Art. 6 fest. Die Regeln über die Pflichten des Verkäufers in den Art. 30 ff. greifen also nur und nur soweit ein, als die Parteien nichts anderes vereinbart haben.

a) Vereinbarungen der Parteien können auch – und werden im internationalen Handel regelmässig – durch Handelsklauseln getroffen werden. Vorschläge in Wien, Auslegungsregeln für die wichtigsten Incoterms festzuschreiben, fanden kein Gehör, so dass Auslegungszweifel – wie auch bei indi-

---

[15] Zur Regelungsintention siehe SCHLECHTRIEM/HAGER, Art. 58 CISG Rn. 1: Regelung des Zug-um-Zug-Prinzips.

[16] Siehe auch den Eingangssatz von Art. 31, Art. 32 I, 34 und für die vertragliche Beschaffenheit Art. 35 II.

viduellen Vereinbarungen – in Anwendung des Art. 8 behoben werden müssen[17].

b) Die vom CISG eingeräumte Vertragsfreiheit wird jedoch erheblich eingeschränkt durch Art. 4 lit. a: Über die Gültigkeit des Vertrages oder einzelner Vertragsbestimmungen entscheidet das über IPR berufene nationale Recht. Damit kommen nicht nur nationale Vorschriften zur Geschäftsfähigkeit, zu Willensmängeln und zur Ungültigkeit von Verträgen wegen Sittenwidrigkeit ins Spiel, sondern vor allem auch Wirtschaftslenkungsgesetze, die bestimmte Geschäfte verbieten oder unter einen speziellen Genehmigungsvorbehalt stellen[18].

Besondere Schwierigkeiten können nationale Rechtsregeln bereiten, die die Freiheit der Parteien zur inhaltlichen Gestaltung von Verträgen durch Allgemeine Geschäftsbedingungen einschränken wie z. B. das deutsche AGBG. Auch die Ungewöhnlichkeitsregel des Schweizer Rechts oder die Kontrolle von AGB, die ein ausgeprägtes Ungleichgewicht zwischen Leistung und Gegenleistung bewirken, sind im Rahmen des Art. 4 lit. a zu berücksichtigen[19]. Kauft also ein Zürcher Rechtsanwalt seine Büroeinrichtung von einer Firma in Waldshut in der Bundesrepublik und ist wegen der Verkäuferniederlassung in Deutschland auf die vom CISG nicht geregelten Fragen deutsches Recht anwendbar[20], dann müssen sich die Klauseln in den Allgemeinen Geschäftsbedingungen des Verkäufers an den Verbotskatalogen in §§ 10 und 11 des deutschen AGBG messen lassen. Im umgekehrten Fall eines in der Schweiz niedergelassenen Verkäufers würde etwa eine Klausel, die abweichend von der noch im einzelnen darzustellenden Regelung über Rüge und entschuldbare Rügeversäumung – Art. 39, 44 CISG – auch bei unentdeckbaren Mängeln alle Rechtsbehelfe mit Ablauf von sechs Monaten ausschliesst, vielleicht mit der Ungewöhnlichkeitsregel angreifbar sein.

Der Vergleich der Rügeregelung im CISG mit abweichenden Allgemeinen Geschäftsbedingungen wird bei Massgeblichkeit deutschen Rechts aber auch dann erforderlich, wenn die fragliche Klausel nicht direkt unter den Verbotskatalog der §§ 10 und 11 AGBG fällt, sondern aufgrund der Generalklausel

---

[17] Siehe hierzu SCHLECHTRIEM, Einheitliches UN-Kaufrecht, Tübingen 1981, S. 53 f.; SCHLECHTRIEM/HUBER, Art. 30 CISG Rn. 5; im Ergebnis gleich auch BIANCA/BONELL/BONELL, Art. 9 Anm. 3.5; BIANCA/BONELL/LANDO, Art. 31 Anm. 2.2.

[18] Vgl. hierzu SCHLECHTRIEM/HERBER, Art. 4 CISG Rn. 9. Zur Behandlung von Genehmigungserfordernissen als Gültigkeitsproblem siehe SCHLECHTRIEM, Einheitliches UN-Kaufrecht, S. 44 f.; ENDERLEIN/MASKOW/STARGARD, Kommentar zur Kaufrechtskonvention der UNO, Berlin 1985, Art. 4 Anm. 2.

[19] Vgl. zur Kontrolle unbilliger AGB in der Schweiz BUCHER, Obligationenrecht AT, § 10 XIV 4, S. 156 f.; GAUCH/SCHLUEP, Obligationenrecht AT, Bd. 1, Rn. 839 b ff., S. 203 f.

[20] Bei einem Verfahren vor einem Schweizer Gericht Art. 121 I, II lit. a des IPR-Gesetzes i. V. mit Art. 3 des Haager Übereinkommens betr. das auf internationale Kaufverträge über bewegliche Sachen anzuwendende Recht vom 15. Juli 1955; bei einem Verfahren vor einem deutschen Gericht Art. 28 EGBGB.

des § 9 AGBG zu prüfen ist, ob die Formularklausel mit wesentlichen Grundgedanken der gesetzlichen Regelung, von der abgewichen wird, unvereinbar
ist. Eine entsprechende Kontrolle von AGB, die im Widerspruch zum dispositiven Recht stehen, wird auch in der Schweizer Literatur vertreten[21], hat
sich aber, soweit ich sehen konnte, noch nicht durchgesetzt. Hier ist gleichwohl in Hinblick auf die u. U. zu berücksichtigende Massgeblichkeit deutschen Rechts festzuhalten, dass im Falle eines Vertrages, der dem CISG unterliegt, normativer Massstab für die Kontrolle von AGB nicht etwa das interne Kaufrecht, sondern das Einheitskaufrecht ist. So hatte das Oberlandes-
gericht Hamm bereits für einen unter das Haager Einheitliche Kaufrecht
fallenden Fall entschieden: Die Verkaufsbedingungen eines italienischen
Textilfabrikanten schlossen alle Ansprüche nach Verarbeitung seiner Ware
aus. Er lieferte Hosenstoff, der bei der gebotenen Untersuchung keinerlei
Mängel entdecken liess. Nach der Verarbeitung zu Hosen stellte sich jedoch
beim Bügeln heraus, dass das Material sich veränderte und deshalb vertragswidrig beschaffen war. Die Berufung des Verkäufers auf seine Verarbeitungs-
klausel wurde verworfen, da sie in Anwendung des § 9 AGBG gegen wesentliche Pflichten des Verkäufers aufgrund des Einheitskaufrechts verstosse[22].

2. Pflichten des Verkäufers nach CISG

CISG unterscheidet, wie erwähnt, nicht zwischen Haupt- und Nebenpflichten[23]. Aber zwischen den prinzipiell gleichwertigen Pflichten des Verkäufers
bestehen doch Unterschiede, vor allem hinsichtlich der Haftung bei Pflichtverletzungen. Das legt es nahe, die folgende Darstellung entsprechend zu
gliedern.

a) Zentrale Verpflichtung des Verkäufers ist die zur «Lieferung der Ware».
In der Sache entspricht das der Verpflichtung zur Übergabe in OR 184 I,
doch stellt Art. 30 CISG stärker auf die Lieferung als Leistungshandlung und
nicht so sehr auf den Leistungserfolg, d. h. die Besitzerlangung durch den
Käufer ab. Folgerichtig erfüllt deshalb nach Art. 31 lit. a für den Fall einer zu
befördernden Ware der Verkäufer die geschuldete Leistungshandlung durch
Übergabe an den ersten Beförderer – natürlich vorbehaltlich einer abweichenden Regelung im Kaufvertrag, die den Verkäufer etwa zum Transport
und zur Aushändigung am Wohnsitz oder der Niederlassung des Käufers,
also zu einer Bringschuld verpflichtet. Streitig ist, ob zu den Beförderern, an
die der Verkäufer übergeben hat und dadurch von seiner Lieferpflicht frei

---

[21] Vgl. BUCHER, Obligationenrecht AT, § 10 XIV 4, S. 157 f.
[22] OLG Hamm 29. 4. 1982, IPRax *1983* 231 f.
[23] Vgl. WIDMER (Fn. 2), S. 95.

wird, auch Spediteure zählen[24]. M. E. ist nach Funktionen des Spediteurs zu unterscheiden: Verpflichtet sich der Spediteur auch dazu, den Transport durchzuführen, dann ist er Beförderer, und zwar unabhängig davon, ob er den Transport selbst oder durch Subunternehmer ausführt. Wo er dagegen den Transport nur organisiert, ohne das Transportgut selbst zu übernehmen, hat der Verkäufer erst geliefert, wenn an den vom Spediteur beauftragten Beförderer übergeben worden ist[25].

Einzelheiten zu Ort und Zeit der Lieferung regeln für den Fall, dass die Parteien nichts vereinbart haben, die Art. 31 und 33. Zum Lieferort, falls der Verkäufer nicht zu versenden hat, sieht Art. 31 lit. b für bestimmte, d. h. lokalisierte oder an einem bestimmten Ort herzustellende Ware vor, dass im Zweifel der Verkäufer die Ware an diesem Ort zur Verfügung zu stellen hat[26]. Andernfalls – Art. 31 lit. c – ist am Ort der Niederlassung des Verkäufers zur Verfügung zu stellen. Zusätzlich zum «Zur-Verfügung-Stellen» wird regelmässig eine Benachrichtigung des Käufers erforderlich sein, es sei denn, die Parteien haben einen festen Termin für die Abholung der Ware vereinbart[27]. In diesen Fällen der Holschuld, die Art. 31 lit. b und c als Auffangregelung vorsieht, hat der Verkäufer mit dieser Leistungshandlung des Zur-Verfügung-Stellens erfüllt. Damit muss nicht gleichzeitig nach Art. 69 I Gefahrübergang stattfinden, da Art. 69 I zusätzlich zum Verfügungstellen eine Pflichtverletzung des Käufers durch Nichtannahme der Ware voraussetzt[28]. Hat der Verkäufer nach Art. 31 lit. b oder c «zur Verfügung gestellt», dann hat er damit seine Pflicht erfüllt. Man möchte deshalb als selbstverständlich annehmen, dass ein nach diesem Zeitpunkt eintretender Verlust oder eine Beschädigung der Ware den Verkäufer nichts mehr angeht. Tatsächlich verlangt aber Art. 69 zum Übergang der Preisgefahr zusätzlich, dass der Käufer durch die nicht rechtzeitige Annahme eine Vertragsverletzung begangen hat. Annahmeverzug des Käufers kann deshalb zeitlich später eintreten als das Zur-Verfügung-Stellen, etwa, wenn die Bereitstellungsanzeige des Verkäufers den Käufer nicht erreicht hat. Der Verkäufer trägt in diesen Fällen, obwohl er vollständig

---

[24] Dafür z. B. SCHLECHTRIEM/HUBER, Art. 31 CISG Rn. 35 m. w. N. Fn. 57; FURTAK, UN-Kaufrecht und EKG: Gefahrtragung beim Versendungskauf, in: Jahrbuch für italienisches Recht, Bd. 3, Heidelberg 1990, S. 127 ff.; Amtsgericht Albstadt mit Anm. von Jayme, IPRax *1989* 247; dagegen SCHLECHTRIEM/HAGER, Art. 67 CISG Rn. 5 m. w. N.

[25] SCHLECHTRIEM/HUBER, Art. 31 CISG Rn. 36, 38.

[26] HUBER unterscheidet folgende Fälle: 1. Kaufvertrag bezieht sich auf bestimmte Ware; Parteien wissen, wo sie sich befindet – dort ist Lieferort. – 2. Kaufvertrag bezieht sich auf einen bestimmten Vorrat – Lieferort ist der Lagerort des Vorrats. – 3. Kaufvertrag bezieht sich auf herzustellende Ware: Lieferort ist die Fabrik. – 4. Kaufvertrag bezieht sich auf zu erzeugende Sachen, also Baumwolle aus einer Pflanzung, Lieferort ist der Erzeugungsort. – 5. Sonderfall: Verkauf schwimmender und rollender Ware.

[27] Vgl. SCHLECHTRIEM/HUBER, Art. 31 CISG Rn. 54.

[28] Vgl. SCHLECHTRIEM/HAGER, Art. 69 CISG Rn. 4, der darauf hinweist, dass eine Vertragsverletzung u. U. erst nach Ablauf einer vereinbarten Empfangszeit oder einer angemessenen Frist nach Zugang der Mitteilung über das Zur-Verfügung-Stellen der Ware abgelaufen ist.

erfüllt hat, noch die Preisgefahr. Da jedoch Art. 35 für die vertragsgemässe Beschaffenheit der Ware auf den Zeitpunkt des Gefahrübergangs abstellt, wird in der Literatur daraus geschlossen, dass auch die Sachleistungsgefahr trotz vollständiger Erfüllung noch beim Verkäufer liegt, bis der Käufer in Annahmeverzug ist[29]. So will HUBER über diese aus Art. 35, 69 I folgende Regelung hinaus deshalb die Sachleistungsgefahr auch bei vollständigem Untergang nach dem Zur-Verfügung-Stellen noch beim Verkäufer belassen. Die Auslegung, dass der Verkäufer schon vollständig erfüllt hat, aber noch die Preis- und Sachleistungsgefahr trägt, überrascht jedenfalls dann, wenn man dogmatisch Konsistenz und deshalb Deckung von Erfüllung und Gefahrübergang erwartet. Sie dürfte gleichwohl zwingend und sachlich zutreffend sein, da der Verkäufer eher in der Lage ist, Gefahren für die Ware zu beherrschen und zu verhindern.

Nicht besonders geregelt ist der bereits erwähnte Fall der Bringschuld, in dem der Verkäufer nicht nur an den ersten Beförderer zu übergeben und die Beförderung gegebenenfalls zu organisieren hat, sondern beim Käufer abliefern muss und deshalb bis dahin für die Ware und die Erfüllung seiner Lieferpflicht verantwortlich bleibt.

Mit der Übergabe an einen Beförderer oder der Bereitstellung an den in Art. 31 lit. b und c vorgesehenen Orten hat der Verkäufer seine Lieferpflicht erfüllt. Auch wenn die Ware nicht vertragsgemäss beschaffen ist, hat der Verkäufer seine Verpflichtung zur Lieferung hinsichtlich des Lieferortes erfüllt; der Käufer hat natürlich Ansprüche wegen vertragswidriger Beschaffenheit. Das gleiche muss aber auch gelten – trotz einer abweichenden Stellungnahme im Kommentar zum UNCITRAL-Entwurf 1978[30] –, falls ein aliud geliefert worden ist. Der Unterschied zwischen peius und aliud sollte, wie noch darzulegen sein wird, aufgegeben werden; es ist deshalb höchst unglücklich, wenn er an dieser Stelle bei der Frage nach der Vertragsmässigkeit der Leistungshandlung hinsichtlich des Lieferortes wieder auftauchen würde[31].

b) *Lieferzeitpunkt.* Haben die Parteien keinen Zeitpunkt oder keinen Zeitraum für die Lieferung bestimmt, dann ist innerhalb angemessener Frist nach Vertragsschluss zu liefern, Art. 33 lit. c. Bei Bestimmung eines Zeitraums kann an sich der Verkäufer jederzeit innerhalb dieses Zeitraums liefern, sofern sich nicht aus den Umständen ergibt, dass der Käufer den Zeitpunkt wählen kann, also beispielsweise innerhalb dieses Zeitraums abrufen kann, Art. 33 lit. b.

---

[29] Vgl. SCHLECHTRIEM/HUBER, Art. 31 CISG Rn. 77 f.

[30] Siehe Commentary on the Draft Convention on Contracts for the International Sale of Goods, prepared by the Secretariat, Official Records, S. 29, Art. 29 Nr. 3.

[31] Unglücklicherweise wird die Unterscheidung zwischen aliud und peius für CISG wiederbelebt von Hyland, Conformity of Goods to the Contract Under the United Nations Sales Convention and the Uniform Commercial Code, in: SCHLECHTRIEM (Hrsg.), Einheitliches Kaufrecht und nationales Obligationenrecht, Baden-Baden 1987, S. 306/307. Wie hier jedoch SCHLECHTRIEM/HUBER, Art. 31 CISG Rn. 16 Fn. 33.

Lieferort und -zeit können zusammenspielen, wenn die Frage zu beantworten ist, ob durch Lieferung am falschen Ort ein Vertragsbruch eingetreten ist[32]. Art.30 EKG hatte deshalb noch vorgesehen, dass bei einer Lieferung am falschen Ort kein wesentlicher Vertragsbruch geschieht, wenn es dem Verkäufer gelingt, noch innerhalb der Lieferfrist oder einer Verzögerung, die noch keinen wesentlichen Vertragsbruch darstellt, zum vereinbarten Platz zu bringen. Das gleiche muss für das CISG gelten: Bei der Bestimmung, ob eine Lieferung am falschen Ort bereits einen wesentlichen Vertragsbruch darstellt, muss berücksichtigt werden, ob der Verkäufer noch innerhalb einer Frist zum Käufer oder zum vereinbarten Ort bringen kann, die eine dadurch entstehende Verspätung noch nicht zum wesentlichen Vertragsbruch macht.

c) Als zweite wesentliche Verpflichtung des Verkäufers nennt Art.30 die Übergabe der Dokumente, die die zu liefernde Ware betreffen. Art.34 verweist für Zeit, Ort und Form der Dokumentenübergabe auf die vertragliche Regelung, sagt deshalb nur etwas Selbstverständliches und ist eigentlich überflüssig[33]. Gemeint sind in erster Linie Transportdokumente wie Konnossement, Frachtbriefdoppel, gegebenenfalls auch Lagerpapiere, ferner die Transportversicherungspolice, aber auch die aus zollrechtlichen und aussenhandelsrechtlichen Gründen vielfach erforderlichen Ursprungszeugnisse, Exportgenehmigungen usw.

d) Selbstverständlich verpflichtet ein CISG-Kaufvertrag auch zur Verschaffung des Eigentums. Wie diese Verpflichtung erfüllt, d.h. Eigentum übertragen wird, regelt das vom IPR berufene interne Sachenrecht. Art.4 lit.b hält dazu ausdrücklich fest, dass auch die Frage, ob Eigentum bereits mit dem Kaufvertrag übergeht oder gesonderter Übertragungsakte bedarf, allein vom massgeblichen nationalen Sachenrecht entschieden wird. Zuweilen kann es dabei intrikate Verflechtungen von Einheitskaufrecht und nationalem Sachenrecht geben: Haben die Parteien – z.B. aufgrund der Geschäftsbedingungen des Verkäufers – einen Kauf unter Eigentumsvorbehalt vereinbart, dann liegt zunächst eine aufgrund der Parteiautonomie zulässige Variation der Verkäuferpflicht zur Eigentumsverschaffung vor. Ob sie in AGB zulässig ist, entscheidet dagegen das über IPR berufene nationale Recht, da es sich um eine Gültigkeitsfrage gem. Art.4 lit.a handelt. Die Frage, ob ein Verkäufer überhaupt Eigentum vorbehalten kann, ob ihm trotz Übergabe Eigentum verbleibt, und ob das Eigentum ipso iure mit Zahlung der letzten Kaufpreisrate übergeht oder ein weiterer Übertragungsakt erforderlich ist, unterliegt völlig dem nationalen Sachenrecht, dessen Bestimmung bei grenzüberschrei-

---

[32] Vgl. HONNOLD, Uniform Law for International Sales under the 1980 United Nations Convention, Deventer 1982, Rn.211: Ort und Zeit werden in den meisten Fällen *eine* Sachfrage bilden: Kam die Ware zur vereinbarten Zeit zum vereinbarten Platz?

[33] Zu Recht bemerkt HONNOLD, Uniform Law for International Sales, Rn.219, dass Art.34 S.1 lediglich wiederholt, dass der Verkäufer den Vertrag erfüllen muss.

tenden Käufen und einer Ware, die über die Grenzen verschiedener Sachenrechtsordnungen reist, schwierig sein kann.

e) Für den Fall einer zu befördernden Ware erlegt Art. 32 dem Verkäufer zusätzliche Pflichten auf. Beim Versendungskauf muss der Verkäufer im Falle einer nicht eindeutigen Zuordnung der versandten Ware zum Vertrag, also z. B. bei Sammelladungen, dem Käufer durch eine Versendungsanzeige die Ware im einzelnen genau bezeichnen, also z. B. durch Hinweis auf Markierungen auf den Transportbehältern, die die für den Käufer bestimmte Ware enthalten, bei Sammelversendung Angabe der Zahl der verladenen Einheiten oder ihr Gewicht[34]. Falls der Verkäufer die Beförderung der Sache zu organisieren hat, muss er auch die dazu erforderlichen Verträge schliessen, Art. 32 II CISG. Hauptanwendungsfall ist wieder der Versendungskauf, insbesondere in den Fällen der Klauseln cif, c & f, frei Waggon, fob Flughafen[35]. Art. 32 II erfasst aber auch Fälle des Fernkaufs und der reinen Bringschuld («Lieferung frei Haus»); in diesen Fällen wahrt freilich der Verkäufer mit der Organisation des Transports in erster Linie seine eigenen Interessen, da er ja nicht nur zur Organisation des Transports, sondern auch zu seinem Erfolg, d. h. der Lieferung am Bestimmungsort verpflichtet ist[36].

f) Ob der Verkäufer auch zum Abschluss einer Transportversicherung verpflichtet ist, muss sich aus dem Vertrag, gegebenenfalls wieder aus Handelsklauseln ergeben. Eine Versicherungspflicht kann sich bereits aus Art. 32 II ergeben, wenn Versicherung zu den für bestimmte Beförderungen üblichen Bedingungen gehört. Ist der Käufer verpflichtet, selbst für die Versicherung der Ware zu sorgen, dann muss der Verkäufer auf Verlangen des Käufers die zum Abschluss der Versicherung erforderlichen Auskünfte erteilen, Art. 32 III. Nach deutschem und Schweizer Recht würde man einen Verkäufer in solchen Fällen wohl bereits aus Treu und Glauben für verpflichtet halten, die erforderlichen Informationen zu geben.

g) *Vertragsgemässe Beschaffenheit.* Der Käufer kauft Ware für einen bestimmten Zweck: Er möchte konsumieren, verwenden oder wiederverkaufen. In diesen Vertragserwartungen wird er enttäuscht, wenn die Ware nicht die Eigenschaften hat, die für den beabsichtigten Gebrauch erforderlich sind, oder falls ein Dritter Rechte auf die Ware erhebt, die den ungestörten Besitz des Käufers oder die Verwendung der Sache beeinträchtigen. In all diesen Fällen muss entschieden werden, ob und unter welchen Voraussetzungen der Verkäufer für die Enttäuschung der Vertragserwartung des Käufers verantwortlich ist. Die europäischen Rechtssysteme unterscheiden traditionell zwischen Sach- und Rechtsmängeln. Diese Unterscheidung ist auch im CISG

---

[34] Vgl. SCHLECHTRIEM/HUBER, Art. 32 CISG Rn. 11.
[35] Siehe SCHLECHTRIEM/HUBER, Art. 32 CISG Rn. 21.
[36] Vgl. SCHLECHTRIEM/HUBER, Art. 32 CISG Rn. 20.

beibehalten worden und darf hier als Gliederungsprinzip zugrunde gelegt werden.

aa) Vertragsgemässe Beschaffenheit hinsichtlich der Sacheigenschaften

Als ERNST RABEL im Zuge der Vorbereitung des ersten Entwurfs eines Einheitskaufrechts die Rechtsregeln nahezu aller Rechtsordnungen der Welt zusammentrug und analysierte, kam er für die Sachmängelhaftung zu dem Schluss, dass diese für den alltäglichen Rechtsverkehr überaus praktischen Fragen für die Juristen voller ungelöster Schwierigkeiten seien, wobei der Mangel an Klarheit und die Unregelmässigkeiten wesentlich durch das Überleben historischer Konzeptionen bedingt seien [37]. ERNST RABEL legte aber auch einen allen Rechtsordnungen gemeinsamen Kern frei: Der Verkäufer trägt die Verantwortung dafür, dass die verkauften Güter der vertraglichen Vereinbarung entsprechen, nicht aber, dass sie notwendig bestimmten objektiven Standards genügen müssen. Nichts beschreibt dieses Grundprinzip besser als die Feststellung des englischen Lordrichters Brett aus dem Jahre 1877: Das entscheidende Prinzip sei, dass der Kaufgegenstand der Beschreibung entsprechen muss, die im Kaufvertrag entweder wörtlich vorgenommen worden ist oder so vorgenommen worden wäre, falls der Vertrag «were accurately drawn out» [38]. Das ist auch der Ausgangspunkt der Grundregel des Art. 35 I CISG, wonach die Ware in Menge, Qualität, Art und Verpackung den Anforderungen – sprich: den Festlegungen – des Vertrages entsprechen muss.

In vielen Fällen werden freilich die Sacheigenschaften nicht «accurately drawn out», so dass es einer Auslegung des Vertrages bedarf, um den genauen Inhalt der Verpflichtungen des Verkäufers hinsichtlich der Beschaffenheit der Ware zu ermitteln. Dabei spielt der Zweck, für den der Käufer die Ware verwenden will, eine entscheidende Rolle; auch OR 197 hebt ja auf Wert oder Tauglichkeit zum vorausgesetzten Gebrauch ebenso ab [39] wie § 459 des deutschen BGB. Wenn ein Auto verkauft worden ist, dessen zu prästierende Eigenschaften nicht im einzelnen beschrieben worden sind, dann kommt es darauf an, ob es als Transportmittel im Strassenverkehr eingesetzt, ob es in einem Museum ausgestellt werden soll – und deshalb nicht unbedingt fahrbereit und -sicher sein muss –, oder ob es als Schrott verkauft worden ist – was die Liste der vertragsgemässen Eigenschaften naturgemäss recht kurz sein lässt. Folgerichtig verwendet auch Art. 35 II CISG den Zweck, für den die Ware gebraucht wird, als Grundlage der Konkretisierung der Ver-

---

[37] Recht des Warenkaufs, Bd. 2, Berlin 1958, S. 101: «Ich wiederhole mit grösserer Gewissheit als einst die Behauptung, dass die Unregelmässigkeiten und Unklarheiten dieser Lehre wesentlich durch das irrationale Überleben einer altertümlich verwurzelten Doktrin verursacht sind.».
[38] Randell v. Newson, 2 Q.B. 102 (C.A. 1877).
[39] Vgl. WIDMER (Fn. 2), S. 96.

pflichtungen des Verkäufers: Haben die Parteien nicht spezielle Eigenschaften vereinbart, dann muss die Ware sich für Zwecke eignen, für die Waren der gleichen Art gewöhnlich gebraucht werden. Hat der Käufer Sand einer bestimmten Korngrösse als Baumaterial verlangt, dann kann er auch nur *die* Reinheit des Sandes erwarten, die für Bausand gewöhnlich benötigt wird – und nicht etwa die Reinheit, die man von Sand für Kinderspielplätze erwartet, für die der Käufer den Sand vielleicht tatsächlich verwenden will.

Zwecke, für die die Ware gewöhnlich gebraucht wird, sind zu unterscheiden von bestimmten Zwecken, also in meinem Sandbeispiel die Verwendung des Sandes als Füllung für Sandkisten auf einem Kinderspielplatz. Solche bestimmten Zwecke muss der Verkäufer bei Vertragsschluss kennen, sei es, dass sie ihm ausdrücklich zur Kenntnis gebracht worden sind, sei es, dass er auf andere Weise davon Kenntnis erlangt hat. Kauft eine Schweizer Ölexplorationsfirma von einem deutschen Unternehmen Ausrüstungsgegenstände, die unter den besonderen klimatischen Bedingungen Sibiriens eingesetzt werden sollen, dann muss sie diesen Verwendungszweck offenbaren, sofern er sich nicht schon aus anderen Umständen ergibt. Allerdings schränkt Art. 35 II lit. b die Verantwortung des Verkäufers für die Eigenschaften, die bei einem solchen bestimmten Zweck als vereinbart gelten, ein, falls der Käufer auf die Sachkenntnis und das Urteilsvermögen des Verkäufers nicht vertraut oder vernünftigerweise nicht vertrauen konnte. Falls in unserem Beispiel der Schweizer Käufer die Ausrüstungsgegenstände, etwa Pumpen, von einem Hinterhoffabrikanten in Lörrach kauft, der bisher nur Brunnengeräte in der deutsch-schweizerischen Grenzregion vertrieben hat, dann kann auf dessen Sachkenntnis vernünftigerweise wohl nicht vertraut werden. Natürlich bleibt aber in einem solchen Fall dem Käufer stets die Möglichkeit, detaillierte Eigenschaftszusagen zu verlangen und damit eine haftbar machende Verpflichtung des Verkäufers zu erreichen.

Art. 35 II lit. c hält eine Regel fest, die in einer ganzen Reihe nationaler Kaufrechte in ähnlicher Form zu finden ist, nämlich die Verpflichtung des Verkäufers, Ware mit den Eigenschaften zu liefern, die eine vom Verkäufer verwendete Probe oder ein Muster hatten. Vorausgesetzt und in der entsprechenden Vorschrift des Haager Einheitskaufrechtes noch ausdrücklich geregelt ist dabei natürlich, dass Muster oder Probe nicht nur unverbindlich zur Ansicht vorgelegt worden sind.

Art. 35 II lit. d verpflichtet den Verkäufer zur ordnungsgemässen Verpackung. Dabei wird darauf abgestellt, was üblich oder – hilfsweise – angemessen zur Bewahrung und zum Schutz der Güter ist. Empfohlen wird, vertraglich klarzustellen, was unter üblicher Verpackung verstanden wird, um Unklarheiten zu vermeiden [40]. Die Einbeziehung der ordentlichen Verpackung in

---

[40] Siehe SCHLECHTRIEM/STUMPF, Art. 35 CISG Rn. 31.

das Pflichtenprogramm des Verkäufers hinsichtlich der Beschaffenheit der Ware bedeutet, dass die im deutschen Recht zuweilen diffizile und manchmal arbiträr getroffene Unterscheidung, ob Schäden der Ware Sachmängel darstellen oder auf einer Verletzung der Nebenpflicht zu ordnungsgemässer Verpackung beruhen, nach dem CISG nicht erforderlich ist, dass aber auch die Voraussetzungen für die Ansprüche des Käufers wegen vertragswidriger Beschaffenheit, auf die im einzelnen noch einzugehen sein wird, bei unzureichender Verpackung beachtet werden müssen.

Eine Verantwortung des Verkäufers für eine vertragswidrige Beschaffenheit ist dann nicht gegeben, wenn der Käufer diese Vertragswidrigkeit bei Vertragsschluss kannte oder darüber nicht in Unkenntnis sein konnte. Das entspricht in der Sache OR 200. Allerdings bezieht sich Abs. 3 nur auf die Beschaffenheitsbeschreibung nach Abs. 2, nicht auch auf die ausdrückliche Festlegung von Eigenschaften im Vertrag. Hat der Käufer eine Maschine gekauft, die Draht einer Stärke bis zu 2 mm mit einem bestimmten Produktionsvolumen pro Stunde herstellen kann, und entspricht die Maschine dieser im Vertrag ausdrücklich festgelegten Kapazität nicht, was der Käufer freilich nicht übersehen konnte, dann ist fraglich, ob er seine Ansprüche verliert. Die Lösung von OR 200 II scheint mir auf diese Fälle jedoch übertragbar zu sein: Kannte der Käufer die unzureichende Beschaffenheit der Maschine, dann ist sie vom Verkäufer nicht zu verantworten. Man kann das dogmatisch so zu erklären versuchen, dass Kenntnis des Käufers einen stillschweigenden Verzicht auf Ansprüche wegen der Abweichung zwischen vertraglicher Soll- und tatsächlicher Ist-Beschaffenheit bedeutet; ein solcher Verzicht ist jedoch mangels Kenntnis, auch wenn sie auf grober Ignoranz beruht, nicht anzunehmen.

In dieser Darstellung des Pflichtenprogramms des Verkäufers hinsichtlich der Sachbeschaffenheit des Kaufgegenstandes fehlte die dem deutschen wie dem Schweizer Juristen vertraute Zusicherung einer Eigenschaft. Soweit sie die Funktion hat, Verpflichtungen des Verkäufers, dass die Sache bestimmte Eigenschaften habe oder haben werde, zu begründen, geht ihre Funktion in der grundsätzlichen Regel auf, dass der Verkäufer mit seiner bindenden Vertragsschlusserklärung die im Vertrag festgelegten Eigenschaften der Sache verspricht. Soweit die «Zusicherung» als besondere Gewährübernahme verstanden wird[41] und damit Voraussetzung für bestimmte Haftungsfolgen ist, die bei «normalen» Vertragswidrigkeiten nicht eintreten, kann eine Zusicherung des Verkäufers aber auch nach CISG die Bedeutung haben, eine für den Käufer ganz besonders wichtige Eigenschaft, also ein besonderes Interesse zu

---

[41] So die überwiegende Auffassung der deutschen Literatur zu §§ 459 II, 463 BGB; anders wohl die in der Schweiz heute vorherrschende Auffassung, siehe BUCHER, Obligationenrecht BT, § 4 IV 3.

kennzeichnen, ohne das er den Vertrag nicht geschlossen hätte und dessen Verletzung deshalb einen wesentlichen Vertragsbruch darstellt.

Die vertragsgemässe Beschaffenheit muss im Zeitpunkt des Gefahrübergangs vorliegen, Art. 36 I. Das weicht von OR 185 I ab[42]. Von der Massgeblichkeit des Gefahrübergangs macht Art. 36 II eine Ausnahme, eine Vorschrift, deren Einführung in Wien umstritten war und deren Auslegung Probleme bereiten dürfte[43]. In der Sache wollte man sicherstellen, dass im Falle einer Haltbarkeitsgarantie des Verkäufers bei Mängeln, die erst nach dem Gefahrübergang innerhalb der Garantiefrist auftreten, die Ansprüche des Käufers wegen vertragswidriger Beschaffenheit erhalten bleiben. M. E. hätte es dieser Regelung nicht bedurft, denn auch Haltbarkeit, insbesondere wenn sie für eine zeitlich festgelegte Frist garantiert wird, setzt voraus, dass die Sache im Zeitpunkt des Gefahrübergangs qualitativ entsprechend solide und haltbar beschaffen war. Gleichwohl mag man eine Regelung wie die in Art. 36 II begrüssen, weil sie bei Vertragswidrigkeiten, die innerhalb der «bestimmten Zeit» auftreten, dem Verkäufer die Beweislast dafür zuordnet, dass der Mangel durch nachträgliche bestimmungswidrige Verwendung der Kaufsache verursacht worden ist. Die eigentliche Schwierigkeit, die man in Wien nicht zu lösen vermocht und stattdessen durch die Doppeldeutigkeit des Begriffs «bestimmte Zeit» überdeckt hat, besteht aber in der Festlegung der Zeitspanne, für die die Ware jedenfalls «halten» muss[44]. «A period of time» kann eben bedeuten, dass die Haltbarkeitsgarantie nur für eine vertraglich festgelegte Zeit gegeben worden ist, aber auch, dass eine letztlich unbestimmte und im konkreten Fall vom Gericht festzustellende Haltbarkeitsdauer angenommen wird. Es empfiehlt sich deshalb in jedem Falle, durch vertragliche Vereinbarungen über die Haltbarkeitsdauer, etwa in Form von Garantiefristen, der Gefahr vorzubeugen, dass letztlich ein mit der Sache befasstes Gericht darüber entscheidet, welche Frist vernünftig und angemessen ist.

bb) Rechtsmängel

Der Verkäufer ist nicht nur verpflichtet, das Eigentum zu übertragen, sondern er muss die Ware auch frei von Rechten oder Ansprüchen Dritter liefern, sofern der Käufer sich nicht damit einverstanden erklärt hat, die mit einem solchen Recht oder Anspruch belastete Ware anzunehmen, Art. 41 S. 1.

Bei den Rechten Dritter geht es zunächst um dingliche Rechte, also etwa gesetzliche Pfandrechte von Lagerhaltern und Beförderern. Anders als nach

---

[42] Vgl. BUCHER, Gefahrenübergang, in: Schweizerisches Institut für Rechtsvergleichung (Hrsg.). Wiener Übereinkommen von 1980 über den internationalen Warenkauf, Zürich 1985, S. 207, 211 f.

[43] Siehe hierzu SCHLECHTRIEM, Einheitliches UN-Kaufrecht, S. 58.

[44] Vgl. hierzu SCHLECHTRIEM, Einheitliches UN-Kaufrecht, S. 58.

Schweizer Recht genügen aber auch schuldrechtliche Ansprüche Dritter, die gegen den Käufer geltend gemacht werden bzw. geltend gemacht werden können. Der Grundgedanke ist, dass der Käufer im Gebrauch der Sache nicht durch solche Ansprüche Dritter gestört werden soll und dass es noch Verpflichtung des Verkäufers ist, solche Ansprüche abzuwehren: Der Käufer soll nicht einen Rechtsstreit «einkaufen»[45]. Deshalb ist die Sache mit Rechtsmängeln auch dann behaftet, wenn sich herausstellt, dass der von einem Dritten geltend gemachte Anspruch unbegründet war. Behauptet ein Dritter, die Sache sei ihm zuvor verkauft worden und der Käufer habe sie unter Ausnutzung eines Vertragsbruchs des Verkäufers erworben, so dass er aus Delikt Naturalrestitution in Form der Herausgabe an den Dritten als Erstkäufer schuldet, dann ist dem Käufer nicht zuzumuten, jahrelang einen Prozess zu führen, in dem die tatsächlichen Voraussetzungen des klägerischen Anspruchs und auch die Rechtslage unsicher sind und deshalb der Ausgang des Rechtsstreites schwer berechenbar ist. Hinzu kommt, dass solche Ansprüche dritter Personen häufig aufgrund einer Rechtsordnung geltend gemacht werden, die nicht die des Käufers und deshalb von ihm schwer zu beurteilen ist. Er muss stattdessen in der Lage sein, z. B. wegen eines wesentlichen Vertragsbruchs in Gestalt dieser Beeinträchtigung des Kaufgegenstandes den Vertrag aufheben zu können.

Fraglich ist allerdings, ob der Verkäufer auch dann Freiheit von Ansprüchen schuldet, wenn offensichtlich unbegründete und – wie es zuweilen heisst – «frivole» Ansprüche geltend gemacht werden. Wegen der Schwierigkeit, insoweit eine praktikable Grenze zu ziehen, wird deshalb in der Literatur vertreten, dass der Verkäufer selbst bei völlig aus der Luft gegriffenen Ansprüchen Dritter haftet, z. B. für die Kosten, die dem Käufer aus der Abwehr dieser Ansprüche entstanden sind[46].

Ob und inwieweit öffentlich-rechtliche Belastungen einer Sache als Rechts- oder Sachmangel zu beurteilen sind, kann zweifelhaft sein. Wo die Ware aufgrund nationaler Normen zum Schutz von Verbrauchern, Arbeitnehmern oder Umwelt nicht entsprechend den Käufererwartungen verwendet werden darf, liegt m. E. allenfalls ein Sachmangel vor. Wo jedoch die Ware beschlagnahmt werden kann, weil z. B. der Verkäufer eine auf ihn entfallende Steuer oder einen Ausfuhrzoll nicht bezahlt hat, wird zu Recht vorgeschlagen, die Vorschriften über Rechtsmängel anzuwenden[47].

Der Verkäufer schuldet Belastungsfreiheit jedoch nicht, wenn der Käufer eingewilligt hat, die mit den Rechten oder Ansprüchen Dritter behaftete Ware zu nehmen, Art. 41 CISG. Kenntnis des Käufers allein, z. B. vom Beste-

---

[45] Formel von HONNOLD, Uniform Law for International Sales, Rn. 266.
[46] Vgl. SCHLECHTRIEM/SCHWENZER, Art. 41 CISG Rn. 10 m. N. des Streitstandes.
[47] Vgl. SCHLECHTRIEM/SCHWENZER, Art. 41 CISG Rn. 7.

hen eines Pfandrechtes für einen Lagerhalter oder einer Sicherungsübereignung der Ware an eine Bank, die der Käufer unabhängig von den Vertragsverhandlungen erhalten hat, reicht jedoch nicht aus – der Käufer muss «eingewilligt» haben[48]. Der Unterschied zum Schweizer Recht dürfte sich in der Praxis dadurch überbrücken lassen, dass bei Kenntnis des Käufers im Regelfall Einwilligung zu vermuten ist[49].

cc) Freiheit von Immaterialgüterrechten Dritter

Eine gegenüber nationalen Kodifikationen, aber auch gegenüber dem EKG interessante Neuerung enthält Art. 42 CISG mit der Verpflichtung des Verkäufers, Ware frei von Rechten oder Ansprüchen Dritter aufgrund geistigen Eigentums zu liefern. Gemeint sind vor allem – wie die klarstellende Erwähnung der gewerblichen Schutzrechte verdeutlicht – Patent-, Warenzeichen-, Geschmacks- und Gebrauchsmusterrechte, aber auch Urheber-, Namens- und Persönlichkeitsrechte. Nationale Rechte qualifizieren die Belastung mit solchen Schutzrechten bekanntlich verschieden: Während die deutsche Rechtsprechung insoweit Rechtsmängel annimmt[50], ordnet die Schweizer Rechtsprechung wohl als Sachmangel ein[51].

Eine Einschränkung der Verantwortung – die weiter geht als die entsprechende Einschränkung bei Rechtsmängeln, dagegen den Einschränkungen bei der Sachmängelgewährleistung entspricht – gilt nach Art. 42 II, wenn der Käufer im Zeitpunkt des Vertragsabschlusses das Recht oder den Anspruch kannte oder darüber nicht in Unkenntnis sein konnte. Darüber hinaus wird der Verkäufer frei, wenn er sich nach technischen Zeichnungen, Entwürfen, Formeln oder sonstigen Angaben gerichtet hat, die der Käufer zur Verfügung gestellt hat, Art. 42 II lit. b.

III. Rechtsbehelfe des Käufers bei Pflichtverletzungen des Verkäufers

1. Verletzung der Lieferpflicht

Von den eingangs skizzierten Rechtsbehelfen kommen für den Käufer im

---

[48] Für die Schweiz vgl. jedoch OR 192 II.
[49] Vgl. SCHLECHTRIEM/SCHWENZER, Art. 41 CISG Rn. 18.
[50] Vgl. die Nachweise in der Diss. von PRAGER, Verkäuferhaftung und ausländische gewerbliche Schutzrechte, Pfaffenweiler 1987.
[51] Vgl. BGE *82* II 248: Nichtzulässigkeit des Verkaufs von Kugelschreibern wegen Verletzung der Patentansprüche Dritter. Die unterschiedliche Behandlung nach nationalem Recht kann freilich auf CISG-Käufe durchschlagen, wenn es um die einschlägige Verjährungsnorm geht, da die Verjährung vom Übereinkommen nicht als Einheitsrecht geregelt wird, sondern nationalem Recht untersteht.

Falle einer Nichtlieferung ein Erfüllungsanspruch – mit der beschriebenen Einschränkung aus Art. 28 –, Schadenersatzansprüche nach Art. 74 und Aufhebung des Vertrages in Betracht, falls die Nichtlieferung wesentlicher Vertragsbruch ist. Art. 45 listet diese Rechtsbehelfe noch einmal auf und verweist dabei auf ihre teils speziell auf den Käufer zugeschnittene Regelung in den folgenden Vorschriften, teils für den Schadenersatzanspruch auf die allgemeine Regelung in den Art. 74–77. Hinzuzunehmen sind die sich aus dem Zug-um-Zug-Prinzip ergebende Möglichkeit der Zurückhaltung der eigenen Leistung, falls der Käufer nicht vorleistungspflichtig ist, die Unsicherheitseinrede und die Sonderregeln für die Aufhebung des Vertrages im Falle eines vorweggenommenen Vertragsbruches – Art. 72 – und eines Sukzessivlieferungsvertrages – Art. 73. Da Schadenersatz als Vertragsverletzungsfolge in einem besonderen Referat behandelt wird, darf hier insoweit auf den Vortrag des Herrn Kollgen Dr. WEBER verwiesen werden. Einige Bemerkungen seien jedoch zu den Voraussetzungen der Vertragsaufhebung gestattet, während für ihre Folgen wieder auf das Referat von Herrn Dr. WEBER verwiesen werden darf.

Aufhebung setzt, wie berichtet und in Art. 49 I normiert, voraus, dass die Nichterfüllung einen wesentlichen Vertragsbruch darstellt. Bei Unmöglichkeit ist das sicher stets anzunehmen, denn damit entgeht dem Verkäufer wohl immer im wesentlichen das, was er nach dem Vertrag erwarten durfte. Wesentlicher Vertragsbruch liegt deshalb auch bei objektiv anfänglichem Unvermögen oder Unmöglichkeit vor. Auch wo nationale Rechte wie OR 20 I oder § 306 dt. BGB einen Vertrag mit anfänglich unmöglichem Inhalt als nichtig behandeln, sind diese nationalen Rechte nicht etwa über Art. 4 lit. a zu berücksichtigen[52].

Bei Überschreitung des Liefertermins kommt es dagegen auf die Bedeutung der Pünktlichkeit an: Beim Fixgeschäft, bei dem der Käufer durch die besondere Bedeutung des vereinbarten Liefertermins verdeutlicht hat, dass für ihn das Geschäft mit Einhaltung dieses Termins stehen oder fallen soll, liegt ebenfalls ein zur Aufhebung berechtigender «fundamental breach» vor. In anderen Fällen der verzögerten Lieferung, aber auch der Lieferung an einen falschen Ort, die vom Verkäufer noch korrigiert werden kann und soll, hängt es von der Bedeutung des Liefertermins und Lieferzeitraums ab, ob die verspätete Lieferung einen wesentlichen Vertragsbruch darstellt. Im Grunde wird man die Fälle des OR 108, in denen eine Nachfristsetzung entbehrlich ist, regelmässig als solche des wesentlichen Vertragsbruchs sehen können, wobei OR 108 Ziff. 1 u. U. bei ernsthafter Erfüllungsweigerung vor Fälligkeit auch unter Art. 72 CISG fallen kann. Die Rechtsprechung zum EKG ist reich an Beispielen, die m. E. zeigen, dass die Gerichte bei der Bewertung einer

---

[52] Ganz h. A., vgl. SCHLECHTRIEM/HUBER, Art. 46 CISG Rn. 33 sowie Rn. 7 Fn. 18 m. w. N.

Verspätung durchaus zu vernünftigen Ergebnissen kommen: Wird z. B. Saisonware am Ende der Saison geliefert, so ist das fehlende Interesse des Käufers an der Sendung zu bejahen und für den Verkäufer erkennbar, so dass eine wesentliche Vertragsverletzung angenommen wurde[53]. Ist zweifelhaft, ob die Lieferverzögerung einen wesentlichen Vertragsbruch darstellt, dann hat der Käufer die Möglichkeit, Klärung durch Nachfristsetzung zu erlangen, Art. 49 I lit. b i. V. m. Art. 47; ein Schweizer und deutschen Juristen vertrautes Vorgehen, siehe OR 107 und § 326 BGB.

Für die Fristüberschreitung kommt es jedoch nicht darauf an, ob bestimmte technische Voraussetzungen eines Verzugs, also etwa eine Mahnung oder – nur im deutschen, nicht aber im Schweizer Recht – ein Vertretenmüssen der Lieferverzögerung vorliegen.

Das Recht auf Vertragsaufhebung wegen Lieferverspätung wird allerdings im Falle, dass die verspätete Lieferung noch erfolgt ist, nach Art. 49 II lit. a dahin eingeschränkt, dass der Käufer die Aufhebung innerhalb angemessener Frist erklären muss.

Eine weitere Einschränkung der Aufhebungsmöglichkeit kann sich jedoch aus Art. 82 ergeben: Der Käufer, der die Ware bereits erhalten hat, verliert sein Aufhebungsrecht, wenn es ihm unmöglich ist, die Ware im wesentlichen in dem Zustand zurückzugeben, in dem er sie erhalten hat. Zu dieser Regel und ihren Ausnahmen in Art. 82 II darf ich auf das Referat von Herrn Kollegen Dr. Weber verweisen.

Hat der Käufer vorzuleisten – z. B. eine Anzahlung –, dann kann er bei einer Gefährdung der Leistungskapazität des Verkäufers die Erfüllung der Zahlungspflicht aussetzen. Das entspricht in der Sache der Unsicherheitseinrede aus OR 83. Im Gegensatz zur herrschenden Auffassung zur Auslegung des OR 83 in der Schweiz[54] kann nach CISG der Käufer seine Vorleistung aber auch zurückhalten, wenn die Zahlungsunfähigkeit des Verkäufers bereits vor Vertragsschluss bestand, sich aber erst nach Vertragsschluss herausstellt[55]. Dieses Ergebnis ist in Wien erst nach heftigen Diskussionen zu erreichen gewesen, die vor allem folgenden Hintergrund hatten: Hat sich der Käufer über die Leistungsfähigkeit des Verkäufers bei Vertragsschluss geirrt, dann berechtigt das u. U. nach nationalem Recht zur Anfechtung, die, da sie die Gültigkeit des Vertrages betrifft, nach Art. 4 lit. a grundsätzlich dem natio-

---

[53] Vgl. OLG Hamm in: Schlechtriem/Magnus, Internationale Rechtsprechung zu EKG und EAG, Baden-Baden 1987, Art. 26 Nr. 3.

[54] Siehe dagegen Bucher, Obligationenrecht AT, § 18 IX 3 Fn. 68: Der genannte Grundsatz ist fragwürdig.

[55] Einzelheiten der Unsicherheitseinrede, über die ich an anderer Stelle berichtet habe – Schlechtriem, Einheitliches UN-Kaufrecht, S. 84 ff.; ferner ders., Gemeinsame Bestimmungen über Verpflichtungen des Verkäufers und des Käufers, in: Schweizerisches Institut für Rechtsvergleichung (Hrsg.), Wiener Übereinkommen von 1980 über den internationalen Warenkauf, Zürich 1985, S. 149 ff. – siehe vor allem Fischer, Die Unsicherheitseinrede, Frankfurt 1988, S. 209 ff.

nalen Recht vorbehalten bleibt. Nationales Recht kann aber trotz Art. 4 lit. a allerdings nur dort Anwendbarkeit beanspruchen, wo das Kaufrechtsübereinkommen nicht selbst und eindeutig regelt. Eine solche eindeutige Regelung hinsichtlich eines Irrtums über die Leistungsfähigkeit und Kreditwürdigkeit des anderen Teils liegt nun, d. h. in der geltenden Fassung, in Art. 71 I vor, so dass daneben m. E. keine nationalen Anfechtungsbehelfe, die die Rechtseinheit aufs schwerste gefährden würden, zur Anwendung kommen dürfen[56].

Hier nur zu erwähnen, weil insoweit nicht nur auf Pflichten und Haftung des Verkäufers bezogen, ist der vorweggenommene Vertragsbruch nach Art. 72, der eine Vertragsaufhebung vor Fälligkeit erlaubt, wenn offensichtlich ist, dass der Verkäufer eine wesentliche Vertragsverletzung begehen wird, und dabei vor allem die Erfüllungsweigerung mitberücksichtigt.

Art. 73, obwohl unter gemeinsame Bestimmungen über die Pflichten des Verkäufers und des Käufers eingestellt, betrifft praktisch nur Verpflichtungen des Verkäufers, geht es doch um vereinbarte Lieferungen in Raten. Grundsätzlich kann Vertragsaufhebung, falls Nichterfüllung einer Teillieferung wesentliche Vertragsverletzung ist, nur hinsichtlich dieser Teillieferung erklärt werden, während der Vertrag im übrigen in Kraft bleibt. Eine entsprechende Regel enthält Art. 51 I. Allerdings erlaubt Art. 73 II Aufhebung auch hinsichtlich der noch ausstehenden Raten, falls die Nichterfüllung einer Teillieferung «triftigen Grund zu der Annahme» gibt, dass auch für die künftigen Raten wesentliche Vertragsverletzungen zu erwarten sind. Schliesslich erlaubt Abs. 3 sogar die Aufhebung hinsichtlich bereits erbrachter Raten, falls sie durch die späteren Störungen wegen des zwischen den einzelnen Raten bestehenden Zusammenhangs für den Käufer wertlos werden, weil er sie nicht mehr für den Zweck verwenden kann, den die Parteien im Zeitpunkt des Vertragsschlusses in Betracht gezogen haben. Auch hier wird wieder das Grundprinzip des Art. 25 deutlich: Das besondere Vertragsinteresse des Käufers, die Gesamtmenge zu erhalten, muss sich aus dem Vertrag ergeben, und es ist einem Käufer deshalb anzuraten, entsprechende Festlegungen in den Vertragstext aufzunehmen. Wird für den Anstrich einer Brücke oder eines Schiffes Farbe bei einem Farbenhersteller bestellt, die in Raten zu liefern ist, dann kann u. U. die bereits einwandfrei gelieferte Ware für den Käufer wertlos werden, wenn der Farbenhersteller später nicht mehr liefern kann und Farbe in der gleichen Zusammensetzung und im gleichen Farbton nicht mehr zu bekommen ist. Aber dieser Zweckzusammenhang muss aus dem Vertrag für eine vernünftige Person in der Situation des Verkäufers ersichtlich sein.

---

[56] H. L., siehe SCHWENZER, Das UN-Abkommen zum internationalen Warenkauf, NJW *1990* 602, 603; a. A. LESSIAK, UNCITRAL-Kaufrechtsübereinkommen und Irrtumsanfechtung, östJBl *1989* 487, 493.

2. Haftung des Verkäufers wegen vertragswidriger Beschaffenheit der Sacheigenschaften

a) *Allgemeine Voraussetzungen: Untersuchung und Rüge*

Voraussetzung für die Geltendmachung von Rechtsbehelfen des Käufers wegen vertragswidriger Sachbeschaffenheit ist grundsätzlich rechtzeitige Rüge. Dazu normiert Art. 38 zunächst, dass der Käufer innerhalb kurzer Frist nach Lieferung untersuchen muss bzw. untersuchen lassen muss, wobei die Kürze der Frist sich nach den Umständen richtet. Art. 38 II und III regeln die Situation, dass eine Ware befördert wird – die Untersuchung kann dann bis zum Eintreffen der Ware am Bestimmungsort aufgeschoben werden –, oder dass die Ware vom Verkäufer um- oder weitergeleitet wird, ohne dass er selbst Gelegenheit hat, sie zu untersuchen. In einem solchen Fall kann, falls der Käufer bei Vertragsschluss die Möglichkeit einer solchen Um- oder Weiterleitung kannte oder kennen musste, die Untersuchung bis zum Eintreffen der Ware am neuen Bestimmungsort aufgeschoben werden.

Hat der Käufer Abweichungen von der vertragsgemässen Beschaffenheit entdeckt oder hätte er sie bei der gebotenen Untersuchung entdecken können, dann muss er innerhalb «angemessener Frist» Mängelanzeige erstatten, Art. 39. Das ist käuferfreundlicher als die Erforderlichkeit «sofortiger» Anzeige nach OR 201 und geht auf entsprechende Forderungen der Vertreter von Entwicklungsländern zurück[57]. Ob der Unterschied zwischen einer Anzeige in angemessener Frist und einer sofortigen Anzeige tatsächlich in der Praxis keine grosse Bedeutung erlangen wird, weil die Bewertung der Fristdauer unter Berücksichtigung aller Umstände und des Prinzips von Treu und Glauben die Unterschiede einebnen kann, bleibt abzuwarten[58]. M.E. bleiben doch beachtliche Unterschiede.

Die Rüge ist nur absendebedürftig, muss aber mit einem den Umständen entsprechenden Kommunikationsmittel unternommen worden und generell zugangsfähig sein, Art. 27. Die Vertragswidrigkeit muss dabei «genau bezeichnet», also substantiiert werden. Zu rügen ist jede Abweichung von der vertragsgemässen Beschaffenheit, wie geringfügig oder krass sie auch sein mag. Auch ein – in der deutschen Terminologie – nicht genehmigungsfähiges aliud muss anders als nach § 378 dt. HGB gerügt werden.

Die in Art. 38 und 39 geregelten Untersuchungs- und Rügeobliegenheiten dürften für die Praxis ausserordentliche Bedeutung haben. In der vom Kollegen MAGNUS und mir herausgegebenen Rechtsprechungssammlung zum

---

[57] Vgl. BIANCA/BONELL/SONO, Art. 39 Anm. 1.5 m.w.N.; LOEWE, Internationales Kaufrecht, Wien 1989, Art. 39, S. 59.
[58] Vgl. aus der Schweizer Literatur WIDMER (Fn. 2), S. 99; aus der deutschen Literatur SCHLECHTRIEM/STUMPF, Art. 39 CISG Rn. 8.

Haager Einheitlichen Kaufrecht, die den Zeitraum bis 1987 umfasst, finden sich etwa 60 Entscheidungen, in denen der Verkäufer sich gegenüber den vom Käufer geltend gemachten Mängelrechten auf die Art. 38, 39 EKG berufen hat. Regelmässig ging es um Verspätung der Rüge, aber auch um mangelnde Substantiierung oder Kenntnis des Verkäufers vom Mangel. Obwohl das CISG die Anforderungen an eine ordnungsgemässe Rüge dadurch erleichtert hat, dass sie nicht mehr in kurzer, sondern in angemessener Frist zu erfolgen hat, dürfte das Rügeerfordernis ähnlich strittträchtig sein wie unter der Herrschaft des EKG oder nationaler Rechte, die ein Rügeerfordernis kennen, z. B. OR 201 [59] oder §§ 377, 378 dt. HGB.

Durch Rügeversäumung verliert der Käufer seine Ansprüche wegen vertragswidriger Beschaffenheit, gleich, ob es sich um einen offenen oder verborgenen Mangel handelt, sofern er nur durch Untersuchung feststellbar war. Nach Art. 39 II verliert der Käufer aber alle Ansprüche wegen Vertragswidrigkeit auch dann, wenn er sie nicht spätestens innerhalb von zwei Jahren nach Übergabe gerügt hat, es sei denn, es ist eine längere vertragliche Garantiefrist vereinbart worden. Diese Folgen der Rügeversäumung treten nur dann nicht ein, wenn der Verkäufer sich nicht auf die Art. 38 und 39 berufen kann, weil die Vertragswidrigkeit auf Tatsachen beruht, die er kannte oder über die er nicht in Unkenntnis sein konnte und die er dem Käufer nicht offenbart hat (Art. 40).

Die in Art. 39 I und II geregelten Folgen der Rügeversäumung waren noch in Wien ausserordentlich umstritten. Bereits die Ersetzung der kurzen Rügefrist des EKG durch eine «reasonable», d. h. angemessene Frist, war ein Entgegenkommen gegenüber Staaten, die eine flexiblere Ausgestaltung der Rügeregelung verlangten [60]. In Wien drohte die Konferenz an der Frage, ob Rügeversäumung alle Ansprüche ausschliesse, zu scheitern. Im Ergebnis fand man einen Kompromiss: Die Industrieländer setzten sich in der Frage der Ausschlussfrist von zwei Jahren durch. Die Entwicklungsländer, die sich besonders engagiert gegen den völligen Verlust von Gewährleistungsansprüchen wegen Rügeversäumung gewandt hatten, erreichten, dass die Regelung des Art. 44 aufgenommen wurde. Nach Art. 44 kann der Käufer, falls er für die Rügeversäumung eine vernünftige Entschuldigung hat, jedenfalls noch Minderung und Schadenersatz ausser für entgangenen Gewinn verlangen, nicht dagegen Nacherfüllung, Vertragsaufhebung oder den entgangenen Gewinn. Allerdings gilt das nur bis zum Ablauf der Zweijahresfrist aus

---

[59] Vgl. BUCHER, Obligationenrecht BT, § 4 V l a und 5 (für geheime Mängel) m. w. N., S. 93, 94.
[60] Die unglückliche und missverständliche Bestimmung des Art. 39 II EKG, wonach der Käufer den Verkäufer auffordern muss, seinerseits für die Untersuchung Sorge zu tragen, ist entfallen; das ist ebenfalls eine wesentliche Erleichterung, da diese Bestimmung kaum je beachtet worden ist und im übrigen unsicher war, ob die Aufforderung konstitutiver Bestandteil der Rüge sein sollte.

Art. 39 II [61] – nach zwei Jahren verliert auch der hinsichtlich der Rügeversäumung entschuldigte Käufer alle Ansprüche.

Welche Bedeutung dieser Art. 44 in der Praxis gewinnen wird, ist schwer abzuschätzen. Obwohl als Konzession an die Bedürfnisse der Entwicklungsländer aufgenommen, die sich darauf berufen haben, dass ihre Kaufleute mit dem Erfordernis der Untersuchung komplizierter Kaufgegenstände und rechtzeitiger Rüge sowie Substantiierung der Mängel überfordert seien, wird in der Kommentarliteratur zu Recht darauf hingewiesen, dass auch europäische Käufer dem strengen Rügeerfordernis des Art. 39 EKG nicht immer genügen konnten. Es sei deshalb zu erwarten, dass auch deutsche Käufer vor deutschen Gerichten sich auf Art. 44 berufen werden [62]. Rechtsunsicherheit muss man befürchten. Insbesondere wird man abwarten müssen, wie die Gerichte den Begriff «Entschuldigung» interpretieren, denn die im Verkehr erforderliche Sorgfalt würde sich in etwa mit dem Standard für die Untersuchungspflicht decken. Viel spricht dafür, dass Art. 44 als eine Billigkeitsnorm anzuwenden ist, der Käufer also entschuldigt ist, wenn es bei Berücksichtigung seines Verhaltens und aller sonstigen Umstände des Einzelfalles als unbillige Härte erscheinen würde, dass er alle Ansprüche verliert; nicht dagegen sollte es auf Verschulden im technischen Sinne und entsprechend dem Verständnis nationaler Rechte ankommen [63].

Vom Ausschluss der Ansprüche des Käufers wegen vertragswidriger Beschaffenheit nach Art. 39 CISG ist ihre Verjährung zu unterscheiden. Sie richtet sich nach dem jeweils durch IPR berufenen nationalen Recht.

Schwierige Fragen können entstehen, wenn Rechtsbehelfe nach nationalem Recht, etwa Deliktsansprüche oder Anfechtungsrechte, mit Gewährleistungsansprüchen nach CISG konkurrieren, die nach Art. 39 bereits ausgeschlossen sind. M. E. muss, soweit es um das Kaufvertragsinteresse des Käufers geht, jeder Rechtsbehelf durch Rügeversäumung ausgeschlossen sein, also auch ein Deliktsanspruch oder eine Anfechtung wegen Irrtums über Sacheigenschaften der Ware [64]. Wo dagegen mit dem Deliktsanspruch ein

---

[61] Vgl. HONNOLD, Uniform Law for International Sales, Rn. 258, 261; SCHLECHTRIEM/HUBER, Art. 44 CISG Rn. 3, 30 m. w. N.

[62] Vgl. SCHLECHTRIEM/HUBER. Art. 44 CISG Rn. 9; siehe auch die verständnisvollen Ausführungen in Rn. 11.

[63] Vgl. SCHLECHTRIEM/HUBER, Art. 44 CISG Rn. 13; vgl. dazu die weniger klaren Stellungnahmen zur Interpretation des Verschuldens bei HONNOLD, Uniform Law for International Sales, Rn. 261; BIANCA/BONELL/SONO, Art. 44 Anm. 3.3.; ENDERLEIN/MASKOW/STARGARD, Art. 44 Anm. 1.

[64] Ob Anfechtungsmöglichkeiten nach nationalem Recht unberührt bleiben, weil Gültigkeit des Vertrages betreffend, Art. 4 lit. a, auch soweit sie eine vom CISG vollständig durchgeregelte Sachfrage konkurrierend (und abweichend vom CISG) regeln, ist schon jetzt umstritten. Bei diesem Streit zeichnet sich deutlich die allgemein für die Auslegung des CISG zu befürchtende Gefahr ab, dass die h. A. zur Lösung des Problems im jeweils nationalen Recht zum credo, quia absurdum est auch für die Auslegung des CISG wird. So vertritt etwa LESSIAK, östJBl 1989 487, 493 entsprechend der wohl h. A. im österreichischen Recht, dass auch im Anwendungsbereich des CISG Anfechtung wegen Irrtums über Sacheigenschaften möglich bleiben muss; ebenso BYDLINSKI, Das all-

durch allgemeine Verkehrspflichten geschütztes Interesse geltend gemacht wird, also z. B. ein Mangel der Ware zu Eigentumsverletzungen beim Käufer geführt hat, steht einem Deliktsanspruch die Rügeversäumung nicht entgegen.

b) Ansprüche des Käufers auf Nacherfüllung

Grundsätzlich hat der Käufer bei vertragswidriger Beschaffenheit der Ware als Rechtsbehelf einen Erfüllungsanspruch in Gestalt der Nacherfüllung. Allerdings gelten nach Art. 46 II und III wichtige Einschränkungen:

aa) Ersatzlieferung, die praktisch nur bei Gattungsware in Betracht kommt, kann nur verlangt werden, wenn die vertragswidrige Beschaffenheit eine wesentliche Vertragsverletzung darstellt. Der Nachlieferungsanspruch ist dadurch an erheblich höhere Voraussetzungen gebunden als z. B. nach OR 206 I oder § 480 dt. BGB. Der Grund ist darin zu sehen, dass das Verlangen nach Ersatzlieferungen in Fällen, in denen die Ware bereits geliefert ist, zusätzliche Transporte, evtl. auch Lagerungen und die damit verbundenen Kosten und Risiken verursacht, die wirtschaftlich ähnlich schwerwiegend sind wie im Falle einer Aufhebung des Vertrages und seiner Rückabwicklung. Vor allem im grenzüberschreitenden Handel wiegen diese Belastungen und Risiken schwer. In den meisten Fällen ist es deshalb sinnvoller, wenn der Käufer die vertragswidrige Ware im Wege eines Deckungsverkaufs verwertet und Schadenersatz verlangt.

Wann die Vertragswidrigkeit einen wesentlichen Vertragsbruch darstellt, ist nicht abstrakt festzulegen, dürfte aber oft von dem Ausmass der Abweichung der Ist-Beschaffenheit von der vertragsgemässen Soll-Beschaffenheit abhängen. Zumeist wird deshalb z. B. eine nicht genehmigungsfähige aliud-Lieferung einen wesentlichen Vertragsbruch darstellen [65]. Ausnahmen sind denkbar, so, wenn die Gattung sehr präzise und eng beschrieben ist, etwa Kawamatta-Seide geschuldet wurde, die gelieferte Ware aber ganz ähnlich, wenngleich ein aliud ist, also z. B. Sendai–Seide [66]. Eine Rolle spielt sicher

gemeine Vertragsrecht, in: DORALT (Hrsg.), Das UNCITRAL-Kaufrecht im Verhältnis zum österreichischen Recht, Wien 1985, S. 58, 86; EBENROTH, Internationale Vertragsgestaltung im Spannungsverhältnis zwischen ABGB, IPR-Gesetz und UN-Kaufrecht, östJBl *108* (1986) 681 ff.; zur h. A. in Deutschland siehe SCHLECHTRIEM/HERBER, Art. 4 CISG Rn. 13; zum Schweizer Recht überzeugend HONSELL, Das Übereinkommen über den internationalen Warenkauf (Wiener Kaufrecht), Plädoyer *1990* 38, 39: «Es ist davon auszugehen, dass das Wiener Kaufrecht alle Streitigkeiten, die sich aus der Vertragsmässigkeit der Ware ergeben, abschliessend geregelt hat.» Zutreffend weist HONSELL insbesondere darauf hin, dass sonst aufgrund der subsidiären Berufung nationalen Rechts bei Massgeblichkeit österreichischen oder Schweizer Rechts die Irrtumsanfechtung möglich bliebe, bei Massgeblichkeit deutschen Rechts dagegen nicht. Damit würde im Kernbereich der Regelungsmaterie «internationale Kaufverträge», nämlich bei den Rechtsbehelfen wegen vertragswidriger Beschaffenheit, die Rechtsvereinheitlichung wieder preisgegeben.

[65] Anders wohl SCHLECHTRIEM/HUBER, Art. 46 CISG Rn. 66 – Falschlieferung nicht ipso facto wesentliche Vertragsverletzung.

[66] Vgl. den Fall RGZ 86, 90.

auch, ob die gelieferte Ware nur hinter dem «gewöhnlichen» Qualitätsstandard zurückbleibt und deshalb nach Art. 35 II lit. a vertragswidrig ist, oder ob sie für einen speziellen Zweck ungeeignet ist, für den sie nach dem Vertrag bestimmt war, Art. 35 II lit. b – im letzteren Fall wird der Käufer sein Interesse sehr viel stärker an die Erfüllung der entsprechenden Eigenschaftsvereinbarung gebunden haben als bei «gewöhnlichen» Qualitätsstandards. Auch wird, wenn der Käufer sich bestimmte Eigenschaften – vielleicht geleitet von nationalen Rechtsvorstellungen – ausdrücklich zusichern lässt, insoweit ein ganz besonders wichtiges Interesse anzunehmen sein, ohne das er den Vertrag nicht geschlossen hätte[67]. Schliesslich dürfte auch eine Rolle spielen, ob die Vertragswidrigkeit ohne Schwierigkeiten zu beheben ist: Sind Schalbretter geliefert worden, die wenige Zentimeter zu lang sind und ohne weiteres passend zugesägt werden können, dann ist der Käufer wegen der daraus entstehenden Mehrkosten auf einen Schadenersatzanspruch zu verweisen; ein wesentlicher Vertragsbruch, der ein Nachlieferungsverlangen erlauben würde, liegt dagegen m. E. nicht vor. Ein blosses Angebot des Verkäufers, den Mangel zu beheben, soll dagegen allein nicht ausreichen, die Wesentlichkeit des Vertragsbruchs zu beseitigen[68]. Das ist in dieser apodiktischen Form m. E. zweifelhaft.

Festzuhalten ist, dass ein Nachlieferungsverlangen unter dem Regime des CISG wegen der Unsicherheit, ob die Vertragswidrigkeit einen wesentlichen Vertragsbruch darstellt, mit rechtlichen Risiken verbunden ist, die bei einer Beratung des Käufers, welchen Rechtsbehelf er geltend machen soll, wohl bedacht werden müssen.

bb) Nacherfüllung kann auch in Gestalt der Nachbesserung verlangt werden; CISG gewährt also insoweit dem Käufer mehr als das OR oder das deutsche BGB. Die Schwierigkeiten für einen Wiederverkäufer nachzubessern, nach BUCHER als technologischer Fatalismus des Gesetzgebers Ursache für die Verweigerung eines Nachbesserungsanspruchs im Schweizer Recht[69], musste aber auch das CISG berücksichtigen. Der Verkäufer kann deshalb Nachbesserung ablehnen, wenn sie «unter Berücksichtigung aller Umstände unzumutbar ist».

c) Kann sich der Verkäufer für die Vertragswidrigkeit nicht nach Art. 79 entlasten, dann haftet er auf Schadenersatz, wobei der Schaden im Minderwert der Ware, in eventuellen Nachbesserungskosten, in Verlusten beim Weiterverkauf, aber auch in sog. Mangelfolgeschäden bestehen kann, z.B. einer Verletzung von Sacheigentum des Käufers oder seines Abnehmers, dem der

---

[67] Enger wohl SCHLECHTRIEM/HUBER, Art. 46 CISG Rn. 67.
[68] Vgl. SCHLECHTRIEM/HUBER, Art. 46 CISG Rn. 65.
[69] BUCHER, Obligationenrecht BT, § 4 VI 1, S. 97; siehe auch WIDMER (Fn. 2), S. 103 f. zur Befürwortung eines Nachbesserungsanspruchs im Schweizer Recht.

Käufer regresspflichtig ist[70]. Mangelfolgeschäden in Gestalt eines Körperschadens sind dagegen ausgenommen und nur nach dem über IPR berufenen nationalen Recht zu beurteilen, Art. 5. Für die Einzelheiten des Schadenersatzanspruchs darf wieder auf das Referat von Herrn Kollegen Dr. WEBER verwiesen werden.

d) Vertragsaufhebung wegen vertragswidriger Beschaffenheit kann der Käufer nur erreichen, wenn die Vertragswidrigkeit einen wesentlichen Vertragsbruch darstellt, Art. 49 I CISG. Gegenüber dem Wandelungsrecht nach OR und dt. BGB bedeutet das eine erhebliche Einschränkung[71], die, wie bereits dargelegt, damit gerechtfertigt werden kann, dass bei internationalen Käufen regelmässig erhebliche Transportkosten und -risiken zu berücksichtigen sind, die sich bei einer Rückabwicklung verdoppeln. Wann vertragswidrige Beschaffenheit wesentlicher Vertragsbruch ist, wurde bereits im Zusammenhang mit dem Nachlieferungsanspruch des Käufers erörtert.

Hinzuweisen ist auf eine weitere Beschränkung der Aufhebungsmöglichkeit, die sich aus Art. 49 II lit. b ergibt: Vertragsverletzung in Gestalt vertrags-

---

[70] Für Schweizer Juristen mag es eine Überraschung bedeuten, dass die Einstandspflicht für solche Mangelfolgeschäden abweichend von OR 208 III auch ohne Verschulden eintritt. Deshalb wird in der Schweizer Literatur schon heute eine Einschränkung der Ersatzfähigkeit von Mangelfolgeschäden vorgeschlagen, so HONSELL (Fn. 64), S. 43: «... sollte man die Voraussehbarkeit, z. B. von Mangelfolgeschäden nicht generell annehmen...» Tatsächlich hat die Voraussehbarkeit, die die Grenze des ersatzfähigen Schadens nach den Art. 74 ff. CISG bildet, nichts mit der die zurechenbare Kausalität eingrenzenden Voraussehbarkeit zu tun. Es geht schlicht um das Schadenersatzrisiko, das ein Schuldner für den Fall des Vertragsbruches übernimmt (Einzelheiten hierzu siehe SCHLECHTRIEM, Voraussehbarkeit und Schutzzweck einer verletzten Pflicht als Kriterium der Eingrenzung des ersatzfähigen Schadens im deutschen Recht, in: Recht in Ost und West, FS Institut für Rechtsvergleichung der Waseda-Universität, Tokio 1988, 505, 511 ff., 514 f. zum Einheitskaufrecht). Deshalb ist insoweit tatsächlich bei Mangelfolgeschäden zu unterscheiden: Soweit bestimmte Eigenschaften im Vertrag besonders vereinbart oder – entsprechend deutschen und Schweizer Rechtsvorstellungen – «zugesichert» worden sind, weil die Kaufsache für bestimmte Sachgüter des Käufers gefährlich sein muss, ist eine Verletzung dieser Eigenschaften voraussehbar und Haftungsgrund. Soll eine Klimaanlage mit bestimmten Spezifikationen die hochempfindlichen Kunstwerke des Käufers erhalten helfen, dann haftet der Verkäufer, falls aufgrund eines Fehlens dieser Eigenschaften an den Kunstwerken Schaden eintritt. Genauso ist zu entscheiden, wenn die vertragsgemässe Beschaffenheit der Ware sich nach Art. 35 II lit. b für bestimmte Verwendungszwecke, die dem Verkäufer bei Vertragsabschluss ausdrücklich oder auf andere Weise zur Kenntnis gebracht wurden, eignen muss, und zu diesen Zwecken wieder der Schutz bestimmter Sachgüter des Verkäufers gehört. Ist im vorstehenden Beispiel die Eigenschaft der Klimaanlage, konstant eine bestimmte Temperatur und Luftfeuchtigkeit zu erhalten, nicht im Vertrag festgeschrieben worden, aber aus dem Zweck, zu dem die Klimaanlage eingesetzt werden soll, dem Verkäufer deutlich geworden, dann haftet er wieder bei Schäden an den Kunstwerken.

Dagegen ist bei einer vertragsgemässen Beschaffenheit nach Art. 35 II lit. a, d. h. Eignung der Ware für die gewöhnlichen Zwecke, auch nur solcher Mangelfolgeschaden zu ersetzen, der bei Einsatz der Ware für gewöhnliche Zwecke voraussehbar war. Ist in dem hier verwendeten Beispiel die Klimaanlage ohne spezielle technische Details und ohne Hinweis auf den besonderen Verwendungszweck verkauft worden, dann war für den Verkäufer wohl nicht voraussehbar, dass aufgrund des vom Käufer geplanten Einsatzes des Kaufgegenstandes die Nichteinhaltung der vertragsgemässen Beschaffenheit ein aussergewöhnlich hohes Schadensrisiko bewirkte.

[71] Vgl. WIDMER (Fn. 2), S. 98.

widriger Beschaffenheit, die einen wesentlichen Vertragsbruch darstellt, verlangt vom Käufer, dass er die Aufhebung innerhalb einer angemessenen Frist erklärt, nachdem er die Vertragsverletzung kannte oder kennen musste oder nachdem bestimmte Nachfristen abgelaufen sind. Die komplizierte Vorschrift will eine zügige Klärung der Rechtslage erzwingen und Schwebezustände und die sich daraus ergebende Spekulationsmöglichkeit des Käufers, etwa bei der Wahl zwischen Nacherfüllung oder Vertragsaufhebung, verhindern.

e) Minderung

Nach Art. 50 kann der Käufer (nur) bei vertragswidriger Ware mindern, wobei das Wertverhältnis zum Lieferzeitpunkt Rechnungsmassstab ist[72].

f) Nacherfüllungsrecht des Verkäufers

In der Schweizer Literatur wird, soweit ich sehen konnte, ein Recht des Verkäufers, Mängel zu beheben, um Gewährleistungsansprüche abzuwehren, überwiegend abgelehnt[73]; ein Recht des Verkäufers zur sofortigen Ersatzleistung regelt für einen besonderen Fall – Platzkauf – OR 206 II. CISG gibt dagegen dem Verkäufer ein Recht zur Nacherfüllung auch noch nach dem Liefertermin, wenn dies keine unzumutbaren Verzögerungen nach sich zieht und dem Käufer weder unzumutbare Unannehmlichkeiten oder Ungewissheit über die Erstattung seiner Auslagen durch den Verkäufer entstehen, Art. 48 I 1. Art. 48 verleiht also ein Recht zur zweiten Andienung. Schäden, die dem Käufer bereits entstanden sind oder aus der Nacherfüllung entstehen, muss der Verkäufer freilich ersetzen, also z. B. Verzögerungs- und Begleitschäden durch Demontage und Wiedereinbau[74].

Die Berechtigung des Verkäufers zur Nachbesserung muss auch bei der Beurteilung einer Vertragswidrigkeit als wesentlicher Vertragsbruch Berücksichtigung finden: Kann und will ein seriöser Verkäufer nachbessern oder nachliefern, dann muss sein entsprechendes Angebot bei der Gewichtung des Vertragsbruchs für das Käuferinteresse mit gewogen werden.

---

[72] Siehe hierzu SCHLECHTRIEM/HUBER, Art. 50 CISG Rn. 13 f.
[73] Siehe BUCHER, Obligationenrecht BT, § 4 VI 1, S. 97 m. N.; siehe aber auch WIDMER (Fn. 2), S. 104 zur Befürwortung eines Nacherfüllungsrechts des Käufers auf der Grundlage von Treu und Glauben.
[74] Vgl. SCHLECHTRIEM/HUBER, Art. 48 CISG Rn. 27.

3. Quantitätsmangel

Quantitätsmangel behandelt das Übereinkommen wie mangelhafte Teilleistungen grundsätzlich als teilweise Nichterfüllung, für die dem Käufer die allgemeinen Rechtsbehelfe Erfüllungsanspruch, Schadenersatzanspruch und Aufhebung zustehen, Art. 51 I CISG. Vertragsaufhebung des gesamten Vertrages kann der Käufer aber nur erklären, wenn die unvollständige Lieferung oder die Mängel der Teilleistung eine wesentliche Verletzung des gesamten Vertrages darstellen, Art. 51 II CISG: Ist eine Datenverarbeitungsanlage mit Hardware und Software verkauft worden, und wird bei Fälligkeit nur die Hardware geliefert, dann kann der Käufer für die Lieferung der Software eine Nachfrist setzen. Nach Ablauf der Nachfrist kann er Vertragsaufhebung hinsichtlich der Software erklären; hinsichtlich des gesamten Vertrages aber nur dann, wenn auch die Hardware für ihn ohne Interesse ist[75]. Art. 51 I verweist allerdings auch für die Minderlieferung auf Art. 50 CISG, d. h. die Minderungsvorschrift. Unklar ist, ob dieser Verweis sich nur auf den zweiten Fall des Art. 51 I CISG – Vertragswidrigkeit eines Teils der gelieferten Ware – oder auch auf die Minderleistung bezieht; m. E. ist letzteres anzunehmen und sinnvoll.

4. Rechtsmängel

Auch das CISG hat es nicht geschafft, die Unterscheidung von Rechts- und Sachmängeln aufzuheben und insbesondere dem Käufer für beide Fälle der Vertragswidrigkeit gleiche Ansprüche zu gewähren. So kann wegen eines Rechtsmangels nicht gemindert werden. Zwar hat der Käufer Rechtsmängel innerhalb angemessener Frist nach dem Zeitpunkt, in dem er Kenntnis erlangt oder hätte erlangen müssen, zu rügen, um seine Rechte zu erhalten, doch gibt es insoweit keine absolute Ausschlussfrist wie für die Rüge von Sachmängeln, Art. 43 I. Den Verkäufer entlastet nicht schon blosse Kenntnis des Käufers von der Vertragswidrigkeit, sondern – wie oben berichtet – nur eine – evtl. freilich auch konkludent mögliche – Einwilligung, Art. 41 S. 1 CISG. Dagegen kann bei entschuldbarer Rügeversäumnis der Käufer wie bei Sachmängeln noch einen eingeschränkten Schadenersatzanspruch haben, Art. 44, nicht aber mindern. Auf Rügeversäumung kann sich der Verkäufer nicht berufen, wenn er selbst das Recht oder den Anspruch des Dritten, die den Rechtsmangel begründen, kannte, Art. 43 II. Anders als bei Sachmängeln reicht also vorwerfbare Unkenntnis nicht aus; Offenbarung wird nicht verlangt.

---

[75] Vgl. SCHLECHTRIEM/HUBER, Art. 51 CISG Rn. 4.

Im einzelnen kann der Käufer zunächst Nacherfüllung, etwa durch Lieferung unbelasteter Ware oder durch Behebung des Rechts bzw. Abwehr des Anspruchs des Dritten verlangen, Art. 46. Die Einschränkungen des Nacherfüllungsanspruchs aus Art. 46 II und III gelten hier nicht. Aufhebung des Vertrages kann der Käufer wiederum nur verlangen, wenn der Rechtsmangel einen wesentlichen Vertragsbruch darstellt, also etwa bei Lieferung gestohlener Ware oder bei anderen, nicht behebbaren Rechtsmängeln[76]. Schliesslich hat der Käufer, falls der Verkäufer sich nicht nach Art. 79 entlasten kann, einen Schadenersatzanspruch.

5. Belastung der Ware mit Immaterialgüterrechten

Verletzt der Verkäufer seine Verpflichtung, die Ware frei von Immaterialgüterrechten und darauf gestützten Ansprüchen Dritter zu verschaffen, dann weichen Ansprüche des Käufers und korrespondierende Haftung des Verkäufers sowohl von der Sachmängelgewährleistung als auch von der Rechtsmängelhaftung ab. LOEWE[77] spricht deshalb von einem «Mittelding» zwischen Sachmängel- und Rechtsmängelhaftung. Zwar lehnt sich die Regelung im Erfordernis einer Anzeige und für den Verlust von Ansprüchen bei unterbliebener Anzeige an die Rechtsmängelhaftung an. Wie bei der Rechtsmängelhaftung schadet Rügeversäumung dem Käufer nur dann nicht, wenn der Verkäufer das Recht oder den Anspruch des Dritten und seine Art selbst kannte, Art. 43 II. Die Ausnahme «vernünftige Entschuldigung» für das Unterbleiben der Anzeige, Art. 44, ist ebenfalls wie bei der Rechtsmängelhaftung geregelt, d. h. dem Käufer verbleibt ein verkürzter Schadenersatzanspruch. Abweichend von der Rechtsmängelhaftung, aber entsprechend der Sachmängelhaftung schadet jedoch bereits Kenntnis des Käufers von der Belastung mit einem Immaterialgüterrecht, nicht nur seine Einwilligung.

Im Unterschied zu anderen Pflichtverletzungen haftet der Verkäufer aber grundsätzlich nur, wenn er die Rechte oder Ansprüche Dritter aufgrund ihrer Immaterialgüterrechte bei Vertragsabschluss kannte oder über sie nicht in Unkenntnis sein konnte, also für eine Art Verschulden[78]. Es wird jedoch nicht Freiheit von Ansprüchen aufgrund gewerblicher Schutzrechte oder Urheberrechte in der ganzen Welt geschuldet, sondern nur in solchen Ländern, in denen die Ware bestimmungsgemäss verwendet werden soll. Deshalb müssen sich haftbar machende Kenntnis bzw. vorwerfbare Unkenntnis nur auf die Belastung der Ware mit Immaterialgüterrechten in diesen Ländern beziehen. Massgebend ist nach Art. 42 I lit. a zunächst das Recht des Staates, in

---

[76] Vgl. SCHLECHTRIEM/HUBER, Art. 49 CISG Rn. 28: Rechtsmängel, wenn sie nicht nachträglich noch behoben werden können, begründen in der Regel eine wesentliche Vertragsverletzung.

[77] Internationales Kaufrecht, Art. 42, S. 63.

[78] Vgl. LOEWE, Internationales Kaufrecht, Art. 42, S. 64: Der Anspruch besteht nur bei Arglist (= Kenntnis) oder grober Fahrlässigkeit des Verkäufers.

dem die Ware durch Weiterverkauf oder in anderer Weise verwendet wird, wenn die Parteien bei Vertragsschluss in Betracht gezogen haben, dass diese Verwendung dort geschehen soll. Hilfsweise ist Belastungsfreiheit nach dem Recht des Staates geschuldet, in dem der Käufer seine Niederlassung hat, Art. 42 I lit. b CISG. Hat ein Schweizer Verkäufer eine Maschine in ein Land verkauft, in dem Patentschutz nicht besteht und die Maschine deshalb vom Käufer ohne weiteres verwendet werden kann, dann schadet es dem Verkäufer nicht, wenn Patentschutz in der Bundesrepublik Deutschland bestand und der Verkäufer dies wusste.

Dem Käufer stehen die gleichen Rechtsbehelfe wie bei Rechtsmängeln zu. Er kann also mit dem Erfüllungsanspruch Beseitigung der Belastung bzw. Abwehr und Freistellung von Ansprüchen Dritter verlangen. Ein Schadenersatzanspruch kann die fehlende oder eingeschränkte Verwendbarkeit der Ware ausgleichen oder die Kosten eines Deckungsgeschäftes. Aufhebung setzt voraus, dass die Belastung mit dem Immaterialgüterrecht ein wesentlicher Vertragsbruch ist, also z. B. die unter Verletzung eines Patentes hergestellte Maschine im Käuferland überhaupt nicht eingesetzt werden darf. Minderung ist dagegen nicht vorgesehen.

6. Sonstige Pflichten

Wie dargestellt, regelt bereits das Übereinkommen neben der Verpflichtung, in vertragsgemässer Beschaffenheit und frei von Rechten Dritter zu liefern, weitere Pflichten, so zur Übergabe der die Ware betreffenden Dokumente, u. U. zur Organisation der Beförderung, Art. 32 II, oder zur Erteilung von Auskünften, die für den Abschluss einer Transportversicherung für den Käufer erforderlich sind, Art. 32 III. Darüber hinaus kann und wird der Vertrag im konkreten Fall zumeist weitere Pflichten vorsehen. Im Falle der Verletzung dieser Pflichten gilt wieder Art. 45 CISG mit dem grundsätzlichen Raster möglicher Ansprüche: Der Käufer kann Erfüllung verlangen und vorbehaltlich Art. 28 gerichtlich durchsetzen, also etwa Herausgabe bestimmter Dokumente erzwingen, Erteilung von Informationen einklagen usw. Schaden, der aus Pflichtverletzungen entsteht, ist nach Art. 74–77 zu ersetzen. Vertragsaufhebung setzt dagegen voraus, dass die Pflichtverletzung einen wesentlichen Vertragsbruch darstellt und dass der Käufer im Falle, dass die Ware bereits geliefert ist, die Aufhebung in angemessener Frist erklärt, Art. 49 II lit. b. Eine besondere Rügeobliegenheit, deren Versäumung die Ansprüche des Käufers abschneiden würde, sieht das Gesetz dagegen nicht vor. Die Grenze zwischen vertragswidriger Beschaffenheit und Verletzung einer Nebenpflicht, etwa zur Aufklärung über bestimmte Wareneigenschaften, bleibt u. U. von Bedeutung.

IV. Schlussbemerkung

Der Überblick über Pflichten des Verkäufers und die bei einer Pflichtverletzung korrespondierenden Ansprüche des Käufers hat meine zuweilen hoffnungsvoll geäusserte Ansicht, dass das Haftungssystem des CISG transparent und leicht zugänglich sei, möglicherweise für Sie widerlegt. Die nicht immer ganz einsichtigen Differenzierungen insbesondere für die Fälle der Schlechtleistung in Form vertragswidriger Eigenschaften, Rechtsmängel oder Belastung mit Rechten und Ansprüchen aus Immaterialgüterrechten Dritter müssen Ihnen – jedenfalls aufgrund meines Vortrags – als recht kompliziert erschienen sein. Kritik ist auch zu erwarten an der häufigen Verwendung wertungsoffener Rechtsbegriffe wie «angemessen» (angemessene Frist) oder «vernünftig» (vernünftige Entschuldigung, Art. 44), lassen sie doch weit divergierende Auslegungen befürchten und können im schlimmsten Falle – der freilich sicher absolute Ausnahme bleiben wird – sich einer Begünstigung heimischer Parteien leihen. Trotzdem wäre es vielleicht doch ein wenig vorschnell, deshalb das CISG zu verwerfen oder jedenfalls im Vergleich mit dem jeweils vertrauten eigenen Recht als weniger gut zu bewerten. Schon bei einem Vergleich mit dem deutschen Recht würde es mir schwerfallen, in der Summe dem deutschen Kaufrecht mehr Vorzüge als dem Einheitskaufrecht zuzugestehen. Einem ausländischen Juristen etwa die diffizilen Unterscheidungen zwischen Mangelschäden und Mangelfolgeschäden aufgrund Sachbeschaffenheit einerseits und Nebenpflichtverletzungen andererseits zu erklären, scheint mir jedenfalls schwieriger zu sein als die Behandlung der gleichen Sachfrage im CISG.

Die Frage, ob das CISG besser oder schlechter als eine bestimmte nationale Rechtsordnung ist, dürfte aber m. E. überhaupt falsch gestellt sein. Denn wir können ja im grenzüberschreitenden Rechtsverkehr nicht darauf bauen, vor unseren eigenen Gerichten nach unserem eigenen und vielleicht tatsächlich überlegenen Recht vorzutragen. Wir müssen vielmehr damit rechnen, mit dem Recht von Lesotho, China oder des Iraks konfrontiert zu werden. Im Vergleich dazu ist das CISG jedenfalls sehr viel leichter zugänglich und inzwischen durch wissenschaftliche Aufarbeitung gut erschlossen. Hinzu kommt der Vorteil, dass die Massgeblichkeit des Einheitsrechtes die Gefahr des forum shopping mindert, wenn auch vielleicht nicht ganz bannt. Vor allem aber scheint mir ein Vorteil hervorhebenswert, der in der bisherigen Diskussion um das Für oder Wider, um Tauglichkeit oder Untauglichkeit dieses Einheitskaufrechts und der Rechtsvereinheitlichung insgesamt zuwenig beachtet zu werden scheint. Wie schon bei meinen erwähnten Schwierigkeiten, ausländischen Juristen bestimmte Lösungen des deutschen Rechts zu erklären, deutlich geworden ist, liegt ein Hauptproblem im grenzüberschreitenden Rechtsverkehr darin, dass wir oft für die gleiche Sachfrage ganz unterschiedliche Begriffe und Rechtsstrukturen verwenden. Diese Unterschiede sind nicht nur bedenklich wegen möglicherweise unterschiedlicher Lösungen, sondern vor allem auch deshalb, weil sie bereits die Kommunikation zwischen den Parteien oder den für sie einen Streitfall behandelnden Juristen erschweren. Mit dem Einheitskaufrecht steht dagegen eine allen Juristen gemeinsame Sprache und Begriffswelt zur Verfügung. Damit wird jedenfalls erleichtert, sich darüber zu verständigen, worüber man genau streitet.

Diskussion zum Referat Schlechtriem

Prof. Dr. K. NEUMAYER, Lausanne: Ich fürchte, dass über das Verhältnis zwischen Art. 48 WKR und Art. 49 WKR gewisse Zweifel entstehen könnten. Gesetzt den Fall, es sei grob vertragswidrige Ware geliefert worden. Das ist sicher eine wesentliche Vertragsverletzung. Bevor der Käufer die Aufhebung des Vertrages gemäss Art. 49 WKR erklärt, stellt der Verkäufer den Fehler fest und bietet dem Käufer sofort Nachlieferung vertragsgemässer Ware nach Art. 48 WKR an. Kann der Käufer trotzdem noch den Vertrag aufheben? Nach dem Wortlaut der Konvention ist die Sache eigentlich klar. Denn in Art. 48 WKR wird ja Art. 49 WKR ausdrücklich vorbehalten. Ich erinnere mich auch, dass dieses Problem auf der Konferenz diskutiert wurde und dass man diesen Vorbehalt des Art. 49 WKR in Art. 48 WKR nicht streichen wollte. Was meinen Sie, Herr Schlechtriem, dazu? Wie werden die Gerichte in einem solchen Fall entscheiden? Werden sie nicht doch dazu neigen, in einem solchen Falle dem Käufer den Rechtsbehelf der Vertragsaufhebung, dessen Einschränkung ja ein rechtspolitisches Anliegen gewesen ist, zu verweigern? Ich persönlich würde meinen, man sollte sich hier streng an den Wortlaut der Konvention halten. Art. 49 WKR ist nun einmal ausdrücklich in Art. 48 WKR vorbehalten worden und hat daher immer Vorrang. Wenn eine schwere Vertragsverletzung vorliegt und der Käufer den Vertrag aufheben will, dann kann ihm somit dieses Recht nicht durch das Angebot einer zweiten Andienung genommen werden.

REFERENT: Dies ist ein Teil aus meinem Referat, den ich nicht vorgetragen habe[1]. Es ist richtig, dass durch das Bestehen des Rechtes auf zweite Andienung gemäss Art. 48 WKR im Falle, dass die Vertragswidrigkeit der Ware einen wesentlichen Vertragsbruch darstellt, *grundsätzlich* dem Käufer die Aufhebungsmöglichkeit nach Art. 49 WKR nicht genommen wird. Nur würde ich bei der *Bewertung dessen, was ein wesentlicher Vertragsbruch ist,* die Nachlie-

---

[1] Dieser Teil ist im gedruckten Referat wiedergegeben (siehe vorne S. 131).

ferungsbereitschaft des Verkäufers und seine Nachlieferungskapazität mit berücksichtigen. Selbstverständlich reicht nicht irgendein in die Luft gestelltes Nachlieferungsangebot des Verkäufers aus, um einen wesentlichen Vertragsbruch wieder aus der Welt zu schaffen. Aber wenn ein seriöser Verkäufer mit entsprechenden Lieferkapazitäten, bei dem sich nur die Leute im Versand vergriffen und den falschen Container abgeschickt haben, den Käufer sofort benachrichtigt und raschestmögliche Nachlieferung der richtigen Ware anbietet, dann liegt m. E. im Regelfall kein wesentlicher Vertragsbruch vor. Anders verhält es sich, wenn noch ein Zeitelement dazukommt, d. h. wenn der Vertrag etwa um die Lieferung von Truthähnen zum Thanksgiving-Tag ging und der Container mit den Truthähnen erst nach dem Thanksgiving-Tag ankäme. Spielt aber ein solches Zeitmoment keine Rolle, dann muss das ernsthafte und verlässliche Nachlieferungsangebot eines Verkäufers – ich will es einmal vorsichtig formulieren – bei der Beurteilung der Frage, ob die Vertragsstörung einen wesentlichen Vertragsbruch darstellt, Berücksichtigung finden und unter Umständen deren Qualität als wesentlicher Vertragsbruch ausschliessen.

PD Dr. R. WEBER: Herr Prof. Schlechtriem, Sie haben erwähnt, dass Art. 42 WKR ein neues Regelungsprogramm zur Frage der Belastung von Waren mit Immaterialgüterrechten Dritter verwirklicht. Hat im Rahmen der Ausarbeitung des UN-Kaufrechts auch der Aspekt der Wettbewerbsgleichheit – etwa im Sinne von Art. 36 des EG-Vertrags, also des Verbotes von «Massnahmen gleicher Wirkung» – eine Rolle gespielt? Ich befürchte nämlich, dass dieser besondere Gewährleistungstatbestand allenfalls einzelne Gerichte veranlassen könnte, im europäischen Bereich das Verbot von «Massnahmen gleicher Wirkung» zu unterlaufen. Wurde dieser Aspekt überhaupt berücksichtigt?

REFERENT: Ich muss gestehen, dass ich überfragt bin. Bei den Beratungen in Wien, bei denen ich dabei war, ist dieser Aspekt meiner Erinnerung nach nicht zur Sprache gekommen. Ob bei den Vorarbeiten darüber gesprochen worden ist, weiss ich nicht. Da müsste ich das Wort Herrn Herrmann geben. Ich glaube es aber nicht, sonst wäre darüber sicher auch in der Kommentarliteratur berichtet worden. Dort ist mir aber in dieser Hinsicht nichts bekannt.

Prof. Dr. B. SCHMIDLIN, Genf: Sie haben sich in Ihrem Referat entschieden dafür verwandt, dass die Gewährleistungsregeln des Wiener Kaufrechts die Irrtumsregelungen nationaler Rechte ausschliessen. Das ist für Sie verständlich, da in Deutschland dieses Problem ja auch so gelöst wurde. Anders verhält es sich in Österreich, wo die beiden Institute nebeneinander angewendet werden, und in der Schweiz, wo das Bundesgericht die alternative Anwendung beider Rechtsinstitute gar als Gewohnheitsrecht bezeichnet hat. Ich bin nicht sicher, ob das internationale Kaufrecht hier das nationale Recht wirklich verdrängen kann.

REFERENT: Grundsätzlich ist durch die Unterzeichnung des Kaufrechts-Übereinkommens ein Staat verpflichtet, dieses Übereinkommen ohne Abweichung – sofern nicht Vorbehaltsmöglichkeiten gegeben sind – in Kraft zu setzen. Das sollte an sich auch die Gerichte hindern, Rechtsbehelfe zu entwickeln, die dem Einheitskaufrecht widersprechen. Die Frage, ob und inwieweit konkurrierende Rechtsbehelfe, welche *im Kernbereich der Regelungsmaterie des Einheitskaufrechts* dessen Regelungen aus den Angeln heben können, übereinkommenswidrig sind, würde ich lieber den Völkerrechtlern überlassen. Als Zivilrechtler würde ich pragmatischer meinen, dass die alternative Anwendung von Gewährleistungs- und Irrtumsregeln zwar im jeweiligen nationalen Recht funktionieren mag, weil dort auch die Ausgestaltung der Fristen, ihre Abstimmung und die Regelung beider Rechtsinstitute im einzelnen zufriedenstellend gelungen sein kann. Im internationalen Einheitsrecht aber würde ich ein konkurrierendes Eingreifen nationaler Rechtsbehelfe – wie auch immer man sie qualifiziert – für ganz ausserordentlich bedenklich halten, *weil eine entsprechende Abstimmung der konkurrierenden Rechtsbehelfe fehlt und damit die Rechtsvereinheitlichung in ihrem Kernbereich gefährdet wird.* Im Bereich des Wiener Kaufrechts muss man auch die Gefahr sehen, dass Gerichte in Versuchung kommen könnten, mit konkurrierenden Rechtsbehelfen des nationalen Rechts heimischen Parteien zu helfen, die ihre Rechte nach dem Einheitskaufrecht verloren haben. Diese Gefahr ist vielleicht in unserem Rechts- und Kulturkreis nicht so gross, aber das Einheitskaufrecht wird ja in der ganzen Welt gelten. Deswegen scheint es mir wichtig zu sein, von Anfang an dafür zu plädieren, dass solche Konkurrenzen – wo sie den Kernbereich der Regelungen des Einheitskaufrechts berühren – ausgeschlossen werden.

Prof. Dr. F. BYDLINSKI, Wien: Ihre These, dass durch eine konkurrierende Anwendung nationaler Rechtsbehelfe neben den Rechtsbehelfen des Übereinkommens der Kernbereich der Einheitsregelung angegriffen werden könnte, ist sicher ein sehr gewichtiges Argument. In aller Regel wird aber im internationalen Wirtschaftsverkehr ein Gattungskauf vorliegen, und beim Gattungskauf ist die Eigenschaftsirrtumsfrage ohnedies sehr problematisch. Zumindest in Österreich ist es herrschende Auffassung, dass der Eigenschaftsirrtum in bezug auf eine Gattung die Eigenschaften der Gattung insgesamt betreffen muss und nicht die Eigenschaften der konkret gelieferten Ware. Wenn man davon ausgeht, dann würde eine so breite Verdrängung des einheitlichen Kaufrechts, wie Sie sie befürchten, eigentlich nicht zu gewärtigen sein. Dann könnte man doch mehr Akzent darauf legen, dass die Gültigkeitsfragen nun einmal – und auch der Eigenschaftsirrtum betrifft so eine Gültigkeitsfrage – vom Wiener Kaufrecht ausgenommen sind. Wenn man bei der Gattungsschuld entsprechend vorsichtig ist, würde Ihr Argument der völligen Aushöhlung des Einheitskaufrechts somit eigentlich nicht mehr diese Tragfähigkeit haben.

REFERENT: Dem würde ich entgegenhalten, dass diese sehr präzise und korrekte Einschränkung der Irrtumsmöglichkeiten auf den Fall des Stückkaufs bei Ihnen und in der Schweiz funktioniert. Aber bei Rechtsordnungen, bei denen die Ausbildung der Juristen vielleicht nicht ganz dem mitteleuropäischen Standard entspricht und die mit zum Teil sehr vage formulierten Rechtsregeln bei einem Irrtum der Parteien Nichtigkeit oder Angreifbarkeit oder Cancellation des Vertrages vorsehen, habe ich doch grosse Bedenken, dass der Einbruch in die Kernmaterie des Wiener Kaufrechts sehr viel grösser und gefährlicher sein könnte als bei uns.

Prof. Dr. W. WIEGAND: Ganz so gefährlich ist die Sache wohl nicht. Die Rechtsprechung des Bundesgerichts zur Konkurrenz zwischen Sachmängelgewährleistungs- und Irrtumsregeln bezieht sich in neun von zehn Fällen auf die Unechtheit von Kunstgegenständen, und diese Frage hat überhaupt nichts mit dem zu tun, wovon wir hier sprechen. Zudem hat das Bundesgericht in seinem letzten grundsätzlichen Entscheid[2] im wesentlichen erklärt, es bleibe bei seiner Meinung, weil die andere nicht besser sei. Es hat nicht gesagt, die Konkurrenz beider Rechtsbehelfe sei ein unabdingbares Dogma, sondern es ist eigentlich nur aus Verehrung von *Hans Merz* überhaupt noch einmal auf diese Frage eingegangen und hat dann entschieden, alles so zu lassen, wie es ist. Ich glaube, das Bundesgericht wäre ohne weiteres bereit, im Zusammenhang mit dem internationalen Kaufrecht dieses Problem erneut zu überprüfen.

Prof. Dr. R. SCHÜTZE, Stuttgart: Herr Schlechtriem, Ihre letzte Aussage legt im Grunde ein (weiteres) Kernproblem offen: Die einheitliche Anwendung des Wiener Kaufrechts ist nicht gewährleistet, weil keine Instrumente da sind, um eine einheitliche Rechtsprechung und eine einheitliche Auslegung sicherzustellen. Die Juristen jedes Landes werden einen Staatsvertrag stets gestützt auf *ihre* Rechtstradition und *ihre* Ausbildung anwenden. Die Väter des EuGVÜ[3] z. B. haben diese Gefahr gesehen und deshalb im Auslegungsprotokoll eine Zuständigkeit des Europäischen Gerichtshofes geschaffen, um

---

[2] BGE *114* II 131.

[3] Übereinkommen der Europäischen Gemeinschaften über die gerichtliche Zuständigkeit und die Vollstreckung gerichtlicher Entscheidungen in Zivil- und Handelssachen vom 27. September 1968. Die Schweiz ist diesem Übereinkommen (bisher) nicht beigetreten.

eine einheitliche Auslegung des EuGVÜ zu sichern. Das funktioniert recht
gut. Demgegenüber wird die Auslegung des UN-Kaufrechts daran kranken,
dass eine Vielzahl von Staaten mit unterschiedlicher Rechtstradition es anzuwenden haben und ihnen keine Instanz in irgendeiner Weise eine Hilfslinie
geben wird, wie sie es anzuwenden haben. Gerade bei den sehr schwierigen
Fragen der Verkäuferpflichten, die Sie in Ihrem Referat behandelt haben,
wird das deutlich.

REFERENT: Ich muss leider uneingeschränkt zugestehen: Es fehlt ein ober-
stes Gericht, das die einheitliche Auslegung des Wiener Kaufrechts gewähr-
leisten könnte. Ein bisschen, so hoffe ich jedenfalls, ist die Frage der einheitlichen Anwendung des Übereinkommens aber auch (nur) ein Informationsproblem. Häufig entscheiden Gerichte in der Auslegung von einheitlichem
oder angeglichenem Recht in einem Land anders als die Gerichte in einem
andern Land, weil sie die Entscheidungen aus dem andern Land gar nicht
kennen. Deshalb finde ich das Unterfangen von UNCITRAL sehr verdienst-
voll, eine Entscheidungssammlung herauszugeben, die es den Richtern ermöglichen wird, sich darüber zu informieren, was ihre Kollegen in andern
Ländern in der Auslegung des Einheitsrechtes gesagt und gedacht haben. Im
Grunde ist das ja ein altes Problem. Beim Einheitlichen Wechselrecht[4] z.B.
haben der französische Kassationshof und der Deutsche Bundesgerichtshof
innerhalb von sechs Monaten zur Frage, ob bei einer auf der Vorderseite eines Wechsels angebrachten Unterschrift nach Art. 31 Abs. 4[5] eine widerlegli-
che oder eine unwiderlegliche Vermutung für eine Bürgschaftserklärung zugunsten des Ausstellers vorliege, unterschiedliche Auslegungen vertreten. Ich
möchte eigentlich zugunsten unserer Richter annehmen, dass das später entscheidende Gericht im Interesse der gewonnenen Rechtsvereinheitlichung
seine eigene Überzeugung zurückstellen und die vorangegangene Entscheidung eines ausländischen Gerichts wenn nicht als Präjudiz, so doch als per-
suasive authority nehmen und sich danach richten wird, falls ihm die Entscheidung des andern Gerichts zugänglich ist. In der Praxis ist es denn ja
auch vielfach so, dass Gerichte zunächst prüfen, wie andere Gerichte ein Problem entschieden haben. Das mag dann manchmal zwar dazu anreizen, erst
recht anders zu entscheiden, aber in vielen Fällen entsteht doch eine gewisse
Gleichmässigkeit in der Auslegung bestimmter Normen. Das zeigt deutlich,
dass das Ganze eben doch auch ein Informationsproblem ist. Wo diese Informationen fehlen, ist freilich das Auseinandergehen vorprogrammiert. Dann

---

[4] Abkommen über das Einheitliche Wechselgesetz vom 7. Juni 1930; SR 0.221.554.1. In Ausführung dieses Abkommens hat der schweizerische Gesetzgeber den Wortlaut des Einheitlichen Wech-
selgesetzes mit einigen Änderungen, die sich auf bestimmte Vorbehalte beziehen, in das OR
(Art. 991–1099) eingefügt.
[5] Entspricht Art. 1021 Abs. 3 OR.

ist sozusagen die letzte und schwächste Haltelinie die Wissenschaft, die vermitteln soll, was in andern Ländern zu bestimmten Regelungen als Auslegung gedacht worden ist. Darum bemühen wir uns! Was es nutzen wird, wage ich nicht vorauszusagen.

Prof. Dr. R. HERBER: Das, was Herr Schlechtriem sagte, entspricht weitgehend dem, was ich auch sagen wollte. Eine internationale Instanz konnte und kann man in einem weltoffenen Übereinkommen wie dem Wiener Kaufrecht nicht schaffen. Glücklicherweise haben wir sie auch nicht, denn das gäbe eine Katastrophe. Man kann darüber streiten, ob das mit dem Europäischen Gerichtshof in Zivilsachen nicht auch eine wird, denn in diesem Gericht sitzen ja nicht primär Ziviljuristen.

In bezug auf die einheitliche Anwendung des Wiener Kaufrechts sollte man aber nicht so pessimistisch sein. Das BGB z. B. weist viele unbestimmte Rechtsbegriffe auf, die in hohem Masse auslegungsbedürftig sind. Nicht jede derartige Auslegungsfrage wurde an das Reichsgericht und an den Bundesgerichtshof gebracht, sondern sehr häufig haben sich die Oberlandesgerichte und schon die Landgerichte durch früher ergangene Urteile anderer Gerichte überzeugen lassen. Es ist weitgehend eine Frage der Publikation entsprechender Entscheidungen. Wir können dies auch bei andern internationalen Übereinkommen feststellen, so etwa bei der CMR[6], wo die Rechtsprechung in den Ländern, die den Ton angeben, letztlich doch einigermassen parallel läuft. Übrig bleiben immer ein paar aussergewöhnliche Fälle, die zeigen werden, wo das Wiener Übereinkommen nicht präzise genug ist, und dann wird man irgendwann einmal mit der gebotenen Vorsicht ein Protokoll machen müssen, welches diese oder jene Frage klärt.

Und schliesslich noch eine Bemerkung in der Sache der Irrtumsanfechtung gestützt auf nationale Rechtsbehelfe, die mir sehr wichtig scheint. Ich bin sehr dezidiert der Ansicht, dass man diesbezüglich nicht die Völkerrechtler um Rat fragen sollte. Die Antwort, die man da bekommt, wird ziemlich sicher nicht weiterhelfen. Man muss einfach davon ausgehen, dass das Wiener Übereinkommen, soweit es Tatbestände regelt – und es regelt die Rechtsbehelfe, die dem Käufer aus Vertragsverletzungen zur Verfügung stehen –, nationales Recht verdrängt. Konkurrierende Rechtsbehelfe des nationalen Rechts können nur dann zur Anwendung kommen, wenn das nationale Recht zusätzliche Erfordernisse in bezug auf Umstände aufstellt, die das Wiener Kaufrecht nicht regelt. Irrt sich z.B. jemand über die Person des Vertrags-

---

[6] Übereinkommen über den Beförderungsvertrag im internationalen Strassengüterverkehr vom 19. Mai 1956; SR 0.741.611.

partners und ist dies ein Anfechtungsgrund nach nationalem Recht, dann ist dieser Anfechtungsgrund anwendbar, denn die Frage der Identität des Vertragspartners ist ein zusätzlicher, im Übereinkommen nicht geregelter Gesichtspunkt. Handelt es sich aber nur darum, dass ein nationales Recht aus dem Irrtum des Käufers über eine Sacheigenschaft die Rechtsfolge der Vertragsbeseitigung herleitet, dann wird dieser Anfechtungsgrund durch das Übereinkommen verdrängt, weil das Einheitskaufrecht die Rechtsbehelfe des Käufers bei Problemen mit der Sacheigenschaft der Ware abschliessend regelt.

Prof. Dr. Wolfgang Wiegand

Die Pflichten des Käufers und die Folgen ihrer Verletzung

Bemerkungen zum Thema

Die Formulierung, mit der das Thema des Referats umschrieben wird, deckt sich weitgehend mit derjenigen des vorausgegangenen Vortrags. Damit ist angedeutet, dass nunmehr – gewissermassen spiegelbildlich – die «andere Seite» dargestellt werden soll. Dieser an sich richtige Eindruck darf aber nicht darüber hinwegtäuschen, dass trotz einer formellen und äusserlichen Übereinstimmung die *Position des Käufers* und *diejenige des Verkäufers* sich in manchen Details, aber auch grundsätzlich unterscheiden. Dieser grundsätzliche Unterschied ergibt sich aus der *Andersartigkeit der Leistungspflichten* beider Parteien, die auch im Titel des Referats SCHLECHTRIEM[1] Ausdruck gefunden hat. Die «Beschaffenheit der Ware», deren rechtliche und tatsächliche «Vertragsmässigkeit» stehen im Mittelpunkt der Verkäuferpflichten, die Lieferung einer vertragskonformen, «brauchbaren» Ware ist diejenige Verpflichtung, die den Kauf charakterisiert, seinen Typus prägt. Es liegt auf der Hand, dass gerade in bezug auf diesen zentralen Punkt die Konzeptionen der verschiedenen Rechtskreise erheblich voneinander abweichen, und es ist deshalb kein Zufall, sondern sinnfälliger Ausdruck eines erhöhten Regelungsbedarfs, dass allein die Konkretisierung dieser Pflicht im WKR beinahe so viele Artikel umfasst wie das gesamte III. Kapitel, das die Pflichten des Käufers behandelt.

Bei diesen Pflichten des Käufers war die Ausgangslage anders: Zwar gibt es auch hier konzeptionelle Unterschiede etwa bei der Annahme der Ware, worauf ich zurückkommen werde. Bezüglich der *zentralen Verpflichtung zur Zahlung des Kaufpreises* ist jedoch die *Bandbreite für Abweichungen gering*. Diffizile Probleme wie diejenigen der Falsch- oder Schlechtlieferung, der Nacherfüllung oder -besserung ergeben sich nicht. Die Nichterfüllung einer Zahlungspflicht wirft kaum dogmatische Fragen auf und die Sachfragen sind weder kaufvertragstypisch – sie stellen sich bei anderen Geldleistungspflich-

---

[1] Vgl. oben S. 103; auf das Referat SCHLECHTRIEM wird hier generell Bezug genommen und im folgenden nur an besonders wichtigen Punkten nochmals verwiesen.

ten in gleicher Weise – noch durch nationale Besonderheiten entscheidend geprägt. Infolgedessen ist die Regelung der Käuferpflichten zu Recht knapp ausgefallen; dies darf allerdings nicht zu der Annahme verleiten, dass sie keine Probleme enthalte. Zum einen steckt auch hier der «Teufel im Detail», zum andern ergibt sich eine gewisse Komplexität aus der Systematik des WKR, in die auch die Käuferpflichten eingebunden wurden.

I. Die Stellung des Käufers

1. Zur Systematik – Vergleich mit dem OR

Zum System des WKR ist in den vorausgegangenen Referaten bereits so viel gesagt worden, dass ich mich auf wenige, für das folgende wichtige, Bemerkungen beschränken kann. Die Stellung des Käufers wird wie diejenige des Verkäufers in einem in sich geschlossenen Kapitel geregelt, das nicht nur die Käuferpflichten, sondern auch die Verletzungsfolgen umfasst. Das uns vertraute Ineinandergreifen der wechselseitigen Rechte und Pflichten wird durch eine isolierte Betrachtungsweise ersetzt. Für uns, die wir das Schuldverhältnis als eine Einheit oder gar als Organismus begreifen[2], eine nicht leicht nachzuvollziehende Sicht. Natürlich kann dieses «System» nicht perfekt durchgeführt werden. Neben vereinzelten Rückgriffen auf das nationale Recht, von denen schon die Rede war[3], wird zum Teil auf andere Abschnitte der Konvention verwiesen (etwa bezüglich des Schadenersatzes), andererseits finden sich in diesen Abschnitten auch Regeln, die die Pflichten des Käufers direkt oder indirekt betreffen. Indessen bleibt das die Ausnahme. Entscheidend ist, dass ein Rückgriff auf allgemeine Regeln über die Erfüllung oder die Leistungsstörungen nicht möglich ist, oder anders ausgedrückt, dass ein «Allgemeiner Teil» als «Unterbau» fehlt. Dies vorausgeschickt und vorausgesetzt, ist der Inhalt des III. Kapitels zunächst kurz zu skizzieren.

2. Aufbau und Inhalt des Kapitels III

a) Der Grundsatz – Art. 53

Wie bei den Verpflichtungen des Verkäufers steht auch hier eine *Grundnorm*

---

[2] Statt aller etwa GERNHUBER, Das Schuldverhältnis (Tübingen 1989), S.6ff.
[3] Siehe dazu das Referat von HERRMANN, oben S.83.

am Anfang, die die *Pflichten des Käufers generell* umschreibt. Sie lautet: «Der Käufer ist nach Massgabe des Vertrages und dieses Übereinkommens verpflichtet, den Kaufpreis zu zahlen und die Ware anzunehmen (Art. 53).»
Die Norm legt damit die beiden vertragstypischen Pflichten fest. Deren inhaltliche Ausgestaltung kann gemäss Art. 53 durch die Parteien selbst erfolgen («nach Massgabe des Vertrages»). Sofern dies überhaupt nicht oder nur teilweise geschieht, erfolgt die Präzisierung durch das WKR selbst («nach Massgabe dieses Abkommens»), und zwar in den Abschnitten I und II.

b) Die Spezifizierung in Abschnitt I und II

Abschnitt I (Art. 54–59): Im Anschluss an eine *Konkretisierung* und inhaltliche *Erweiterung der Zahlungspflicht* in Art. 54 folgen Regeln über die Preisbestimmung in Sonderfällen (Art. 55/56) sowie über die Zahlungsmodalitäten (Art. 57/59).

Abschnitt II: *Die Annahme der Ware* wird in einer einzigen Vorschrift (Art. 60) behandelt, die aber (ähnlich wie Art. 54 bei der Preiszahlung) eine *Erweiterung der Pflicht* über die reine Abnahme hinaus mit sich bringt.

c) Die Folgen der Pflichtverletzung – Abschnitt III

Erfüllt der Käufer die ihm obliegenden Verpflichtungen nicht, so kommen die in Abschnitt III enthaltenen Regeln zur Anwendung. Dieser Abschnitt entspricht in Aufbau und Funktion dem im Referat SCHLECHTRIEM behandelten Abschnitt III des Kapitels II. Er enthält die «Rechte des Verkäufers bei Vertragsverletzung des Käufers». In seiner Grundnorm (Art. 61) verweist er – wie Art. 45 – einerseits auf die Schadenersatzregeln, zum andern auf die in den folgenden Artikeln einzeln aufgeführten Rechtsbehelfe, auf die ich im 3. Teil näher eingehen werde. Schon hier muss jedoch festgehalten werden, dass diese Rechtsbehelfe dem Verkäufer nicht nur dann zur Verfügung stehen, wenn eine der beiden typischen in den Abschnitten I und II geregelten Pflichten (Zahlung/Annahme) nicht erfüllt wird. Sie können *auch zur Anwendung* kommen, wenn *sonstige Käuferpflichten verletzt werden.* Solche können durch Vertrag begründet, aus Handelsbräuchen abgeleitet[4], schliesslich aber durch Einzelnormen der Konvention statuiert werden. Als Beispiel für eine solche Norm nenne ich Art. 86, der die Pflicht des Käufers zur Inbesitznahme und Erhaltung der Ware festlegt[5].

---

[4] Vgl. Art. 9 Abs. 1 und SCHLECHTRIEM/HAGER Art. 53 CISG N. 3.
[5] Dazu unten S. 149.

II. Die Pflichten des Käufers

A. Die Annahme der Ware

1. Die Annahme als Pflicht:

Art. 60 definiert in ausführlicher und relativ komplexer Form das, was als Annahme der Ware gemäss WKR zu verstehen ist: «Die Pflicht des Käufers zur Annahme besteht darin,

a) alle Handlungen vorzunehmen, die vernünftigerweise von ihm erwartet werden können, damit dem Verkäufer die Lieferung ermöglicht wird, und

b) die Ware zu übernehmen.»

In dieser Bestimmung wird zunächst als Selbstverständlichkeit festgehalten, was für uns gar nicht selbstverständlich ist: Die *Annahme als Pflicht*. Denn ungeachtet des Wortlauts von Art. 211 OR gehen wir im schweizerischen Recht davon aus, dass die *Annahme der Ware eine Obliegenheit darstellt*[6].

Art. 60 geht jedoch noch einen Schritt weiter, indem er die Annahme in zwei Elemente gliedert:

Neben die eigentliche «Übernahme» tritt als Vorstufe die Verpflichtung, die entsprechenden Mitwirkungshandlungen vorzunehmen. Auch diese sind nach unserem Recht nur als Obliegenheiten konzipiert und können ebenso wie die Nichtannahme der Ware *in der Regel* nur mit den Rechtsfolgen des Gläubigerverzugs erfasst werden.

Da dem WKR ein einheitliches, damit auch weniger differenziertes Leistungsstörungskonzept zugrunde liegt[7], war sowohl die «Aufwertung» der Annahme zur echten Obligation wie auch die Einbeziehung der Vorbereitungshandlungen in diese Pflicht unumgänglich.

a) Mitwirkungshandlungen

Den Kreis dieser Handlungen grenzt Art. 60 lit. a durch zwei Kriterien ein: An sich muss der Käufer *alle* Massnahmen treffen, die dem Verkäufer die

---

[6] CAVIN, Schweizerisches Privatrecht, VII/1, (Basel 1977), S. 51 ff.; vgl. zu der Frage, wann auch nach schweizerischem Recht bei Nichtannahme ein Schuldnerverzug vorliegen kann, den Schulfall in BUCHER/WIEGAND, Übungen im Obligationenrecht, (Zürich 1985), S. 57 ff. mit Nachweisen.

[7] Zu diesem System vgl. die Ausführungen von SCHLECHTRIEM oben S. 103 ff. und WEBER unten S. 165 ff.; die noch nicht abzusehende, aber hochinteressante Frage ist die, inwieweit diese neue Konzeption auf die Strukturen der Leistungsstörungssysteme des nationalen Rechts (etwa die Interpretation von Art. 211 oder 91 OR) einwirken wird.

Lieferung ermöglichen. Begrenzt wird diese Verpflichtung dadurch, dass der Käufer nur die Vorbereitung schuldet, die vernünftigerweise von ihm erwartet werden kann, z. B. das Zurverfügungstellen von Spezialverpackungen oder die Bereithaltung von Lagerräumen[8].

b) Die Übernahme

Neben diesen die Lieferung vorbereitenden Handlungen *schuldet der Käufer die «Übernahme»*. Was «Übernahme» bedeutet, kann nicht generell bestimmt werden. Es kommt vielmehr darauf an, wie die «Lieferpflicht» des Verkäufers gemäss Art. 31 im konkreten Fall ausgestaltet ist[9].

Sofern der Verkäufer die Ware am geschuldeten Ort und zur vereinbarten Zeit *«zur Verfügung stellt»*, entsteht die Pflicht zur Übernahme[10], die in der Regel in der Inbesitznahme der Ware besteht. Jedoch bedeutet nicht jede Inbesitznahme eine Annahme der Ware (dazu unten 3.) und der Käufer kann unter bestimmten Voraussetzungen *schon vor der Inbesitznahme die Annahme verweigern*.

2. Die Annahmeverweigerung – Zulässigkeit und Konsequenzen

Das Recht des Käufers, die Annahme zu verweigern, wird in einzelnen Bestimmungen ausdrücklich erwähnt (z. B. Art. 52, 86) oder stillschweigend vorausgesetzt (Art. 58). Deshalb ist es nicht streitig, dass dem Käufer ein solches Recht zustehen kann, obwohl eine allgemeine Regelung fehlt[11]. Fraglich ist allein, unter welchen Voraussetzungen der Käufer ohne Verletzung seiner Abnahmepflicht die Ware zurückweisen kann.

Eine generelle Antwort ist nicht möglich, vielmehr kommt es entscheidend darauf an, in welcher Weise der Verkäufer seine Lieferpflicht verletzt.

a) Einfache Fallgestaltungen

Als unproblematisch gelten folgende Fälle:
(1) Der Verkäufer liefert am falschen Ort, oder

---

[8] So etwa BIANCA/BONELL/MASKOW Art. 60 Anm. 2.4.1–3 mit weiteren Beispielen; zu den Mitwirkungspflichten gehört auch die Spezifikation und der Abruf der Ware, BIANCA/BONELL/MASKOW a. a. O. sowie SCHLECHTRIEM/HAGER Art. 60 CISG N. 2 mit weiteren Nachweisen.

[9] Die verschiedenen Varianten sind im Referat SCHLECHTRIEM dargestellt worden.

[10] Dabei ist jedoch dem Käufer, sofern der Zeitpunkt nicht genau vorhersehbar war, eine angemessene Frist einzuräumen, so zu Recht SCHLECHTRIEM/HAGER Art. 60 CISG N. 3, Art. 58 N. 4 Fn. 9 unter Bezugnahme auf BIANCA/BONELL/MASKOW Art. 53 Anm. 3.1 und Art. 58 Anm. 2.4 (gestützt auf Art. 7, allerdings primär für die Zahlungspflicht).

[11] Dazu und zum folgenden SCHLECHTRIEM/HAGER Art. 60 CISG N. 3.

(2) er versäumt es, die Ware in der gemäss Art. 32 erforderlichen Weise zu bestimmen, oder

(3) der Verkäufer liefert zu früh oder zu viel – für diesen Fall bestimmt Art. 52:

«Liefert der Verkäufer die Ware vor dem festgesetzten Zeitpunkt, so steht es dem Käufer frei, sie anzunehmen oder die Annahme zu verweigern.

Liefert der Verkäufer eine grössere als die vereinbarte Menge, so kann der Käufer die zu viel gelieferte Menge annehmen oder ihre Annahme verweigern.»

(4) Als selbstverständlich muss das Recht, die Annahme zu verweigern, auch dann angesehen werden, wenn der Verkäufer die Sache zwar liefern, jedoch nicht zweifelsfrei Eigentum daran verschaffen kann.

b) Problematische Fallgestaltung

Schwieriger sind die Fälle zu beurteilen, in denen die Ware in dem einleitend erwähnten Sinne *nicht vertragsmässig* ist. Im Referat SCHLECHTRIEM ist dieser Begriff im einzelnen erläutert, und die Formen der Vertragsabweichung sowie die damit verbundenen Rechtsfolgen, also insbesondere die Rechtsbehelfe des Käufers, sind dargestellt worden. Hier geht es um die Frage, ob der Käufer die Möglichkeit und das Recht hat, schon vorher die Annahme der Ware zu verweigern, oder – aus anderer Perspektive formuliert – ob der Käufer dadurch seine Annahmepflicht verletzen würde.

In der Literatur wird nahezu einhellig der Standpunkt vertreten, dass der *Käufer prinzipiell das Recht hat, die Annahme nicht vertragskonformer Ware zu verweigern*[12]. Er darf jedoch von diesem Recht nicht beliebig Gebrauch machen. Er ist bei der Ausübung vielmehr an die Grundsätze von Treu und Glauben gebunden. Ob man dies aus Art. 7 der Konvention ableiten kann, wie das einige Autoren tun, ist umstritten[13]. In der Sache geht es darum, dass die Ausübung des Zurückweisungsrechts in einem angemessenen Verhältnis zur Schwere der Vertragsverletzung stehen muss. Dieser *Grundsatz der Verhältnismässigkeit* gehört meines Erachtens zu den zentralen Prinzipien des Wiener Kaufrechts und findet insbesondere in der Rechtsfigur der wesentlichen Vertragsverletzung Ausdruck.

Geht man vom Prinzip der Verhältnismässigkeit aus, so ergeben sich folgende Leitlinien:

---

[12] Vgl. vor allem BIANCA/BONELL/MASKOW Art. 53 Anm. 3.2.1–4 sowie SCHLECHTRIEM/HAGER a. a. O.

[13] Vgl. ausser den Genannten (Fn. 12) noch TALLON in GALSTON/SMIT, International Sales, Chapter 7, S. 7.02.

Liegen die Voraussetzungen für eine Vertragsaufhebung vor (Art. 49 Abs. 1 lit. a) oder hat der Käufer einen Anspruch auf Nacherfüllung (Art. 46 Abs. 2), dann kann er die Ware ohne weiteres zurückweisen.

Bei Vertragsverletzungen geringerer Art dürfte eine Verweigerung der Annahme häufig unverhältnismässig sein. In diesen Fällen erscheint es angemessen, den Käufer auf die Rechtsbehelfe der Minderung, der Nachbesserung oder des Schadenersatzes zu verweisen. Jedoch sind zahlreiche Abstufungen denkbar, so dass eine generelle Aussage nicht möglich ist; es kommt letztlich auf eine Beurteilung der konkreten Umstände des Einzelfalles an.

3. Annahme und Zurückweisung

Auch wenn ein Zurückweisungsrecht gegeben ist, entstehen für den Käufer in bestimmten Situationen Pflichten, die in Art. 86 näher umschrieben sind.

Art. 86 ist Teil des V. Kapitels. Dieses Kapitel enthält *Pflichten beider Parteien.* Abschnitt VI dieses Kapitels befasst sich mit der «Erhaltung der Ware», wobei der Titel eher zu eng ist. Es geht um Verpflichtungen, die sowohl den Käufer wie den Verkäufer treffen können: in gewissen Situationen haben sie Obhutspflichten für die Ware zu übernehmen, sie gegebenenfalls einzulagern und unter bestimmten, in Art. 88 näher geregelten Voraussetzungen einen Verkauf vorzunehmen.

In der Literatur wird im Zusammenhang mit den dargelegten Verpflichtungen von den *Nebenpflichten* des Käufers und des Verkäufers gesprochen. Ob eine derartige Terminologie angesichts des Leistungsstörungssystems des Wiener Kaufrechts angemessen ist, erscheint zweifelhaft. Entscheidend kommt es darauf an, dass in den Artikeln 85 ff. *gesetzliche Verpflichtungen* begründet werden. Die Sanktion einer eventuellen Pflichtverletzung bestimmt sich für den Verkäufer nach Art. 45 und für den Käufer nach Art. 61, auf den ich später zurückkommen werde. Für den Moment ist nur festzuhalten, dass es nach dem in diesen Vorschriften entwickelten Leistungsstörungssystem *nicht auf die Art der Pflicht, sondern die Schwere ihrer Verletzung ankommt*[14], so dass letztendlich die Einteilung in verschiedene Pflichtenkategorien im Gegensatz zum schweizerischen und deutschen Recht ohne entscheidende Auswirkungen bleibt.

Exkurs: Gerade im Zusammenhang mit den in Art. 85 ff. geregelten Pflichten wird darüber hinaus *die Frage diskutiert,* ob neben diesen in der Konvention ausdrücklich enthaltenen Verpflichtungen weitere «Neben- oder Verhaltenspflichten» anzunehmen sind, wie etwa eine generelle Kooperationspflicht[15]. Meines Erachtens bedarf dieser Punkt grundsätzlicher Diskussion,

---

[14] Siehe unten S. 156.
[15] Vor allem HONNOLD, N. 323, 342 u. a.; siehe auch TALLON (oben Fn. 13), S. 7.02.

da er an die Grundlagen der modernen Schuldrechtsentwicklung rührt und hier gerade im deutschsprachigen und im anglo-amerikanischen Bereich die Entwicklungen vollkommen unterschiedlich verlaufen[16]. Folgt man dann der herrschenden Auffassung, wonach die Begründung und somit auch der Umfang solcher Nebenpflichten nach nationalem Recht zu beurteilen sind, so ergibt sich daraus eine ganz erhebliche Gefahr für die einheitliche Rechtsanwendung des im WKR konzipierten Systems. Wendet man etwa die in Deutschland und zum Teil auch in der Schweiz entwickelten Standards an, so kann mit Hilfe der Nebenpflichten zumindest das gesamte Leistungsstörungsrecht aus den Angeln gehoben werden.

Die hier zu besprechende Erhaltungspflicht des Käufers ergibt sich nach Art. 86 unter folgenden Voraussetzungen:

a) Die Erhaltungspflicht

Art. 86 Abs. 1 setzt voraus, dass der Käufer die *Ware empfangen hat* und ein ihm zustehendes Zurückweisungsrecht ausüben will[17]. Er hat in diesem Falle die «den Umständen angemessenen Massnahmen zu ihrer Erhaltung zu treffen». Das bedeutet z. B., dass er für ihre ordnungsgemässe Lagerung Sorge tragen, dass er sich in gewissen Zeitabständen über die Verfassung der Ware orientieren und eventuell gebotene Schutzmassnahmen treffen muss. All diese Massnahmen müssen jedoch in einem sinnvollen Verhältnis zum Wert der Ware stehen, anderenfalls müsste ein Verkauf gemäss Art. 88 Abs. 2 ins Auge gefasst werden. Sofern es sich um angemessene Aufwendungen handelt, hat der Verkäufer ein Zurückbehaltungsrecht an der Ware – die Regelung entspricht im wesentlichen Art. 204 OR.

b) Die Pflicht zur Besitzergreifung

Einen Spezialfall[18] behandelt Art. 86 Abs. 2. Danach treffen den Käufer die gleichen Erhaltungspflichten, wenn folgende Voraussetzungen erfüllt sind:
(1) die Ware muss dem Käufer zugesandt worden sein,
(2) die Ware muss ihm am Bestimmungsort zur Verfügung gestellt worden sein,
(3) der Käufer will die Ware zurückweisen.

---

[16] Dazu und zum folgenden WIEGAND, Die Verhaltenspflichten, Festschrift GAGNÉR (München 1991), S. 250 ff., für Deutschland und die Schweiz: WIEGAND, Zur Haftung für Dienstleistungen, in: recht *1990* 134 ff.

[17] Dazu und zu folgendem BIANCA/BONELL/BARRERA-GRAF Art. 86 Anm. 2.2–3 sowie SCHLECHTRIEM/EBERSTEIN Art. 86 CISG N. 9 ff.

[18] Vgl. BIANCA/BONELL/BARRERA-GRAF Art. 86 Anm. 2.4 und SCHLECHTRIEM/EBERSTEIN Art. 86 CISG N. 13 ff.

Unter diesen Voraussetzungen ist er verpflichtet, *sie in Besitz zu nehmen.* Die Verpflichtung entsteht jedoch nur, sofern dies ohne Zahlung des Kaufpreises möglich ist und dem Käufer keine unzumutbaren Unannehmlichkeiten oder unverhältnismässige Kosten entstehen.

Liegen all diese Voraussetzungen vor, so gilt Abs. 1 entsprechend, d. h. der Käufer hat die schon dargelegte Obhuts- und Erhaltungspflicht.

Der Sinn der Regelung wird ersichtlich durch eine weitere Ausnahme, die ich bisher beiseite gelassen habe. In Abs. 2 heisst es im zweiten Satz:

«Dieser Absatz ist nicht anzuwenden, wenn der Verkäufer oder eine Person, die befugt ist, die Ware für Rechnung des Verkäufers in Obhut zu nehmen, am Bestimmungsort anwesend ist.»

Die Pflicht des Käufers zur Inbesitznahme und die darin anknüpfende Erhaltungspflicht ergibt sich also daraus, dass der Käufer der Ware im wahrsten Sinne des Wortes näher steht als der Verkäufer – auch hier findet sich eine Parallele in Art. 204 OR.

4. Zusammenfassung

Betrachtet man die Regelung der Annahme als Ganzes, so sind folgende wichtigen Punkte festzuhalten:

Der Käufer schuldet die Übernahme der Ware und die dazu erforderlichen Mitwirkungshandlungen als echte Leistungspflichten.

Die Verweigerung der Annahme ist zwar möglich, aber mit erheblichen Risiken verbunden; diese beruhen einerseits darauf, dass die Frage, unter welchen Voraussetzungen die Annahmeverweigerung zulässig ist, nicht generell, sondern nur von Fall zu Fall beurteilt werden kann. Daraus ergibt sich zugleich die Gefahr, dass eine unzulässige Annahmeverweigerung eine Pflichtverletzung darstellt.

B. Die Zahlung des Preises [19]

1. Die Preiszahlungspflicht

Die Pflicht des Käufers, den Kaufpreis zu zahlen, wird in Art. 54 – ebenso

---

[19] Zum folgenden verweise ich auf die ausführliche Darstellung von TERCIER, Droits et obligations de l'acheteur, in: Wiener Übereinkommen, S. 119 ff.

wie diejenige zur Annahme der Ware – in *zwei Elemente* gegliedert. Neben die *selbstverständliche Zahlungspflicht* tritt die den Mitwirkungspflichten bei der Annahme korrespondierende Pflicht, «die Massnahmen zu treffen und die Formalitäten zu erfüllen, die der Vertrag oder Rechtsvorschriften fordern, damit Zahlung geleistet werden kann».

In dieser Erweiterung liegt die eigentliche Bedeutung von Art. 54, der im übrigen nur die schon in Art. 53 generell festgehaltene Zahlungspflicht wiederholt.

Über die Zahlungspflicht selbst waren keine Bestimmungen erforderlich; sie ist ebenso essentiell wie selbstverständlich. Dagegen enthält das Wiener Kaufrecht zwei Artikel, die die Preishöhe betreffen. Sie sind von unterschiedlicher Tragweite.

a) Der Preis und seine Bestimmung

Art. 56 bringt nichts Neues. Er enthält eine in vielen Rechtsordnungen anzutreffende *Auslegungsregel, die sich auch in Art. 212 Abs. 2 OR findet.*

In ganz ähnlicher Weise bestimmt *Art. 56* des Übereinkommens: «Ist der Kaufpreis nach dem Gewichte der Ware festgesetzt, so bestimmt er sich im Zweifel nach dem Nettogewicht.»

Die zweite, den Preis betreffende Regel, *Art. 55,* hat dagegen schon in den Beratungen Anlass zu heftigen Diskussionen gegeben, die seither andauern. Die Kontroverse ist von grosser theoretischer, aber eher geringer praktischer Relevanz. Ich sehe deshalb davon ab, auf diese näher einzugehen, und verweise auf die Ausführungen von BUCHER[20] zu der Frage.

Auf eine ausdrückliche Regelung über die Währung, in der der Kaufpreis zu entrichten ist, hat man verzichtet. Massgeblich ist prinzipiell die Parteivereinbarung. Sofern keine Regelung getroffen wurde, ist die Währung des Zahlungsortes geschuldet.

b) Die Ausdehnung der Pflicht aus «Massnahmen» und «Formalitäten»

Die mit der Währungsfrage zusammenhängenden Überlegungen führen unmittelbar zu der schon erwähnten *Erweiterung der Zahlungspflicht.* Der Text des Abkommens nennt einerseits *Massnahmen* und andererseits *Formalitäten,* zu deren Vornahme der Käufer verpflichtet ist[21].

Unter *Massnahmen* versteht man allgemein die Vorkehrungen kommerzieller Art wie die Eröffnung eines Akkreditivs, die Beibringung einer vertraglich vereinbarten Sicherheit oder auch die Annahme eines Wechsels.

---

[20] Siehe oben S. 53.
[21] Dazu BIANCA/BONELL/MASKOW Art. 54 Anm. 2.1–9.

Zu den *Formalitäten* rechnet man neben den vertraglich vorgesehenen Formalien vor allem die Einhaltung von devisenrechtlichen Vorschriften. Hier hat der Käufer entsprechende Genehmigungen einzuholen, Transfermeldungen durchzuführen, Clearing-Vorschriften zu beachten und insbesondere auch den Verkäufer auf Rechtsvorschriften hinzuweisen, die für die Annahme und den Transfer des Kaufpreises erforderlich sind.

2. Die Zahlungsmodalitäten

Von erheblicher praktischer Relevanz sind die *Zahlungsmodalitäten,* die in den Art. 57–59 geregelt sind, wobei insbesondere Art. 58 eine über den eigentlichen Regelungsgehalt hinausreichende, grundsätzliche Bedeutung hat.

a) Zahlungsort

Für die Bestimmung des Zahlungsortes ergeben sich drei Varianten[22]. Primär massgebend ist der in der *vertraglichen Vereinbarung* bestimmte Zahlungsort. Dies ergibt sich aus Art. 57 Abs. 1, der den Grundsatz in negativer Form formuliert und dann für den Fall, dass eine solche Vereinbarung nicht getroffen ist, die folgenden zwei Varianten aufstellt:

Sofern die *Zahlung gegen Übergabe der Ware oder von Dokumenten* zu leisten ist, hat die Zahlung an den Verkäufer an dem Ort zu erfolgen, an dem die Übergabe stattfindet. Das bedeutet, dass bei allen Zug-um-Zug-Geschäften der Übergabeort zugleich Zahlungsort ist.

Daraus ergibt sich zugleich, dass Art. 57 Abs. 1 lit. a, der den Ort der Niederlassung des Verkäufers als Zahlungsort bestimmt, nur dann Anwendung findet, wenn entweder der Verkäufer oder der Käufer vorleistungspflichtig ist. In diesen Fällen erweist sich die Kaufpreiszahlungspflicht als Bringschuld – wie im OR[23].

b) Fälligkeit und Zeitpunkt der Zahlung

Für die Fälligkeit des Kaufpreises ist in erster Linie die *vertragliche Abmachung* der Parteien massgebend. Ist eine solche Vereinbarung nicht getroffen worden, so stellt Art. 58 Regeln über die Bestimmung des Zahlungszeitpunktes auf. Die Bedeutung des Art. 58 erschöpft sich jedoch nicht darin; vielmehr wird eher beiläufig in dieser Vorschrift das Prinzip der *wechselseitigen Ver-*

---

[22] Vgl. zu folgendem SCHLECHTRIEM/HAGER Art. 57 CISG N. 2 ff. und BIANCA/BONELL/MASKOW Art. 57 Anm. 2.2–9.

[23] Art. 74 Abs. 2 Ziff. 1 OR; dazu BUCHER, Schweizerisches Obligationenrecht, 2. Aufl., Zürich 1988, S. 304.

knüpfung der Käufer- und Verkäuferpflichten festgehalten, oder anders ausgedrückt, das durch die Systematik des Wiener Kaufrechts der strikten Trennung von Käufer- und Verkäuferpflichten ausser Sicht geratene *Synallagma* der Parteiverpflichtungen wird mit wenigen Worten wieder sichtbar gemacht. Gemäss Art. 58 Abs. 1 Satz 2 kann der Verkäufer nämlich die Übergabe der Ware oder der Dokumente von der Leistung des fälligen Kaufpreises abhängig machen.

Aber auch die in Abs. 3 getroffene Bestimmung beruht auf dem gleichen Prinzip. Der Käufer ist danach nicht verpflichtet, den Kaufpreis zu zahlen, bevor er Gelegenheit gehabt hat, die Ware zu untersuchen, sofern dies aufgrund der Lieferungs- und Zahlungsmodalitäten möglich ist. Auch hier wird die synallagmatische Verknüpfung von Käufer- und Verkäuferpflicht deutlich. Die Fälligkeit des Kaufpreises setzt nämlich voraus, dass die zur Verfügung gestellte Ware nicht vertragswidrig ist.

Insofern hat Art. 58 weit über seinen eigentlichen Regelungszweck hinausreichende Bedeutung, indem er die *synallagmatische Grundstruktur der durch die Konvention geregelten Verträge verdeutlicht.* Sein eigentlicher Regelungsbereich liegt jedoch, wie bereits erwähnt, in der Bestimmung der Fälligkeit.

Diese ist nach Abs. 1 in dem Moment gegeben, in dem der Verkäufer dem Käufer entweder die Ware oder die Dokumente zur Verfügung gestellt hat. Wann dies der Fall ist, bestimmt sich nach den im Vertrag festgelegten oder subsidiär durch die Konvention vorgesehenen Lieferungsmodalitäten. Im Referat Schlechtriem ist im einzelnen ausgeführt, welche Varianten dabei möglich sind. Ich fasse die sich daraus für die Kaufpreiszahlungspflicht ergebenden Konsequenzen kurz zusammen [24]:

aa) Beim *Platzkauf,* bei dem der Käufer die Ware entweder beim Verkäufer oder an einem dritten Ort übernehmen muss, ist erforderlich, dass der *Verkäufer* die *notwendigen Vorbereitungsmassnahmen* getroffen und den Käufer über die *Bereitstellung informiert* hat. Diese Mitteilung muss dem Käufer zugehen, denn ohne Kenntnis des Zurverfügungstellens der Ware kann weder seine Annahmepflicht noch seine Zahlungspflicht begründet werden [25]. Ist der Käufer durch diese Mitteilung darüber informiert worden, dass die Ware zur Verfügung gestellt ist, so ist zu prüfen, ob zwischen dem Zeitpunkt der Kenntnisnahme und demjenigen der Erfüllung der Käuferpflichten noch ein Spielraum einzuräumen ist. Diese Frage ist aus den nationalen Rechten geläufig und wird insbesondere im Zusammenhang mit der Inverzugsetzung durch Mahnung erörtert [26]. Der Text der Konvention gibt keinen Aufschluss.

---

[24] Dazu mit weiteren Nachweisen Schlechtriem/Hager Art. 58 CISG Anm. 4 ff.

[25] Art. 27 steht dem nicht entgegen, er ist schon aus systematischen, vor allem aber aus teleologischen Erwägungen auf eine solche Mitteilung nicht anwendbar, so richtig Schlechtriem/Hager Art. 58 CISG Anm. 4.

[26] von Tuhr/Escher, Allgemeiner Teil des schweizerischen Obligationenrechts, Bd. II (Zürich 1974), S. 138.

Man nimmt jedoch allgemein und zu Recht an, dass dem Käufer eine den Umständen nach angemessene Frist gewährt werden muss[27]. Bei der Bemessung dieser Frist sind die Vorkehrungen zu berücksichtigen, die der Käufer entweder im Hinblick auf die Übernahme der Ware oder die Bereitstellung des Kaufpreises treffen muss. Zu berücksichtigen ist schliesslich, dass der Käufer zuvor von dem in Art. 58 Abs. 3 eingeräumten Recht der Untersuchung Gebrauch machen kann. Dies alles gilt freilich nur dann, wenn kein bestimmter Lieferungs- und damit auch Zahlungszeitpunkt vereinbart ist.

bb) Die zuvor entwickelten Grundsätze gelten auch bei den anderen Formen der Lieferung in entsprechender Weise. Ich verzichte auf die Einzelheiten und greife nur einen Fall heraus, denjenigen des *Versendungskaufs*[28].

Der Verkäufer hat beim Versendungskauf die Ware dann im Sinne des Art. 58 zur Verfügung gestellt, wenn der Beförderer sie dem Käufer am Bestimmungsort anbietet. Bei dieser Konstellation stellt sich nun die Frage, wie die in Abs. 1 vorgesehene Verknüpfung von Zahlung und Aushändigung der Ware sichergestellt werden kann. Art. 58 Abs. 2 regelt sie dahingehend, dass der Verkäufer die Versendung mit der Massgabe vornehmen kann, dass «die Ware oder die Dokumente, die zur Verfügung darüber berechtigen, dem Käufer nur gegen Zahlung des Kaufpreises zu übergeben sind». Der Käufer hat auch hier wiederum das Recht, die Ware vorher zu inspizieren. Mit dieser Regelung wird im Ergebnis ein Leistungsaustausch Zug-um-Zug bewirkt.

cc) Der Zug-um-Zug-Austausch kann auch dadurch geschehen, dass die *Zahlung gegen Aushändigung von Dokumenten* geschieht. Sowohl Art. 58 Abs. 1 als auch 58 Abs. 2 sprechen von Dokumenten, «die zur Verfügung über die Ware berechtigen». In der Literatur ist darüber diskutiert worden, *welche Dokumente* damit gemeint seien[29]. Geht man zunächst vom zitierten Text des Art. 58 aus, so spricht vieles dafür, dass nur wirkliche Traditionspapiere wie etwa das Konnossement oder Lagerscheine in Betracht kommen. Diese enge Auslegung würde zwar der Rechtssicherheit dienen, sie stünde jedoch mit den Gebräuchen des internationalen Handels nicht im Einklang. Dort wird eine ganze Anzahl von Papieren, die keine echten Traditionspapiere sind, bei der Bewirkung der Lieferung verwendet. Trägt man dem Rechnung, so wird Art. 58 so zu interpretieren sein, dass er sich mit dem Inhalt von Art. 30 und 34 deckt. Der Verkäufer hat demnach diejenigen Papiere zu präsentieren, mit denen er seine Lieferpflicht im Sinne der Art. 30/34 erfüllt. Dazu gehören alle Papiere, die dem Käufer den *Zugriff auf die Ware unter Ausschluss des Verkäufers* eröffnen. Dies kann dazu führen, dass bei einzelnen Transaktionen (cif-Geschäft) sogar die Versicherungspolice ausgehändigt werden

---

[27] Vgl. die oben in Fn. 10 gegebenen Hinweise, die sich auch auf die Zahlungspflicht beziehen.
[28] Dazu BIANCA/BONELL/MASKOW Art. 58 Anm. 2.5.
[29] Vgl. SCHLECHTRIEM/HAGER Art. 58 CISG N. 9 ff.

muss[30]. Gegen Aushändigung aller dieser Dokumente kann der Verkäufer oder im Falle des Art. 58 Abs. 2 der Beförderer die Zahlung des Kaufpreises verlangen.

c) Zahlungspflicht nach Art. 59

Ist der Zeitpunkt der Zahlung entweder nach Art. 58 festgestellt oder durch den Vertrag festgelegt, so bedarf es gemäss Art. 59 keiner weiteren Zahlungsaufforderung. Erfüllt der Käufer zu diesem Zeitpunkt seine Zahlungspflicht nicht, so ist *weder eine Mahnung noch eine Fristansetzung* erforderlich, um daraus Rechtsbehelfe abzuleiten.[31] Der sich aus Vertrag oder Art. 58 ergebende Zahlungszeitpunkt hat also dieselbe Funktion wie ein Termin im Sinne des Art. 102 Abs. 2 OR. Das bedeutet, dass den Käufer von diesem Moment an die *Folgen der Vertragsverletzung treffen*[32], mit denen ich mich im letzten Abschnitt befassen werde.

III. Folgen einer Pflichtverletzung

A. Vorbemerkung

1. Die Grundnorm – Art. 61

Der 3. Abschnitt enthält, wie einleitend bereits erwähnt, die Rechtsbehelfe des Verkäufers wegen Vertragsverletzung durch den Käufer. Die Ausgangs- und Grundnorm bildet Art. 61, der die Rechte des Verkäufers in Abs. 1 folgendermassen umschreibt:

«Erfüllt der Käufer eine seiner Pflichten nach dem Vertrag oder diesem Übereinkommen nicht, so kann der Verkäufer
a) die in Artikel 62 bis 65 vorgesehenen Rechte ausüben,
b) Schadenersatz nach Artikel 74 bis 77 verlangen.»

Zu dieser Norm sind, die in ihrer Stellung und Bedeutung dem Art. 45 entspricht, zunächst einige allgemeine Vorbemerkungen erforderlich.

Art. 61 enthält – wie ebenfalls bereits früher bemerkt – einen einheitlichen Leistungsstörungstatbestand, der weder hinsichtlich der Art der verletzten Pflichten noch in bezug auf die Form der Störung differenziert; d. h., um es

---

[30] SCHLECHTRIEM, UN-Kaufrecht, S. 74.
[31] Unklar TERCIER (Fn. 19) S. 131. Art. 59 stimmt zwar mit Art. 213 Abs. 1 OR überein, geht aber in seinen Auswirkungen weit darüber hinaus; siehe im Text.
[32] So zutreffend SCHLECHTRIEM/HAGER Art. 59 CISG N. 2.

noch einmal klar zu sagen, Art. 61 Abs. 1 betrifft *schlechthin jede* «Vertrags-verletzung durch den Käufer» (so der Titel des 3. Abschnittes). Das bedeutet aber nichts anderes, als dass *jede mögliche* Pflichtverletzung die in Art. 61 vor-gesehenen Rechtsfolgen auslösen kann.

Ehe ich zu diesen Rechtsfolgen im einzelnen komme, scheint es mir wich-tig, eine Zwischenbemerkung anzubringen. Die Konsequenzen, die sich aus der Vereinheitlichung des Störungstatbestandes ergeben, sind an sich eindeu-tig. *Jede Vertragsverletzung stellt die Nichterfüllung einer vertraglichen Ver-pflichtung dar.* Eine weitergehende Differenzierung oder Qualifizierung ist nicht erforderlich. Dennoch findet sich in der Literatur sehr häufig ein Rück-griff auf die vertrauten Begriffe wie nichtgehörige Erfüllung oder auch Gläu-biger- und Schuldnerverzug. Ob das sinnvoll ist, muss bezweifelt werden, da auf diese Weise eher falsche Vorstellungen erweckt werden. Gelegentlich kann sogar Verwirrung gestiftet werden, wenn etwa die Nichtannahme der Ware durch den Käufer als Gläubigerverzug bezeichnet wird. Da der Käufer, wie oben dargelegt, zur Abnahme der Ware verpflichtet ist, läge in jedem Falle auch der nach den uns vertrauten Kategorien schwerere Tatbestand des Schuldnerverzugs vor[33]. Dieses Beispiel zeigt, dass es sich empfiehlt, wo im-mer möglich, ausschliesslich die Begriffe des Wiener Kaufrechts selbst zu verwenden. Ich werde im folgenden versuchen, mich an diese Maxime zu halten und bespreche die einzelnen Rechtsfolgen, die sich aus der Nichterfül-lung einer vertraglichen Pflicht des Käufers ergeben.

2. Abgrenzungen

Umfang und Inhalt des Schadenersatzanspruchs werden gesondert behan-delt. In diesem Zusammenhang ist deshalb nur festzuhalten, dass *Art. 61 Abs. 1* im rechtstechnischen Sinne *die Anspruchsgrundlage für den Schadener-satz* bildet, während die weiteren Modalitäten in Art. 74–77 geregelt sind.

Gemäss Art. 61 Abs. 2 kann das Recht, Schadenersatz zu verlangen, mit an-deren Rechtsbehelfen kumuliert werden. Für das schweizerische Recht ergibt sich dadurch – anders als im BGB – keine grundsätzliche Änderung. Viel-mehr sieht das OR bei verschiedenen Vertragsaufhebungsformen die *Kombi-nation von Rückabwicklung und Schadenersatz* vor, so etwa in Art. 109 Abs. 2 OR und in den Regeln über die Eviktionshaftung oder die Wandelung.

Art. 61 Abs. 3 stellt klar, dass bei der Geltendmachung eines Rechts wegen Vertragsverletzung das entscheidende Gericht oder das Schiedsgericht dem Käufer *keine zusätzlichen Fristen* («grace period») einräumen darf. Diese

---

[33] Siehe dazu oben Fn. 6.

Klarstellung war im Hinblick auf die Situation im romanischen Rechtskreis notwendig[34].

Schliesslich ist darauf hinzuweisen, dass sich noch vereinzelte Bestimmungen in anderen Teilen des Wiener Kaufrechts finden, die Vertragsverletzungsfolgen betreffen. Insbesondere ist an die Zinspflicht nach Art. 78[35] oder an die Regelung über den Selbsthilfeverkauf nach Art. 88 zu denken[36].

Im folgenden behandle ich nun die Rechte des Verkäufers, die in den Art. 62–65 geregelt sind.

B. Die Rechtsbehelfe im einzelnen

1. Erfüllungsanspruch und die Voraussetzungen seiner Ausübung

In *Art. 62* wird als primärer Rechtsbehelf des Verkäufers bei Vertragsverletzungen durch den Käufer der *Erfüllungsanspruch* geregelt. Danach kann der Verkäufer «vom Käufer verlangen, dass er den Kaufpreis zahlt, die Ware annimmt sowie seine sonstigen Pflichten erfüllt».

a) Der Anspruchsinhalt

Die Vorschrift begründet keinen neuen Anspruch, sondern bestätigt nur den weiterbestehenden[37] Erfüllungsanspruch. Auch hier ist wiederum festzuhalten, dass der *Erfüllungsanspruch sich auf sämtliche Pflichten* des Käufers erstreckt, wobei naturgemäss jedoch die Pflicht zur Kaufpreiszahlung und zur Annahme der Ware im Vordergrund stehen.

Dabei ist zugleich hinzuzufügen, dass auch die Klage auf Annahme keine allzugrosse praktische Bedeutung erlangen dürfte. In der Regel wird der Verkäufer sich entweder für die Vertragsaufhebung entscheiden oder allenfalls von seinem Rechte zur Einlagerung gem. Art. 87 und 88 oder zum Selbsthilfeverkauf Gebrauch machen. Aber selbst, wenn er ein dringendes Interesse an der Abnahme der Ware hat, dürfte es näherliegen, die Kaufpreisklage zu erheben[38].

---

[34] SCHLECHTRIEM/HAGER, Art. 61 CISG N. 5, zur «grace period» BIANCA/BONELL/KNAPP Art. 61 Anm. 3.4.

[35] Siehe dazu das Referat von WEBER unten S. 207.

[36] Siehe oben S. 150 sowie ausführlich SCHLECHTRIEM/EBERSTEIN Art. 88 CISG S. 15 ff.

[37] In dieser klarstellenden Funktion liegt der Sinn der Regelung; es sollte verdeutlicht werden, dass anders als im EKG eine automatische Vertragsauflösung (ipso facto avoidance) nicht in Betracht kommt, dazu BIANCA/BONELL/KNAPP Art. 62 Anm. 2.1–2.3 und SCHLECHTRIEM/HAGER Art. 62 CISG N. 2 f.

[38] So zu Recht BIANCA/BONELL/MASKOW Art. 53 Anm. 2.6.

b) Ausschluss durch Ausübung anderer Rechte

Die Geltendmachung des Erfüllungsanspruchs unterliegt aber gewissen Einschränkungen, auf die schon Art. 62 selbst hinweist. Der Verkäufer kann die Erfüllung nur verlangen, sofern er nicht einen Rechtsbehelf ausgeübt hat, der mit diesem Verlangen unvereinbar ist.

Hieraus ergibt sich mit Selbstverständlichkeit, dass das *Erfüllungsverlangen dann ausgeschlossen ist,* wenn der Verkäufer von dem Recht der *Vertragsaufhebung* nach Art. 64 Gebrauch macht. Ich werde auf dieses Recht später zurückkommen.

Dagegen schliesst die Geltendmachung von Schadenersatz, wie bereits bemerkt (vgl. Art. 61 Abs. 2), die Geltendmachung des Erfüllungsanspruchs nicht aus. Ebensowenig geschieht dies durch den soeben erwähnten Selbsthilfeverkauf nach Art. 88; dieser macht zwar ein Abnahmeverlangen unmöglich, steht aber einer Kaufpreisklage nicht entgegen[39].

c) Insbesondere die Nachfrist

Die wohl *wichtigste Beschränkung des Erfüllungsbegehrens* ergibt sich aus *Art. 63.* Nach dieser Vorschrift kann der Verkäufer dem Käufer eine angemessene Nachfrist zur Erfüllung seiner Pflichten setzen. Macht er von diesem Recht Gebrauch, so werden die Folgen der Vertragsverletzung gewissermassen sistiert, bis die Frist abgelaufen ist. Den Fristablauf muss der Verkäufer jedoch dann nicht abwarten, wenn er vor Fristablauf vom Käufer die Anzeige erhalten hat, dass dieser seine Pflichten nicht innerhalb der gesetzten Frist erfüllen wird.

Im Einzelnen ist dazu das Folgende zu bemerken:

Das Institut der Nachfristansetzung ist aus Art. 107 OR geläufig, ebenso wie die damit verbundenen Probleme[40], die struktureller Natur sind und infolgedessen auch im Wiener Kaufrecht wieder auftauchen. Dies gilt insbesondere für die Frage, welche Frist *angemessen* ist. Hier wie im OR kommt es auf die konkreten Umstände des Einzelfalles an und auf eine Abwägung der beiderseitigen Interessen.

In formeller Hinsicht ist zu beachten, dass die Erklärung, durch die eine Nachfrist gesetzt werden soll, nach mehrheitlich vertretener Auffassung *gemäss Art. 27* nicht zugangsbedürftig ist, was ich für äusserst problematisch

---

[39] SCHLECHTRIEM/HAGER Art. 62 CISG N. 15.
[40] Zusammenfassende Darstellung bei WIEGAND, Die Leistungsstörungen, in: recht *1983* 1, 118, 124 ff.

halte[41]. Zudem muss die angemessene Frist durch einen Kalendertag bestimmt oder wenigstens durch eine entsprechende Bezeichnung bestimmbar sein. Liegen diese Voraussetzungen vor, so entfaltet die Nachfristsetzung eine sogenannte *Bindungswirkung,* die in dem schon erwähnten vorübergehenden Ausschluss anderer Rechtsbehelfe liegt. Der Verkäufer kann in dieser Phase also weder den Vertrag aufheben noch auf Erfüllung klagen. Dagegen bleibt nach der ausdrücklichen Anordnung in Art. 63 Abs. 2 Satz 2 ein eventueller Schadenersatzanspruch wegen verspäteter Erfüllung unberührt, weil die Ansetzung der Nachfrist die Fälligkeit nicht aufhebt[42].

Eine zweite, ganz wesentliche Funktion des Art. 63 liegt darin, dass die Fristsetzung die Möglichkeit der Vertragsaufhebung gemäss Art. 64 vereinfacht, worauf ich sogleich zurückkomme.

d) Zur Bedeutung von Art. 28 für den Erfüllungsanspruch

Die Ausübung des Erfüllungsanspruchs unterliegt schliesslich einer *weiteren Einschränkung,* die für das Wiener Kaufrecht charakteristisch ist. Es geht um die Regel des *Art. 28.* Nach dieser Vorschrift[43] braucht ein Gericht eine Entscheidung auf Erfüllung in Natur nur dann zu fällen, wenn es dies auch nach seinem eigenen Recht bei gleichartigen Kaufverträgen täte, die nicht dem WKR unterliegen. Dieser Vorbehalt, der im Hinblick auf die Zurückhaltung des anglo-amerikanischen Rechts gegenüber der *specific performance* aufgenommen wurde, bezieht sich primär auf die Erfüllungsansprüche des Käufers. Inwieweit er auf die *Erfüllungsansprüche des Verkäufers* überhaupt angewandt werden kann, ist umstritten[44]. Die Frage kann nur mit *Hilfe der klassischen Auslegungsmittel* entschieden werden. Überwiegend wird die Auffassung vertreten, dass aus der Entstehungsgeschichte und der Systematik des Abkommens die unbeschränkte Geltung des Vorbehalts des Art. 28 abzuleiten sei. Dies gilt in jedem Falle für die Abnahmepflicht und die sonstigen Pflichten, dürfte wohl aber auch für die Kaufpreiszahlungspflicht zutreffend sein.

Ich komme damit zum praktisch vielleicht bedeutsamsten, in seiner Regelung aber auch kompliziertesten Rechtsbehelf des Verkäufers, der Vertragsaufhebung.

---

[41] Für die Anwendbarkeit von Art. 27 Schlechtriem/Hager Art. 63 CISG N. 3, dagegen zutreffend Bianca/Bonell/Knapp Art. 63 Anm. 2.8 und 2.11.

[42] Auch insoweit stimmt die Regelung, wenn man von den strukturellen Unterschieden (Wegfall des Verzugs) absieht, vollkommen mit Art. 107 OR überein.

[43] Zum Regelungszweck und Anwendungsbereich Schlechtriem/Huber Art. 28 CISG N. 4 ff.

[44] Schlechtriem/Huber a.a.O. N. 9 f. mit umfassenden Nachweisen.

2. Die Vertragsaufhebung und deren Voraussetzungen

Art. 64 Abs. 1 umschreibt die Voraussetzungen, unter denen der Verkäufer die Aufhebung des Vertrages erklären kann, und Art. 64 Abs. 2 enthält die Beschränkungen dieses Aufhebungsrechtes. Die Vertragsaufhebung erfolgt durch eine *dem Käufer zuzustellende Erklärung,* dies ergibt sich aus *Art. 26.* Für die Erklärung gilt *Art. 27,* so dass das Risiko der Übermittlung beim Käufer liegt[45]. Bezüglich der Wirkungen der Vertragsaufhebungen, die in Art. 81 und 84 geregelt sind, verweise ich auf das Referat von WEBER[46] und beschränke mich darauf, die wichtigsten Voraussetzungen darzustellen.

a) Wesentliche Vertragsverletzung

Zur Erklärung der Aufhebung ist der Verkäufer gemäss *Art. 64 Abs. 1 in zwei Fällen* berechtigt. Den Grundtatbestand bildet die *Nichterfüllung* einer dem Käufer nach dem Vertrag unter diesem Übereinkommen obliegenden Pflicht. Dies rechtfertigt jedoch eine Aufhebung des Vertrages nur, wenn sie eine *wesentliche Vertragsverletzung* darstellt.

Massgebend ist danach nicht die Art der Pflichtverletzung, sondern ihr Gewicht, das nach einer Gesamtbeurteilung der Interessenlage zu bestimmen ist. Es kommt deshalb auf die Umstände des Einzelfalles an. Immerhin lassen sich für die Pflichten des Käufers folgende Leitlinien festhalten[47].

Die *verspätete Zahlung* wird, da es sich um eine reine Geldleistung handelt, in der Regel *nicht als wesentliche Vertragsverletzung* betrachtet. Ausnahmen bilden wirkliche Fixgeschäfte und vor allem die definitive und ernstgemeinte Zahlungsverweigerung, die in jedem Falle als wesentliche Vertragsverletzung anzusehen ist[48].

Auch die *Verletzung der Abnahmepflicht allein genügt noch nicht,* um eine wesentliche Vertragsverletzung anzunehmen. Hier kann aber nach den Umständen des Einzelfalles das Interesse an der Abnahme zu einem bestimmten Zeitpunkt von so zentraler Bedeutung sein, dass eine wesentliche Vertragsverletzung angenommen werden kann. Ebenso wie die definitive Zahlungsverweigerung gilt auch die definitive Abnahmeverweigerung ohne weiteres als wesentliche Vertragsverletzung[49].

---

[45] Unbestritten, vgl. SCHLECHTRIEM/HAGER Art. 64 CISG N. 9.
[46] Siehe unten S. 178 ff.
[47] Zum folgenden SCHLECHTRIEM/HAGER Art. 64 CISG N. 4 f. mit weiteren Nachweisen sowie ausführlich BIANCA/BONELL/KNAPP Art. 64 Anm. 3.1–17.
[48] SCHLECHTRIEM/SCHLECHTRIEM Art. 25 CISG N. 22.
[49] SCHLECHTRIEM/SCHLECHTRIEM Art. 25 CISG N. 23.

Am schwierigsten zu beurteilen ist die Frage, ob die *Verletzung einer sonstigen Pflicht* die Vertragsaufhebung rechtfertigt. Hier entscheidet allein die Interessenabwägung; massgebend ist insbesondere die Bedeutung, die der sonstigen Pflicht im Gefüge des Vertrages zukommt.

b) Ablauf der Nachfrist

Aus dem Gesagten ergibt sich, dass es oft zweifelhaft sein wird, ob die Voraussetzungen einer wesentlichen Vertragsverletzung vorliegen. Um den Verkäufer vom damit verbundenen Risiko zu entlasten, gibt ihm Art. 64 Abs. 1 lit. b eine weitere Möglichkeit; setzt nämlich der Verkäufer eine Nachfrist gemäss Art. 63, so kann er die Vertragsaufhebung erklären, wenn der Käufer nicht innerhalb der gesetzten Frist leistet, oder wenn er vor deren Ablauf erklärt, dass er nicht innerhalb der gesetzten Frist leisten wird. Zu beachten ist jedoch, dass diese Sonderregelung nicht für alle Pflichten des Käufers gilt, sondern nur, wenn die Nachfrist zur Zahlung des Kaufpreises oder zur Abnahme angesetzt wird; dabei ist aber wiederum daran zu erinnern, dass diese Pflichten auch die «Mitwirkungshandlungen» umfassen[50].

c) Ausschluss des Aufhebungsrechts

In Art. 64 Abs. 2 wird, wie bereits angedeutet, das *Vertragsaufhebungsrecht in gewissem Grade* begrenzt. Dabei ist darauf hinzuweisen, dass das Wiener Kaufrecht keine dem Art. 214 Abs. 3 OR entsprechende Regel kennt, nach der in denjenigen Fällen, in denen der Käufer bereits im Besitz der Sache ist, ohne den Kaufpreis gezahlt zu haben, der Verkäufer nur dann wegen Zahlungsverzug vom Vertrage zurücktreten und die Sache zurückfordern kann, wenn er sich dieses Recht ausdrücklich vorbehalten hat[51].

Die in Art. 64 Abs. 2 enthaltenen Ausschlustatbestände sind überaus kompliziert und so detailliert, dass sich eine Darlegung im einzelnen hier nicht empfiehlt[52]. Grundsätzliche Voraussetzung ist, dass der Käufer den Kaufpreis gezahlt hat. Liegt diese Voraussetzung vor, dann verliert der Käufer das Recht, die Aufhebung des Vertrages zu erklären, wenn er – generell gesagt – von seinem Recht der Aufhebung nicht in angemessener Frist Gebrauch gemacht hat.

---

[50] Siehe oben S. 146.
[51] Zur Entstehung und Benutzung von Art. 214 Abs. 3 OR vgl. GIGER, Berner Kommentar, Art. 184–215 OR (Bern 1979) Art. 214 N. 7 ff.
[52] Vgl. vor allem die Darstellung von KNAPP (siehe Fn. 47).

3. Verhältnis der Rechte zueinander

Ausser den bereits erwähnten Bestimmungen in Art. 61, 62 und 63 enthält der 3. Abschnitt keine Regeln über das Verhältnis der Rechtsbehelfe untereinander. Es kann deshalb *der Käufer zwischen den Rechtsbehelfen der Erfüllung und der Vertragsaufhebung beliebig wählen*. Diese Wahlfreiheit erlischt ebenso wie in Art. 107 OR – aber im Gegensatz zum BGB – nicht durch den Ablauf der gemäss Art. 63 gesetzten Nachfrist. Vielmehr bleibt es dem Verkäufer unbenommen, auch weiterhin Erfüllung zu verlangen. Erst die Ausübung des Aufhebungsrechts führt dazu, dass von nun an die Rückkehr zum Erfüllungsverlangen ausgeschlossen ist. Ein ursprüngliches Erfüllungsverlangen hindert den Verkäufer dagegen keineswegs daran, später den Rechtsbehelf der Vertragsaufhebung geltend zu machen. Hierdurch ergeben sich gewisse Spekulationsmöglichkeiten, die jedoch durch eine entsprechende Anwendung der Schadenersatzregeln in Grenzen gehalten werden können[53].

Schlussbemerkungen:

Ich habe versucht, einen Überblick über die Pflichten des Käufers und die Folgen ihrer Verletzung zu geben. Ich habe mich dabei bewusst darauf beschränkt, die Grundzüge der gesetzlichen Regelung und einige damit verbundene Anwendungsprobleme vorzutragen. Betrachtet man diese Regelung als Teil einer neu konzipierten Kaufrechtsordnung, so ist sie trotz ihrer Komplexität insgesamt als gelungen und praktikabel anzusehen.

---

[53] Dazu und zum Vorstehenden SCHLECHTRIEM/HAGER Art. 64 CISG N. 22 ff.

PD Dr. Rolf H. Weber

Vertragsverletzungsfolgen: Schadenersatz, Rückabwicklung, vertragliche Gestaltungsmöglichkeiten

I. Einleitung

A. Rechtsbehelfe und Vertragsverletzungsfolgen bei Leistungsstörungen (Überblick)

1. Gesetzgeberische Konzeption

a) Das UN-Kaufrecht strebt nicht nur eine möglichst einheitliche Umschreibung der verschiedenen in Frage kommenden Leistungsstörungstatbestände (z.B. Unmöglichkeit, Verzug, Quantitäts-, Qualitätsmangel, «positive Vertragsverletzung»), sondern auch eine kohärente Regelung der Vertragsverletzungsfolgen an. In der Systematik des UN-Kaufrechts kommt diese einheitliche Betrachtungsweise überwiegend, wenn auch nicht durchgehend, zum Ausdruck.

Die Rechtsbehelfe der Vertragsparteien werden jeweils in einem Abschnitt zusammengefasst und – im Gegensatz zum EKG – nicht im Anschluss an die einzelnen Arten von Vertragsverletzungen geregelt, nämlich die Rechtsbehelfe des Käufers als Abschnitt III von Kapitel II (Art. 45–52) und die Rechtsbehelfe des Verkäufers als Abschnitt III von Kapitel III (Art. 61–65); sachlich zu den Leistungsstörungstatbeständen gehört ebenfalls die in Art. 73, d.h. in Kapitel V, getroffene Regelung für den Fall des Vertragsbruches in einem Sukzessivlieferungsvertrag. Im Rahmen der gemeinsamen Bestimmungen über die Pflichten des Verkäufers und des Käufers (Kapitel V) sind die wichtigsten Vertragsverletzungsfolgen, insbesondere in Abschnitt II der Schadenersatz (Art. 74–77), in Abschnitt III die Zinsen (Art. 78) und in Abschnitt V die Wirkungen der Vertragsaufhebung (Art. 81–84) – im übrigen neben anderen Rechtsinstituten (z.B. Verschlechterungseinrede [Art. 71], antizipierter Vertragsbruch [Art. 72], Massnahmen zur Erhaltung der Ware [Art. 85–88]) – geregelt. Dem Konsolidierungsgrundsatz des UN-Kaufrechts widersprechen gewisse singuläre Rechtsfolgeregelungen im Falle eines Vertragsbruches durch den Verkäufer[1].

Das UN-Kaufrecht hat somit die duale Ordnung des schweizerischen Kaufrechts bezüglich (1) Verzugsfolgeregeln (OR 190/91, 214/15) einerseits und Qualitätsmangelfolgeregeln (OR 205–209) anderseits sowie bezüglich (2) der teils als konkurrierend, teils als nicht konkurrierend erachteten Vertragsverletzungsfolgeregeln des Kaufrechts und des allgemeinen Teils des Obligationenrechts (OR 97–109) überwunden.

b) Das UN-Kaufrecht geht materiell von einem einheitlichen Vertragsverletzungsbegriff aus und statuiert eine Erfolgshaftung aus Vertretenmüssen. Vertragshaftung bedeutet somit Garantieübernahme[2]; alle Rechtsbehelfe für den Fall einer Leistungsstörung, insbesondere das Recht auf Schadenersatz (Art. 74) und das Vertragsaufhebungsrecht (Art. 49, 64, 81), sind ungeachtet davon anwendbar, ob die fehlbare Partei ein Verschulden trifft oder nicht[3]. Ähnlich dem anglo-amerikanischen Recht («warranty») hat der Schuldner in Folge seines Leistungsversprechens für sämtliche voraussehbaren Ereignisse, unabhängig von deren Ursache und vom Grund der Nichterfüllung, einzustehen. Eine Entlastung der vertragsbrüchigen Partei ist nur möglich im Falle mangelnder Beherrschbarkeit des Risikos, d. h. dessen Verwirklichung ausserhalb des Einflussbereiches der vertragsbrüchigen Partei (Art. 79)[4].

2. Einzelne Rechtsbehelfe

a) Das System der dem Käufer wegen Vertragsverletzung durch den Verkäufer (Art. 45–52) sowie der dem Verkäufer wegen Vertragsverletzung durch den Käufer (Art. 61–65) zustehenden Rechtsbehelfe ist im UN-Kaufrecht deshalb

---

[1] Im einzelnen nachfolgend I.A.2.a und P. SCHLECHTRIEM, Einheitliches UN-Kaufrecht, Tübingen 1981, S. 65. Angesichts der Vereinheitlichung der Leistungsstörungstatbestände im UN-Kaufrecht ist es problematisch, weiterhin – wie dies in der Literatur verbreitet geschieht – im Anschluss an römisch-rechtliche Unterscheidungen zwischen Verzug und Sachmängeln zu differenzieren.

[2] E. VON CAEMMERER, Probleme des Haager einheitlichen Kaufrechts, AcP *1978* 121, 141 f.

[3] Statt vieler F. VISCHER, Gemeinsame Bestimmungen über Verpflichtungen des Verkäufers und des Käufers, in: Wiener Übereinkommen von 1980 über den internationalen Warenkauf, Veröffentlichungen des schweizerischen Instituts für Rechtsvergleichung, Zürich 1985, S. 174; H. HONSELL, Das Übereinkommen über den internationalen Warenkauf (Wiener Kaufrecht), Plädoyer 2/90, 42. Auch wenn die Haftung gemäss UN-Kaufrecht aus schweizerischer Sicht weitgehend verschuldensunabhängig erscheint, lässt sich nicht übersehen, dass ungeachtet der Terminologie das Vertretenmüssen subjektivierbare Aspekte mitumfasst.

[4] Garantiehaftung bis zur Grenze nicht beherrschbarer Hindernisse und Voraussehbarkeitsregel gehören inhaltlich zusammen; vgl. H. STOLL, Inhalt und Grenzen der Schadenersatzpflicht sowie Befreiung von der Haftung im UN-Kaufrecht, im Vergleich zu EKG und BGB, in: P. SCHLECHTRIEM (Hrsg.), Einheitliches Kaufrecht und nationales Obligationenrecht, Baden-Baden 1987, S. 257. Ob die Befürchtung von HONSELL (Fn. 3), S. 43, Voraussehbarkeit und Befreiung mangels Beherrschbarkeit könnten einer ungerechtfertigten Haftungsausweitung kaum entgegenwirken, berechtigt ist, werden die kommenden Jahre zeigen.

relativ übersichtlich, weil von einem einheitlichen Begriff des Vertragsbruches ausgegangen und nicht zwischen z. B. Unmöglichkeit, Verzug, Rechts- und Sachmängeln unterschieden wird; angesichts dieser Zusammenfassung sämtlicher Vertragsverletzungen in qualitativer, quantitativer und zeitlicher Hinsicht entstehen weniger Abgrenzungs- und Konkurrenzprobleme als im schweizerischen Recht.

Die von einer Vertragsverletzung betroffene Partei kann Schadenersatz kumulativ neben den übrigen Rechtsbehelfen geltend machen (Art. 45 II, Art. 61 II), soweit sich die Rechtsbehelfe gegenseitig nicht sachlogisch ausschliessen[5]. Überblicksmässig sieht das UN-Kaufrecht folgendes Rechtsbehelfesystem vor[6]:

Rechtsbehelfe des Käufers	*Rechtsbehelfe des Verkäufers*
– Realerfüllung (Art. 46 I)	– Realerfüllung (Art. 62)
– Ersatzlieferung (Art. 46 II)	
– Nachbesserung (Art. 46 III)	– Nachbesserungsrecht (Art. 48)
– Vertragsaufhebung (Art. 49)	– Vertragsaufhebung (Art. 64)
– Minderung (Art. 50)	
– Schadenersatz (Art. 45 I, 74)	– Schadenersatz (Art. 61 I, 74)
	– Warenspezifizierung (Art. 65)

b) Das UN-Kaufrecht geht davon aus, dass der Käufer, wenn der Verkäufer nicht ordnungsgemäss liefert, zunächst einen Anspruch auf Lieferung (Art. 45 I lit. a, Art. 46 I), und der Verkäufer, wenn der Käufer nicht ordnungsgemäss zahlt, einen Anspruch auf Zahlung hat (Art. 61 I lit. a, Art. 62), ergänzt jeweils durch kompensierende Ersatzansprüche (Art. 45 I lit. b und II, Art. 61 I lit. b und II i. V. mit Art. 74, 78). Sofern die vertragstreue Partei kein anderes Recht ausgeübt hat, das mit dem Erfüllungsanspruch unvereinbar ist, vermag sie somit immer Realerfüllung zu verlangen[7], im Gegensatz zum schweizerischen Kaufrecht, das einen Erfüllungsanspruch grundsätzlich nur aus dem Verzugsrecht, nicht aus dem Gewährleistungsrecht kennt[8].

---

[5] So schliessen sich Kaufpreisminderung (Art. 50) und Schadenersatz (Art. 74) im Ausmasse des Minderwerts der Sache sowie Erfüllung (Art. 46) und Vertragsaufhebung (Art. 49) bzw. Minderung gegenseitig aus; vgl. auch Botschaft des Bundesrates betreffend das Wiener Übereinkommen über Verträge über den internationalen Warenkauf vom 11. Januar 1989, BBl *1989* I 796, 797, 798, 808.

[6] Vgl. dazu P. SCHLECHTRIEM, in diesem Band, S. 103 ff.; W. WIEGAND, in diesem Band, S. 143 ff.; BBl *1989* I 796 ff., 808 ff.; W. STOFFEL, Ein neues Recht des internationalen Warenkaufs in der Schweiz, SJZ *1990* 177.

[7] U. HUBER, Die Rechtsbehelfe der Parteien, insbesondere der Erfüllungsanspruch, die Vertragsaufhebung und ihre Folgen nach UN-Kaufrecht im Vergleich zu EKG und BGB, in: P. SCHLECHTRIEM (Hrsg.), Einheitliches Kaufrecht und nationales Obligationenrecht, Baden-Baden 1987, S. 200, 205 f.; vgl. auch Art. 79 V des UN-Kaufrechts.

[8] OR 205; dazu H. GIGER, Berner Kommentar zum Obligationenrecht, Bern 1979, Art. 205 N. 45, 48; BBl *1989* I 797.

c) Unter gewissen Voraussetzungen ermächtigt das UN-Kaufrecht den Käufer, Ersatzlieferung bzw. Nachbesserung zu verlangen: Die Geltendmachung einer *Ersatzlieferung,* die innert angemessen kurzer Frist zu erfolgen hat, setzt eine wesentliche Vertragsverletzung voraus (Art. 46 II), weil die Pflicht zur Ersatzleistung den Verkäufer im internationalen Handel in der Regel stark belastet[9]. Die Ersatzlieferung ist abweichend von OR 206 nicht auf vertretbare Sachen bzw. auf Gattungssachen beschränkt[10]. *Nachbesserung* kann der Käufer zusammen mit der Mängelrüge oder innerhalb einer angemessenen Frist danach verlangen, ausser wenn dies dem Verkäufer unter Berücksichtigung aller Umstände nicht zumutbar ist (Art. 46 III). Art. 48 räumt sodann dem Verkäufer – in Klarstellung gegenüber der nach wie vor umstrittenen schweizerischen Doktrin[11] – ein *Nachbesserungsrecht* ein, wenn dadurch nicht eine unzumutbare Leistungsverzögerung für den Käufer verursacht wird[12].

d) Weitgehend parallel geregelt ist das Vertragsaufhebungsrecht des Käufers (Art. 49) und des Verkäufers (Art. 64). Vorausgesetzt ist eine wesentliche Vertragsverletzung gemäss Art. 25 (z. B. Nichtlieferung, kundgetane offensichtliche Erfüllungsunwilligkeit oder -unfähigkeit) seitens der nicht ordnungsgemäss erfüllenden Partei oder im Falle der Nichtlieferung der Ablauf einer angesetzten Nachfrist. Das Recht auf Vertragsaufhebung entfällt, wenn die vertragstreue Partei nicht innerhalb angemessener Frist seit Kenntnis der Vertragsverletzung bzw. nach Lieferung/Bezahlung ihr Recht geltend macht (detaillierte Regelung in Art. 49 II, 64 II)[13].

e) Das UN-Kaufrecht spricht dem Käufer das Recht auf *Minderung* des Kaufpreises zu, ohne dass es einer besonderen Schwere der Vertragsverletzung bedarf (absendebedürftige Mitteilung, Art. 50), sofern der Verkäufer nicht nachträglich rechtmässig erfüllt (Art. 37, Art. 48). Massgebend für die Bestimmung der Preisherabsetzung ist gemäss UN-Kaufrecht wie nach schweizerischem Recht die Differenz zwischen dem Wert der mangelhaften Ware und demjenigen vertragsgemässer Ware im Zeitpunkt der Lieferung[14].

f) Im Interesse des Verkäufers regelt Art. 65 den Sonderfall des Spezifikationskaufs: Unterlässt es der Käufer, die notwendige *Spezifikation* vorzuneh-

---

[9] U. HUBER, in: VON CAEMMERER/SCHLECHTRIEM (Hrsg.), Kommentar zum Einheitlichen UN-Kaufrecht (CISG), München 1990, Art. 46 N. 53 f.; nicht unproblematisch ist, dass die Frage der Wesentlichkeit der Vertragsverletzung eine entscheidende Bedeutung erhält (vgl. SCHLECHTRIEM [Fn. 1], S. 67).

[10] Vgl. BBl *1989* I 798.

[11] Vgl. GIGER (Fn. 8), Art. 206 N. 21.

[12] HUBER (Fn. 9), Art. 48 N. 21; SCHLECHTRIEM (Fn. 1), S. 68 f.

[13] Zum Vertragsaufhebungsrecht eingehender hinten II; vom schweizerischen Recht (OR 214 III) abweichend ist die Vertragsaufhebung auch beim Kreditkauf ohne besondere Abrede möglich.

[14] HUBER (Fn. 9), Art. 50 N. 12. Die Botschaft (BBl *1989* I 801) sieht in der Berechnungsweise eine wesentliche Abweichung vom schweizerischen Recht, doch dürfte diese Auffassung auf einem Missverständnis beruhen.

men, kann der Verkäufer – anders als im schweizerischen Recht[15] – an dessen Stelle die Ware näher bestimmen, und zwar nach den hypothetischen Bedürfnissen des Käufers[16].

g) Die *Schadenersatzansprüche* sind für Verkäufer und Käufer gemeinsam in Art. 74–77 geregelt.

3. Einzelne Vertragsverletzungsfolgeregeln und ihr Verhältnis zueinander

Das UN-Kaufrecht regelt in den Abschnitten II und V des Kapitels V parallel den Schadenersatz (Art. 74–77) und die Wirkungen der Vertragsaufhebung (Art. 81–84), ohne das Verhältnis der beiden Behelfe zueinander konkret zu umschreiben. Unter sachlichen Gesichtspunkten erweist sich der Schadenersatz als die allgemeine Grundlage der Vertragsverletzungsfolgeregeln. Der Schadenersatz orientiert sich am auf die ordnungsgemässe Vertragserfüllung ausgerichteten Interesse der «verletzten» Partei[17]. Überdies hält Art. 83 ausdrücklich fest, dass die vertragstreue Partei, welche das Vertragsaufhebungsrecht nicht (mehr) geltend machen kann, alle anderen Rechtsbehelfe, die ihr nach dem Vertrag und dem UN-Kaufrecht zustehen, behält.

Rechtstheoretisch sind Vertragsaufhebung und Schadenersatz einerseits unabhängige, anderseits auch kombinierbare Rechtsbehelfe[18]. Bei Ausübung des Vertragsaufhebungsrechts gehen grundsätzlich die speziellen Rückabwicklungsregeln (z. B. Vorteilsausgleichung gemäss Art. 84) den allgemeinen Schadenersatzregeln vor[19]. Dem Schadenersatz verbleibt aber auch bei Ausübung des Vertragsaufhebungsrechts eine lückenfüllende Funktion: So sind die aus einer nicht zugelassenen Rückabwicklung (z. B. wegen einer vom Käufer verursachten Verschlechterung der empfangenen Ware) verbleibenden Einbussen und Vorteile aufzufangen[20]. Ebenso lassen sich Aspekte der Gefahrverteilung bei der Rückabwicklung, die im UN-Kaufrecht nur ungenügend geregelt ist, im Rahmen des Schadenersatzes und seiner Bemessung

---

[15] Vgl. auch R. Weber, Berner Kommentar zum Obligationenrecht, Bern 1983, Art. 72 N. 21, Art. 91 N. 151, Art. 93 N. 39.

[16] G. Hager, in: von Caemmerer/Schlechtriem (Hrsg.), Kommentar zum Einheitlichen UN-Kaufrecht (CISG), München 1990, Art. 65 N. 5 f.; vgl. auch BBl 1989 I 810.

[17] Vgl. E. Rabel, Recht des Warenkaufs, Bd. I, Berlin 1936, S. 429 ff.; G. Treitel, Remedies for Breach of Contract, in: Int. Enc. Comp. Law, Bd. VII, Chapt. 16, Tübingen 1976, s. 11, 40 ff.; H. Leser, Vertragsaufhebung und Rückabwicklung unter dem UN-Kaufrecht, in: P. Schlechtriem (Hrsg.), Einheitliches Kaufrecht und nationales Obligationenrecht, Baden-Baden 1987, S. 251.

[18] H. Leser, in: von Caemmerer/Schlechtriem (Hrsg.), Kommentar zum Einheitlichen UN-Kaufrecht (CISG), München 1990, Vor Art. 81–84 N. 7, 10, Art. 83 N. 2; J. Hellner, The UN-Convention on International Sales of Goods – an Outsider's View, in: Festschrift S. Riesenfeld, Heidelberg 1983, S. 81.

[19] Vgl. hinten II.C.2.

[20] Leser (Fn. 17), S. 240 f., 251; weitere Hinw. in Fn. 17.

berücksichtigen. Schadenersatzregeln sind auch dann heranzuziehen, wenn durch die Rückgewähr des Geleisteten nur eine teilweise Folgenbeseitigung eintritt (sachgerechte Ausgleichsallokation durch Schadenersatz)[21]. Schliesslich gibt es Fallsituationen, welche den Schadenersatz als den umfassenden Behelf so eng an die Rückabwicklung heranrücken lassen, insbesondere beim Ersatz des stellvertretenden Commodum, dass eine getrennte Behandlung kaum mehr als sinnvoll erscheint[22].

B. Fehlende Befreiung des Schuldners

1. Wesen der allgemeinen Entlastungsnorm

a) Das UN-Kaufrecht fasst die schuldnerischen Entlastungsgründe in einer Generalklausel zusammen: Gemäss Art. 79 entsteht keine Schadenersatzpflicht des Schuldners, wenn er eine Leistungsstörung – unabhängig von der Frage des Verschuldens – nicht zu vertreten hat[23]. Art. 79 begründet zusammen mit Art. 80, der die Berufung auf die schuldnerische Nichterfüllung bei einem Gläubigerfehler gänzlich ausschliesst, einen besonderen Abschnitt IV mit der Überschrift «Befreiungen» und ist nicht in die schadensrechtlichen Bestimmungen (Art. 74–77) eingegliedert. Weil in Art. 79 nicht der Begriff «Vertragsverletzung», sondern der Begriff «Nichterfüllung» Verwendung findet[24], muss wohl davon ausgegangen werden, dass der Schuldner befreit wird, wenn er objektiv wegen Erschöpfung des Schuldinhalts nicht leisten kann und nicht die stärker subjektivierte Frage der Erreichung der «Opfergrenze» geregelt wird[25]; ausgeschlossen wird auch nur die schadensrechtliche Verantwortung für die Leistungsstörung, die Nichterfüllung bleibt Vertragsverletzung[26]. Art. 79 passt deshalb besser auf den Fall des gänzlichen oder zeitweiligen Ausbleibens der Leistung durch Einwirkung äusserer Umstände als auf den Fall einer Schädigung der andern Vertragspartei durch eine tatsächlich erbrachte, aber nicht gehörige Leistung[27].

---

[21] LESER (Fn. 17), S. 244 f.; LESER (Fn. 18), Vor Art. 81–84 N. 10, Art. 83 N. 5 f.

[22] Vgl. auch LESER (Fn. 17), S. 252.

[23] P. SCHLECHTRIEM, Einheitliches UN-Kaufrecht, JZ *1988* 1047; BIANCA/BONELL/TALLON, Commentary on the International Sales Law, The 1980 Vienna Sales Convention, Mailand 1987, Art. 79 N. 1.1.

[24] Ausserhalb des Art. 79 scheinen die Begriffe immerhin in der Regel deckungsgleich verwendet zu werden.

[25] H. STOLL, in: VON CAEMMERER/SCHLECHTRIEM (Hrsg.), Kommentar zum Einheitlichen UN-Kaufrecht (CISG), München 1990, Art. 79 N. 9; vgl. auch SCHLECHTRIEM (Fn. 1), S. 96 f.; VISCHER (Fn. 3), S. 175.

[26] STOLL (Fn. 25), Art. 79 N. 9.

[27] STOLL (Fn. 25), Art. 79 N. 8 f.; vgl. auch VISCHER (Fn. 3), S. 177 f.

Art. 79 des UN-Kaufrechts geht im wesentlichen auf Art. 74 EKG zurück. Entwicklungsgeschichtlich interessant zu beobachten ist, dass im Rahmen der frühen Bemühungen zur Vereinheitlichung des Kaufrechts von einem «obstacle insurmontable» gesprochen worden ist[28]; im Sinne einer Objektivierung hat die Endfassung des EKG jedoch auf unvorhersehbare und unvermeidbare, d. h. nicht beherrschbare und damit verschuldensunabhängige Umstände (circumstances) abgestellt[29]. Das UN-Kaufrecht hat demgegenüber wiederum auf die Ursprungsgedanken zurückgegriffen und die Befreiung des Schuldners an einen für ihn nicht beeinflussbaren Hinderungsgrund (impediment beyond his control)[30] angeknüpft; das Konzept der Befreiungsmöglichkeit ist im Grundsatz aber unverändert geblieben[31].

b) Art. 79 befasst sich nicht mit dem Verschulden (fault)[32], sondern mit einem ausserhalb des schuldnerischen Einflussbereichs liegenden Leistungshindernis, das der Schuldner nicht zu vermeiden vermag. Zu fragen ist deshalb unter objektivierten Gesichtspunkten, welche Risikoverteilung verständige Parteien in der gleichen Lage getroffen hätten (Bildung von Sphären typischer Vertragsrisiken)[33]. Eine schuldhafte Vertragsverletzung liegt z. B. regelmässig im Einflussbereich des Schuldners, während etwa Naturereignisse, soziale oder politische Geschehnisse, Sabotage, Entwicklungsfehler (trotz Einhaltung des Standes der Wissenschaft) oder unvorhersehbare Rechtsetzungsakte (Handelsverbote, Ein- und Ausfuhrverbote, Blockaden, Devisensperren) entlastend wirken[34].

Keine Befreiung vermag einzutreten

– bei einer Leistungsstörung, die der Schuldner bereits aufgrund seiner Herrschaft über die zur Vorbereitung, Organisation und Durchführung der Erfüllung gehörenden Vorgänge abwenden konnte (beeinflussbare Hinder-

---

[28] STOLL (Fn. 4), S. 270 f. m. Verw.; eingehend auch B. R. LAUTENBACH, Die Haftungsbefreiung im internationalen Warenkauf nach dem UN-Kaufrecht und dem schweizerischen Kaufrecht, Diss. Zürich 1990, S. 11 ff., 18 f.

[29] Art. 74 EKG; dazu DÖLLE/STOLL, Kommentar zum Einheitlichen Kaufrecht, München 1976, Art. 74 N. 8–11.

[30] Die französische Fassung von Art. 79 erscheint als zu subjektiv: «empêchement indépendant de sa volonté» (VISCHER [Fn. 3], S. 175); zur Entstehungsgeschichte LAUTENBACH (Fn. 28), S. 11 ff.; STOLL (Fn. 25), Art. 79 N. 1 ff.

[31] STOLL (Fn. 25), Art. 79 N. 7 ff., 17; VISCHER (Fn. 3), S. 177; LAUTENBACH (Fn. 28), S. 33 f.; a. A. J. O. HONNOLD, Uniform Law for International Sales under the 1980 United Nations Convention, Deventer 1982, N. 427.

[32] Zur Frage, ob die Haftungsbefreiung Ausfluss von force majeur-Überlegungen oder eines objektivierten Verschuldensprinzips ist, vgl. B. NICHOLAS, Impracticability and Impossibility in the UN Convention on Contracts for the International Sale of Goods; in: GALSTON/SMIT (Hrsg.), International Sales, New York 1984, S. 5/4–5/15; rechtsvergleichend I. CAYTAS, Der unerfüllbare Vertrag. Anfängliche und nachträgliche Leistungshindernisse und Entlastungsgründe im Recht der Schweiz, usw., Wilmington 1984.

[33] Vgl. STOLL (Fn. 25), Art. 79 N. 22, 29 ff.

[34] Vgl. BBl 1989 I 828; LAUTENBACH (Fn. 28), S. 34, 105 ff. (Rechtsprechungsüberblick); STOLL (Fn. 25), Art. 79 N. 23 m. Verw.

nisse[35], z. B. persönliche Umstände inkl. – auch entschuldbarer – Rechtsirrtum[36], finanzielle Leistungsfähigkeit, Konstruktions- und Herstellungsfehler inkl. Ausreisser[37], Beschaffungsrisiko beim marktbezogenen Gattungskauf[38]),

– bei einem Hindernis, das bei Vertragsschluss vernünftigerweise für den Schuldner zu berücksichtigen oder ihm sogar bekannt war[39], und

– bei Unterlassung der Vornahme vernünftiger Anstrengungen zur Vermeidung oder Überwindung eines Hindernisses oder seiner Folgen[40]; die Zumutbarkeit einzuleitender Massnahmen beurteilt sich aufgrund der vertraglich gestalteten Risikoverteilung, ermittelt durch verständige Auslegung des hypothetischen Parteiwillens.

c) Der erst auf Antrag der (ehemaligen) DDR in Wien aufgenommene Art. 80 entlastet den Schuldner, wenn die Leistungsstörung durch den Gläubiger verursacht worden ist; damit soll die mit dem Leistungsversprechen des Schuldners verbundene Erfolgsgarantie begrenzt werden[41]. Im Gegensatz zu Art. 79 wird der Schuldner aber nicht nur von allfälligen Schadenersatzansprüchen befreit, sondern der Gläubiger, der die Erfüllung verhindert (z. B. Nichtlieferung der Zeichnungen für die herzustellende Maschine oder Nichtbeschaffung der Einfuhrgenehmigung), kann überhaupt keinen Rechtsbehelf (wie Erfüllung, Vertragsauflösung, Minderung, Schadenersatz) geltend machen[42]. Nicht erforderlich ist, dass der Gläubiger bzw. sein Erfüllungsgehilfe das von ihm verursachte Leistungshindernis verschuldet hat[43]. Die Entlastung des Schuldners reicht so weit, als die vom Gläubiger verursachte Behinderung geht. Keine Regelung enthält Art. 80 für den Fall einer konkurrierenden Verursachung von Leistungsstörungen durch Gläubiger und Schuldner; diesfalls hat m. E. eine Schadensverteilung nach Massgabe der gegenseitig abzuwägenden Verursacherbeiträge zu erfolgen[44].

---

[35] BBl *1989* I 827 f.; SCHLECHTRIEM (Fn. 1), S. 95; STOLL (Fn. 25), Art. 79 N. 29; BIANCA/BONELL/TALLON (Fn. 23), Art. 79 N. 2.6.5.

[36] STOLL (Fn. 25), Art. 79 N. 18.

[37] U. HUBER, Der UNCITRAL-Entwurf eines Übereinkommens über internationale Warenkaufverträge, RabelsZ *1979* 496 f.; STOLL (Fn. 25), Art. 79 N. 22, 30.

[38] Die beschränkte Gattungsschuld ist im UN-Kaufrecht nicht geregelt, doch sind entsprechende Grundsätze wie im schweizerischen Recht anwendbar (vgl. WEBER [Fn. 15], Art. 71 N. 19 ff.); vgl. auch VISCHER (Fn. 3), S. 178; zur Haftung für den Zulieferanten hinten bei Fn. 61/62.

[39] BBl *1989* I 827; SCHLECHTRIEM (Fn. 1), S. 95.

[40] LAUTENBACH (Fn. 28), S. 31 f.; STOLL (Fn. 25), Art. 79 N. 26; SCHLECHTRIEM (Fn. 1), S. 95.

[41] Art. 80 ist § 294 des Gesetzes über internationale Wirtschaftsverträge der (ehemaligen) DDR nachempfunden, doch sind einige Unklarheiten in der abschliessenden Verhandlungsrunde in Wien nicht geklärt worden (vgl. STOLL [Fn. 25], Art. 80 N. 2/3; R. HERBER, Wiener UNCITRAL-Übereinkommen über internationale Warenkaufverträge vom 11. April 1980, 3. Aufl. Köln 1988, 49; BIANCA/BONELL/TALLON [Fn. 23], Art. 80 N. 2.5).

[42] SCHLECHTRIEM (Fn. 1), S. 100; VISCHER (Fn. 3), S. 176; STOLL (Fn. 4), S. 280.

[43] STOLL (Fn. 25), Art. 80 N. 7; SCHLECHTRIEM (Fn. 1), S. 100; CAYTAS (Fn. 32), S. 445 f.

[44] gl. M. STOLL (Fn. 25), Art. 80 N. 5.

2. Einzelfragen der Entlastung

a) Die Entlastungsmöglichkeit besteht unabhängig von der Art der Nichterfüllung, d. h. es ist irrelevant, ob es sich um eine qualitative, quantitative oder
zeitliche Leistungsstörung oder z. B. um eine Teilauflösung gemäss Art. 51
oder eine Nichtrückgabe des Geleisteten gemäss Art. 81 II handelt[45]. Immerhin bleibt nicht zu übersehen, dass bei fehlender Vertragsmässigkeit der Ware
oder Rechten Dritter die Entlastungsmöglichkeiten in der Regel wegen der
Voraussehbarkeit des Schadenseintrittes gering sein dürften, zumal im Kaufrecht überwiegend Erfolgspflichten (obligations de résultat), nicht blosse Tä-
tigkeitspflichten (obligations de moyens) in Frage stehen[46].

b) Trotz des Begriffes «impediment» in Art. 79 ist nicht von Bedeutung, ob
es sich um eine objektive anfängliche oder nachträgliche Unmöglichkeit handelt[47], sofern der Schuldner nicht das Risiko für eine anfängliche Unmöglichkeit vertraglich übernommen hat; die Unterscheidung des schweizerischen Rechts in anfängliche und nachträgliche Unmöglichkeit (OR 20 einerseits, OR 97/119 anderseits) wird somit im UN-Kaufrecht nicht aufgegriffen.
Zwar ist gemäss Art. 4 lit. a die Gültigkeit des Vertrags vom Anwendungsbereich des Übereinkommens ausgeschlossen und erachtet OR 20 einen Vertrag, der auf eine anfänglich objektiv unmögliche Leistung gerichtet ist, als
nichtig; dennoch wird man OR 20 (wie etwa auch BGB 305 und ABGB 878)
nur den Charakter einer abdingbaren Interpretationsregel zuerkennen können, welche vor dem Parteiwillen, der nicht im Sinne eines Eingriffs in den
Anwendungsbereich des UN-Kaufrechts auszulegen ist, zurückzutreten hat[48].

c) Umstritten ist, ob die wirtschaftliche Unmöglichkeit (d. h. Unerschwinglichkeit), z. B. wegen grundlegender Veränderungen der Marktverhältnisse
oder der wirtschaftlichen Rahmenbedingungen, den Grad eines Entlastungsgrundes zu erreichen vermag. Angesichts der Tatsache, dass gemäss Art. 79 V
die Erfüllungspflicht ohnehin bestehen bleibt und nur die Schadenersatzpflicht suspendiert wird, geht die Mehrheitsmeinung davon aus, dass die finanzielle Untragbarkeit bzw. die unverhältnismässige Belastung des Schuld-

---

[45] BBl *1989* I 826; STOLL (Fn. 25), Art. 79 N. 12, 14 m. Verw.; unklar LESER (Fn. 18), Art. 82 N. 15.

[46] Damit wird auch der anglo-amerikanischen Lehre zur Schlechterfüllung Rechnung getragen
(vgl. STOLL [Fn. 25], Art. 79 N. 10/11, 13; VISCHER [Fn. 3], S. 177 f.; BIANCA/BONELL/TALLON [Fn. 23],
Art. 79 N. 2.4.2.1; B. NICHOLAS, Prerequisites and extent of liability for breach of contract under the
U.N. Convention, in: P. SCHLECHTRIEM [Hrsg.], Einheitliches Kaufrecht und nationales Obligationenrecht, Baden-Baden 1987, S. 285 ff.).

[47] BBl *1989* I 826 f.; STOLL (Fn. 4), S. 275; STOLL (Fn. 25), Art. 79 N. 20; nicht ausschlaggebend ist
die anglo-amerikanische frustration-Lehre, die auf «supervening events» abstellt (vgl. § 261 und
§ 266 Restatement Contracts, 2d II [1981]). Die subjektive Unmöglichkeit liegt regelmässig im Einflussbereich des Schuldners.

[48] BBl *1989* I 827; STOLL (Fn. 25), Art. 79 N. 21; a. A. BIANCA/BONELL/TALLON (Fn. 23), Art. 79
N. 2.4.3.

ners durch die Vertragsdurchführung nicht zu einer Befreiung führt[49]; mithin hat das UN-Kaufrecht im Gegensatz zur kontinentaleuropäischen Lehre der clausula rebus sic stantibus und der anglo-amerikanischen frustration-Lehre bezüglich der Anpassung an veränderte Umstände bzw. der Neuverhandlung der Vertragsbedingungen keine Regelung getroffen[50]. Zwar wird durch diese bewusste Nichtregelung der wirtschaftlichen Unmöglichkeit dem Gebot der Rechtssicherheit im internationalen Handel Sorge getragen; dennoch ist m. E. in extremen Fällen der faktischen Unerschwinglichkeit in Anbetracht des Grundsatzes von Treu und Glauben (Art. 7 I) im Hinblick auf eine vernünftige «Opfergrenze» eine Entlastung[51] und bezüglich des durch das UN-Kaufrecht ebenfalls erfassten Werklieferungsvertrages (Art. 3 I) die Möglichkeit einer Vertragsanpassung[52] anzuerkennen.

d) Hinsichtlich der Anstrengungen zur Vermeidung oder Abwendung von Hindernissen ist entscheidend auf den Inhalt des Vertrags abzustellen (Überwindung des Hindernisses auf hypothetisch zumutbare Weise)[53]; kraft Auslegung muss ermittelt werden, ob der Schuldner durch übernommene Garantien seine Einstandspflicht steigern (z. B. Übernahme des Beschaffungsrisikos trotz Unsicherheitsfaktoren) oder durch Haftungswegbedingungen mindern wollte[54]. Ein Hindernis ist auch vermeidbar, wenn der Schuldner eine andere, nach Handelsauffassung vernünftige Ersatzform für die geschuldete Leistungsmodalität wählen kann[55]; nicht sachgerecht wäre m. E. jedoch eine im Zweifel entlastende Umstände regelmässig eng fassende Auslegungsrichtlinie. Besondere Entlastungscharakteristiken lassen sich für einzelne Schuldinhalte entwickeln: So passt die strenge, objektive Haftung des Schuldners bis zur Grenze einer eng gefassten Entlastungsklausel eher für die Gattungs- als für die Stückschulden[56].

---

[49] VISCHER (Fn. 3), S. 176 f; STOLL (Fn. 4), S. 274; STOLL (Fn. 25), Art. 79 N. 39 f.; HONNOLD (Fn. 31), N. 435.1; etwas zurückhaltender SCHLECHTRIEM (Fn. 1), S. 96 m. Anm. 423; BIANCA/BONELL/TALLON (Fn. 23), Art. 79 N. 3.1–3.3.

[50] Entsprechend ist gemäss Art. 74 EKG im bekannten Sensor-Fall (RabelsZ *1983* 141 ff., Lieferung von Erdgasröhren nach Russland) die Ausfällung drakonischer Strafen gegen die Muttergesellschaft in den USA nicht als Leistungshindernis für die Lieferverpflichtung der Tochtergesellschaft anerkannt worden (eingehend zum Entscheid J. BADEDOW, RabelsZ *1983* 147 ff.).

[51] Vermittelnd SCHLECHTRIEM (Fn. 23), S. 1047; HONNOLD (Fn. 31), N. 435.1; STOLL (Fn. 4), S. 274; STOLL (Fn. 25), Art. 79 N. 40.

[52] VISCHER (Fn. 3), S. 177 mit Hinweis auf die Lückenfüllungsmöglichkeit im Sinne von OR 373.

[53] VISCHER (Fn. 3), S. 178; STOLL (Fn. 25), Art. 79 N. 26 f.

[54] SCHLECHTRIEM (Fn. 1), S. 95; bei Verträgen unter Kaufleuten können Garantien und Risikoübernahmen eher angenommen werden: vgl. BBl *1989* I 828.

[55] STOLL (Fn. 25), Art. 79 N. 28; ob die Hinnahme drakonischer Massnahmen als zumutbare Mehraufwendung betrachtet werden kann, erscheint als zweifelhaft (vgl. immerhin den Sensor-Fall, Fn. 50; zu den Suez-Kanal-Fällen vgl. BERMAN, Excuse for Nonperformance in the light of Contract Practices in International Trade, 63 Colum. L. Rev. *[1963]* 1413 ff.).

[56] Zur Behandlung von Gattungsschulden eingehender BBl *1989* I 828; STOLL (Fn. 4), S. 272 f., 275 Anm. 58; STOLL (Fn. 25), Art. 79 N. 45 ff. m. Verw. in Anm. 160.

e) Die Einstandspflicht für Erfüllungsgehilfen und Dritte ist bei der Entstehung des UN-Kaufrechts vor allem in Wien eingehend diskutiert worden. Die Endfassung von Art. 79 II lässt die Bildung von drei Fallgruppen zu:

- (1) Der Schuldner hat – entsprechend OR 101 – einzustehen für alle Erfüllungsgehilfen (eigene Arbeitnehmer und beigezogene Gehilfen), die in seinem Einflussbereich («under control») tätig werden (Personalrisiko)[57]; ob ein Streik im Einflussbereich des Schuldners liegt, hängt von den konkreten Umständen (z.B. innerbetriebliche oder ausserbetriebliche Ursache) ab[58].

- (2) Der Schuldner hat für Dritte einzustehen, wenn sie bei der Erfüllung der gegenüber dem Vertragspartner kontrahierten Verpflichtungen eigenverantwortlich als Erfüllungsübernehmer eingesetzt werden (z.B. direkt liefernder Subunternehmer, Spediteur, Frachtführer)[59]. In der Schweiz ist die Rechtslage deckungsgleich im Falle der Anwendung von OR 364 II/399 I; hingegen bringt die Substitutionsregelung von OR 399 II dem Schuldner eine (beschränkte) Haftungsmilderung[60]. Der Schuldner vermag sich im UN-Kaufrecht nur zu befreien, wenn keine Beziehung zwischen dem Dritten und dem Vertragspartner des Schuldners besteht oder wenn das Fehlverhalten des Dritten im Sinne von Art. 79 I nicht voraussehbar gewesen ist. Wird der Dritte vom Gläubiger bestimmt, liegt ein Fall von Art. 80 vor.

- (3) Nimmt der Dritte keine direkte Erfüllungsaufgaben wahr, sondern ist seine Leistung nur Voraussetzung bzw. Vorbedingung der Erfüllung (vor allem Zulieferant), hat der Schuldner für das Verhalten des Dritten entsprechend der schweizerischen Mehrheitsauffassung[61] nicht einzustehen[62]; die Nichterfüllung seitens des Schuldners ist aber dennoch unter dem Gesichtspunkt der Nichtbeherrschbarkeit gemäss Art. 79 (z.B. Nichtvoraussehbarkeit des Ausfalles eines Zulieferanten) zu beurteilen[63].

f) Ob die Entlastung gemäss Art. 79 auch Ansprüche auf Konventionalstrafen und Schadenersatzpauschalen entfallen lässt, ergibt sich nicht aus dem

---

[57] SCHLECHTRIEM (Fn. 1), S. 98; VISCHER (Fn. 3), S. 179; LAUTENBACH (Fn. 28), S. 62; ENDERLEIN/MASKOW/STARGARDT, Kommentar, Konvention der Vereinten Nationen über Verträge über den internationalen Warenkauf, Berlin-Ost 1985, Art. 79 N. 5; für die Schweiz GAUCH/SCHLUEP, Schweizerisches Obligationenrecht, Allgemeiner Teil, 4. Aufl. Zürich 1987, N. 1713c.

[58] Ein innerbetrieblicher Streik bringt in der Regel keine Entlastung, wohl aber ein ausserbetrieblicher Streik (vgl. VISCHER [Fn. 3], S. 179; LAUTENBACH [Fn. 28], S. 62 f.; STOLL [Fn. 25], Art. 79 N. 41 ff. m. Verw.; BIANCA/BONELL/TALLON [Fn. 23], Art. 79 N. 2.6.7).

[59] Vgl. LAUTENBACH (Fn. 28), S. 65 ff. m. Bsp.; SCHLECHTRIEM (Fn. 1), S. 98; STOLL (Fn. 4), S. 277; STOLL (Fn. 25), Art. 79 N. 36 f.; ENDERLEIN/MASKOW/STARGARDT (Fn. 57), Art. 79 N. 5 (fraglich die Bevorzugung des Schuldners, wenn er bezüglich des Gehilfen keine Wahlmöglichkeit hat).

[60] VISCHER (Fn. 3), S. 180.

[61] Dazu GAUCH/SCHLUEP (Fn. 57), N. 1680, 1713c m. Verw.

[62] VISCHER (Fn. 3), S. 179; LAUTENBACH (Fn. 28), S. 63 f.; STOLL (Fn. 4), S. 277 f.; STOLL (Fn. 25), Art. 79 N. 38.

[63] Insbesondere bei Lieferung von Gattungswaren dürfte die Entlastungsmöglichkeit beschränkt sein; vgl. SCHLECHTRIEM (Fn. 1), S. 99; weitere Verw. in Fn. 56.

Gesetzeswortlaut; Auslegungsrichtlinien können die vertraglichen Voraussetzungen für deren Entstehung und Fälligkeit sowie die in Art. 7 erwähnten Grundsätze sein, hilfsweise ist auf das kollisionsrechtlich massgebende einzelstaatliche Recht abzustellen[64].

3. Wirkungen der Entlastung

Das Vorliegen eines Entlastungsgrundes (d. h. eines unüberwindbaren oder nicht vermeidbaren Leistungshindernisses) befreit den Schuldner für die Zeitspanne seiner Dauer von einer allfälligen Schadenersatzpflicht (Art. 79 III), insbesondere – unter Vorbehalt der Herausgabe eines erhaltenen stellvertretenden Commodum[65] – von der Begleichung eines möglichen Verzugsschadens[66]. Über ein Leistungshindernis ist der Vertragspartner zwecks Verhinderung von Schadenersatzfolgen wegen Zeitverzugs angemessen zu notifizieren (zugangsbedürftige Anzeige, Art. 79 IV). Hingegen haben die eingehenden Diskussionen während der abschliessenden Verhandlungsrunde in Wien zu einer Fassung von Art. 79 V geführt, die einzig den Schadenersatzanspruch, nicht aber den Erfüllungsanspruch bei Vorliegen eines Leistungshindernisses suspendiert. Diese recht problematische Regelung[67] hat zur Folge, dass die Durchsetzung des Erfüllungsanspruches (gemäss heutiger Rechtslage in den kontinentaleuropäischen Ländern wahrscheinlicher als im angloamerikanischen Rechtskreis) mit einzelstaatlichen Folgemassnahmen (z. B. Realexekution, soweit durchsetzbar [OR 98]; Ausfällung einer Busse) möglich bleibt, sofern sich die Gerichte nicht gestützt auf Art. 28 einer grossen Zurückhaltung befleissigen[68].

Vorübergehende Hinderungsgründe entlasten den Schuldner nur insoweit, als er während ihres Bestehens die Leistung nicht erbringen muss (Art. 79 III); leistet der Schuldner auch nach Wegfall des vorübergehenden Hinderungsgrundes nicht, ohne sich auf einen anderen Entlastungsgrund berufen zu können, wird er schadenersatzpflichtig, es sei denn, dass zwischenzeitlich neue, eine endgültige Entlastung bewirkende Leistungshindernisse auftreten[69]. Die vertragstreue Partei kann während der Dauer eines Entlastungsgrundes das Vertragsaufhebungsrecht von Art. 49/64 geltend machen, sofern

---

[64] VISCHER (Fn. 3), S. 176; SCHLECHTRIEM (Fn. 1), S. 99 f.; STOLL (Fn. 25), Art. 79 N. 16.

[65] Zum Beispiel eine Versicherungssumme, vgl. STOLL (Fn. 25), Art. 79 N. 56.

[66] LAUTENBACH (Fn. 28), S. 68 f.; SCHLECHTRIEM (Fn. 1), S. 99; STOLL (Fn. 4), S. 279.

[67] VISCHER (Fn. 3), S. 175 f.; HONSELL (Fn. 3), S. 43 f.; LAUTENBACH (Fn. 28), S. 70 ff.; SCHLECHTRIEM (Fn. 1), S. 97; HUBER (Fn. 7), S. 206; ENDERLEIN/MASKOW/STARGARDT (Fn. 57), Art. 79 N. 1.

[68] Vgl. VISCHER (Fn. 3), S. 175 f.; SCHLECHTRIEM (Fn. 1), S. 51; HUBER (Fn. 7), S. 206, sieht einen direkten Widerspruch zwischen Art. 79 I und Art. 79 V und will deshalb den Weiterbestand eines Erfüllungsanspruches aus sachlogischen Gründen nicht gelten lassen.

[69] Vgl. VISCHER (Fn. 3), S. 176; zurückhaltender STOLL (Fn. 4), S. 279.

dessen Voraussetzungen erfüllt sind; unbefriedigend ist an dieser Rechtslage, dass – vorbehältlich einer restriktiv anzunehmenden Unzumutbarkeit der Bindung – nicht die vom Leistungshindernis betroffene Partei, sondern nur die keine Vertragsverletzung begehende Gegenpartei die Lösung von den Vertragspflichten zu bewirken vermag[70].

4. Vertragliche Gestaltungsmöglichkeiten

Art. 79 ist dispositiver Natur (Art. 6). Konkretisierungen und Abweichungen von Art. 79 können durch ausdrückliche oder stillschweigende Vereinbarung erfolgen, wobei deren Grenzen der Beurteilung des kollisionsrechtlich massgebenden Landesrechts unterliegen. Als Bereiche vertraglicher Gestaltung kommen insbesondere in Betracht[71]:

– Bestimmung, welche bei Vorliegen eines relevanten Leistungshindernisses und damit Entlastungsgrundes nicht nur die Schadenersatz-, sondern auch die Erfüllungspflicht wegfallen lässt;

– Bestimmung, welche die schwierige Abgrenzung zwischen dem direkt mit dem Gläubiger in Verbindung stehenden Dritten (Subunternehmer) und dem nur eine Voraussetzung für die Erfüllung schaffenden Dritten (Zulieferanten) genauer konkretisiert;

– Bestimmung, welche Garantien eines Vertragspartners für objektive und deshalb grundsätzlich befreiende Leistungshindernisse entgegen Art. 79 umschreibt;

– Bestimmung, welche eine allfällige Leistungsbefreiung im Falle des Eintritts unvorhergesehener veränderter Umstände (Konkretisierung der clausula rebus sic stantibus) oder im Falle einer wirtschaftlichen Unmöglichkeit (im Sinne einer Haftungsbeschränkung) regelt;

– Bestimmung, welche der von einem Leistungshindernis betroffenen Vertragspartei ein Vertragsaufhebungsrecht einräumt.

---

[70] VISCHER (Fn. 3), S. 175 f.

[71] R. HERBER, in: VON CAEMMERER/SCHLECHTRIEM, Kommentar zum Einheitlichen UN-Kaufrecht (CISG), München 1990, Art. 6 N. 5 f., 12 f.; STOLL (Fn. 25), Art. 79 N. 63 ff.; Formulierungsvorschläge für Force-majeure-Klauseln bei LAUTENBACH (Fn. 28), S. 56 ff., und K.-H. BÖCKSTIEGEL, Vertragsklauseln über nicht zu vertretende Risiken im internationalen Wirtschaftsverkehr, RIW *1984* 1–9. Allgemein zur Vertragsgestaltungsproblematik H.-J. MOECKE, Gewährleistungsbedingungen und Allgemeine Lieferbedingungen nach dem UNCITRAL-Übereinkommen über den Warenkauf, RIW *1983* 885–895; H. STUMPF, Das UNCITRAL-Übereinkommen über den Warenkauf und Allgemeine Geschäftsbedingungen – viel Lärm um nichts, RIW *1984* 352 f.

II. Vertragsaufhebung

Mit der Ausübung des Vertragsaufhebungsrechts durch die von einer wesentlichen Vertragsverletzung betroffene Partei erlöschen die fortführenden Erfüllungspflichten, d. h. die weitere Abwicklung des anvisierten Leistungsprogrammes wird gestoppt, und bereits erbrachte Leistungen müssen rückabgewickelt werden. Mit den Einzelheiten der Rückabwicklung befassen sich – wenn auch zum Teil lückenhaft – die Art. 81–84; diese Normen gelten entsprechend für den Fall, dass der Käufer Ersatzlieferung verlangt und deshalb die erhaltene Ware zurückgeben muss (besondere Rückabwicklungssituation)[72]. Demgegenüber liegen die Nichtigkeit und die nicht auf Beschaffenheitsmängel beruhende Irrtumsanfechtung ausserhalb des Anwendungsbereichs des Übereinkommens (Art. 4 lit. a); die Rückgängigmachung allfällig schon erbrachter Leistungen hat deshalb nach den Regeln des zuständigen einzelstaatlichen Rechts zu erfolgen[73].

A. Voraussetzungen der Geltendmachung des Vertragsaufhebungsrechts

1. Ausübungsvoraussetzungen

a) Materiell

Die materiellen Voraussetzungen einer Vertragsaufhebung sind in Art. 49 und Art. 64 detailliert umschrieben (wesentliche Vertragsverletzung oder bei Nichtlieferung erfolglose Nachfristansetzung); eine gewöhnliche Vertragsverletzung berechtigt somit nicht zur Vertragsaufhebung[74]. Weitere Vertragsaufhebungsregelungen finden sich in Art. 51 (Teilaufhebung), Art. 72 (antizipierter Vertragsbruch) und Art. 73 (Sukzessivlieferungsvertrag). Unerheblich ist, ob die vertragsbrüchige Partei die Vertragsverletzung verschuldet hat.

b) Formell

aa) Die von einer Leistungsstörung betroffene Vertragspartei hat eine Gestaltungsmacht, den Vertrag für aufgehoben zu erklären (Art. 49 I, 64 I); automa-

---

[72] Im einzelnen HUBER (Fn. 9), Art. 46 N. 52 m. Verw.

[73] Dem Vorbehalt des Landesrechtes ist grundsätzlich nur ein beschränkter Anwendungsbereich zuzubilligen: SCHLECHTRIEM (Fn. 1), S. 18 f., 66.

[74] Im einzelnen dazu P. SCHLECHTRIEM, in diesem Band, S. 103 ff.; W. WIEGAND, in diesem Band, S. 143 ff.; im Falle eines Beschaffenheitsmangels ist die Vertragsaufhebung insoweit gegenüber dem EKG eingeschränkt (vgl. LESER [Fn. 17], S. 231 f.).

tisch, z. B. durch Zeitablauf, treten somit im Gegensatz zum EKG keine Aufhebungswirkungen ein, sondern die Vertragsaufhebung lässt sich nur durch eine einseitige Erklärung der berechtigten Partei herbeiführen; diese Gestaltungserklärung ist bedingungsfeindlich und unwiderruflich[75]. Ein schlüssiges Verhalten genügt lediglich, wenn es den Vertragsaufhebungswillen deutlich zum Ausdruck bringt[76].

bb) Art. 49 II und 64 II sehen im Falle erfolgter Lieferung durch den Verkäufer bzw. Bezahlung durch den Käufer die Einhaltung von Fristen als formelle Voraussetzung der Vertragsaufhebung vor[77]; mit der detaillierten Regelung soll Gewähr dafür geboten werden, dass eine zügige Abwicklung der Vertragsstörung durchgeführt werden kann und die berechtigte Partei nicht auf Kosten der betroffenen, wenn auch sich fehlverhaltenden Partei z. B. bei volatilen Märkten zu spekulieren vermag[78]. Bestimmungsdichte in einzelnen Bereichen und verbleibende Regelungslücken führen aber m. E. dazu, dass die Fristenregelung für den internationalen Handelsverkehr wenig übersichtlich ist[79]. Überdies bleibt zu beachten, dass in Art. 47 und Art. 63 Nachfristen in zwei verschiedenen Funktionen angesprochen werden, nämlich als Nachfrist zur Ermöglichung der zwar (verspäteten) Erbringung der Leistung und als Nachfrist zur Behebung einer wesentlichen Vertragsverletzung[80].

cc) Für Erklärungen gemäss Teil III des UN-Kaufrechts gilt grundsätzlich das Absendeprinzip (Art. 27), d. h. ausreichend für die Verbindlichkeit einer Erklärung ist deren Absendung mit einem vernünftigen Transportmittel. Immerhin wird in der Lehre in Frage gestellt, ob das Absendeprinzip tatsächlich alle Wirkungen einer Vertragsaufhebungserklärung abdeckt. Mit guten Gründen wird argumentiert[81], erfasst sei vom Absendeprinzip wohl nur das eigentliche Transportrisiko (inkl. Verzögerung und Verlust der Mitteilung), während für die exakte Bestimmung der Rechtzeitigkeit der Ausübungserklärung und insbesondere für die Bindungswirkung das Zugangsprinzip im Sinne der hypothetischen Ankunft gelte.

---

[75] LESER (Fn. 17), S. 233; LESER (Fn. 18), Art. 26 N. 6; SCHLECHTRIEM (Fn. 23), S. 1043; zur Entstehungsgeschichte eingehender LESER (Fn. 18), Art. 26 N. 2, 8 f.

[76] LESER (Fn. 18), Art. 26 N. 10; zurückhaltender ENDERLEIN/MASKOW/STARGARDT (Fn. 57), Art. 26 N. 2.

[77] Eingehender zu den Fristansetzungserfordernissen LESER (Fn. 17), S. 234 f.

[78] Zur Spekulationsproblematik J. HELLNER, Ipso facto avoidance, in: FG H. Weitnauer, Berlin 1980, S. 92 ff.; vgl. auch die Heranziehung weiterer Bestimmungen bei HONNOLD (Fn. 31), N. 95, 193, 285, 416; LESER (Fn. 18), Art. 26 N. 14.

[79] LESER (Fn. 17), S. 234 f., 236.

[80] LESER (Fn. 17), S. 236.

[81] LESER (Fn. 17), S. 237 f., 239; LESER (Fn. 18), Art. 26 N. 11 f.; restriktiver SCHLECHTRIEM (Fn. 1), S. 50; vgl. auch ENDERLEIN/MASKOW/STARGARDT (Fn. 57), Art. 27 N. 2. Entscheidend ist die Feststellung des Zeitpunktes der Wirksamkeit der Vertragsaufhebungserklärung etwa dann, wenn die vertragsbrüchige Partei zwischen der Absendung und Empfangnahme der Aufhebungserklärung in Konkurs fällt und das einzelstaatliche Konkursrecht nach Konkurseröffnung wirksam werdende Gestaltungserklärungen nicht anerkennt.

2. Abwicklungsvoraussetzungen

a) Grundsatz der Rückgewähr des Geleisteten

Art. 82 I nimmt den römisch-rechtlichen Grundsatz der unversehrten Rückgabe der erhaltenen Leistung auf. Die Ausübung des Vertragsaufhebungsrechts setzt mithin voraus, dass die aufhebungswillige Partei die empfangene Ware unversehrt zurückgeben kann. Die weiteren Rechtsbehelfe bleiben aber vom möglichen Wegfall des Vertragsaufhebungsrechts unberührt (Art. 83). Art. 82 I ist vom Wortlaut her nur auf den Käufer als aufhebungsberechtigte Partei zugeschnitten. Der entsprechende Grundsatz muss aber auch für den Verkäufer gelten, wenn der Käufer mit der Zahlung säumig ist (Rücknahme der Ware vor allem bei Zahlungsschwierigkeiten des Käufers)[82]; immerhin ist nicht zu übersehen, dass diese Auslegung insbesondere dem anglo-amerikanischen Recht wenig vertraut ist und es auch an einem entsprechenden Grundsatz der unversehrten Rückgewähr der Ware durch den säumigen Käufer fehlt[83], weshalb sachdienliche Regeln durch Lückenfüllung geschaffen werden müssen.

Art. 82 I zielt auf die tatsächliche Unmöglichkeit der Rückgewähr ab; irrelevant ist, wer allenfalls diese Unmöglichkeit zu vertreten hat[84]. Lässt sich die Ware nicht mehr unversehrt zurückgeben, ist das Aufhebungsrecht – vorbehältlich der gesetzlichen Ausnahmen – ohne spätere Wiederauflebungsmöglichkeit abgeschnitten, ausser wenn die vertragstreue Partei die Ware während der Ausübungsfrist zur Aufhebung wieder beschaffen kann[85]. Abgesehen von den Ausnahmen gemäss Art. 82 II haben auch unwesentliche Veränderungen an der zurückzugebenden Ware (z. B. unwesentliche Verschlechterungen) keinen Einfluss auf das Aufhebungsrecht (sog. Bagatellregelung); solche Verschlechterungen sind aber in der Berechnung des begleitenden Schadenersatzes bzw. in der Vorteilsausgleichung zu berücksichtigen[86].

b) Ausnahmen von der unversehrten Rückgewähr

Der Grundsatz, dass die geleistete Ware unversehrt zurückzugeben ist, erfährt in Art. 82 II wesentliche Einschränkungen, welche den Grundsatz in der

---

[82] LESER (Fn. 18), Art. 82 N. 8.
[83] Vgl. LESER (Fn. 17), S. 253 f.; zur Problematik auch HONNOLD (Fn. 31), N. 444.
[84] LESER (Fn. 18), Art. 82 N. 9; ENDERLEIN/MASKOW/STARGARDT (Fn. 57), Art. 82 N. 1; BIANCA/BONELL/TALLON (Fn. 23), Art. 82 N. 1.1.
[85] LESER (Fn. 18), Art. 82 N. 10.
[86] SCHLECHTRIEM (Fn. 1), S. 101; LESER (Fn. 18), Art. 82 N. 11; ENDERLEIN/MASKOW/STARGARDT (Fn. 57), Art. 82 N. 1.

Praxis wohl zur Ausnahme machen dürften[87]. Art. 82 II auferlegt dem Verkäufer in lit. a und b hinsichtlich der vertragswidrig gelieferten Ware die Risiken des Zufalls und der höheren Gewalt sowie der Beeinträchtigung durch
Untersuchungshandlungen. Des weitern hat der Verkäufer das Risiko der geschäftsüblichen Verwendung der Sache zu tragen (lit. c).

aa) Der Gefahrtragungsgrundsatz in Art. 82 II lit. a belastet – entsprechend
zu OR 207[88] – den Verkäufer mit allen Risiken (inkl. Zufall), die sich aus der
mangelhaften Beschaffenheit der gelieferten Ware ergeben (z. B. sog. «weiter-
fressender Mangel», fehlerhafte Gebrauchsanweisungen)[89]. Der Käufer trägt
mithin keine Gefahr und kein Risiko für schadensstiftende Einwirkungen,
die ausserhalb seiner Herrschafts- bzw. Einflusssphäre liegen und für ihn als
Ereignisse unvorhersehbar und unvermeidbar sind[90]. Der Käufer hat der
Ware nur die geschäftsübliche Obhut angedeihen zu lassen; für Dritte hat er
einzustehen, wenn er deren Einwirkungsmöglichkeit durch sein Verhalten
verstärkt hat. Sobald jedoch der Käufer von der Möglichkeit der Vertragsaufhebung Kenntnis hat, darf er die Ware nicht weiter verwenden oder veräussern, wenn er nicht das Vertragsaufhebungsrecht verlieren will[91].

bb) Verursachen die berechtigten Untersuchungshandlungen bei Entgegennahme der Ware deren Verschlechterung, hat der Käufer dafür nicht einzustehen; Art. 82 II lit. b bürdet dieses Risiko und die Folgen der Untersuchung
dem Verkäufer auf[92].

cc) Selbst im Falle eines Weiterverkaufs oder einer Verarbeitung bzw. Veränderung der Ware ist der Käufer – über OR 207 III hinausgehend[93] – berechtigt, die Vertragsaufhebungserklärung abzugeben (Art. 82 II lit. c)[94]. Relevant ist das Aufhebungsrecht insbesondere, wenn eine Drittpartei Ansprüche
gegen den Käufer geltend macht; zudem lässt sich – wohl weniger beabsichtigt – das Marktrisiko (Entwicklung der Preise) auf den Verkäufer abwälzen[95].
Faktisch wandelt sich bei geschehener Weiterveräusserung der gesetzlich vor-

---

[87] LESER (Fn. 18), Vor Art. 81–84 N. 12, Art. 82 N. 16; ENDERLEIN/MASKOW/STARGARDT (Fn. 57),
Art. 82 N. 1; J. ZIEGEL, The Remedial Provisions in the Vienna Sales Conuention: Some Common
Law Perspectives, in: GALSTON/SMIT, International Sales, The United Nations Convention on Con-
tracts for the International Sale of Goods, New York 1984, S. 25 ff.

[88] BBl 1989 I 831; GIGER (Fn. 8), Art. 207 N. 9 ff.

[89] VISCHER (Fn. 3), S. 183; SCHLECHTRIEM (Fn. 1), S. 101; LESER (Fn. 17), S. 246; LESER (Fn. 18),
Art. 82 N. 19; ENDERLEIN/MASKOW/STARGARDT (Fn. 57), Art. 82 N. 3; vgl. auch E. VON CAEMMERER,
Mortuus redhibetur, in: Festschrift K. Larenz, München 1973, S. 621 ff.

[90] LESER (Fn. 18), Art. 82 N. 20; ENDERLEIN/MASKOW/STARGARDT (Fn. 57), Art. 82 N. 3; vgl. auch
SCHLECHTRIEM (Fn. 1), S. 101.

[91] LESER (Fn. 18), Art. 82 N. 21.

[92] SCHLECHTRIEM (Fn. 1), S. 101; LESER (Fn. 18), Art. 82 N. 22; HONNOLD (Fn. 31), N. 448;
BIANCA/BONELL/TALLON (Fn. 23), Art. 82 N. 2.3.

[93] BBl 1989 I 831; vgl. auch GIGER (Fn. 8), Art. 207 N. 31 ff.

[94] LESER (Fn. 18), Art. 82 N. 23; das UN-Kaufrecht geht damit auch weiter als Art. 79 II lit. c
EKG.

[95] Kritisch dazu VISCHER (Fn. 3), S. 183; vgl. auch HONNOLD (Fn. 31), N. 448.

gesehene Rücktausch der Leistungen in eine Abrechnung der Vorteile, die vorzunehmen ist, bevor die verbleibenden Schadensposten im Rahmen bestehender Schadenersatzansprüche abgerechnet werden können[96]. Ein Schutz des Verkäufers besteht insoweit, als eine Veräusserung der Ware nach Entdeckung des zur Vertragsaufhebung berechtigenden Mangels zum Verlust des Vertragsaufhebungsrechts des Käufers führt, mit der Entdeckung des Mangels also eine Art Sperrwirkung eintritt[97]. Sowohl Verkauf als auch Verbrauch und Veränderung der Ware müssen weiter im normalen Geschäftsverkehr liegen; unwirtschaftliche und unübliche Vorgehensweisen des Käufers können nicht in den Risikobereich des Verkäufers transponiert werden[98].

B. Wirkungen der Vertragsaufhebung

1. Dogmatische Aspekte

a) Umsteuerung des Vertragsverhältnisses in ein Abwicklungsverhältnis

Dogmatisch basiert Art. 81 auf der Annahme, dass mit der Ausübung des Vertragsaufhebungsrechts die unerfüllten Leistungspflichten untergehen und der Vertrag noch als vertragliches Abwicklungsverhältnis (sog. Liquidationsverhältnis), dessen Ziel die Rückgewähr des Geleisteten und eine allfällige Vorteilsausgleichung ist, weiterlebt. An die Stelle des ursprünglichen Leistungsprogrammes treten somit – nach der «Umsteuerung» – Rückleistungsforderungen und Schadenersatzansprüche, die – mit dem Ziel der Wiederherstellung des Zustandes quo ante – vertraglicher Natur sind[99]. Die Eigentumslage an den gelieferten Waren wird durch die Vertragsaufhebung nicht berührt (Art. 4 lit. b).

Bereits im von E. RABEL beeinflussten Entwurf 1935 für das spätere Haager Einheitliche Kaufrecht[100] hat sich die Auffassung durchgesetzt, dass die Vertragsaufhebung nicht zu einer Beseitigung des Vertrags wie bei der Anfechtung oder bei der Nichtigkeit führt, sondern dass (1) eine Lösung von den unerfüllten Leistungspflichten eintritt und (2) der Bestand gewisser Abreden (z. B. Schiedsklauseln, Konventionalstrafen [Aufzählung in Art. 81 I nicht er-

---

[96] LESER (Fn. 18), Art. 82 N. 23; LESER (Fn. 17), S. 247 f.
[97] LESER (Fn. 18), Art. 82 N. 27; ENDERLEIN/MASKOW/STARGARDT (Fn. 57), Art. 82 N. 5.
[98] Vgl. auch VISCHER (Fn. 3), S. 183.
[99] RABEL (Fn. 17), S. 421 ff., 429; SCHLECHTRIEM (Fn. 1), S. 102; VISCHER (Fn. 3), S. 181; LESER (Fn. 17), S. 229 m. Anm. 16; LESER (Fn. 18), Art. 26 N. 4 m. Verw., Vor Art. 81–84 N. 7/8, Art. 81 N. 9; HONNOLD (Fn. 31), N. 440; BIANCA/BONELL/TALLON (Fn. 23), Art. 81 N. 2.2.
[100] Vgl. RabelsZ 1935 72 f. zu Art. 23 II und Art. 26–32 des Entwurfs (Bezugnahme auf «Umgestaltung»).

schöpfend]) unberührt bleibt und (3) eine Rückschaffung erbrachter Leistungen im Vertragsrahmen durch Umsteuerung in ein Abwicklungsverhältnis erfolgt. Mit dieser dogmatischen Betrachtungsweise sieht sich das UN-Kaufrecht in Übereinstimmung mit der anglo-amerikanischen Auffassung der rescission[101] und einer neueren, vor allem in Deutschland, aber auch in der Schweiz vertretenen Lehrmeinung[102].

b) Divergenzen zum schweizerischen Recht

Die ältere Rechtsprechung und Lehre zu OR 107/109 und OR 205/208 haben überwiegend dafürgehalten, dass der Vertrag im Falle der Geltendmachung eines Vertragsaufhebungsrechts durch die berechtigte Vertragspartei als auf den Moment des Vertragsabschlusses rückwirkend (ex tunc) aufgehoben gilt, wie wenn er nie existiert hätte[103]. Im einzelnen bestehen jedoch hinsichtlich der Rechtswirkungen des Vertragsrücktrittes innerhalb der älteren Mehrheitsmeinung unterschiedliche Auffassungen:

- (1) Gemäss einer Minderheit von Autoren fehlt es im Falle einer erfolgreichen Vertragsaufhebung an einer ausreichenden «causa» des Eigentumsüberganges, was zur Folgerung führt, dass Sachleistungen durch Vindikation zurückzufordern sind[104]. Das Bundesgericht hat im – allein gebliebenen – Entscheid BGE *109* II 30, einem kaufrechtlichen Wandelungsfall, ohne Diskussion der früheren Rechtsprechung und ohne Bezugnahme auf die Lehre die Meinung vertreten, bei Auflösung des Kaufvertrages infolge Wandelung stehe das Eigentum wieder demjenigen zu, der vor der Lieferung der Sache ihr Eigentümer gewesen ist.

- (2) Die Mehrheitsmeinung will dem Rücktritt ex tunc keine dingliche Wirkung zuerkennen, mit der Begründung, nicht die dingliche Gültigkeit der Zuwendung werde beseitigt, nur das Schuldverhältnis aufgehoben; für anwendbar gehalten werden deshalb – zumindest analog – die Regeln über die ungerechtfertigte Bereicherung (OR 62ff.)[105]. Dessenungeachtet ist das

---

[101] Dazu G. TREITEL, The Law of Contract, 7. Aufl. London 1987, S. 574 ff., 647 ff.

[102] K. LARENZ, Lehrbuch des Schuldrechts, Bd. I, 14. Aufl. München 1987, S. 403; H. LESER, Der Rücktritt vom Vertrag, Tübingen 1975, S. 159 ff.; STAUDINGER/OTTO, Kommentar zum Bürgerlichen Gesetzbuch (1979), § 327 N. 18.

[103] BGE *63* II 258; *61* II 255 ff.; *60* II 27 ff.; *49* II 292; VON TUHR/PETER, Allgemeiner Teil des Obligationenrechts, Bd. 1, Zürich 1979, S. 493 f.; VON TUHR/ESCHER, Allgemeiner Teil des Obligationenrechts, Bd. 2, Zürich 1974, S. 155; H. BECKER, Berner Kommentar zum Obligationenrecht, Bern 1941, Art. 109 N. 1. Aus diesem Grunde ist die Bemerkung in der Botschaft, BBl *1989* I 830, die schweizerische Lehre gehe von einer Wirkung ex nunc aus, wohl kaum zutreffend.

[104] BGE *109* II 30; KELLER/SCHÖBI, Das schweizerische Schuldrecht, Bd. I, 3. Aufl. Basel 1988, S. 277; erneut nun wieder M. KNELLWOLF, Zur Wirkung des Rücktrittes, ZSR *1990* I 389 ff.; F. EHRAT, Der Rücktritt vom Vertrag..., Diss. Zürich 1990, N 455 ff.

[105] BGE *57* II 323; VON TUHR/PETER (Fn. 103), S. 493, 494 Anm. 121 a; VON TUHR/ESCHER (Fn. 103), S. 155 f.; BECKER (Fn. 103), Art. 109 N. 2, 5.

Geleistete aber soweit als möglich «in natura» zurückzuerstatten[106]. Überdies wird überwiegend nicht die einjährige bereicherungsrechtliche Verjährungsfrist (OR 67), sondern, weil es sich um «selbständige gesetzliche Ansprüche» handle, die Vertragsverjährung für anwendbar erklärt[107].

Die Theorie des Abwicklungsverhältnisses, die für das UN-Kaufrecht allgemein anerkannt ist, wird in neuerer Zeit von einer steigenden Zahl von Autoren befürwortet[108]; kürzlich hat nun auch das Bundesgericht (BGE *114* II 157f.) ausgeführt, die Tatsache, dass ein Vertrag geschlossen und vom Schuldner nicht erfüllt worden sei, könne so oder anders nicht als ungeschehen bezeichnet werden, weshalb es nicht abwegig sei, dass der Gesetzgeber die Wirkungen des Rücktritts nicht so gestaltet habe, als ob nie ein Vertrag geschlossen worden wäre. Sofern sich in der Schweiz nicht diese letztgenannte Auffassung durchsetzen sollte, würden künftig – wenn auch nicht unbedingt die praktischen Resultate, so doch – die dogmatischen Beurteilungsgrundlagen für eine Vertragsaufhebung nationaler Warenkäufe von jenen internationaler Warenkäufe divergieren.

2. Einzelne Vertragsaufhebungswirkungen

a) Befreiungswirkung

Mit der Umsteuerung des Vertrags in ein Abwicklungsverhältnis werden die noch nicht erfüllten Hauptpflichten des Vertrags (sog. Primärpflichten) sowie die sie direkt unterstützenden Nebenpflichten aufgehoben[109]; dank der Befreiung von solchen unmittelbaren Vertragspflichten erhalten die Parteien ihre ursprüngliche Dispositionsfreiheit zurück.

b) Weitergeltung der fortbestehenden Pflichten

Durch die Umsteuerung in ein Abwicklungsverhältnis wird der Vertrag nicht beseitigt. Art. 81 I behält ausdrücklich neben der Schadenersatzpflicht einzelne fortbestehende Pflichten vor, etwa die – nicht abschliessend – als Beispiel erwähnte Beilegung von Streitigkeiten oder sonstige Bestimmungen des Vertrags, welche die Rechte und Pflichten der Parteien nach Vertragsaufhebung regeln (z. B. Schadenspauschalierungen, Konventionalstrafen). Ebenso

---

[106] BGE *57* II 323; BECKER (Fn. 103), Art. 109 N. 5.
[107] BGE *63* II 258; *61* II 258; *60* II 28; a. A. VON TUHR/ESCHER (Fn. 103), S. 156 Anm. 100.
[108] BGE *114* II 157f.; GAUCH/SCHLUEP (Fn. 57), N. 1187ff. m. Verw.; P. GAUCH, Wirkung des Rücktritts und Verjährung des Rückforderungsanspruchs bei Schuldnerverzug, recht *1989* 122ff.
[109] LESER (Fn. 17), S. 238; LESER (Fn. 18), Art. 81 N. 8; BIANCA/BONELL/TALLON (Fn. 23), Art. 81 N. 2.2; HONNOLD (Fn. 31), N. 440.

gehen privatautonom gestaltete, fortführende Vertragspflichten nicht unter; dazu gehören nicht nur z. B. die Treue- und Geheimhaltungspflicht oder ein Konkurrenzverbot, sondern auch die Pflicht zur Aufbewahrung oder zur Fürsorge für eine zurückzugebende Leistung (vgl. Art. 85/86), die Pflicht zur Rücksendung, Verwertung oder Weitergabe gelieferter Waren sowie zur Rückgabe nicht benötigter Sicherheiten und allgemeiner Dokumentationen (Unterlagen, Pläne, Lizenzen)[110].

c) Rückgewähr des Geleisteten

Art. 81 II räumt (beiden) Vertragsparteien als mit der Vertragsaufhebung neu auflebendes Recht einen Anspruch auf Rückgewähr des Geleisteten ein; damit sollen die bereits bewirkten Folgen des Vertrags (soweit als möglich) beseitigt werden. Grundsätzlich ist gemäss UN-Kaufrecht wie nach schweizerischem Recht die erbrachte Leistung in natura zurückzuerstatten[111]; prozessual ist immerhin der Vorbehalt von Art. 28 (Möglichkeit der effektiven Durchsetzung des Erfüllungsanspruches gemäss einzelstaatlichem Recht, vor allem in anglo-amerikanischen Ländern) zu beachten. Art. 81 II geht vom Fall aus, dass die erbrachte Leistung noch unverändert beim Vertragspartner verfügbar ist. Erweist sich eine unversehrte Rückgabe nicht mehr als möglich, entfällt – ausser in den sog. Bagatellfällen – das Aufhebungsrecht (Art. 82 I), sofern nicht die Voraussetzungen eines der in Art. 82 II genannten Ausnahmefälle erfüllt sind[112]. Kann die bereits erbrachte Leistung nicht unverändert zurückerstattet werden, kommt es – neben allfälligen Schadenersatzansprüchen – zur Vorteilsausgleichung gemäss Art. 84.

C. Rückgabemodalitäten und Vorteilsausgleichung

1. Rückgabemodalitäten

a) Das UN-Kaufrecht hat es unterlassen, die Rückgabemodalitäten im einzelnen zu regeln, weshalb verschiedene Ungewissheiten einer detaillierten rich-

---

[110] LESER (Fn. 18), Art. 81 N. 10; die Aufzählung in Art. 81 ist nicht abschliessend (LESER [Fn. 18], Art. 81 N. 3); ENDERLEIN/MASKOW/STARGARDT (Fn. 57), Art. 81 N. 1; HONNOLD (Fn. 31), N. 440–443; BIANCA/BONELL/TALLON (Fn. 23), Art. 81 N. 2.3 f.

[111] Es besteht keine hypothetische Ersatzberechtigung im Sinne, dass der Zurücktretende so zu stellen ist, wie wenn der Vertrag ordnungsgemäss erfüllt (positives Interesse) oder überhaupt nie abgeschlossen worden wäre (negatives Interesse): LESER (Fn. 18), Vor Art. 81–84 N. 10, Art. 81 N. 12; für das schweizerische Recht vgl. Fn. 106.

[112] Vgl. vorne II.A.2.b.

terlichen Festlegung bedürfen. Als unumstritten kann immerhin gelten, dass die Rückgewähr Zug-um-Zug abzuwickeln ist, sofern auf beiden Seiten Rückforderungsrechte bestehen. Nicht geregelt ist aber schon die Frage, ob eine Verrechnung gegenseitiger Leistungen Platz greifen kann; m. E. stellt die Verrechnung von Geldforderungen, vor allem für Ansprüche aus der Vorteilsausgleichung, eine systemimmanente Ergänzung der Zug-um-Zug-Abwicklung dar, die im Sinne einer Lückenfüllung zuzulassen ist[113].

b) Bezüglich des Leistungsortes und der Kosten der Rückgabe drängen sich mangels gesetzlicher Regelung unter Beachtung der inhärenten Prinzipien des Übereinkommens ohne Rückgriff auf das international privatrechtlich zuständige Landesrecht (Art. 7 II) folgende Lösungen auf:

– Bezüglich des Leistungsortes für die Rückabwicklungspflichten sind spiegelbildlich die Regelungen des Leistungsortes für die Primärleistungen des Vertrags (Art. 31 und 57) anzuwenden[114].

– Die Kosten der Rückgabe muss die vertragstreue Partei in die Berechnung des begleitenden Schadenersatzes aufnehmen können, ausser wenn die vertragsverletzende Partei, die grundsätzlich die Kosten selber tragen muss, sich gestützt auf Art. 79 zu befreien vermag[115].

c) Keine Regelung enthält das UN-Kaufrecht bezüglich der Gefahrtragung für die Ware nach Erklärung der Vertragsaufhebung bis zur Rückgabe an den Verkäufer. Sachgerecht dürfte sein, im Sinne einer Lückenfüllung die in Art. 82 II/84 enthaltenen Gefahrtragungsregeln analog auf die Zeit nach Vertragsaufhebung anzuwenden[116]. Dem Käufer obliegt somit eine Obhuts- und Einstandspflicht für die erhaltene Ware bis zur Rückgabe; ist der Käufer für eine Schädigung der Sache verantwortlich, hat der Verkäufer einen Ersatzanspruch, der wie ein Wertersatzanspruch gemäss Art. 84 im Rahmen des Rückabwicklungsmechanismus zu berücksichtigen ist[117].

d) Für den praktisch wohl nicht sehr häufigen, aber durchaus nicht zu vernachlässigenden Fall, dass der vertragstreue Verkäufer die Vertragsaufhebung ausspricht, enthält das UN-Kaufrecht ausser dem allgemeinen Anspruch in Art. 81 I keine weitere Regelung. Hinsichtlich Leistungsort und -zeit der zurückzugebenden Ware sowie Gefahrtragung hat m. E. eine spiegelbildliche Anwendung der Regeln für die Primärleistungen zu erfolgen (z. B. Möglichkeit der Anwendung der an sich dem Käufer zustehenden Rechtsbehelfe)[118]. Hingegen erscheint eine Heranziehung der käuferfreundlichen Anordnungen zu Veränderungen der Ware (Art. 82 II) bei einer Vertragsverlet-

[113] So auch LESER (Fn. 18), Art. 81 N. 16; für Rückgriff auf das zuständige Landesrecht HONNOLD (Fn. 31), N. 444; BIANCA/BONELL/TALLON (Fn. 23), Art. 81 N. 2.6 f.
[114] SCHLECHTRIEM (Fn. 1), S. 103; LESER (Fn. 18), Art. 81 N. 17.
[115] LESER (Fn. 18), Art. 81 N. 18; BIANCA/BONELL/TALLON (Fn. 23), Art. 81 N. 2.6.
[116] SCHLECHTRIEM (Fn. 1), S. 103; LESER (Fn. 17), S. 244 f., 253; LESER (Fn. 18), Art. 82 N. 13.
[117] LESER (Fn. 18), Art. 82 N. 13 f.
[118] SCHLECHTRIEM (Fn. 1), S. 103; LESER (Fn. 17), S. 254; LESER (Fn. 18), Art. 82 N. 8, 13.

zung durch den Käufer nicht sachgerecht; vielmehr wird – gestützt auf die allgemeine Aufbewahrungspflicht von Art. 85/86 sowie die Lückenfüllungsmöglichkeit von Art. 7 II – eine allgemeine Haftung des Käufers für die empfangene Ware im Rahmen der Rückabwicklung nach Vertragsaufhebung anzunehmen sein[119].

2. Vorteilsausgleichung

Art. 84 regelt die Vorteilsausgleichung, die zur Wiederherstellung des früheren Zustandes (status quo ante) führen soll. Die wie die Rückgabe der Ware Zug-um-Zug zu erbringende Vorteilsausgleichung (nur) in Form von Geldleistungen ist ein besonderer Ausgleichsanspruch, der gegenüber dem Schadenersatzanspruch vorgeht, auch wenn – gerade im Falle der Kumulierung von Rechtsbehelfen – Schnitt- und Berührungspunkte vorhanden sind[120]. Art. 84 bezieht sich auf den Abwicklungsweg der Rückgewähr, kann als Ausgleichsmechanismus mithin nicht verallgemeinert werden[121].

a) Verzinsung des Kaufpreises

Hat der Verkäufer den Kaufpreis für die Ware, die kraft Vertragsaufhebung zurückgegeben wird, schon erhalten, muss der empfangene Kaufpreis verzinst werden (Art. 84 I); diese Regel gilt für die sonst parallel geregelte Ersatzlieferung nicht, ein allfälliger Verzugsschaden des vertragstreuen Käufers ist über die Schadenersatzregeln abzuwickeln[122]. Zum Verhältnis zwischen der (selbständigen) Vorteilsausgleichungsregel von Art. 84 I und der allgemeinen Schadenersatznorm von Art. 74 ist folgendes zu bemerken: Angesichts der Tatsache, dass – mangels besonderer vertraglicher Regelungen, die ohnehin Vorrang geniessen – Art. 84 I die Zinspflicht für den bereits bezahlten Kaufpreis oder Teile davon ausdrücklich anordnet, ist m. E. in einer ersten Stufe dieser Zinsanspruch zu berechnen und kann nur für einen allfällig darüber hinausgehenden Zinsschaden (z. B. Beanspruchung eines höher verzinslichen Kredits durch den Käufer) ein weitergehender, ergänzender Schadenersatzanspruch geltend gemacht werden[123].

Das UN-Kaufrecht regelt die Höhe der Zinsen in Art. 84 I nicht, ebensowenig wie in Art. 78. Ausschlaggebend muss das Prinzip der Vorteilsausglei-

---

[119] LESER (Fn. 18), Art. 82 N. 15.
[120] LESER (Fn. 17), S. 251 f.; LESER (Fn. 18), Art. 84 N. 6, 12.
[121] LESER (Fn. 18), Art. 84 N. 7.
[122] LESER (Fn. 18), Art. 84 N. 10.
[123] LESER (Fn. 18), Art. 84 N. 12; ENDERLEIN/MASKOW/STARGARDT (Fn. 57), Art. 78 N. 1; unklar SCHLECHTRIEM (Fn. 1), S. 102 Anm. 449; a. A. wohl VISCHER (Fn. 3), S. 182, der den Zins insgesamt als Schaden ansieht; HERBER (Fn. 41), S. 46.

chung sein, d.h. der Verkäufer hat denjenigen Zinsbetrag zurückzuerstatten, den er (abstrakt) durch die tatsächliche Nutzung der empfangenen Geldsumme erwirtschaftet hat oder hätte erwirtschaften können. Die Berechnung hat – ohne Rückgriff auf einzelstaatliches Recht – unter objektivierten Gesichtspunkten zu erfolgen, wobei die Nutzungsmöglichkeiten (übliche Verzinsung) am Ort der Niederlassung des verpflichteten Verkäufers massgebend sind[124]. Die Zinspflicht beginnt mit dem Empfang der Zahlung durch den Verkäufer[125].

b) Begleitende Vorteilsausgleichung

Dem Prinzip der Vorteilsausgleichung entspricht, dass der Käufer die der zeitweilig übergebenen Ware entspringenden Vorteile an den Verkäufer zurückführt (Art. 84 II lit. a). Erfasst werden somit insbesondere alle Nutzungen aus der Sache (natürliche und zivile Früchte). Bei der Bewertung der natürlichen Früchte ist ein objektivierter Massstab anzulegen; hingegen sind bei den zivilen Früchten die erlangten Entgelte massgeblich, solange sie sich im geschäftsüblichen Rahmen bewegen[126]. Des weitern hat der Käufer Wertersatz für genossene Gebrauchsvorteile zu leisten, die Berechnung hat objektiviert zu erfolgen[127].

Das UN-Kaufrecht regelt nicht, wer die bei der Nutzung der Ware anfallenden Kosten zu tragen hat. Dem Grundsatz der Vorteilsausgleichung entspricht aber, dass nur die Nettovorteile der empfangenen Ware ausgeglichen werden müssen, weshalb ausgewiesene Kosten und Auslagen abzugsfähig sind[128]. Soweit wegen einzelstaatlicher eigentumsrechtlicher Regelungen ein Ausgleich nicht möglich ist, muss die sachgerechte Zielsetzung über das Schadenersatzrecht verwirklicht werden[129].

Das UN-Kaufrecht enthält auch keine Regelung darüber, ob der Käufer Nutzungen, die er nicht gezogen hat, obwohl deren Erwirtschaftung allgemein verkehrsüblich ist und dem Käufer zuzumuten gewesen wäre, auszugleichen hat. Angesichts der Zielsetzung von Art. 84 ist diese hypothetische Vorteilsausgleichung m.E. gestützt auf eine sinnentsprechende Heranziehung

---

[124] LESER (Fn. 18), Art. 84 N. 13; vgl. auch VISCHER (Fn. 3), S. 182; HONNOLD (Fn. 31), N. 421, 451; auf das kollisionsrechtlich zuständige Landesrecht abstellend hingegen SCHLECHTRIEM (Fn. 1), S. 94, 102; ENDERLEIN/MASKOW/STARGARDT (Fn. 57), Art. 84 N. 2.

[125] LESER (Fn. 18), Art. 84 N. 14.

[126] LESER (Fn. 18), Art. 84 N. 18; BIANCA/BONELL/TALLON (Fn. 23), Art. 84 N. 2.1, wollen nach den Regeln über die ungerechtfertigte Bereicherung des zuständigen Landesrechts vorgehen.

[127] LESER (Fn. 18), Art. 84 N. 19.

[128] VISCHER (Fn. 3), 182 in Analogie zu Art. 85 ff.; LESER (Fn. 18), Art. 84 N. 20.

[129] SCHLECHTRIEM (Fn. 1), S. 103; LESER (Fn. 18), Art. 84 N. 21; ENDERLEIN/MASKOW/STARGARDT (Fn. 57), Art. 84 N. 3; auf das zuständige Landesrecht abstellend BIANCA/BONELL/TALLON (Fn. 23), Art. 84 N. 2.2.

der Schadensminderungspflicht gemäss Art. 77 zu bejahen[130], auch wenn der Gesetzeswortlaut nur von Vorteilen spricht, die der Käufer gezogen hat, nicht von Vorteilen, die er hätte ziehen können.

c) Vorteilsausgleichung mit Surrogat

Hat der Käufer die empfangene Ware im Zeitpunkt der Vertragsaufhebung bereits verarbeitet oder weiterveräussert (Art. 82 II lit. c), ist eine Rückgabe im eigentlichen Sinne nicht mehr möglich; aus diesem Grunde legt Art. 84 II lit. b fest, dass der Käufer den Gegenwert aller Vorteile, die er aus der Sache bei Veränderung oder Weiterverkauf gezogen hat, dem Verkäufer zu erstatten hat[131]. An die Stelle der Rückgabe des Geleisteten tritt somit als Surrogat ein Wertersatzanspruch.

– Bei (1) Verarbeitung oder Verbrauch der Sache oder (2) Untergang mit nachfolgendem Empfang einer Schadenersatz- bzw. Versicherungssumme ist der Wertanspruch in Anbetracht der geschäftsüblichen, objektiviert zu beurteilenden Umstände zu ermitteln (sog. Vorteilsausgleichung durch commodum ex re)[132].

– Hat der Käufer die Ware im normalen Geschäftsverkehr weiterveräussert, ist der Bruttoerlös abzüglich der Unkosten und des Käufergewinnes zurückzuerstatten (sog. Vorteilsausgleichung durch commodum ex negotiatione)[133].

Kosten und Auslagen können wie bei der begleitenden Vorteilsausgleichung veranschlagt werden. Die Berechnung des Wertersatzes nähert sich deshalb recht stark einer dem Schadenersatzrecht entsprechenden «Gesamtabrechnung» an[134].

D. Vertragliche Gestaltungsmöglichkeiten

1. Die Parteien sind im Rahmen von Art. 6 frei, vertraglich Aufhebungsrechte zu vereinbaren; lassen es die Parteien an Ausführungsregeln fehlen, gelten die Bestimmungen von Art. 81–84 sinngemäss, m. E. einschliesslich der Aus-

---

[130] So auch LESER (Fn. 18), Art. 84 N. 22; a. A. VISCHER (Fn. 3), S. 182 (vorbehältlich der Zinsziehung, die als selbstverständlich erachtet wird); SCHLECHTRIEM (Fn. 1), S. 102 f.; ENDERLEIN/MASKOW/STARGARDT (Fn. 57), Art. 84 N. 3.

[131] LESER (Fn. 18), Art. 84 N. 23.

[132] LESER (Fn. 18), Art. 84 N. 26.

[133] LESER (Fn. 17), S. 250 f.; LESER (Fn. 18), Art. 84 N. 27.

[134] Vgl. LESER (Fn. 17), S. 250 f., mit der Frage, ob die Sonderbehandlung überhaupt gerechtfertigt ist.

nahmefälle der Vertragsaufhebung trotz Untergangs, Verschlechterung oder Weiterveräusserung der Ware[135].

2. Der Ausschluss oder die Einschränkung des Vertragsaufhebungsrechts an sich sowie die Abänderung einzelner Regeln der Rückabwicklung beurteilen sich gestützt auf Art. 6; eine Grenze bilden können insbesondere zwingende Normen des einzelstaatlichen Rechts (z. B. im Konsumentenschutz), soweit sie auf internationale Warenkaufgeschäfte Anwendung zu finden vermögen[136].

3. Angesichts der Tatsache, dass im UN-Kaufrecht nicht zu übersehende Regelungslücken vorhanden sind, empfiehlt es sich, vertragliche Bestimmungen z. B. in folgenden Bereichen vorzusehen:

– Die Regelungen von Art. 82 und Art. 84 sind auf den die Vertragsaufhebung aussprechenden Käufer ausgerichtet und passen auf den vertragstreuen Verkäufer, welcher die Aufhebung erklären will, nur schlecht. Vertragliche Gefahrtragungs- und Rückerstattungsregeln für diesen Fall vermögen Auslegungsschwierigkeiten zu vermeiden.

– Nicht geregelt ist die Haftung des Käufers, wenn die zurückzugebende Ware nach wirksamer Vertragsaufhebung untergeht oder Schaden nimmt; zur Klarstellung drängt sich die vertragliche Schaffung von Gefahrtragungsregeln auf.

– Im Rahmen der Rückgewährsmodalitäten lassen sich z. B. der Leistungsort und die Frage der Tragung der Rückgewährungskosten regeln.

– Strittig ist weiter die Frage, ob der rückgewährspflichtige Käufer für Nutzungen, welche er nicht gezogen hat, obwohl deren Erwirtschaftung geschäftsüblich gewesen wäre, einzustehen hat; die entsprechende Rechtsunsicherheit lässt sich durch eine klare vertragliche Regelung beseitigen.

– Das UN-Kaufrecht ist auf das klassische (internationale) Zug-um-Zug-Kaufgeschäft ausgerichtet, doch fallen auch sog. Werklieferungsverträge, die im schweizerischen Recht teilweise dem Werkvertragsrecht unterstellt werden, in den Anwendungsbereich des Übereinkommens (Art. 3 I). Bei solchen Vertragsverhältnissen ist von den Parteien insbesondere der Formulierung der Nebenpflichten, etwa der imminenten Schutzpflichten, Sorge zu tragen.

---

[135] LESER (Fn. 18), Vor Art. 81–84 N. 5, Art. 84 N. 8; ENDERLEIN/MASKOW/STARGARDT (Fn. 57), Vor Art. 81 N. 1.

[136] HERBER (Fn. 71), Art. 6 N. 5 f., 24 ff.; LESER (Fn. 18), Vor Art. 81–84 N. 6; allgemeine Hinweise in Anm. 71.

III. Schadenersatz

A. Grundsätze der Regelung

1. Der Schadenersatz ist in Abschnitt II von Kapitel V in den Art. 74–77 geregelt; die rechtliche Basis des Schadenersatzes liegt jedoch in Art. 45 I lit. b und Art. 62 I lit. b Art. 74 stellt die Grundnorm dar, während sich die Art. 75/76 mit der Schadensberechnung im Spezialfall der Vertragsaufhebung befassen und Art. 77 eine Schadensminderungspflicht der vertragstreuen Partei statuiert. Weil verschiedene Einzelheiten der Schadenersatzpflicht nicht geregelt sind, erhält die Grundnorm des Art. 74 als allgemeine Auslegungsrichtlinie eine besondere Bedeutung[137].

Schadenersatz ist ungeachtet der Natur und Art sowie insbesondere der Schwere der Vertragsverletzung geschuldet. Die Schadenersatzpflicht setzt auch kein Verschulden der verantwortlichen Partei voraus; vielmehr ist der Schadenersatz nach dem Vorbild des anglo-amerikanischen Rechts eine Konsequenz der schuldnerischen Garantie für die Einhaltung des gegebenen Leistungsversprechens[138].

2. Der Anspruch auf Schadenersatz ist ein Rechtsbehelf der vertragstreuen Partei, der ergänzend neben anderen Rechtsbehelfen (Erfüllung, Vertragsaufhebung, Minderung) zur Anwendung kommen kann, dessen Berechnung von der konkreten Ausübung solcher anderer Rechtsbehelfe aber auch abhängt und damit einen gewissen Subsidiaritätscharakter erhält. Der Inhalt des Schadenersatzanspruches konkretisiert sich danach, auf welchen primären Rechtsbehelf die vertragstreue Partei sich beruft bzw. welcher «primäre» Anspruch Anwendung finden kann, was sich nicht zuletzt auch aus den Art. 75/76 ergibt, die nur im Falle einer Vertragsaufhebung herangezogen werden können[139]: Beruft sich die vertragstreue Partei nicht auf die Vertragsaufhebung oder ist das Aufhebungsrecht abgeschnitten, kommt lediglich eine Schadensberechnung in Betracht, welche der Aufrechterhaltung des Vertrags Rechnung trägt (z. B. Ersatz des Verzugs- oder des Folgeschadens)[140]. Der Schadenersatz ist auch subsidiär gegenüber der Vorteilsausgleichung, selbst wenn der allfällige Wertausgleich nahe an eine «Gesamtabrechnung» herankommt[141]. Der Schadenersatz hält als Auffangbecken zwar regelmässig konkurrierend der vertragstreuen Partei einen ausgleichenden Rechtsbehelf zur

---

[137] STOLL (Fn. 25), Art. 74 N. 2; ZIEGEL (Fn. 87), S. 9/36; kritisch zur Kürze HELLNER (Fn. 18), S. 98–100.
[138] STOFFEL (Fn. 6), S. 177; STOLL (Fn. 4), S. 257.
[139] STOLL (Fn. 25), Art. 74 N. 5.
[140] STOLL (Fn. 4), S. 265.
[141] Vgl. vorne I.A.3.

Verfügung; faktisch dient er aber u. a. zum Ausgleich nicht bereinigter «Verlustpositionen» nach Abwicklung anderer Rechtsbehelfe.

3. Art. 74 legt fest, dass die vertragstreue Partei Anspruch auf Ersatz des entstandenen Verlusts, einschliesslich des entgangenen Gewinns, hat. Zu ersetzen sind somit alle Nachteile aus der Vertragsverletzung, es gilt der Grundsatz der Totalreparation [142]: Art. 74 will die vertragstreue Partei durch die Ersatzleistung so stellen, wie sie bei gehöriger Erfüllung gestellt wäre, und zwar bei Vertragsaufhebung wie auch anderen Fällen eines Schadenseintrittes. Der Schadensausgleich gemäss UN-Kaufrecht entspricht somit weitgehend dem positiven Vertragsinteresse des schweizerischen Rechts (Erfüllungsinteresse, expectation interest), einschliesslich des sog. Integritätsinteresses (indemnity interest), kraft dessen Eingriffe in die unabhängig vom Vertrag bestehende Güter- und Vermögenslage auszugleichen sind [143].

Hingegen erscheint es als zweifelhaft, ob das negative Vertragsinteresse (Vertrauensinteresse, reliance interest) des schweizerischen Rechts im Rahmen des UN-Kaufrechts Anwendung finden kann [144]: Hält die vertragstreue Partei am Vertrag fest, ist der Schadenersatz im Ausmasse des Erfüllungsinteresses festzusetzen; im Falle einer Vertragsaufhebung gelten die besonderen Bestimmungen von Art. 81–84 zur Wiederherstellung des alten Zustandes. In Anbetracht der Tatsache, dass der Gesetzgeber die Relevanz des negativen Vertragsinteresses offenbar nicht erkannt hat, was sich in einer Nichtregelung niedergeschlagen hat, liegt somit eine mögliche Schlechterstellung der vertragstreuen Partei gegenüber dem schweizerischen Recht vor [145]. Der Ersatz des Vertrauensinteresses müsste m. E. aber immerhin in jenen Fällen zugelassen werden, in denen der Schuldner wusste oder wissen musste, dass der Gläubiger im Vertrauen auf den Vertragsschluss bestimmte Dispositionen vornehmen werde [146].

Schadenersatzleistungen sind in Geld zu erbringen, wie vor allem die englische Fassung von Art. 74 Satz 1 klar zum Ausdruck bringt («... consist of a sum equal to...»). Das UN-Kaufrecht kennt kein Recht auf Naturalrestitution.

4. Ein Kennzeichen des UN-Kaufrechts ist die Übernahme der dem Code civil (Art. 1150) bekannten und dem anglo-amerikanischen Recht vertrauten Voraussehbarkeitsregel (contemplation-rule) [147]: Die Ersatzpflicht ist auf den

---

[142] STOLL (Fn. 25), Art. 74 N. 3; HONNOLD (Fn. 31), N. 403; BIANCA/BONELL/KNAPP (Fn. 23), Art. 74 N. 3.2.

[143] Das schweizerische Recht erachtet das sog. Integritätsinteresse als Teil des weit umschriebenen Erfüllungsinteresses (vgl. BGE *104* II 199 m. Verw.).

[144] STOLL (Fn. 25), Art. 74 N. 3.

[145] BBl *1989* I 822.

[146] So auch STOLL (Fn. 25), Art. 74 N. 3; ZIEGEL (Fn. 87), S. 9/37.

[147] Die Voraussehbarkeitsregel hat über Art. 1150 des Code civil und das Recht von Louisiana Eingang in die anglo-amerikanische Lehre gefunden und im Entscheid des englischen Court of Ex-

Schaden begrenzt, «den die vertragsbrüchige Partei bei Vertragsabschluss als mögliche Folge der Vertragsverletzung vorausgesehen hat oder unter Berücksichtigung der Umstände, die sie kannte oder kennen musste, hätte voraussehen müssen» (Art. 74 Satz 2). Ziel der Voraussehbarkeitsregel ist, den Schadenersatz auf das von der betroffenen Partei bei Vertragsschluss übernommene Haftungsrisiko zu begrenzen. Die Betrachtungsweise hat objektiviert zu erfolgen, der Aspekt eines allfälligen Verschuldens ist nicht relevant[148]. Die vertragsbrüchige Partei unterliegt zwar einer Garantiehaftung (nicht im Sinne einer Kausal-, sondern einer Zurechenbarkeitshaftung), die aber an der Voraussehbarkeit gemäss Art. 74 Satz 2 und an den nicht beherrschbaren Hindernissen nach Art. 79 ihre Grenze findet, d. h. sich im wesentlichen nach Massgabe des vertragsimmanenten, von den Parteien mit Vertragsschluss übernommenen Risikos beurteilt.

B. Begründung und Gegenstand des Schadenersatzes

1. Anwendungsbereich

a) Relevante Pflichtverletzungsarten

aa) Schadenersatz ist bei begangener Vertragsverletzung zu leisten. Die Vertragsverletzung ist ein Sammelbegriff; es kommt somit nicht darauf an, ob die Schuldnerpflichten auf Vertrag oder Gesetz beruhen und welche Form der Nichterfüllung (z. B. Verzug, Leistungsunmöglichkeit, Qualitäts- oder Quantitätsmangel) vorliegt[149]. Ausreichend ist bereits, dass eine übernommene Verbindlichkeit bei Fälligkeit nicht ordnungsgemäss erfüllt wird; im Gegensatz zum schweizerischen Recht bedarf es weder einer Mahnung noch einer Nachfristansetzung[150]. Unter dem Gesichtspunkt des Schadenersatzes braucht die Vertragsverletzung auch nicht wesentlich im Sinne von Art. 25 zu sein.

chequer, Hadley v. Baxendale, (1854) 9 Ex. 341, Berühmtheit erlangt. Zu historischen Wurzeln, Entwicklung und Grundgedanken dieser Schadensbegrenzungsregel DÖLLE/WEITNAUER (Fn. 29), Vor Art. 82–89 N. 25 ff.; D. KÖNIG, Voraussehbarkeit des Schadens als Grenze vertraglicher Haftung, in: Das Haager Einheitliche Kaufgesetz und das Deutsche Schuldrecht, Kolloquium zum 65. Geburtstag von Ernst von Caemmerer, Karlsruhe 1973, S. 75 ff.; vgl. weiter RABEL (Fn. 17), S. 495 ff., und P. SCHLECHTRIEM, Gemeinsame Bestimmungen über Verpflichtungen des Verkäufers und des Käufers, in: Wiener Übereinkommen von 1980 über den internationalen Warenkauf, Veröffentlichungen des schweizerischen Instituts für Rechtsvergleichung, Zürich 1985, S. 165 f. Zum amerikanischen Recht § 351 Restatement Contracts 2d III (1981) und § 2–715 (2) (a) UCC; TREITEL (Fn. 17), s. 83–90.

[148] Zum ganzen RABEL (Fn. 17), S. 495; STOLL (Fn. 25), Art. 74 N. 4.

[149] SCHLECHTRIEM (Fn. 147), S. 163; STOLL (Fn. 4), S. 258.

[150] STOLL (Fn. 25), Art. 74 N. 6.

Art. 72 setzt der erfolgten Vertragsverletzung die offensichtlich drohende Vertragsverletzung dann gleich, wenn sie das Ausmass einer ernsthaften und endgültigen Weigerung des Schuldners, eine noch nicht fällige Verbindlichkeit zu erfüllen, erreicht (sog. antizipierter Vertragsbruch)[151].

bb) Soweit Nebenpflichten direkt durchsetzbar sind oder mit einer Hauptpflicht in direktem Zusammenhang stehen, führt deren Verletzung ebenfalls zu einer Schadenersatzpflicht im Sinne von Art. 74, inkl. Pflicht zum Ersatz des Integritätsschadens[152], soweit nicht der Vorbehalt von Art. 5, welcher Folgeschäden in Produktehaftpflichtfällen vom Anwendungsbereich des UN-Kaufrechts ausnimmt, Anwendung findet.

Hingegen ist mit der Anerkennung von Schutzpflichten, die im Überschneidungsbereich von Vertrags- und Deliktsrecht liegen, für das UN-Kaufrecht Zurückhaltung zu üben, zumal internationale Warengeschäfte einen punktuellen, nicht einen dauerhaften Charakter aufweisen[153]. Im Falle von Werklieferungsverträgen (Art. 3 I) müssen relevante Schutzpflichten besonders vertraglich vereinbart werden. Angesichts deren Ablehnung im Rahmen der Entstehungsgeschichte des UN-Kaufrechts fällt auch die Haftung für die Verletzung vorvertraglicher Pflichten (culpa in contrahendo) nicht in dessen Anwendungsbereich, sondern ist – als Deliktsanspruch – dem kollisionsrechtlich zuständigen Landesrecht zu entnehmen[154].

b) Obliegenheiten

Die Nichtbeachtung von Obliegenheiten führt nicht zu einer Schadenersatzpflicht. Durch Auslegung gemäss allgemeinen Rechtsprinzipien und konkreten Umständen ist aber zu beurteilen, ob vertragliche oder gesetzliche «Aufgaben» einer Vertragspartei als Obliegenheiten (z. B. Untersuchungs- und Rügepflicht nach Art. 38/39, Schadensminderungspflicht nach Art. 77) oder als eigentliche Pflichten (z. B. Anzeigepflichten) zu qualifizieren sind[155].

2. Anspruchsberechtigung und Ersatzfähigkeit

a) Ersatzberechtigte Personen

Ersatzberechtigt ist die vertragstreue, d. h. die durch eine Vertragsverletzung geschädigte Vertragspartei. Grundsätzlich ist nur der eigene Schaden der ver-

---

[151] So wohl auch SCHLECHTRIEM (Fn. 147), S. 159; restriktiver H. STOLL, Zur Haftung bei Erfüllungsverweigerung im Einheitlichen Kaufrecht, RabelsZ *1988* 627.
[152] STOLL (Fn. 25), Art. 74 N. 7.
[153] SCHLECHTRIEM (Fn. 147), S. 163; STOLL (Fn. 4), S. 259.
[154] SCHLECHTRIEM (Fn. 1), S. 45; STOLL (Fn. 25), Art. 74 N. 8.
[155] STOLL (Fn. 4), S. 260; STOLL (Fn. 25), Art. 74 N. 9.

tragstreuen Partei zu ersetzen. Ist jedoch der vertragsbrüchigen Partei bei
Vertragsschluss erkennbar gewesen, dass die vertragstreue Partei die Interessen eines Dritten verfolgt, vermag die vertragstreue (ersatzberechtigte) Partei
m. E. auch beim Dritten infolge der Vertragsverletzung eingetretene Schadensposten als eigenen Schaden gemäss Art. 74 geltend zu machen[156], weil
das Drittinteresse für die schädigende Vertragspartei erkennbar gewesen ist
(sog. Drittschadensliquidation im engern Sinne).

Ohne besondere Vereinbarung oder Erkennbarkeit des Drittinteresses
kann die Rechtsfigur des Vertrages mit Schutzwirkung zugunsten Dritter im
UN-Kaufrecht hingegen nicht für anwendbar erachtet werden[157].

b) Ersatzfähiger Schaden

Art. 74 ordnet den Ersatz des entstandenen Verlustes einschliesslich des entgangenen Gewinnes an. Zu ersetzen ist somit – auch ohne genauere Definition der ersatzfähigen Schäden im UN-Kaufrecht – wie im schweizerischen
Recht die Differenz zwischen der hypothetischen Vermögenslage, die bei gehöriger Erfüllung durch die vertragsbrüchige Partei eingetreten wäre, und der
wegen der Vertragsverletzung tatsächlich vorhandenen Vermögenslage[158],
und zwar berechnet nach der Differenz-, nicht nach der Austauschtheorie.
Bei der Konkretisierung des Grundsatzes geht die Lehre davon aus, dass der
Nachweis eines wirtschaftlichen Nachteils, d. h. eines finanziellen Verlustes,
genügt, selbst wenn nicht alle einzelnen «Schadensposten» genau beziffert
werden können; von Bedeutung ist diese gegenüber dem schweizerischen
Recht – trotz OR 42 II – etwas gelockerte Auffassung vor allem bei der Beurteilung eines Goodwill-Verlustes. Entsprechende Grundsätze gelten beim
Nutzungsausfallschaden: Betriebsverluste wegen Nichtlieferung einer Maschine sind gemäss richterlichem Ermessen durch eine Nutzungsentschädi-
gung auszugleichen. Hingegen sind persönliche Nachteile und immaterielle
Schäden (z. B. vereitelter Feriengenuss) nur ausnahmsweise dann zu ersetzen,
wenn die vertragsbrüchige Partei mit einem entsprechenden relevanten Schaden rechnen musste[159].

Ersatzfähig sind auch Aufwendungen oder sonstige Dispositionen, zu denen die vertragstreue Partei nach üblichem Geschäftsgebaren wegen der Vertragsverletzung veranlasst wird und die bei ordnungsgemässer Abwicklung
des Vertrags nicht angefallen wären. Die vertragsbrüchige Partei hat ebenso

---

[156] STOLL (Fn. 25), Art. 74 N. 21; zum schweizerischen Recht nun R. WEBER, Drittschadensliquidation – eine Zwischenbilanz, in: Festschrift P. Piotet, Bern 1990, S. 215 ff.

[157] STOLL (Fn. 25), Art. 74 N. 20; BIANCA/BONELL/KNAPP (Fn. 23), Art. 74 N. 2.1.

[158] Dazu sowie zum folgenden HUBER (Fn. 7), S. 215 f.; STOLL (Fn. 25), Art. 74 N. 11; ENDERLEIN/
MASKOW/STARGARDT (Fn. 57), Art. 74 N. 1.

[159] STOLL (Fn. 25), Art. 74 N. 12.

Ersatz zu leisten für angemessene Aufwendungen zur Abwehr oder Minderung eines bevorstehenden Schadens sowie für Kosten einer angemessenen Rechtsverfolgung[160].

3. Schadensarten

a) Erlittener Verlust und entgangener Gewinn

Wie das schweizerische Recht unterscheidet Art. 74 zwischen dem erlittenen Verlust (damnum emergens) und dem entgangenen Gewinn (lucrum cessans). Die beiden Schadensarten sind grundsätzlich gleichgestellt; immerhin bleibt zu beachten, dass der entgangene Gewinn zugunsten der vertragsbrüchigen Partei nicht in jedem konkreten Fall von der Voraussehbarkeitsregel erfasst zu sein braucht und dass bei unterlassener Anzeigepflicht gemäss Art. 44 der entgangene Gewinn nicht zu ersetzen ist[161]. Dagegen werden beim entgangenen Gewinn von der Lehre nicht sehr strenge Anforderungen an die Quantifizierung gestellt; immerhin muss ein Gewinn gemäss richterlicher Überzeugung tatsächlich erzielbar sein; eine nur wahrscheinliche Gewinnhypothese wird – ausser im Falle, dass der Zweck des Vertrages in der Wahrnehmung einer Erwerbschance gelegen hat – nicht als ausreichend erachtet[162].

b) Nichterfüllungsschaden und Folgeschäden

Die Unterscheidung im UN-Kaufrecht zwischen dem Nichterfüllungsschaden im engern Sinne und den Folgeschäden entspricht im wesentlichen der schweizerischen Unterscheidung zwischen dem unmittelbaren und dem mittelbaren Schaden[163]. Diese Unterscheidung ist insbesondere im Hinblick auf die Voraussehbarkeitsregel von Bedeutung: Der Nichterfüllungsschaden muss im Falle einer Vertragsverletzung (d. h. eines Erfüllungsdefizites) in aller Regel als voraussehbar erachtet werden, während die Voraussehbarkeit von Folgeschäden einer genaueren Prüfung bedarf[164].

---

[160] Zum ganzen STOLL (Fn. 25), Art. 74 N. 13 f. m. Verw.; HUBER (Fn. 37), S. 499; BIANCA/BONELL/KNAPP (Fn. 23), Art. 77 N. 2.6; vgl. auch § 2–710 und § 2–715 (1) UCC.

[161] BBl 1989 I 795; STOLL (Fn. 25), Art. 74 N. 15 f.

[162] Vgl. BIANCA/BONELL/KNAPP (Fn. 23), Art. 74 N. 3.5.

[163] Vgl. dazu W. FISCHER, Der unmittelbare und der mittelbare Schaden im Kaufrecht, Diss. Zürich 1985, S. 254 ff.

[164] STOLL (Fn. 25), Art. 74 N. 18; im einzelnen dazu bei Fn. 179–185.

C. Begrenzung des Haftungsausmasses

1. Kausalzusammenhang

Während das schweizerische Recht das Vorliegen eines adäquaten Kausalzusammenhanges zwischen der Vertragsverletzung und dem Schadenseintritt, der zwar nach der neueren Rechtsprechung und Lehre auch nur hypothetischer Natur sein kann, verlangt[165], begnügt sich das UN-Kaufrecht bezüglich der Schadenszurechnung mit einem natürlichen Kausalzusammenhang (d. h. einem logischen Ursachenzusammenhang)[166]. Im Bereich des UN-Kaufrechts sind somit Kausalitätstheorien, mittels denen eine schadensrechtliche Zurechnung auf wahrscheinliche Kausalabläufe begrenzt werden soll, nicht anwendbar[167]. Als – sehr wirksames – Korrelat (im Sinne einer Abschwächung der Kausalitätserleichterung) sieht dafür Art. 74 Satz 2 die Voraussehbarkeitsregel vor.

Dem Gedanken des Kausalzusammenhanges verpflichtet ist überdies der Grundsatz der Vorteilsausgleichung, der für den Fall der Vertragsaufhebung in Art. 84 ausdrücklich statuiert wird, sowie die Schadensminderungspflicht von Art. 77: Nicht zu ersetzen sind Schäden, die durch gleichzeitig erlangte Vorteile der vertragstreuen Partei aufgewogen werden (Prinzip der Schadenskompensation)[168]. Entsprechend kennt das UN-Kaufrecht selbst bei gewollter Vertragsverletzung Schadenersatzleistungen mit Strafzweck (wie z. B. die «punitive damages» oder «exemplary damages» des anglo-amerikanischen Rechts) nicht[169]; solche Strafleistungen sind nur gestützt auf eine vertraglich vereinbarte Konventionalstrafe durchsetzbar. Ebensowenig vermag der vertragstreue Käufer gegenüber dem vertragsbrüchigen Verkäufer, der wegen eines vertragswidrigen Verhaltens einen besonderen Gewinn erzielt hat, die Herausgabe dieses Gewinnes geltend zu machen, sofern kein korrespondierender Schaden beim Käufer vorliegt[170]; ein solcher Anspruch liesse sich nur allenfalls gestützt auf die Regeln der ungerechtfertigten Bereicherung des kollisionsrechtlich zuständigen Landesrechts durchsetzen.

---

[165] BGE *115* II 440 ff.

[166] In diesem Sinne kann der insoweit nicht ausdrückliche Wortlaut von Art. 74 verstanden werden; vgl. auch BBl *1989* I 821.

[167] STOLL (Fn. 25), Art. 74 N. 22.

[168] STOLL (Fn. 25), Art. 74 N. 25.

[169] STOLL (Fn. 25), Art. 74 N. 23; BIANCA/BONELL/KNAPP (Fn. 23), Art. 61 N. 2.9, Art. 74 N. 3.7; zurückhaltender ZIEGEL (Fn. 87), S. 9/38 Anm. 104.

[170] STOLL (Fn. 25), Art. 74 N. 24 m. Verw.; vgl. auch BIANCA/BONELL/KNAPP (Fn. 23), Art. 74 N. 2.15.

2. Voraussehbarkeitsregel

a) Grundsatz

Gemäss Art. 74 Satz 2 darf der Schadenersatz den Betrag nicht übersteigen, den die vertragsbrüchige Partei bei Vertragsschluss als mögliche Folge der Vertragsverletzung vorausgesehen hat oder unter Berücksichtigung der Umstände, die sie kannte oder kennen musste, hätte voraussehen müssen. Die verschuldensunabhängige Garantiehaftung der vertragsbrüchigen Partei wird somit umfangmässig begrenzt auf den Betrag des bei Vertragsschluss überschaubaren Haftungsrisikos. Die Haftung soll nicht überzogen werden durch Mitberücksichtigung nicht kalkulierbarer Faktoren; jede Partei muss privatautonom entscheiden können, ob der mögliche Gewinn aus dem Vertrag die Risikoübernahme rechtfertigt[171].

Im Gegensatz zur anglo-amerikanischen Rechtsprechung, die zum Teil Wahrscheinlichkeit des Schadenseintrittes verlangt[172], genügt es nach Art. 74 Satz 2, dass die vertragsbrüchige Partei den Schaden als «mögliche Folge» der Vertragsverletzung vorausgesehen hat oder hätte voraussehen müssen[173]. Damit nähert sich die Voraussehbarkeitsregel des UN-Kaufrechts der schweizerischen Lehre der adäquaten Kausalität an; erst die judikative Konkretisierung der nächsten Jahre wird zeigen, welche Rechtsprechung weniger Fälle als nicht haftungsrelevant ausgrenzt, diejenige zum UN-Kaufrecht, die auf den nicht als mögliche Folge voraussehbaren Schadenseintritt abstellt, oder diejenige zum OR, die vom nicht kausal adäquat verursachten Schaden ausgeht.

Die Voraussehbarkeit ist objektiviert zu beurteilen, abzustellen ist auf eine verständige Person angesichts der gegebenen und bevorstehenden Umstände bei Vertragsschluss. Nicht relevant ist die subjektive Vorhersehbarkeit[174] im Sinne eines Verschuldens (z. B. Kenntnis einer eintretenden Schalenbräune bei Äpfeln)[175]. Dem Ziel einer vernünftigen Risikoverteilung nach Massgabe des Vertrags entspricht aber die Anforderung, dass die jeweiligen Parteien ausreichend frühzeitig auf ein möglicherweise aussergewöhnliches Risiko im

---

[171] Vgl. schon BECKER (Fn. 103), Art. 99 N. 33; weiter STOFFEL (Fn. 6), S. 178; BBl *1989* I 823; SCHLECHTRIEM (Fn. 1), S. 90; SCHLECHTRIEM (Fn. 147), S. 167; ENDERLEIN/MASKOW/STARGARDT (Fn. 57), Vor Art. 74 N. 2/3. Die praktischen Erfahrungen mit der Anwendung der Voraussehbarkeitsregel scheinen nicht auf besondere Probleme hinzudeuten: vgl. B. PILTZ, Praktische Erfahrungen in Deutschland mit der Anwendung der Haager Einheitlichen Kaufgesetze, in: P. SCHLECHTRIEM (Hrsg.), Einheitliches Kaufrecht und nationales Obligationenrecht, Baden-Baden 1987, S. 43; weitere Hinweise in Fn. 147.

[172] Vgl. TREITEL (Fn. 17), s. 87/88 m. w. Verw.

[173] STOLL (Fn. 25), Art. 74 N. 26.

[174] So schon nachdrücklich RABEL (Fn. 17), S. 509; vgl. auch STOLL (Fn. 4), S. 260.

[175] So aber zu Unrecht Landgericht Duisburg mit Urteil vom 16. Juli 1976 (RIW *1977* 424) im Schalenbräunefall (Skald); kritisch dazu STOLL (Fn. 4), S. 261.

Falle einer Leistungsstörung hinweisen[176]. Voraussehbar ist der Schadenseintritt somit, wenn das sich tatsächlich verwirklichende Risiko im wesentlichen mit dem bei Vertragsschluss konkludent übernommenen Schadensrisiko übereinstimmt[177]. Ist der Schadensumfang erheblich höher als voraussehbar, hat sich ein «anderes» Schadensrisiko verwirklicht.

b) Typische Schadensrisiken

Die richterlichen Wertungsspielräume bei der Beurteilung der Voraussehbarkeit sind durch Typisierungen auszufüllen:

Der Nichterfüllungsschaden im engern Sinne (d. h. das direkte Vertragsinteresse) hat in aller Regel als voraussehbar zu gelten[178]. Schon bei Vertragsschluss muss die später vertragsbrüchige Partei damit rechnen, dass die vertragstreue Partei einen Schaden im Ausmasse der unmittelbaren Schadensposten erleidet (z. B. Wertersatz bei fehelender Vertragsmässigkeit der Ware oder Rechten Dritter). Diese unmittelbaren Schadensposten beruhen auch weitgehend auf objektivierbaren Faktoren und sind nicht abhängig von den subjektiven Verhältnissen der vertragstreuen Partei.

Dagegen ist bei Folgeschäden, die auf bestimmten Zusatzinteressen der vertragstreuen Partei beruhen, unter Zugrundelegung der konkreten Umstände zu prüfen, ob die vertragsbrüchige Partei mit den besonderen individuellen Verhältnissen und subjektiven Dispositionen der vertragstreuen Partei rechnete oder rechnen musste:

– Gewinne, welche der Käufer durch Weiterveräusserung erzielen könnte, sind in der Regel – soweit nicht völlig unüblich – als voraussehbar zu qualifizieren, weil im internationalen Handel gemäss allgemeiner Erfahrung mit solchen Gewinnen zu rechnen ist[179].

– Schadenersatzansprüche, die von Dritten gegen den Käufer nach Weiterveräusserung wegen Vertragswidrigkeit der gelieferten Ware geltend gemacht werden, sind in der Regel als Belastungen ebenfalls voraussehbar (sog. Haftungsinteresse des Käufers)[180].

– Sachfolgeschäden wegen Vertragsverletzung (d. h. Beeinträchtigung anderer Rechtsgüter des Käufers) lassen sich hingegen schlecht zur Vorausseh-

---

[176] Vgl. auch VON CAEMMERER (Fn. 2), S. 147; STOLL (Fn. 25), Art. 74 N. 28.

[177] STOLL (Fn. 25), Art. 74 N. 30; ähnlich schon RABEL (Fn. 17), S. 509.

[178] HONSELL (Fn. 3), S. 43; STOLL (Fn. 25), Art. 74 N. 18, 31; STOLL (Fn. 4), S. 262 f.

[179] HONSELL (Fn. 3), S. 43; RABEL (Fn. 17), S. 509; SCHLECHTRIEM (Fn. 147), S. 167; HUBER (Fn. 37), S. 499; STOLL (Fn. 4), S. 263; STOLL (Fn. 25), Art. 74 N. 32; E. VON CAEMMERER, Internationale Vereinheitlichung des Kaufrechts, SJZ 1981 266; vgl. auch KÖNIG (Fn. 147), S. 100 ff.

[180] HONSELL (Fn. 3), S. 43; SCHLECHTRIEM (Fn. 147), S. 168; VON CAEMMERER (Fn. 2), S. 147; STOLL (Fn. 25), Art. 74 N. 33.

barkeitsregel in Beziehung setzen[181]. Massgebend muss in Verletzungsfällen das Kriterium der bestimmungsgemässen Verwendung der Kaufsache sein[182]. Personenschäden fallen gemäss Art. 5 ohnehin nicht in den Anwendungsbereich des UN-Kaufrechts.

– Ein Betriebsausfallschaden ist nur zu ersetzen, wenn die vertragsbrüchige Partei bei Vertragsschluss auf das entsprechende Risiko hingewiesen worden ist; sonst ist davon auszugehen, dass ein kaufmännisch kalkulierender Unternehmer in der Regel für den Fall ausbleibender oder mangelhafter Belieferung Vorkehren trifft[183].

– Ein Goodwill-Schaden ist für den Verkäufer ebenfalls oft kaum kalkulierbar (d. h. voraussehbar)[184] und hängt auch von den Massnahmen ab, welche der Käufer zur Erhaltung seines geschäftlichen Rufes tätigt[185].

D. Schadenersatzberechnung und -bemessung

1. Konkrete und abstrakte Schadensberechnung

a) Allgemeines

Das UN-Kaufrecht geht vom Grundsatz aus, dass die vertragstreue geschädigte Partei den Schaden konkret nachweist, in der Annahme, ein Kaufmann nütze im internationalen Warenhandel die Möglichkeit, marktgängige Ware zu einem Marktpreis zu erwerben bzw. zu veräussern, aus[186]. Für den Fall der Vertragsaufhebung statuieren Art. 75/76 Sonderregeln, welche diesen Grundsatz aufnehmen. In den übrigen (mehrheitlichen) Fällen geht es um den Ersatz des Verzugsschadens, des Minderwertes der vertragswidrigen Ware oder eines Folgeschadens, bei denen der vertragstreuen Partei ein konkreter Schadensnachweis zuzumuten ist[187].

---

[181] HUBER (Fn. 37), S. 500 f.; STOLL (Fn. 25), Art. 74 N. 35; vgl. auch SCHLECHTRIEM (Fn. 1), S. 91; für Zurückhaltung plädiert HONSELL (Fn. 3), S. 43. Entgegen des Sprachgebrauchs in der deutschen Lehre sollte angesichts der vereinheitlichten Vertragsverletzung der Begriff des Mangelfolgeschadens vermieden werden. Der UCC wendet im übrigen bei Folgeschäden nicht die Voraussehbarkeitsregel, sondern deliktsrechtliche Grundsätze an: vgl. § 2–715 (b) (2) UCC.

[182] VON CAEMMERER (Fn. 2), S. 147; SCHLECHTRIEM (Fn. 1), S. 20 f.; SCHLECHTRIEM (Fn. 147), S. 168; STOLL (Fn. 4), S. 259.

[183] HONSELL (Fn. 3), S. 43; SCHLECHTRIEM (Fn. 147), S. 168 m. Verw.

[184] HONSELL (Fn. 3), S. 43; STOLL (Fn. 4), S. 263; STOLL (Fn. 25), Art. 74 N. 34.

[185] So aber der deutsche BGH mit Urteil vom 24. Oktober 1979 im holländischen Käse-Fall (Gouda), in: RIW 1980 143–145 = IPrax 1981 96–98; kritisch dazu SCHLECHTRIEM (Fn. 147), S. 169 Anm. 46; STOLL (Fn. 4), S. 264; STOLL (Fn. 25), Art. 74 N. 28, 34; WEITNAUER, IPrax 1981 83–85; U. MAGNUS, RabelsZ 1981 154 f.

[186] STOLL (Fn. 25), Art. 74 N. 37.

[187] Vgl. schon RABEL (Fn. 17), S. 512.

Bei Währungsverlusten als Spezialfall des Verzugsschadens[188] ist – wie im schweizerischen Recht – eine Ersatzforderung durch den Nachweis zu belegen, dass die vertragstreue Partei bei rechtzeitiger Zahlung einen höheren Geldwert hätte realisieren können als im Zeitpunkt der tatsächlichen Zahlung. Wie gemäss OR 106 ist für das UN-Kaufrecht die Beweisvermutung anzuerkennen, dass die vertragstreue Partei den empfangenen Betrag in der Fremdwährung bei rechtzeitiger Zahlung umgehend in die einheimische Währung umgetauscht hätte und von einem nachfolgenden Währungszerfall der Fremdwährung nicht betroffen gewesen wäre, sofern der vertragsbrüchigen Partei der Gegenbeweis nicht gelingt[189].

b) Schadensberechnung bei Vertragsaufhebung

aa) Konkrete Schadensberechnung

Art. 75 erklärt entsprechend OR 191 Satz 2 und OR 215 Satz 1 im Anschluss an eine Vertragsaufhebung die konkrete Schadensberechnung nach Massgabe eines Deckungsgeschäftes für primär anwendbar und lässt die abstrakte Schadensberechnung (Art. 76) nur subsidiär folgen[190]. Konkret ist der Schaden insbesondere zu berechnen, wenn ein Deckungsgeschäft tatsächlich vorgenommen worden ist. Ausreichend ist der Abschluss eines Deckungsvertrages, der Leistungsaustausch braucht noch nicht stattgefunden zu haben[191]. Im Gegensatz zum Selbsthilfeverkauf gemäss Art. 88, den die vertragstreue Partei auf Rechnung und im Interesse der vertragsbrüchigen Partei vornimmt, tätigt die vertragstreue Partei das Deckungsgeschäft auf eigene Rechnung und im eigenen Interesse, auch wenn eine allfällige Schadensdifferenz von der vertragsbrüchigen Partei auszugleichen ist[192]. Die Vornahme eines Deckungsgeschäfts braucht an sich der Gegenpartei nicht mitgeteilt zu werden, doch empfiehlt sich die Anzeige aus Beweisgründen.

Der Abschluss eines Deckungsgeschäfts setzt voraus, dass die vertragstreue Partei bereits die Aufhebung des Kaufvertrags notifiziert hat oder dass – entgegen des engen Wortlautes von Art. 75 – eine ernstliche und endgültige Erfüllungsverweigerung seitens der vertragsbrüchigen Partei manifest geworden ist[193]. Die Marktgängigkeit der Ware ist nicht relevant; auch wenn die Vor-

---

[188] STOLL (Fn. 4), S. 266; STOLL (Fn. 25), Art. 74 N. 38.

[189] Vgl. STOLL (Fn. 4), S. 266 f.; STOLL (Fn. 25), Art. 74 N. 38; ASAM/KINDLER, Ersatz des Zins- und Geldentwertungsschadens..., RIW *1989* 841, 845 ff.; U. MAGNUS, Währungsfragen im Einheitlichen Kaufrecht, RabelsZ *1989* 137 f.; für das schweizerische Recht R. WEBER, Gedanken zur Verzugsschadensregelung bei Geldschulden, Festschrift Max Keller, Zürich 1989, S. 323 ff.

[190] STOLL (Fn. 25), Art. 75 N. 1/2.

[191] STOLL (Fn. 25), Art. 75 N. 3; vgl. entsprechend auch GIGER (Fn. 8), Art. 191 N. 39.

[192] STOLL (Fn. 25), Art. 75 N. 4.

[193] Im einzelnen STOLL (Fn. 151), S. 635.

aussetzungen von Art. 76 erfüllt sind, kann ein Deckungsgeschäft getätigt werden.

Art. 75 verlangt von der vertragstreuen Partei, das Deckungsgeschäft in angemessener Weise vorzunehmen, sie muss sich also wie ein umsichtiger Geschäftsmann im Rahmen der einschlägigen kaufmännischen Übung verhalten (z. B. möglichst guter Preis)[194]; zudem ist das Deckungsgeschäft – ohne Einhaltung einer besonderen Form – zu den gleichen Randbedingungen (Art und Güte der Ware, Quantität usw.) dazuschliessen wie das aufgehobene Geschäft[195]. Um Spekulationsabsichten der vertragstreuen Partei zu verhindern, bedeutet «in angemessener Weise» (Art. 75) auch Vornahme des Deckungsgeschäfts innerhalb eines angemessenen Zeitraumes seit der Vertragsaufhebung[196].

Die Kosten eines angemessenen Deckungsgeschäfts einschliesslich der damit verbundenen Umtriebe kann die vertragstreue Partei als regelmässig voraussehbaren Schaden gegenüber der vertragstreuen Partei geltend machen[197] und bei Nichtbezahlung des Kaufpreises soweit möglich mit dem Kaufpreis verrechnen. Darüberhinaus sind dem Käufer bis zur Grenze der Voraussehbarkeit alle weiteren Schäden zu ersetzen.

Tätigt der Verkäufer als vertragstreue Partei ein Deckungsgeschäft, kann auch ein allfällig verlorener Gewinn eines Geschäfts (Geschäftsverlust, lost volume) veranschlagt werden[198]; ebenso ist der Verkäufer berechtigt, konkret die Differenz zwischen seinen Selbstkosten (d.h. den Anschaffungs- oder Herstellungskosten) und dem Vertragspreis als Schaden zu berechnen[199].

bb) Abstrakte Schadensberechnung

Hat die vertragstreue Partei kein Deckungsgeschäft vorgenommen und weist die Ware einen Marktpreis auf, ist entsprechend OR 191 III und OR 215 II eine abstrakte Schadensberechnung zulässig (Art. 76). Der Nichterfüllungsschaden im engern Sinne entspricht abstrakt der Differenz zwischen dem Vertragspreis und dem Marktpreis[200]. Dadurch wird die vertragstreue Partei

---

[194] STOLL (Fn. 25), Art. 75 N. 3, 7.

[195] Zum entsprechenden schweizerischen Recht GIGER (Fn. 8), Art. 191 N. 35, 37 f.

[196] Dieses Vorgehen entspricht der Schadensminderungspflicht von Art. 77; vgl. SCHLECHTRIEM (Fn. 147), S. 164; STOLL (Fn. 25), Art. 75 N. 8; zum schweizerischen Recht GIGER (Fn. 8), Art. 191 N. 34.

[197] STOLL (Fn. 25), Art. 75 N. 9; HONNOLD (Fn. 31), N. 415; BIANCA/BONELL/KNAPP (Fn. 23), Art. 75 N. 2.2.

[198] STOLL (Fn. 25), Art. 75 N. 11; HONNOLD (Fn. 31), N. 415; ZIEGEL (Fn. 87), S. 9/40 f.; zweifelnd HELLNER (Fn. 18), S. 100.

[199] STOLL (Fn. 25), Art. 75 N. 12.

[200] RABEL (Fn. 17), S. 170; STOLL (Fn. 25), Art. 76 N. 4; der Verkäufer kann auch nicht geltend machen, der den Schaden abstrakt berechnende Käufer habe später die Ware unter diesem Preis verkauft (a. A. BGE *49* II 81 f.).

gleichgestellt, wie wenn sie tatsächlich ein hypothetisches Deckungsgeschäft vorgenommen hätte. Angesichts der Tatsache jedoch, dass die Regel der konkreten Schadensberechnung mit vorgenommenem Deckungsgeschäft Vorrang hat[201], steht der vertragsbrüchigen Partei der Gegenbeweis offen, dass die vertragstreue Partei ein günstiges Deckungsgeschäft hätte schliessen können und ihr – z. B. als Zwischenhändlerin – der Abschluss eines Deckungsgeschäftes nach den Umständen auch zuzumuten gewesen wäre[202], ausser wenn eine «Zuordnung» wegen ständiger Käufe und Verkäufe unmöglich ist.

Die abstrakte Schadensberechnung setzt somit voraus, dass der Vertrag aufgehoben worden ist und keine konkrete Schadensberechnung Platz greift. Eine abstrakte Schadensberechnung ist nur statthaft, wenn ein Marktpreis existiert, wenn also aufgrund regelmässiger Geschäftsabschlüsse für Waren gleicher Art ein laufender Preis gebildet wird; nicht erforderlich ist eine amtliche Notierung[203]. Abzustellen ist auf den Marktpreis des Ortes, an dem die Lieferung der Ware (bestimmt durch Art. 31) hätte erfolgen sollen, bzw. auf den Marktpreis eines angemessenen Ersatzortes (Art. 76 II)[204]. Des weitern setzt die abstrakte Schadensberechnung voraus, dass die Parteien einen festen Vertragspreis vereinbart haben[205].

Neben der Differenz zwischen dem Vertragspreis und dem Marktpreis kann auch noch der weitere voraussehbare Schaden (z. B. Kosten, Aufwendungen, entgangener Gewinn) gefordert werden[206].

2. Modalitäten der Schadensberechnung

a) Zeitpunkt

Um möglichst alle eingetretenen Schadensfolgen berücksichtigen zu können, geht die Lehre zum UN-Kaufrecht davon aus, dass die konkrete Schadensberechnung möglichst spät, d. h. auf den für die Urteilsfindung massgeblichen Zeitpunkt hin stattzufinden hat[207]; im schweizerischen Recht wird auf den

---

[201] SCHLECHTRIEM (Fn. 1), S. 91; SCHLECHTRIEM (Fn. 147), S. 164; STOLL (Fn. 25), Art. 76 N. 5; für ein Wahlrecht ENDERLEIN/MASKOW/STARGARDT (Fn. 57), Art. 76 N. 1; HUBER (Fn. 37), S. 470 f.; HERBER (Fn. 41), S. 45 f.

[202] Vgl. SCHLECHTRIEM (Fn. 1), S. 91 mit Anm. 401; SCHLECHTRIEM (Fn. 147), S. 164 Anm. 32; STOLL (Fn. 25), Art. 76 N. 5.

[203] Vgl. schon RABEL (Fn. 17), S. 460–462; STOLL (Fn. 25), Art. 76 N. 8; BIANCA/BONELL/KNAPP (Fn. 23), Art. 76 N. 3.3; vgl. auch BGE *49* II 84.

[204] SCHLECHTRIEM (Fn. 147), S. 164; STOLL (Fn. 25), Art. 76 N. 3, 9; BIANCA/BONELL/KNAPP (Fn. 23), Art. 76 N. 3.2, 3.7.

[205] STOLL (Fn. 25), Art. 76 N. 10.

[206] STOLL (Fn. 25), Art. 76 N. 14 m. Verw.

[207] STOLL (Fn. 25), Art. 74 N. 40; unklar BIANCA/BONELL/KNAPP (Fn. 23), Art. 74 N. 3.16.

Zeitpunkt des Eintritts des schädigenden Ereignisses abgestellt, sofern der Gläubiger sich nicht auf den Tag des Urteils als günstigeren Zeitpunkt bezieht [208].

Bei der abstrakten Schadensberechnung wird der Zeitpunkt ausdrücklich in Art. 76 geregelt: Im Anschluss an längere Diskussionen in Wien [209] ist der Kompromiss gefunden worden, dass grundsätzlich der Marktpreis im Zeitpunkt der Vertragsaufhebung massgebend ist; wenn jedoch die ersatzberechtigte Partei den Vertrag erst aufhebt, nachdem sie die Ware übernommen hat, gilt der Marktpreis zur Zeit deren Übernahme (Art. 76 I Satz 2) [210]; diese Lösung erscheint dann als unbefriedigend, wenn die Vertragsverletzung (z. B. bei versteckten Beschaffenheitsmängeln) im Lieferzeitpunkt nicht bekannt und deshalb die Vertragsaufhebung noch nicht möglich gewesen ist [211]. Als sachgerechter erscheint vielmehr, einer spekulativen Hinauszögerung der Abgabe der Aufhebungserklärung seitens der rücktrittswilligen Partei durch eine analoge Anwendung der Schadensminderungsregel des Art. 77 zu begegnen.

b) Beweis

Wie im schweizerischen Recht obliegt es der vertragstreuen ersatzberechtigten Partei, das Eintreten des Schadens und der tatsächlichen Voraussetzungen der Ersatzpflicht des Schuldners (Kausalzusammenhang, Voraussehbarkeit des Schadens) nachzuweisen. Bezüglich der Voraussehbarkeit des Schadens lässt sich immerhin von der Vermutung ausgehen, dass der Nichterfüllungsschaden im engern Sinne regelmässig voraussehbar ist, weshalb m. E. der vertragsbrüchigen Partei der Beweis aufzuerlegen ist, dass sie diesen Schaden ausnahmsweise nicht voraussehen konnte [212].

---

[208] Im einzelnen BGE *109* II 476 f. m. Verw.; in Verzugsfällen wird der Verzugseintritt oder der Ablauf der Nachfrist als Tag des Eintritts des schädigenden Ereignisses erachtet, während im Falle der Unmöglichkeit mehrheitlich auf den Zeitpunkt, an dem der Schuldner hätte erfüllen müssen (vgl. VON TUHR/ESCHER [Fn. 103], S. 102; GAUCH/SCHLUEP [Fn. 57], N. 1607 a), teils aber auch auf den Zeitpunkt des Eintritts der Unmöglichkeit (E. BUCHER, Schweizerisches Obligationenrecht, Allgemeiner Teil, 2. Aufl. Zürich 1988, S. 302, 309 f.) abgestellt wird.

[209] SCHLECHTRIEM (Fn. 1), S. 91 f.; SCHLECHTRIEM (Fn. 147), S. 165; STOLL (Fn. 25), Art. 76 N. 2.; BIANCA/BONELL/KNAPP (Fn. 23), Art. 76 N. 2.9–2.9.4; HUBER (Fn. 37), S. 470; vgl. auch schon RABEL (Fn. 17), S. 462–466.

[210] Zur Problematik SCHLECHTRIEM (Fn. 1), S. 92.

[211] SCHLECHTRIEM (Fn. 147), S. 165; vgl. auch STOLL (Fn. 25), Art. 76 N. 12 f.; HELLNER (Fn. 18), S. 98 f.; ENDERLEIN/MASKOW/STARGARDT (Fn. 57), Art. 76 N. 2.

[212] STOLL (Fn. 25), Art. 74 N. 31, 41.

3. Schadenersatzbemessung: Herabsetzungsgründe

a) Schadensminderungspflicht des Ersatzberechtigten

Art. 77 legt entsprechend OR 99 III i. V. m. OR 44 I fest[213], dass die vertragstreue Partei alle nach den Umständen angemessenen Massnahmen zur Verringerung des wegen der Vertragsverletzung eintretenden Schadens zu treffen hat. Durch den Gesetzestext ist gegenüber Art. 88 EKG geklärt, dass die Schadensminderungspflicht sich sowohl auf den entstandenen Verlust als auch auf den entgangenen Gewinn bezieht. Überdies geht es – ungeachtet des nicht ganz klaren Wortlautes – nicht nur um den bereits eingetretenen Schaden, sondern ebenso um die Verhütung drohenden Schadens[214].

Trotz des Titels von Art. 77 («Schadensminderungspflicht») wird nicht eine eigentliche Vertragspflicht, sondern eine im eigenen Interesse vorzunehmende Obliegenheit der vertragstreuen Partei statuiert[215]. Die Nichtbeachtung der Obliegenheit macht nicht schadenersatzpflichtig, schliesst aber die Geltendmachung eines vermeidbaren Schadens, der als nicht entschädigungswürdig erachtet wird, aus; irrelevant ist, ob die Nichtbeachtung der Obliegenheit schuldhaft gesehen ist oder nicht[216]. Der Vornahme schadensverhütender Massnahmen dürfen aber nicht unüberwindliche Hindernisse im Sinne von Art. 79 entgegenstehen.

Die Schadensminderungspflicht lebt nicht erst mit der Vertragsverletzung durch die Gegenpartei auf, sondern besteht während der ganzen Laufdauer des Vertrags[217]. Sie ist aber ein Korrelat des Rechts auf Schadenersatz und schränkt nur dieses Recht ein. Andere Pflichten (z. B. Pflicht zum Selbsthilfeverkauf gemäss Art. 88 II) sind davon bei Vorliegen der entsprechenden Voraussetzungen unberührt[218].

Die ersatzberechtigte Partei hat diejenigen Massnahmen zu treffen, die ein verständiger Ersatzberechtigter in der gleichen Lage ergreifen würde, z. B. Massnahmen zur Erhaltung der Ware und zur Veräusserung verderblicher Ware oder die rechtzeitige Vornahme eines Deckungsgeschäfts[219]. Bei der

---

[213] Ein gradueller Unterschied mag immerhin darin gesehen werden, dass OR 44 I über den Verweis von OR 99 III von einem Selbstverschulden des Gläubigers spricht (Vorwerfbarkeitsaspekt), während Art. 77 objektiviert eine generelle Schadensminderungspflicht statuiert.

[214] Vgl. dazu BBl *1989* I 824; SCHLECHTRIEM (Fn. 147), S. 169; HUBER (Fn. 37), S. 471; STOLL (Fn. 25), Art. 77 N. 1.

[215] STOLL (Fn. 25), Art. 77 N. 4.

[216] STOLL (Fn. 25), Art. 77 N. 4; BIANCA/BONELL/KNAPP (Fn. 23), Art. 77 N. 2.10.

[217] STOLL (Fn. 25), Art. 77 N. 6; BIANCA/BONELL/KNAPP (Fn. 23), Art. 77 N. 3.11; ENDERLEIN/MASKOW/STARGARDT (Fn. 57), Art. 77 N. 2.

[218] STOLL (Fn. 25), Art. 77 N. 8.

[219] HUBER (Fn. 37), S. 471; STOLL (Fn. 25), Art. 77 N. 10; ENDERLEIN/MASKOW/STARGARDT (Fn. 57), Art. 77 N. 2.

Beurteilung der Zumutbarkeit solcher Massnahmen steht dem Richter jedoch ein weiter Interessenabwägungsspielraum zu:

- Wann muss die vertragstreue Partei, die eine abstrakte Schadensberechnung vornimmt, sich entgegenhalten lassen, es wäre ihr möglich und zumutbar gewesen, ein entlastendes Deckungsgeschäft abzuschliessen?[220]
- Unter welchen konkreten Umständen könnte der Käufer verpflichtet sein, als Schadensminderungsmassnahme eine Betriebsausfallversicherung[221] oder ein Währungsabsicherungsgeschäft abzuschliessen?
- Wann ist der Verzicht auf die Ausübung vertraglicher Rechte (z. B. Vertragsaufhebungsrecht) als Schadensminderungsmassnahme geboten?[222]
- Wann kann der Verkäufer in einem Werklieferungsvertrag trotz des Widerspruchs des Käufers mit der Herstellung einer nutzlos gewordenen Sache fortfahren bzw. wann hat der Besteller ein Kündigungs- oder Rücktrittsrecht (entsprechend OR 377)?[223]

Die Nichtbeachtung der Schadensminderungspflicht führt im Ausmass des nicht verhinderten Schadens zum Ausschluss des Ersatzes. Ungeachtet des Wortlautes von Art. 77, der von einem Herabsetzungsanspruch der vertragsbrüchigen Partei spricht, geht die Lehre davon aus, Art. 77 gewähre nicht nur eine Einrede, sondern stelle eine von Amtes wegen zu berücksichtigende Einwendung dar, für deren betragsmässige Höhe jedoch die zum Schadenersatz verpflichtete vertragsbrüchige Partei den Nachweis zu erbringen habe[224].

b) Sorgfaltspflichten und Erhaltungsmassnahmen des Ersatzberechtigten

Die sinngemässe Übertragung der Schadensminderungspflicht auf andere Rechtsbehelfe (z. B. auf den Erfüllungsanspruch) ist anlässlich der Wiener Konferenz ausdrücklich abgelehnt worden[225]. Das UN-Kaufrecht enthält somit eine Regelungslücke hinsichtlich einer allgemeinen schadensverhindernden Sorgfaltspflicht der vertragstreuen Partei, die sich nur durch Beizug des zuständigen Landesrechtes füllen lässt.

Das UN-Kaufrecht verpflichtet immerhin in Art. 85 den Verkäufer und in Art. 86 den Käufer, im Falle verhinderter Warenhingabe bzw. Warenrückgabe die notwendigen Massnahmen zur Erhaltung der Ware zu treffen. In

---

[220] SCHLECHTRIEM (Fn. 147), S. 164 Anm. 32; STOLL (Fn. 25), Art. 76 N. 5, Art. 77 N. 7; ENDERLEIN/MASKOW/STARGARDT (Fn. 57), Art. 77 N. 2; BIANCA/BONELL/KNAPP (Fn. 23), Art. 77 N. 2.2; für das schweizerische Recht vgl. GIGER (Fn. 8), Art. 191 N. 42.
[221] Verneinend STOLL (Fn. 25), Art. 77 N. 10; bejahend HUBER (Fn. 37), S. 471.
[222] Vgl. STOLL (Fn. 25), Art. 77 N. 5, 11.
[223] SCHLECHTRIEM (Fn. 147), S. 170; HONNOLD (Fn. 31), N. 419; STOLL (Fn. 25), Art. 77 N. 9; STOLL (Fn. 151), S. 638–640; ZIEGEL (Fn. 87), S. 9/41 f.
[224] HUBER (Fn. 37), S. 471; STOLL (Fn. 4), S. 268; STOLL (Fn. 25), Art. 77 N. 12 m. Verw.
[225] SCHLECHTRIEM (Fn. 1), S. 92 f.; SCHLECHTRIEM (Fn. 147), S. 170; vgl. auch STOLL (Fn. 4), S. 269 f.; HONNOLD (Fn. 31), N. 419.

Art. 87 wird die Einlagerung der Ware in Lagerräumen eines Dritten, sofern daraus keine unverhältnismässigen Kosten entstehen, und in Art. 88 der Selbsthilfeverkauf geregelt. Bei allen diesen Anordnungen handelt es sich um Massnahmen der Schadensminderung im weitern Sinne, deren Nichtvornahme als Verletzung einer allgemeinen Sorgfaltspflicht schadenersatzpflichtig machen kann[226].

E. Vertragliche Gestaltungsmöglichkeiten

1. Die Zulässigkeit vertraglicher Vereinbarungen, welche die Schadenersatzregeln von Art. 74–77 ausschliessen oder abändern, beurteilt sich nach Art. 6 sowie allenfalls nach den zwingenden Normen des kollisionsrechtlich zuständigen Landesrechts, das gestützt auf Art. 4 lit. a i. V. m. Art. 7 II Anwendung finden kann[227].

2. Angesichts verschiedener Regelungslücken im UN-Kaufrecht empfiehlt es sich, etwa folgende Fragen vertraglich zu regeln:
- Abkürzung bzw. Verlängerung der Gewährleistungsfristen;
- Hinweis auf besondere Risiken bzw. Schadenspotentiale;
- Voraussetzungen für einen erweiterten Anwendungsbereich der abstrakten Schadensberechnungsmethode;
- Regelung des Ersatzes von Folgeschäden (z. B. Betriebsausfall- oder Goodwill-Schaden) oder Einschränkung der Haftung für Folgeschäden (z. B. Ausschluss der Haftung für Sach-Produkteschäden)[228];
- Summenmässige Beschränkung des Schadenersatzanspruches[229];
- Vereinbarung von Schadenspauschalen und Konventionalstrafen[230].

IV. Zinsen

A. Gesetzliche Regelung

Art. 78 hält nur sehr kurz fest, dass die säumige Partei, die den Kaufpreis oder einen andern fälligen Betrag nicht bezahlt, der andern Partei unbeschadet eines allfälligen Schadenersatzanspruches Zinsen zu bezahlen hat. Diese Gesetzesbestimmung ist der – auf dem kleinsten gemeinsamen Nenner beru-

---

[226] Vgl. den Überblick bei H. EBERSTEIN, in: VON CAEMMERER/SCHLECHTRIEM (Hrsg.), Kommentar zum Einheitlichen UN-Kaufrecht (CISG), München 1990, Vor Art. 85–88 N. 17 ff.

[227] HERBER (Fn. 71), Art. 6 N. 5 f., 24 ff.; STOLL (Fn. 25), Art. 74 N. 43; allgemeine Hinweise in Fn. 71.

[228] HERBER (Fn. 71), Art. 6 N. 30.

[229] HERBER (Fn. 71), Art. 6 N. 29.

[230] Vgl. SCHLECHTRIEM (Fn. 1), S. 99 f.; STOLL (Fn. 25), Art. 74 N. 42.

hende – (knappe) Kompromiss, auf welchen sich die Vertragsstaaten nach langen Diskussionen haben einigen können[231].

Art. 78 legt grundsätzlich drei Prinzipien fest:

– Zinsen sind entsprechend OR 104 auch im Falle einer nicht zu vertretenden bzw. unverschuldeten Verspätung mit der Bezahlung sowie unabhängig von der Entlastungsmöglichkeit gemäss Art. 79 zu leisten[232].

– Die Zinspflicht besteht nicht nur bei verspäteter Zahlung des Kaufpreises, sondern auch anderer fälliger Beträge (inkl. die Kaufpreisrückzahlung gemäss Art. 84 I)[233].

– Die Zinspflicht hängt nicht davon ab, dass die vertragsbrüchige Partei z. B. im Sinne von OR 102 durch Mahnung in Verzug gesetzt worden ist; es ist ausreichend, wenn der geschuldete Betrag am Fälligkeitsdatum nicht bezahlt wird[234].

Nicht geregelt ist in Art. 78 die Zinshöhe; im Gegensatz zur Haager Konferenz von 1964 (Art. 81/83 EKG) konnten sich die Vertragsstaaten nicht auf den Diskontsatz im Verkäuferland einigen. Abzustellen ist somit auf die gemäss dem zuständigen Landesrecht getroffene Regelung der Zinshöhe[235]. Art. 78 enthält auch kein ausdrückliches Zinseszins-Verbot (Anatozismus-Verbot), doch spricht der Wortlaut (Zinsen auf den ausstehenden Kaufpreis) dafür, dass Zinseszinsen nicht verlangt werden können[236]. Hingegen schliesst die Leistung von Verzugszinsen – entsprechend OR 106 – die Geltendmachung eines weiteren, d. h. höheren Schadens nicht aus; vor allem in Ländern mit Zinsverbot oder mit tiefen Zinssätzen kann die vertragstreue Partei die entgangene Kapitalnutzung in der Höhe der eigenen Kreditkosten als Schadenersatz geltend machen, doch steht dem Schuldner im Gegensatz zur Zinsenregelung von Art. 78 diesfalls die Entlastungsmöglichkeit gemäss Art. 79 (z. B. bei unvorhersehbaren Devisensperren) offen[237].

---

[231] Zu den kollidierenden weltanschaulichen Erwägungen, praktischen Bedürfnissen und dogmatischen Überlegungen SCHLECHTRIEM (Fn. 1), S. 93 f.; SCHLECHTRIEM (Fn. 147), S. 170; SCHLECHTRIEM (Fn. 23), S. 1047; STOLL (Fn. 25), Art. 78 N. 2, 4 f.; ENDERLEIN/MASKOW/STARGARDT (Fn. 57), Art. 78 N. 1; BIANCA/BONELL/NICHOLAS (Fn. 23), Art. 78 N. 1.3 f.

[232] SCHLECHTRIEM (Fn. 1), S. 94.

[233] STOLL (Fn. 25), Art. 78 N. 8; ENDERLEIN/MASKOW/STARGARDT (Fn. 57), Art. 78 N. 1.

[234] STOLL (Fn. 25), Art. 78 N. 9.

[235] BBl 1989 I 825; SCHLECHTRIEM (Fn. 1), S. 93 f.; SCHLECHTRIEM (Fn. 147), S. 171; STOLL (Fn. 4), S. 279 f.; LG Stuttgart vom 31. August 1989, in: RIW 1989 984 f. m. Anm. H. ASAM, RIW 1989 942–946.

[236] STOLL (Fn. 25), Art. 78 N. 13.

[237] BBl 1989 I 825; SCHLECHTRIEM (Fn. 1), S. 94.

B. Vertragliche Gestaltungsmöglichkeiten

Angesichts der Kürze der gesetzlichen Regelung in Art. 78 empfiehlt sich, etwa in folgenden Bereichen besondere vertragliche Absprachen zu treffen[238]:
- Festlegung der Zinshöhe bei Nichtbezahlung: Der Rückgriff auf das zuständige Landesrecht ist im Rahmen des UN-Kaufrechts nicht nur wenig sachgerecht, sondern kann auch zu unbefriedigenden Ungleichbehandlungen vor allem in Hochzinszeiten führen (z. B. keine Zinspflicht in arabischen Ländern, 5% gemäss OR 104, 4% gemäss BGB 288, variabler Zinssatz gemäss Geldmarktverhältnissen in Frankreich, Belgien und den nordischen Ländern[239]).
- Ausdrückliches Zinseszins-Verbot bzw. Regelung, unter welchen Voraussetzungen Zinsen zum Kapital geschlagen und saldiert werden können.

V. Zusammenfassung

Das UN-Kaufrecht beabsichtigt, für internationale Warenkaufverträge ein einheitliches System von Leistungsstörungstatbeständen und eine kohärente Regelung der Vertragsverletzungsfolgen zu verwirklichen. Auch wenn keine vollständige Konsolidierung erreicht worden ist, sind doch Singulärbestimmungen und duale Rechtsverwirklichungskonzepte viel weitergehender vermieden als im schweizerischen Recht. Die grössere Übersichtlichkeit des UN-Kaufrechts erleichtert zugleich, die Differenzen zum schweizerischen Recht, die seitens schweizerischer Vertragsgestalter und Rechtsanwender zu berücksichtigen sind, plastisch werden zu lassen:
- Das UN-Kaufrecht geht von einem einheitlichen Vertragsverletzungsbegriff aus, der zwecks Vermeidung von Abgrenzungs- und Konkurrenzproblemen bezüglich der Vertragsverletzungsfolgen grundsätzlich nur zwischen der Wesentlichkeit und Unwesentlichkeit der Leistungsstörung unterscheidet.
- Vertragshaftung bedeutet Garantieübernahme; die Rechtsbehelfe sind im Fall einer nicht vertragsgemässen Leistung unabhängig davon anwendbar, ob die vertragsbrüchige Partei ein Verschulden trifft. Ein Exkulpationsbeweis ist unter dem UN-Kaufrecht somit nicht möglich.
- Das UN-Kaufrecht fasst die schuldnerischen Entlastungsgründe in einer Generalklausel zusammen; eine Befreiung der vertragsbrüchigen Partei

---

[238] Diese Empfehlung gibt auch die Botschaft (BBl *1989* I 825).
[239] Vgl. WEBER (Fn. 189), S. 330 m. Verw.

tritt unabhängig von einem allfälligen Verschulden bei Vorliegen eines nicht beeinflussbaren Hinderungsgrundes ein, d. h. wenn die Leistungsstörung nicht zu vertreten ist; der Entlastungsgrund umfasst nur die klassischen Nichterfüllungstatbestände (nicht z. B. die wirtschaftliche Unerschwinglichkeit oder Schutzpflichten) und schaltet lediglich einen allfälligen Schadenersatzanspruch, nicht den Erfüllungsanspruch aus.

– Das bei Vorliegen einer wesentlichen Vertragsverletzung oder bei Nichtlieferung nach erfolglosem Ablauf einer Nachfrist ausübbare Vertragsaufhebungsrecht setzt zwar grundsätzlich die Möglichkeit der Rückgewähr des Geleisteten voraus, doch sind die Ausnahmen (Risiken der mangelhaften Warenbeschaffenheit, Untersuchungshandlungen, Verarbeitung oder Weiterveräusserung) ausgesprochen extensiv umschrieben. Durch die Vertragsaufhebung wird das Vertragsverhältnis in ein vertragliches Abwicklungsverhältnis mit Befreiungswirkung hinsichtlich künftiger Hauptleistungen, Weitergeltung der als fortbestehend zu qualifizierenden Pflichten und Rückgewähr des Geleisteten bzw. schadenersatzähnliche Vorteilsausgleichung umgesteuert.

– Der ungeachtet der Schwere der Vertragsverletzung geschuldete Schadenersatz fängt Verlustpositionen auf, die nicht bereits durch andere Rechtsbehelfe abgedeckt sind. Wie in der Schweiz gilt der Grundsatz der Totalreparation (Erfüllungsinteresse), doch erscheint die Möglichkeit des Ersatzes des negativen Vertragsinteresses als zweifelhaft. Das UN-Kaufrecht verlangt zwar nur einen logischen Ursachenzusammenhang zwischen Vertragsverletzung und Schadenseintritt; dafür darf der Schadenersatz den Betrag nicht übersteigen, den die vertragsbrüchige Partei bei Vertragsschluss als mögliche Folge der Vertragsverletzung vorausgesehen hat oder unter Berücksichtigung der Umstände, die sie kannte oder kennen musste, hätte voraussehen müssen (Voraussehbarkeitsregel).

– Die Schadenersatzberechnungsregeln des UN-Kaufrechts (vor allem die konkrete und abstrakte Schadensberechnung) entsprechen weitgehend den Anordnungen des OR. Besonders erwähnt ist im UN-Kaufrecht hingegen eine Schadensminderungspflicht der vertragstreuen Partei, vermeidbare Schäden sind nicht entschädigungswürdig.

– Zinsen sind unabhängig von Verschulden und Vertretenmüssen ab Fälligkeit der Schuld (ohne Mahnung) zu bezahlen, doch regelt das UN-Kaufrecht die Zinshöhe nicht.

– Das UN-Kaufrecht hat mit dem Versuch, einen akzeptablen gemeinsamen Nenner für alle Länder – trotz z. T. unterschiedlicher Kaufrechtsordnungen – zu finden, nicht ein lückenloses Regelwerk schaffen können; angesichts der Dispositivität der Normen des Übereinkommens lassen sich aber Regelungslücken und privatautonome Sonderwünsche durch individuelle Vertragsabsprachen verwirklichen.

Diskussion zum Referat Weber

Dr. A. WALDE, Basel: Herr Dr. Weber, eine kleine Frage. Sie haben in Zusammenhang mit Art. 82 darauf hingewiesen, dass diese Bestimmung sowohl für den Käufer als auch für den Verkäufer Geltung beansprucht. Jetzt gehen wir im Schweizer Recht davon aus, dass insbesondere im Falle des Konkurses alle Schuldner gleich zu behandeln sind. Wie sehen Sie diesen Gegensatz?

REFERENT: Ich habe gesagt, dass Art. 82 ausgelegt ist auf den Käufer, der das Vertragsaufhebungsrecht ausübt und dass im Falle der Vertragsaufhebung durch den Verkäufer genuine Regeln geschaffen werden müssen. Die zweite Frage geht wohl dahin, bis wann die Vertragsaufhebungserklärung abgegeben bzw. eingetroffen sein müsste, d. h. ob der Verkäufer den Vertrag auch dann noch aufheben kann, wenn er weiss, dass der Käufer schon in Konkurs gefallen ist. Diesbezüglich würde ich meinen, dass wohl die schweizerische Konkursregelung für diesen speziellen Fall vom Grundsatz her vorgehen müsste, obwohl ich schon noch Kollisionsprobleme sehe. Das UN-Kaufrecht geht ja von der Absende- und nicht von der Zugangsbedürftigkeit aus (Art. 27). Problematisch wird es also, wenn beispielsweise der Verkäufer von den finanziellen Schwierigkeiten des Käufers erfährt und die Vertragsaufhebungserklärung abgibt, die im internationalen Handel beim Käufer erst nach Konkurseröffnung eintrifft.

Prof. Dr. K. NEUMAYER: Meines Erachtens kommt es wohl auf den Zeitpunkt an, in dem unter normalen Umständen die Erklärung beim Adressaten zugegangen sein sollte. Für die Wirkung der Erklärung ist meiner Ansicht nach nicht der Zeitpunkt der Absendung entscheidend, sondern der Zeitpunkt des Zugangs. Sollte die Erklärung verlorengehen, ist der Zeitpunkt massgeblich, unter dem sie unter normalen Bedingungen zugegangen wäre.

Dr. K. HOFSTETTER: Ich möchte eine weitere Frage aufwerfen. Wir haben ja in der Schweiz eine ähnliche Regelung wie im Wiener Kaufrechtsübereinkommen, dass wir auf dem kollisionsrechtlichen Weg Erfüllungs- oder Gültigkeitshindernisse (sprich: Verbotsnormen von Drittstaaten) berücksichtigen können, unter sehr detaillierten und sicher nach wie vor umstrittenen Voraussetzungen. Und hier zeigt sich nun das Problem, ob wir über Art. 79 diese Normen nach dem sogenannten materiell-rechtlichen Ansatz einbringen können.

Prof. Dr. P. SCHLECHTRIEM: Im deutschen Recht wenden wir zwingende ausländische Eingriffsnormen nur in Ausnahmefällen an, z. B. bei Verbraucher- und Arbeitsverträgen unter bestimmten Voraussetzungen an. Es gilt nicht

Art. 7 des EG-Vertrages, den wir nur in abgeschwächter Form in unseren Art. 34 EGBGB übernommen haben: Danach berücksichtigen wir unsere eigenen zwingenden Normen bei Massgeblichkeit eines anderen Rechts, aber es ist natürlich so, dass solche Eingriffsnormen dann auf der materiell-rechtlichen Ebene als Leistungshindernisse Berücksichtigung finden können.

Prof. Dr. R. BÄR: Mir ist aufgefallen, dass eigentlich der grösste Teil derjenigen Fälle, bei denen es um rechtliche Unmöglichkeit geht, die Fälle waren, bei denen – wie bei rechtlicher Unmöglichkeit natürlich normal – die Behebung des Hindernisses völlig ausserhalb des Bereichs des Schuldners war und man ihm einfach vorgeworfen hat, er hätte das Hindernis voraussehen müssen und trotzdem keinen Vorbehalt im Vertrag gemacht. Folglich hat man ihm das Risiko voll überwiesen. Und wenn ich Art. 79 lese, wo es heisst: «... und dass von ihr (der Partei) vernünftigerweise nicht erwartet werden konnte, den Hinderungsgrund bei Vertragsabschluss in Betracht zu ziehen», würde ich denken, diese Praxis sei auch dem Vertrag gemäss. – Also die schlichte Frage: Wäre diese Praxis nach Ihrer Meinung, Herr Dr. Weber, auch unter dem UN-Kaufrecht entsprechend zu regeln, also verschuldete Unmöglichkeit, wenn man ein unbeherrschbares Risiko, das man vorausgesehen hat, nicht vorbehalten hat im Vertrag?

REFERENT: Grundsätzlich würde ich die Frage bejahen. Ich habe ausgeführt, dass im Falle eines Rechtsirrtums an sich keine Entlastung des Schuldners eintreten kann, auch nicht im Falle eines entschuldbaren Rechtsirrtums. Dies gilt m. E. auch insbesondere für die Fälle von Devisenkontrollmassnahmen, die unter Umständen eben durch spezielle Bewilligungen abgedeckt werden müssen und die ich schon im Voraussehbarkeitsbereich des Kaufpreisschuldners liegend erachte.

Prof. Dr. F. BYDLINSKI: Ich habe zunächst eine kleine Frage, die vielleicht auf einem Hörfehler beruht. Haben Sie, Herr Kollege Weber, gesagt, dass entgegen der relativen Berechnungsmethode, die auch in der Schweiz üblich sei, nach der Konvention eine andere bei der Preisminderung gehandhabt werden sollte?

REFERENT: Die bundesrätliche Botschaft führt aus, es werde die Differenz berechnet und nicht das Verhältnis; dieser Annahme der Botschaft dürfte aber ein Missverständnis zugrunde liegen.

Prof. Dr. F. BYDLINSKI: Aber ich lese den Art. 50 halt so, dass der Preis im Verhältnis der Werte herabgesetzt wird. Das scheint mir exakt die relative Berechnungsmethode zu sein, die ich unter dem Gesichtspunkt der Privatautonomie für die einzig sachgerechte halte. – Vielleicht kann ich noch eine weitere Bemerkung anschliessen, die das Problem der – jetzt grob gesagt – Erfüllungsgehilfen anlangt und das Zuliefererproblem. Ich bin der Meinung, dass einfach aus wirtschaftlichen Zuordnungsgründen die Selbständigkeit des Vorlieferanten erhalten bleiben sollte. Nun ist mir das Problem ganz besonders brennend geworden in letzter Zeit, weil beim Obersten Gerichtshof plötzlich eine Tendenz zur Behandlung von Vorlieferanten als Erfüllungsgehilfen des Letztlieferanten in Erscheinung getreten ist. So auch in einer jüngsten Entscheidung, wo der Verkäufer wegen Schliessung seiner eigenen Produktionsstätte die vom Käufer bestellte Ware nicht mehr liefern konnte. Um den Vertrag dennoch erfüllen zu können, liess der Verkäufer die Ware bei einer italienischen Firma herstellen, die dann mit der Lieferung in Verzug geriet. Es handelte sich hier also um einen Fall, wo in ein bestimmtes schon vorhandenes eigenes Kaufverhältnis ein Zukauf zur Abdeckung des bestellten Umfangs erfolgte. In diesem engen Rahmen, und nur hier, scheint es mir sowohl für die Konvention wie für das nationale Recht erwägenswert zu sein, den Zulieferanten als Erfüllungsgehilfen anzusehen.

Prof. Dr. E. BUCHER: In der Tat lädt Art. 79 dazu ein, dass man alles wegschiebt vom Vertragsverpflichteten auf seine Zulieferer. Aber man muss sich, glaube ich, doch grundsätzlich da sehr zurückhalten. Wer in die Industrie hineinblickt, ist überrascht, wie wenig derjenige, der seine Marke auf die Sache klebt, selber herstellt und wieviel er zukauft. Der Abnehmer kann hier nicht voraussehen, welchen Anteil sein Verkäufer selber herstellt und dafür zweifellos in Haftung steht und welcher Anteil zugeliefert wurde. Das darf doch auch keinen Unterschied machen für den Endabnehmer. – Und wenn man von «Haftung für den Erfüllungsgehilfen» spricht, so ist dies m. E. eine etwas schiefe und zu Missverständnissen einladende Betrachtungsweise. Derjenige, der einen Vertrag schliesst, haftet für sich selber, denn er hat die Lieferung versprochen; jemand anderes ist nicht im Vertrag drin, und wer nicht im Vertrag drin ist, der hat auch gar keinen Grund zu haften. Und wenn ich einen anderen zur Erfüllung meiner eigenen Pflichten einsetze, so ist bei Fehlleistung nicht er derjenige, der eine Pflichtverletzung begeht, sondern ich selber.

Prof. Dr. B. SCHMIDLIN: Vielleicht habe ich Sie nicht richtig verstanden, Herr Dr. Weber. Ist Ihrer Ansicht nach Schadensersatz auch ohne Verschulden zu leisten?

REFERENT: Ich bin der Meinung, dass sowohl Art. 74 als auch Art. 79 CISG eine verschuldensunabhängige Haftungsregelung begründen; Art. 74 stellt auf die Voraussehbarkeit, Art. 79 auf das Vertretenmüssen ab, und das sind eben objektivierbare Faktoren. Demgegenüber ist Verschulden nach meiner Auffassung auf strikt subjektive Faktoren zu reduzieren, wie z.B. Übermüdung oder Alkoholrausch und ähnliche Dinge, und diese subjektiven Faktoren haben meines Erachtens keinen Platz in Art.74 und 79.

Prof.Dr. P.SCHLECHTRIEM: Die Frage, welche Anstrengungen der Schuldner unternehmen muss bzw. wo die Grenze seiner Anstrengungen liegt und er jenseits dieser Grenze entlastet ist, scheint mir letztlich nur noch eine Frage der Terminologie zu sein. Wenn wir englische Stimmen zur Auslegung des Art.79 lesen, so sagen diese tatsächlich, da hätten sich die Kontinentaleuropäer mit dem Verschuldensprinzip durchgesetzt, während wir sagen, das sei eine so strikte Haftung, dass sie eigentlich unserem Verschuldensprinzip nicht mehr entspricht, das sei deshalb eine Garantiehaftung.

Dr. K.HOFSTETTER: Die Frage der Drittschadensliquidation haben Sie kurz angetippt. Habe ich da richtig verstanden, dass der Vertragspartner einen Schaden eines Dritten dann einfordern kann, wenn er ihm selbst durch einen Regress, den der Dritte auf ihn nimmt, entsteht, dass aber der Dritte keinen Anspruch hat aufgrund des Übereinkommens? Bedeutet das nun wieder, dass Landesrecht auf diese Frage anwendbar ist, oder schliesst das UN-Kaufrechtsübereinkommen z.B. den Vertrag zugunsten Dritter selbst aus?

REFERENT: Ich glaube, zur Beantwortung dieser Frage ist grundsätzlich nur das UN-Kaufrecht zuständig. Ergänzendes Landesrecht kann für die Beurteilung der ersatzberechtigten Person bzw. des ersatzfähigen Schadens nicht zur Anwendung kommen. Ob wir den Vertrag mit Schutzwirkung zugunsten Dritter im UN-Kaufrecht anwenden können, wird eine Frage der Rechtsentwicklung sein. Ich habe die Auffassung geäussert, es sei Zurückhaltung zu üben mit dieser Rechtsfigur des Vertrages mit Schutzwirkung zugunsten Dritter, aber es ist sicher nicht ausgeschlossen, dass andere Auffassungen vertreten werden können.

Professor Dr. Rolf Herber

Möglichkeiten der Vertragsgestaltung nach dem VN-Kaufübereinkommen

I. Allgemeines

Das VN-Übereinkommen über Verträge über den internationalen Warenkauf (Kaufübereinkommen – KaufÜ) enthält Regeln über den Abschluss und über den Inhalt von internationalen Kaufverträgen, die im Rahmen ihres Anwendungsbereichs zwar in den Vertragsstaaten als unmittelbar geltendes Recht eingeführt werden müssen, die jedoch dispositiven Charakter haben, von den Vertragsparteien also abbedungen werden können. Eine Verschärfung dieser Vorschriften zu zwingendem Recht ist den Vertragsstaaten nicht nur nicht vorgeschrieben, sondern durch Art. 6 KaufÜ, der die Abbedingung des Übereinkommens im ganzen oder einzelner seiner Vorschriften ausdrücklich gewährleistet, sogar untersagt. Man kann also sagen, dass das VN-Kaufübereinkommen, wie schon seine Vorgänger – die Haager Kaufrechtsübereinkommen von 1964 – im Rahmen seines Anwendungsbereichs nicht nur vereinheitlichte Rechtsgrundsätze aufstellt, sondern darüber hinaus eine vollständige Vertragsfreiheit garantiert[1].

Modifikationen des Kaufübereinkommens werden in der Praxis – sofern nicht das Übereinkommen vollständig abbedungen wird – regelmässig sinnvoll sein. Denn das Übereinkommen beschränkt sich auf ein Mindestmass an Regeln, die zwar eine klare Struktur sowohl des Vertragsabschlusses als auch der Rechte und Pflichten der Parteien, namentlich ihrer wechselseitigen Rechtsbehelfe, erkennen lassen, die aber andererseits eine Reihe von unbestimmten Rechtsbegriffen enthalten und Lücken offenlassen. Dies einmal, weil die Regeln in einem Prozess weltweiter Rechtsvereinheitlichung entstanden sind, bei dem naturgemäss über die eine oder andere Frage kein Einverständnis erzielt werden konnte, so dass sie offenbleiben musste[2] oder gar an verschiedenen Stellen des Übereinkommens nicht kohärente Lösungen fand[3]. Zum anderen soll das Übereinkommen in seiner juristischen Grundstruktur

---

[1] Die einzige Ausnahme hiervon ist die Formvorschrift des Art. 11 KaufÜ, welche die Vertragsstaaten bei entsprechendem Vorbehalt unanwendbar machen können.
[2] Wie etwa die Frage des Zinssatzes oder der Vertragswährung.
[3] Wie etwa die Frage des pretium certium, Art. 14, 55 KaufÜ.

Regeln für die verschiedenartigsten Kaufverträge geben – etwa für Kaufverträge über Weizen und Erz ebenso wie über Maschinen, über Kunstgegenstände, Textilien oder ganze Fabrikanlagen. Deshalb konnten viele Einzelbestimmungen – wie etwa die Pflicht des Käufers, innerhalb angemessener Frist einen Sachmangel zu rügen[4] – nicht näher konkretisiert werden; ihre Anwendung im Einzelfall – also etwa die Angemessenheit der Frist – hängt nicht nur von den Umständen jedes einzelnen Vertrages, sondern auch von dessen Natur und Gegenstand ab.

Die Autoren des Übereinkommens gingen also durchaus davon aus, dass die Parteien eines einzelnen Vertrages, vielleicht sogar darüber hinaus ganze Branchen, die Vorschriften des Übereinkommens durch Zusatzbedingungen auf ihre speziellen Bedürfnisse zuschneiden. Soweit solche Bedingungen schon bestehen – zum Teil haben sie sogar internationalen Charakter, wie etwa die ECE-Lieferbedingungen –, müssen sie naturgemäss darauf überprüft werden, ob sie mit dem neuen internationalen Recht zusammenpassen.

Welche Bedürfnisse die Parteien eines Kaufvertrages – häufig natürlich nur eine von diesen – haben, die Regeln des Kaufübereinkommens im Einzelfall zu modifizieren oder zu ergänzen, hängt also in erster Linie von den Besonderheiten ihres Geschäfts ab. Hierzu lässt sich deshalb kaum Allgemeines – schon gar nicht aus der Sicht eines Theoretikers – sagen. Das gilt vielleicht noch mehr für die Frage, ob den Parteien eines Kaufvertrages zu raten ist, das Kaufübereinkommen überhaupt abzubedingen.

Die praktische Erfahrung, die in der Bundesrepublik Deutschland mit der Anwendung der Haager Kaufübereinkommen gemacht werden konnte – die als unmittelbare Vorgänger des Wiener Kaufrechts inhaltlich weitestgehend dieselben Probleme bei der Rechtsanwendung aufgeworfen haben und mit denen sich die deutschen Gerichte sehr intensiv haben beschäftigen müssen[5] –, hat gezeigt, dass eine sehr grosse Neigung der deutschen Wirtschaft bestand, die Anwendung der Haager Kaufübereinkommen möglichst abzubedingen. Solche Tendenzen werden sich sicher auch unter der Geltung des neuen Rechts zeigen; schliesslich möchte sich niemand gern einem neuen, von unbestimmten – von der Rechtsprechung noch nicht konkretisierten – Rechtsbegriffen durchsetzten neuen Recht unterwerfen, wenn er die Chance der Anwendung einer ihm vertrauten Rechtsordnung sieht. Dabei wird ihn auch gewiss die Frage wenig interessieren, ob die Juristen das neue Recht nun für besser halten als das nationale Recht – was immer ein solches Werturteil überhaupt besagen mag. Doch wird sich die Frage einer Abbedingung auf der einen Seite oder einer positiven Vereinbarung des Kaufübereinkommens auf der anderen in Zukunft häufig wohl anders stellen als bisher:

---

[4] Art. 39 I KaufÜ.
[5] Die bisherige Rechtsprechung ist zusammengestellt bei SCHLECHTRIEM/MAGNUS, Internationale Rechtsprechung zu EKG und EAG, Baden-Baden 1987.

Die Haager Kaufübereinkommen galten nur für wenige Staaten. Nachdem die Vereinten Nationen schon kurz nach ihrem Abschluss die Überarbeitung in Angriff genommen hatten, war klar, dass sie sich nicht zu dem Weltrecht würden entwickeln können, das ihre Verfasser im Auge hatten, für dessen Erreichung jedoch schon die Einladung zur Diplomatischen Konferenz in Den Haag 1984 nicht breit genug angelegt war. Deshalb spielte das Übereinkommen praktisch nur eine Rolle für den Handel zwischen Deutschland, Italien, Holland, Belgien und – in eingeschränkterem Masse wegen Art. V des Haager Kaufübereinkommens – Grossbritannien. Sich auf dieses Übereinkommen durch Anpassung der Geschäftsbedingungen einzustellen, wäre aus der Sicht der Wirtschaft verfehlt gewesen.

Ganz anders verhält es sich mit dem Nachfolgeübereinkommen. Das Kaufübereinkommen von 1980 hat nicht nur einige sachliche Verbesserungen des Haager Kaufrechts gebracht[6], sondern das Ziel erreicht, welches UNCITRAL in erster Linie mit der Revision verfolgte: Die Akzeptanz der internationalen Regelung ist entscheidend verbessert worden. Blickt man auf die Liste der gegenwärtigen 29 Vertragsstaaten, so sind schon jetzt die wichtigsten Handelsnationen der Erde darunter vertreten, vor allem auch Staaten aus verschiedenen Teilen der Welt und mit sehr unterschiedlichen Rechtsordnungen. Das hat eine doppelte Auswirkung auf die Notwendigkeit, das neue Recht künftig bereitwilliger anzuwenden: Einmal bietet es die Chance, die den europäischen und insbesondere deutschen und schweizerischen Grundsätzen weitgehend entsprechende Regelung des Kaufübereinkommens an die Stelle der Anwendung einer ausländischen, für europäische Gerichte schwer anwendbaren Rechtsordnung zu setzen; hat der deutsche oder schweizerische Vertragspartner nur die Wahl, das anwendbare Recht dem internationalen Privatrecht zu überlassen, so läuft er Gefahr, dass die Gerichte im Streitfall chinesisches, amerikanisches, arabisches oder afrikanisches Recht anwenden. Die Vereinbarung heimischen Rechts oder doch wenigstens einer Rechtsordnung, die diesem nahekommt, wird – und dies ist die zweite Folgerung aus der neuen Situation – wohl auch zunehmend schwieriger werden, da sich die ausländischen Vertragspartner an das Übereinkommen gewöhnen und die Vereinbarung der international ausgearbeiteten Regeln der eines sogenannten neutralen (aber immerhin kontinentalen) Rechts häufig vorziehen werden.

Über die blosse Unterlassung der Abbedingung des Kaufübereinkommens hinaus könnte sich in Zukunft sogar vermehrt die positive Vereinbarung seiner Anwendung ausserhalb seines Geltungsbereichs anbieten. Dies nicht nur

---

[6] Dies wäre allerdings für die Praxis kaum ein Argument, da auch das Haager Kaufrecht nicht schlecht war und da andererseits auch durchaus Verschlechterungen der Regelung (im Sinne grösserer Unsicherheit für die Parteien) in Kauf genommen werden mussten.

im Interesse möglichst einheitlicher Gestaltung aller Rechtsbeziehungen eines in mehreren ausländischen Staaten tätigen Unternehmens, sondern vor allem auch deshalb, weil das Kaufrecht des Übereinkommens nicht nur in den sechs Arbeitssprachen der Vereinten Nationen – Englisch, Französisch, Spanisch, Russisch, Arabisch und Chinesisch – zur Verfügung steht, sondern in praktisch alle Sprachen der Welt übersetzt worden ist. Die Parteien können also die auf den Vertrag anzuwendenden Rechtsregeln in ihren eigenen Sprachen lesen. Literatur und Rechtsprechung werden zudem sehr schnell zur Klärung der praktisch wichtigen Begriffe und Zweifelsfragen führen.

Man muss deshalb davon ausgehen, dass das Kaufübereinkommen von 1980 die Wirtschaft stärker und nachhaltiger beschäftigen wird als das Haager Kaufrecht, dass aber andererseits Modifikationen für den einzelnen Vertrag notwendig sind. Daraus folgt, dass sich ein Unternehmen in der Schweiz oder in Deutschland, welches Kaufverträge mit dem Ausland abschliesst, möglichst frühzeitig über die Art der notwendigen Änderungen Rechenschaft ablegen sollte. Dies hängt, wie erwähnt, weitgehend von der Natur seiner jeweiligen Geschäfte ab. Dennoch sind bestimmte Schwachpunkte des Übereinkommens besonders häufig klarstellungsbedürftig, teilweise sogar – zur Vermeidung rechtlicher Unsicherheit – regelmässig.

Ich möchte deshalb in den folgenden Ausführungen das Gewicht auf zwei Problembereiche legen, die in den bisherigen Ausführungen in dieser Form nicht angesprochen worden sind: Einmal auf die formalen Möglichkeiten vertraglicher Modifikationen des Kaufübereinkommens, zum anderen auf die materiell in erster Linie klarstellungsbedürftigen Punkte. Dass dies nur aus theoretischer Sicht geschehen kann und dass insbesondere die zuletzt genannte Aufzählung neuralgischer Punkte keinen Anspruch auf Vollständigkeit erheben kann, dürfte sich von selbst verstehen.

II. Das Kaufübereinkommen als dispositives Recht

1. Zulässigkeit abweichender Vereinbarungen

Art. 6 KaufÜ lässt ausdrücklich Vereinbarungen der Kaufvertragsparteien zu, welche die Anwendung des Übereinkommens ganz oder teilweise ausschliessen. Dies kann nicht nur ausdrücklich, sondern auch stillschweigend geschehen; das war in Art. 3 EKG ausdrücklich gesagt, ist jedoch nach dem KaufÜ nicht anders [7]. Eine Ausnahme bildet lediglich Art. 12 KaufÜ: Hat eine Partei

---

[7] Vgl. v. CAEMMERER/SCHLECHTRIEM – HERBER, Kommentar zum Einheitlichen UN-Kaufrecht, Art. 6 Rn. 12; CZERWENKA, Rechtsanwendungsprobleme im internationalen Kaufrecht, Berlin 1988, S. 170.

des Vertrages ihre Niederlassung in einem Vertragsstaat, der einen Vorbehalt nach Art. 96 KaufÜ erklärt hat, und verweist das internationale Privatrecht des Gerichtsstaates insoweit auf das Recht dieses Staates, dann gilt der Grundsatz der Formfreiheit (Art. 11 KaufÜ) nicht; dies hat auch Rückwirkungen auf die Abbedingung oder Modifizierung der Regeln des KaufÜ, die dann der Schriftform bedarf.

Im übrigen erfordert die Abbedingung oder Modifizierung der Übereinkommensregeln eine Vereinbarung der Parteien. Eine einseitige Erklärung genügt nicht. Dies bedeutet jedoch nicht[8], dass nicht jede der Vertragsparteien den Ausschluss letztlich in der Hand hätte – freilich trägt sie dabei die Gefahr des Scheiterns des Kaufvertrages überhaupt.

2. Anforderungen an die Abbedingung des Kaufübereinkommens

a) Eine Vereinbarung über die – vollständige oder teilweise – Abbedingung des KaufÜ kann wie folgt zustande kommen:

Im Regelfall wird derjenige, der das Angebot zum Abschluss des Kaufvertrages abgibt, bereits im Angebot die Abbedingung oder Modifizierung vorsehen. Die Bedingungen des Angebotes bestimmen den Inhalt des Vertrages, weil das Angebot grundsätzlich nur so angenommen werden kann, wie es abgegeben wurde. Trägt also das Kaufangebot dem Erklärungsempfänger den Abschluss eines Kaufvertrages nicht auf der Grundlage des KaufÜ, sondern eines bestimmten – oder des nach jeweiligem internationalen Privatrecht zu ermittelnden – nationalen Rechts an, so kann der Adressat dieses Angebot nur so akzeptieren. Geschieht dies, so liegt mit Vertragsschluss zugleich eine Vereinbarung über die – vollständige oder teilweise – Abbedingung des KaufÜ vor. Erklärt sich dagegen der Angebotsempfänger mit der Abbedingung des KaufÜ nicht einverstanden, so bestimmt sich nach nationalem Recht (nicht nach dem KaufÜ), ob und zu welchen Bedingungen der Kaufvertrag zustande kommt; sieht allerdings das Angebot nur eine teilweise Abbedingung des KaufÜ vor (und gehört Art. 19 KaufÜ nicht zu den danach abbedungenen Bestimmungen), so richtet sich das Zustandekommen des Kaufvertrages, sofern der Annehmende mit der Abbedingung nicht einverstanden ist, nach Art. 19 KaufÜ; auch hiernach wird jedoch regelmässig wegen Art. 19 Abs. 3 KaufÜ der Vertrag nicht zustande kommen, vielmehr die Antwort des Angebotsempfängers als eine Ablehnung mit Gegenofferte anzusehen sein (Art. 19 Abs. 1 KaufÜ).

---

[8] Wie allerdings der vom Sekretariat während der Wiener Konferenz erstattete Bericht zum Entwurf zu Unrecht annimmt; dazu im einzelnen HERBER/CZERWENKA, Internationales Kaufrecht, Kommentar zum KaufÜ, München 1991, Art. 14 Rn. 12.

Bietet dagegen der Anbietende ohne Abbedingung oder Modifizierung das KaufÜ an, so kann der Angebotsempfänger seinerseits an einem vollständigen oder teilweisen Ausschluss des KaufÜ interessiert sein. Schlägt er in der Annahmeerklärung einen teilweisen Ausschluss des KaufÜ vor, so bestimmt sich nach Art. 19 Abs. 2 KaufÜ, ob der Vertrag – mit dieser Modifikation – zustande kommt oder nicht; regelmässig wird dies wegen Art. 19 Abs. 3 KaufÜ nicht der Fall sein. Schlägt dagegen der Annehmende den vollständigen Ausschluss des KaufÜ vor, so ist das Zustandekommen des Vertrages wohl nicht mehr auf der Grundlage des KaufÜ, sondern nach nationalem Recht zu beurteilen[9].

b) Diese Grundsätze gelten auch dann, wenn sich die Willenserklärungen über die Abbedingung oder Modifikation der Rechtsregeln des KaufÜ nicht aus Individualerklärungen, sondern aus Allgemeinen Geschäftsbedingungen der beiden Parteien ergeben. Denn das Übereinkommen enthält für die Beurteilung des Vertragsschlusses bei Verwendung Allgemeiner Geschäftsbedingungen keine Besonderheiten; die Problematik der sogenannten «battle of forms» wurde bewusst keiner Sonderregelung unterworfen, ist vielmehr durch das Prinzip des Art. 19 Abs. 2 KaufÜ – jedenfalls theoretisch – gelöst.

c) Schliesslich bedarf, wenn man den Vertragsschluss auf der Grundlage des KaufÜ betrachtet, ein weiteres Rechtsinstitut der Erwähnung, das nach innerstaatlichem deutschen – und wohl auch schweizerischen – Recht die Fälle des Auseinanderfallens von Erklärungen des Anbietenden einerseits und des Annehmenden andererseits weitgehend entschärft, auf der Grundlage des KaufÜ aber leider nicht zweifelsfrei anwendbar ist: das Institut des sogenannten «kaufmännischen Bestätigungsschreibens». Das KaufÜ sagt in Art. 18 Abs. 1 Satz 2 ausdrücklich, dass Schweigen oder Untätigkeit allein eine Annahme nicht darstellt. Daraus wird hergeleitet, dass der in Deutschland und der Schweiz zum Gewohnheitsrecht erstarkte Grundsatz, wonach ein Bestätigungsschreiben, das nach Vertragsverhandlungen den Inhalt eines nach Auffassung des Absenders bereits mündlich geschlossenen Vertrages verbindlich festlegen soll, vertragsbegründende oder -modifizierende Wirkung hat[10], nach dem KaufÜ keine Anwendung finden kann. In der Tat kann dies wohl nur nach Massgabe des Art. 9, also über die Anerkennung dieses Grundsatzes als Handelsbrauch geschehen. Anders als das EKG erkennt das KaufÜ nur den Vorrang solcher Handelsbräuche an, die weithin bekannt sind. Dies mag man zwar für die Grundsätze von der Wirkung des kaufmännischen Bestätigungsschreibens noch bejahen; dann wären diese jedenfalls

---

[9] Vgl. auch HERBER/CZERWENKA Art. 14 Rn. 13. Auch bei Beurteilung nach dem KaufÜ käme man allerdings wegen Art. 19 Abs. 3 KaufÜ zu demselben Ergebnis.
[10] Vgl. BGH NJW *1982* 1251.

insoweit anzuerkennen, wie der Handelsbrauch geographisch reicht[11]. Da es sich um die Wirkung des Schweigens auf das Bestätigungsschreiben handelt, wird man aber wohl verlangen müssen, dass der Handelsbrauch jedenfalls am Sitz des Schweigenden – also des Erklärungsgegners – besteht. Praktisch bedeutet freilich eine solche, auf die Erhaltung der für die Praxis wichtigen und hilfreichen Grundsätze des kaufmännischen Bestätigungsschreibens ausgerichtete Interpretation, dass die Regeln der deutschen und schweizerischen Rechtsprechung zwar zu Lasten eines Erklärungsempfängers in Deutschland oder der Schweiz anwendbar bleiben, von einem bestätigenden Vertragspartner in diesen Ländern gegenüber einem Empfänger im Ausland – etwa in Österreich, wo der Grundsatz heftig abgelehnt wird[12] – jedoch nicht in Anspruch genommen werden können. Es ist deshalb nicht unzweifelhaft, ob die wenigen Länder, in denen dieses Prinzip heute angewendet wird, auf seiner internationalen Anerkennung im Rahmen des KaufÜ bestehen sollten.

d) Die Abbedingung oder Modifikation des KaufÜ muss, wie schon erwähnt, nicht notwendig ausdrücklich vereinbart werden, doch bedarf es eines hinreichend klaren Ausdrucks des Parteiwillens; eine Ersetzung des wirklich festgestellten Parteiwillens durch eine hypothetische Erwägung des Gerichts ist nicht zulässig.

Die deutsche Rechtsprechung[11a] zu Art. 3 EKG hat hierzu Grundsätze entwickelt, die nach meiner Auffassung ohne weiteres auf das KaufÜ übertragen werden können. Wichtigstes Prinzip hierbei ist, dass die häufige Erklärung, der Vertrag unterliege «deutschem (oder schweizerischem Recht», nicht als ein Ausschluss des internationalen Einheitsrechts anzusehen ist. Auch das KaufÜ ist – ebenso wie zuvor in Deutschland das EKG – Bestandteil des deutschen (oder schweizerischen) Rechts; es handelt sich um innerstaatliches Recht für internationale Kaufverträge. Dieser Grundsatz ist auch in der Literatur praktisch nicht mehr umstritten. Es bedarf der Feststellung eines Parteiwillens, unter Abbedingung dieses Rechts das für innerstaatliche Kaufverträge geltende deutsche (oder schweizerische oder sonstige nationale) Recht anzuwenden. Die Vereinbarung muss also etwa erkennen lassen, dass die Vorschriften des schweizerischen Obligationenrechts oder des deutschen BGB oder des französischen Code civil auf den Vertrag Anwendung finden sollen.

Ein solcher Parteiwille kann sich allerdings, worauf schon hingewiesen wurde, auch stillschweigend ergeben. So etwa bei Allgemeinen Geschäftsbedingungen, die erkennbar auf einer bestimmten innerstaatlichen Rechtsord-

---

[11] Art. 9 setzt einen weithin – gemeint ist hier in erster Linie: weltweit – *bekannten,* nicht unbedingt einen weithin geltenden Handelsbrauch voraus; damit ist jedoch über den räumlichen Anwendungsbereich dieses Handelsbrauchs noch nicht entschieden.

[12] Vgl. BYDLINSKI in: DORALT, Das UNCITRAL-Kaufrecht im Vergleich zum österreichischen Recht, Wien 1985, S. 78 ff.

[11a] Nachweise bei HERBER/CZERWENKA Art. 6 Rn 15.

nung aufbauen. Das kann etwa angenommen werden, wenn ergänzend auf bestimmte Vorschriften einer innerstaatlichen Rechtsordnung verwiesen ist, oder wenn Modifikationen zu Rechtsinstituten vorgesehen sind – etwa die Bestimmung einer Frist für die Aufforderung nach § 326 BGB –, die im Einheitsrecht keine Entsprechung haben. Allgemein wird man aber sagen müssen, dass diese stillschweigenden Ausschlüsse von der Rechtsprechung ausserordentlich restriktiv ausgelegt werden und dass sie um so weniger Anerkennung verdienen, je länger das KaufÜ in Kraft sein wird. Denn man wird von den Verfassern Allgemeiner Geschäftsbedingungen – die nach allgemein anerkannten Grundsätzen bei Zweifeln stets gegen den Aufsteller auszulegen sind – erwarten können, dass sie ihre Bedingungen innerhalb angemessener Zeit der neuen Rechtslage anpassen.

Gleiches wie für die ausdrückliche oder stillschweigende Vereinbarung einer bestimmten (eigenen oder fremden) nationalen Rechtsordnung gilt naturgemäss auch dann, wenn sich der – stillschweigende – Ausschluss des KaufÜ aus der Vereinbarung eines Gerichtsstandes oder Schiedsgerichtsortes ergibt: Liegt dieser Ort in einem Vertragsstaat und weist er deshalb auf die Vereinbarung der Anwendung von dessen Rechtsordnung hin, so gehört hierzu auch – natürlich nur im Rahmen seines Anwendungsbereiches – das KaufÜ. Liegt Gerichtsstand oder Schiedsgerichtsort in einem Nichtvertragsstaat des KaufÜ, so wird mit dessen Recht das KaufÜ regelmässig verdrängt sein; dies gilt freilich nicht, wenn das somit stillschweigend vereinbarte Recht im Wege einer Gesamtverweisung angewendet werden soll und auf das Recht eines Vertragsstaates verweist, der von dem Vorbehalt des Art. 95 KaufÜ nicht Gebrauch gemacht hat.

3. Beurteilung abweichender Vereinbarungen, insbesondere bei Allgemeinen Geschäftsbedingungen

a) Die vorstehenden Überlegungen betreffen zunächst nur den Fall, dass das Übereinkommen ganz oder teilweise abbedungen wird. Aber schon bei teilweiser Abbedingung können sich erhebliche Zweifel darüber ergeben, was anstelle der abbedungenen Regeln gelten soll. Wird etwa gesagt, dass die Vorschriften über die vorweggenommene Vertragsverletzung (Art. 71 ff. KaufÜ) keine Anwendung finden sollen, so fragt sich, ob in den dort geregelten Fällen alle Rechte der verletzten Partei entfallen sollen, oder ob anstelle der ausgeschlossenen Vorschriften das jeweils anwendbare – also nach dem internationalen Privatrecht des Gerichtsortes für den Kaufvertrag zu ermittelnde – innerstaatliche Recht Anwendung finden soll. Mit anderen Worten: Durch die Abbedingung einzelner Vorschriften entsteht, sofern nicht andere Regeln an die Stelle dieser Bestimmungen gesetzt werden, regelmässig eine

Lücke der Übereinkommensregelung, die wohl in entsprechender Anwendung des Art. 7 KaufÜ zu füllen ist. Dabei muss allerdings dem offenbaren Parteiwillen, bestimmte Grundsätze des Übereinkommens für ihren Vertrag nicht zu akzeptieren, bei der Auslegung der Vorrang zukommen.

Die Abbedingung einzelner Vorschriften ohne Vereinbarung dessen, was an ihrer Stelle gelten soll, dürfte allerdings praktisch die Ausnahme darstellen. Häufiger wird der Fall sein, dass – namentlich mit Allgemeinen Geschäftsbedingungen – bestimmte Regeln vereinbart werden, die mit denen des KaufÜ im Widerspruch stehen. Dann handelt es sich um – in Art. 6 ebenfalls ausdrücklich zugelassene – Abweichungen oder Änderungen der Übereinkommensregeln, die zugleich einen positiven Regelungsinhalt haben. Dabei wird häufig die Abgrenzung des Regelungsgegenstandes der autonomen Vereinbarung nicht leicht sein.

b) Art. 6 KaufÜ kann nicht dahin verstanden werden, dass er jede Änderung der Regelung kraft internationalen Rechts von vornherein gutheisst. Die Vereinbarung von Regeln, die vom KaufÜ abweichen oder dieses präzisieren, bedarf vielmehr der Prüfung auf ihre Wirksamkeit.

Dies gilt wiederum zunächst in umfassender Form für die Vereinbarung einer nationalen (für innerstaatliche Kaufverträge bestimmten) Rechtsordnung. Wird etwa das Recht eines Nichtvertragsstaates oder das für innerstaatliche Kaufverträge geltende Recht eines Vertragsstaates vereinbart, so bestimmt sich die Wirksamkeit dieser Vereinbarung ausschliesslich nach diesem Recht, nicht nach dem Übereinkommen. Eine dabei entstehende und nach dem Übereinkommen zu beurteilende Randfrage kann sein, ob die mit der Vereinbarung des fremden Rechts verbundene Abbedingung des KaufÜ als durch die Wirksamkeit der Vereinbarung des fremden Rechts bedingt anzusehen ist, ob sie also nicht gelten soll, wenn die Vereinbarung des fremden Rechts (ganz ausnahmesweise) unwirksam sein sollte; dies muss letztlich der Parteiwille entscheiden, der im Zweifel in diese Richtung gehen dürfte.

Werden dagegen einzelne Regeln des Übereinkommens modifiziert, so bietet Art. 4 den Einstieg in die Beurteilung nach nationalem Recht. Sieht der Vertrag etwa vor, dass eine Rüge innerhalb einer nach den Umständen offenbar unangemessenen Frist zu erheben ist, oder bürdet sie einer Vertragspartei in anderer Weise unverhältnismässige Lasten auf, so werden die meisten Rechtsordnungen die Möglichkeit vorsehen, auf verschiedenen konstruktiven Wegen zur Nichtigkeit entweder dieser Klausel oder auch des ganzen Vertrages zu gelangen. In Deutschland ist dabei namentlich das AGB-Gesetz massgebend, wenn diese Klausel durch Allgemeine Geschäftsbedingungen in den Vertrag eingeführt wurde; bei Individualvereinbarungen kann ein Verstoss gegen die guten Sitten vorliegen (§ 138 BGB). Schon bei der Beurteilung, ob ein Verstoss gegen die Grundsätze des AGB-Gesetzes oder die guten Sitten anzunehmen ist, bildet allerdings – abweichend von der sonstigen innerstaatlichen Übung – die Gesamtregelung des KaufÜ die Basis für die Beurteilung, ob das vom Gesetzgeber (hier: dem internationalen «Gesetzgeber») vorgestellte ausgewogene Verhältnis der beiderseitigen Rechte und Pflichten durch die Regelung des Vertrages unangemessen gestört ist. Wird jedoch nach nationalem Recht eine Nichtigkeit der Regelung bejaht, so setzt sie sich nach Art. 4 KaufÜ gegenüber dem internationalen Recht durch.

Im einzelnen lässt sich eine ganze Reihe von Beispielen bilden, auf die hier nicht näher eingegangen werden kann, die aber zum Teil ohnehin im Rahmen der materiellen Betrachtungen im folgenden noch kurz zu streifen sein werden.

III. Punkte, in denen vertragliche Vereinbarungen in Ergänzung zum KaufÜ ratsam erscheinen

Wie eingangs erwähnt, möchte ich nun auf einige Punkte eingehen, in denen vertragliche Vereinbarungen zur Ergänzung der Regelung des KaufÜ in besonderem Masse geboten erscheinen. Die Zweckmässigkeit solcher Vereinbarungen ergibt sich teils aus Mängeln des KaufÜ, zum Teil auch aus dessen natürlichen Grenzen. Dass dabei eine – auch nur annähernde – Vollständigkeit nicht beansprucht werden kann, wurde schon hervorgehoben.

1. Anwendungsbereich des Übereinkommens

Die Frage, ob es sich empfiehlt, das Übereinkommen insgesamt abzubedingen oder seine Anwendung – wo sie nicht oder nicht zweifelsfrei ipso iure vorgeschrieben ist – zu vereinbaren, wurde bereits behandelt[12]. Unabhängig von dieser grundsätzlichen Entscheidung, die jeder Vertragsschliessende zunächst für sich treffen muss, empfiehlt es sich aber jedenfalls, die Anwendbarkeit in den verhältnismässig vielen Zweifelsfällen möglichst – positiv oder negativ – im Vertrage klarzustellen.

a) Gemischte Verträge

Dies gilt vor allem im Hinblick auf Verträge, die nicht ausschliesslich den Kauf beweglicher Sachen, sondern darüber hinaus Montageverpflichtungen oder Ingenieurleistungen zum Gegenstand haben. Solche Verträge unterliegen nach Art. 3 Abs. 2 KaufÜ grundsätzlich dem Einheitsrecht; doch entfällt dessen Anwendbarkeit, wenn der überwiegende Teil der Vertragspflichten in

---

[12] Vgl. oben I.

der Ausführung von Arbeiten oder anderen Dienstleistungen besteht. Danach wird sehr häufig fraglich sein, welche Art von Leistungen überwiegt. Dies um so mehr, als der für diese Beurteilung entscheidende Massstab im Übereinkommen nicht sehr klar zum Ausdruck kommt: Zwar wird generell auf den Wert abzustellen sein, doch erscheint es durchaus vertretbar, bei der Gewichtung auch das besondere Vertragsinteresse des Abnehmers an der einen oder anderen Leistung zu berücksichtigen[13]. In allen diesen Fällen empfiehlt es sich, im Vertrage möglichst klar zum Ausdruck zu bringen, ob das KaufÜ – subsidiär zu den in solchen Fällen meist recht ausführlichen Vertragsbedingungen – gelten soll oder nicht.

Damit wird auch eine weitere Gefahr für die Vertragspartner gebannt, die bei solchen gemischten Verträgen besteht: Ein Gericht könnte geneigt sein, die Warenlieferungen nach Kaufrecht, die sonstigen Verpflichtungen des Verkäufers aber nach Werkvertrags- oder Dienstvertragsrecht zu beurteilen. Denn das Kaufrecht wird nicht immer die angemessenen Rechtsbehelfe für den Fall der Verletzung von Dienstleistungen bereithalten. Das bedeutet aber, dass – regeln die Parteien die Anwendbarkeit des Übereinkommens nicht klar in dem einen oder anderen Sinne – die kaufrechtlichen Elemente nach dem internationalen Übereinkommen, die dienst- oder werkvertraglichen dagegen nach dem vom internationalen Privatrecht des Gerichts für anwendbar erklärten nationalen Recht zu beurteilen sind. Eine Aufspaltung der rechtlichen Beurteilung, die in aller Regel kaum zu sachgerechten Ergebnissen führen wird. – Ähnliche Zweifel können sich bei Werklieferungsverträgen ergeben, bei denen es ebenfalls auf den Umfang der vom Besteller zu liefernden Stoffe ankommt (Art. 3 Abs. 1 KaufÜ).

Für die Praxis vielleicht weniger bedeutsam und zudem von mehr theoretischem Charakter sind drei weitere Zweifelsfragen, die sich bei der Anwendung des Übereinkommens häufig stellen werden:

b) Gerichtsstands- oder Rechtswahlklausel

Die in Art. 1 Abs. 1 Buchst. b KaufÜ vorgesehene Erweiterung des räumlichen Anwendungsbereichs über den Fall hinaus, dass die Vertragsparteien ihre für den Vertrag massgebende (Art. 10) Niederlassung in verschiedenen Vertragsstaaten haben, wird sehr häufig zur Folge haben, dass die Parteien selbst nicht vorhersehen können, ob der Vertrag im Streitfall nach dem KaufÜ beurteilt werden wird oder nicht. Während das Gericht oder Schiedsgericht in einem Vertragsstaat auf einen solchen Fall[14] das Übereinkommen

---

[13] Vgl. dazu etwa v. CAEMMERER/SCHLECHTRIEM – HERBER, Art. 3 Rn. 5.

[14] Für Deutschland mit Ausnahme der in Art. 2 des Vertragsgesetzes zum KaufÜ (BGBl 1989 II 586) genannten Konstellation.

anzuwenden hat, wird das Gericht oder Schiedsgericht in einem Nichtvertragsstaat dies nur ausnahmsweise – nämlich bei entsprechender Verweisung seines Rechts auf das Recht des Vertragsstaates – tun. Die Anwendung des Übereinkommens hängt also letztlich davon ab, wo ein gerichtlicher Streit ausgetragen wird. Deshalb bedarf es in solchen Fällen, sofern nicht ein Gerichtsstand in einem Vertragsstaat vorgesehen ist, einer klaren Regelung über das anwendbare Recht.

c) Bestimmung der Ware zum persönlichen Gebrauch

Erhebliche Zweifel können sich auch bei der Beurteilung ergeben, ob eine Ware für den persönlichen Gebrauch gekauft worden ist und ob dies für den Verkäufer erkennbar war (Art. 2 Buchst. a KaufÜ). Im internationalen Handel wird diese Bestimmung zwar nur ausnahmsweise von Bedeutung sein. Wo dies jedoch der Fall ist – etwa beim Einzelhandel mit Fotoapparaten oder Kraftfahrzeugen –, sollte für Zweifelsfälle eine Klarstellung in den Geschäftsbedingungen vorgesehen werden.

d) Regelung von Randfragen

Schliesslich ist die Abgrenzung der geregelten von den nicht geregelten – und deshalb nach innerstaatlichem Recht zu beurteilenden – Gegenständen in Art. 4 vielfach problematisch. Hier stellt sich eine ganze Reihe von Rechtsfragen, von denen jedoch ein grosser Teil kaum einer Regelung im Vertrage zugänglich ist[15]. In diesem Rahmen kann wohl nur bedacht werden, welche im Übereinkommen nicht geregelten Fragen von den Parteien möglichst im Vertrage geklärt werden sollten, weil andernfalls auf ein nationales Recht zurückgegriffen werden könnte, dessen Feststellung nicht immer einfach und vorhersehbar ist und das inhaltlich mit dem Übereinkommen nicht notwendig übereinstimmt. Beispiele hierfür werden noch dargelegt (dazu unten 3). Allgemein lässt sich nur sagen, dass die Parteien alle im Übereinkommen nicht geregelten Randfragen[16], die sie als für den Vertrag erheblich erkennen, regeln sollten. Eine generelle Regelungsmöglichkeit für solche – oft nicht vorhersehbaren – Detailprobleme lässt sich auch in der Weise finden, dass

---

[15] Hierhin gehört etwa die Problematik, ob die Gewährleistungsregelung des Übereinkommens die Anwendung nationaler Bestimmungen über die Anfechtung wegen Irrtums über die Eigenschaften der Sache (wie sie etwa nach österreichischem Recht möglich ist) ausschliesst. Die Anfechtung wird neben den Rechtsbehelfen des KaufÜ für zulässig gehalten insbesondere von Lessiak, (österreichische) Juristische Blätter *1989* 487 ff.; dagegen v. Caemmerer/Schlechtriem – Herber, Art. 4 Rn. 13; Loewe, Internationales Kaufrecht, Wien 1989, S. 66.

[16] Bei solchen Fragen, die mit Übereinkommensregelungen in unmittelbarem Zusammenhang stehen, jedoch gleichwohl im KaufÜ nicht geregelt sind, kann die Bestimmung und Anwendung der nach allgemeinem internationalen Privatrecht berufenen nationalen Rechtsordnung zu Proble-

die Anwendung des KaufÜ zwar nicht abbedungen oder sogar positiv vereinbart wird, dass jedoch für alle nicht geregelten Fragen subsidiär auf eine bestimmte nationale Rechtsordnung verwiesen wird; eine solche nur ergänzende Rechtswahl wird sich in der Praxis vielleicht leichter durchsetzen lassen als die Vereinbarung einer den Vertrag vollständig beherrschenden Rechtsordnung.

2. Abschluss von Kaufverträgen

Die Bestimmungen über den Abschluss von Kaufverträgen (Art. 14 ff. KaufÜ) gelten für Verträge, die – sind sie nach diesen Regeln wirksam abgeschlossen – dem KaufÜ unterfallen. Auch sie können abbedungen oder modifiziert werden. Es wurde schon darauf hingewiesen, dass dies praktisch in der Hand des Anbietenden liegt, der mit den Bedingungen seines Angebotes den möglichen Vertragsinhalt im wesentlichen vorgibt.

Der dem Vertragsabschluss gewidmete Teil des Übereinkommens enthält namentlich zwei Regelungen, die für beide Parteien gefährlich werden können: Es handelt sich um die Unschärfen in der Regelung über die Bindung des Angebots sowie über die Wirkungen einer modifizierten Annahme.

a) Bindung des Anbietenden an das Angebot

Das Übereinkommen hat für die Widerruflichkeit des Angebots eine klare Regelung nicht getroffen, vielmehr in Art. 16 KaufÜ einen Kompromiss zwischen der anglo-amerikanischen Auffassung (der jederzeitigen Widerruflichkeit des Angebots) und der kontinentaleuropäischen Auffassung (der grundsätzlichen Bindung an das Angebot) getroffen. Dessen inhaltliche Umschreibung ist jedoch ebenso vage wie sprachlich unklar und gibt schon jetzt in der Literatur zu Kontroversen Veranlassung[17]: Wann bringt das Angebot «zum Ausdruck..., dass es unwiderruflich ist»? Dabei muss nach der Entstehungsgeschichte wohl davon ausgegangen werden, dass – entgegen dem insoweit klar erscheinenden Wortlaut – nicht jede Fristsetzung die Unwiderruflichkeit begründet. Der Anbietende sollte deshalb auf jeden Fall klar zum Ausdruck bringen, ob er sich an das Angebot innerhalb einer bestimmten Frist gebunden fühlt oder nicht. Geschieht dies nicht, so wird er sich auch nach einem Widerruf durch eine spätere Annahme möglicherweise noch als vertraglich gebunden behandeln lassen müssen; jedenfalls aber können beide Vertrags-

men führen. STOLL (in: Festschrift Murad Ferid, Frankfurt 1988, S. 495 ff.) versucht diese durch eine Auslegung des (deutschen) internationalen Privatrechts zu lösen, welche sich jedoch nach meiner Auffassung auf dem Boden des geltenden Rechts nicht halten lässt.

[17] Vgl. dazu HERBER/CZERWENKA, Art. 16 Rn. 7 ff.

parteien in Unklarheit darüber bleiben, ob ein Vertrag zustandegekommen ist oder nicht.

b) Zustandekommen des Vertrages durch modifizierte Annahme

Eine ähnliche Problematik wirft Art. 19 Abs. 2 KaufÜ auf. Danach stellt eine Antwort des Angebotsempfängers, die Ergänzungen oder Abweichungen vom Inhalt des Angebotes enthält, nicht stets eine Ablehnung des Angebots verbunden mit einem Gegenangebot dar. Vielmehr kommt der Vertrag nach dieser Regelung – zu den Bedingungen der Annahmeerklärung – zustande, wenn die Ergänzungen oder Abweichungen nicht wesentlich sind. Auch hier wird die Beurteilung, ob es sich um wesentliche Abweichungen handelt oder nicht, häufig sehr zweifelhaft sein. Zwar hat das KaufÜ – abweichend vom EAG – in Art. 19 Abs. 3 KaufÜ eine Definition vorgenommen, welche die Fälle der unwesentlichen Abweichungen drastisch einschränkt, ja praktisch fast ausschliesst. Doch sollte sich die Praxis auch hiermit schon deshalb nicht beruhigen, weil diese Vorschrift bei einigermassen sinnvoller Interpretation doch wohl etwas restriktiv ausgelegt werden muss[18], so dass bei geringeren Abweichungen – die bei beiderseitiger Verwendung Allgemeiner Geschäftsbedingungen nicht unwahrscheinlich sind – die Frage sehr zweifelhaft sein kann, ob ein Vertrag zustande gekommen ist oder nicht. Bedenkt man, dass die in solchen Fällen nach deutschem oder schweizerischem Recht hilfreiche Lehre von den Wirkungen des Schweigens auf ein kaufmännisches Bestätigungsschreiben nach dem KaufÜ ebenfalls keinen verlässlichen Ausweg darstellen kann[19], so erscheint es geraten, im Angebot stets vorzusehen, dass jede Abweichung der Bestätigung durch den Anbietenden bedarf.

3. Inhalt von Kaufverträgen

Im materiellen Teil des KaufÜ findet sich eine ganze Reihe von Fragenkomplexen, die nur unvollständig oder für unsere Rechtsvorstellungen sehr ungewöhnlich geregelt sind oder deren Regelung ein – zumindest in der Anfangszeit, in der die Gerichte noch keine übereinstimmende Interpretation entwickeln konnten – unvertretbar hohes Mass an Auslegungsspielraum enthält.

Im folgenden seien einige Punkte dieser Art erwähnt.

[18] Vgl. dazu HERBER/CZERWENKA, Art. 19 Rn. 12.
[19] Vgl. oben II.2.c.

a) Umfang der Haftung für zugesicherte Eigenschaften; vom Käufer in Aussicht genommener Verwendungszweck

Art. 35 Abs. 2 KaufÜ legt die Qualitätsanforderungen fest, denen die Ware bei Lieferung zu entsprechen hat. Sie muss sich primär für die Zwecke eignen, für die Ware der gleichen Art gewöhnlich gebraucht wird. Sie muss für einen bestimmten Zweck geeignet sein, für den der Käufer sie verwenden will, sofern dieser Zweck dem Käufer bei Vertragsschluss bekannt war und sofern sich nicht aus den Umständen ergibt, dass der Käufer auf die Sachkenntnis und das Urteilsvermögen des Verkäufers nicht vertraute oder vernünftigerweise nicht vertrauen konnte.

Es liegt auf der Hand, dass eine so vage Umschreibung der Qualitätsanforderungen im Einzelfall grosse Zweifel darüber begründen kann, ob eine Ware vertragskonform ist oder nicht. Soll etwa ein Motor in einer Fabrik verwendet werden, wo er bestimmten schädlichen Einflüssen wie Hitze, Staub oder Chemikalien ausgesetzt ist, so wird oft fraglich sein, welche Widerstandsfähigkeit er gegen diese Einflüsse haben muss und ob die Einschätzung der Risiken dem Lieferanten des Motors – etwa aus früheren Erfahrungen bei der Lieferung von Motoren für ähnliche Anlagen – zugemutet werden konnte. Bejaht man die entsprechenden Anforderungen, so stellt ihre Nichterfüllung eine Vertragsverletzung dar, die ohne weiteres – und ohne ein Verschulden des Verkäufers – die Pflicht zum Ersatz des vollen Schadens des Käufers einschliesslich aller Folgeschäden (wie etwa eines Produktionsausfalls in der Fabrik) auslöst. Das Beispiel mag genügen, um deutlich zu machen, dass es in vielen Fällen von grosser Bedeutung sein kann, die an die Ware zu stellenden Anforderungen möglichst genau im Vertrag festzulegen. Dies besonders im Hinblick auf die Gesetzesbestimmung (Art. 35 Abs. 2 Buchst. b KaufÜ), wonach der Verkäufer einen ungewöhnlichen Verwendungszweck des Käufers auch dann zu berücksichtigen hat, wenn er ihm nicht einmal ausdrücklich, sondern nur «auf andere Weise zur Kenntnis gebracht wurde».

b) Untersuchungs- und Rügepflicht des Käufers; Verjährung

Zweifel können sich auch bei der Pflicht des Käufers zur Untersuchung der Ware und zur Rüge von Mängeln ergeben. Nach dem KaufÜ ist die Ware innerhalb einer so kurzen Frist zu untersuchen, wie es die Umstände erlauben; die Frist kann jedoch im Falle der Weiterversendung bis zum Eintreffen der Ware am neuen Bestimmungsort verlängert sein (Art. 38 KaufÜ). Dadurch entstehen Unsicherheiten, welche sich auf den vom Zeitpunkt der notwendigen Untersuchung abhängigen Zeitpunkt des Rügeerfordernisses nach Art. 39 auswirken. Deshalb – wie auch im Hinblick auf Art. 44, der dem Käufer auch nach Versäumung der Rügepflicht bei «vernünftiger Entschuldigung» noch gewisse Rechtsbehelfe belässt – kann sich der Verkäufer bei einer nicht innerhalb des erwarteten Zeitraumes eingegangenen Rüge nicht unbedingt darauf verlassen, dass er keine Gewährleistungspflichten mehr habe. Verlässlich ist für ihn nach dem KaufÜ letztlich nur die Zweijahresfrist des Art. 39 Abs. 2 KaufÜ, die durch die erwähnten Überlegungen nicht beeinflusst wird. Wenn ihm die Zweijahresfrist jedoch im Einzelfall nicht ausreichend erscheint, können und sollten bestimmte Fristen für die Untersuchung und etwaige Rüge vorgesehen werden; ferner ist an eine Abbedingung des Art. 44 KaufÜ zu denken.

Nicht im Übereinkommen geregelt ist die Verjährung. Sie ist deshalb nach dem nationalen Recht zu bestimmen, dem der Vertrag unterläge, griffe nicht das Übereinkommen ein. Nach dem EG-Übereinkommen über das auf Schuldverträge anwendbare Recht – und dem diesem entsprechenden Art. 28 EGBGB – ist dies regelmässig das am Sitz des Verkäufers geltende Recht. Findet danach deutsches Recht Anwendung, so gilt Art. 2 des Vertragsgesetzes [20], wonach die Verjährungsfrist 6 Monate beträgt. Eine entsprechende Anknüpfung gilt auch für den Kaufpreisanspruch, der deshalb ebenfalls nach Verkäuferrecht verjährt. Die Kaufvertragsparteien können sich hierauf gleichwohl nicht verlassen, ohne auch die Rechtsordnung jedes anderen Staates zu Rate zu ziehen, in dem ein Rechtsstreit stattfinden könnte. Es empfiehlt sich also, die Verjährungsfrist zu regeln. Dies um so mehr, als europäische Vertragsparteien regelmässig an einer kurzen Verjährung interessiert sein werden, das – von den europäischen Staaten nur für Norwegen geltende – VN-Übereinkommen über die Verjährung bei internationalen Kaufverträgen [21] jedoch eine Verjährungsfrist von vier Jahren vorsieht.

c) Rechte des Käufers bei nicht wesentlicher Schlechtlieferung

Das KaufÜ gewährt dem Käufer bei Qualitätsmängeln der Sache, die nicht als wesentlich anzusehen sind, zwar ein Nachbesserungsrecht, nicht jedoch ein Umtausch- oder Vertragsaufhebungsrecht. Dies kann nachteilig sein, weil der verbleibende Schadenersatzanspruch bei mangelhafter Handelsware den dem Käufer drohenden Schaden nicht stets wird ausgleichen können. Sind etwa die einem Händler gelieferten Möbel geringfügig (etwa durch Kratzer im Lack) schadhaft, können diese Schäden aber vom Verkäufer (ebenfalls einem Händler) nicht beseitigt werden, so wird es dem Möbelhändler nicht genügen, den Ersatz des Schadens verlangen zu können, der ihm durch den

---

[20] BGBl 1989 II 586, abgedruckt etwa bei v. CAEMMERER/SCHLECHTRIEM, S. 761 ff.; vgl. dort Art. 3.
[21] Vom 14. Juni 1974, mit Änderungsprotokoll vom 11. April 1980; abgedruckt bei HERBER/CZERWENKA, Anh. 2 und 3, ferner bei LOEWE, Internationales Kaufrecht, S. 187 ff.

minderen Verkaufswert der Möbel entsteht. Denn er wird im Interesse seines Rufes daran interessiert sein, einwandfreie Ware anbieten zu können. Die Gerichte könnten und sollten solchem Bedürfnis dadurch Rechnung tragen, dass sie im Hinblick auf die Folgen für das Geschäft des Käufers jedenfalls dann, wenn solche Mängel nicht eine seltene Ausnahme darstellen, hierin eine wesentliche Vertragsverletzung sehen. Doch ist eine solche Auslegung nicht mit Sicherheit vorherzusagen. Deshalb empfiehlt es sich, dieser Fallgestaltung durch eine Vereinbarung – etwa ein Umtauschrecht auch bei nicht wesentlicher Vertragsverletzung, gegebenenfalls unter Tragung eines Teils der Umtauschkosten durch den Käufer – Rechnung zu tragen.

d) Bestimmbarkeit des Kaufpreises

Art. 56 KaufÜ legt fest, dass bei Abschluss eines Kaufvertrages ohne ausdrückliche oder stillschweigende Bestimmung oder Regelung der Bestimmbarkeit des Kaufpreises der allgemein für derartige Waren berechnete Kaufpreis geschuldet wird. Diese Regel kann zu dem Fehlschluss verleiten, dass auch dann, wenn der Kaufpreis bei den Vertragsverhandlungen völlig offengeblieben ist, regelmässig ein Vertrag zustande komme. Dies trifft jedoch – worauf schon die Eingangsworte von Art. 55 KaufÜ hinweisen – nach Art. 14 KaufÜ nicht zu.

Art. 14 und Art. 55 stehen in einem Widerspruch zueinander, der auf der Konferenz gesehen, jedoch nicht gelöst wurde[22]. Für Kaufverträge, die auch dem Abschlussteil des KaufÜ unterfallen, spielt deshalb Art. 55 regelmässig keine Rolle: Ist der Kaufpreis nicht festgelegt und sind keine Vereinbarungen über seine Bestimmung getroffen worden, so ist der Vertrag nichtig. Davon kann allerdings abgewichen werden: Die Parteien können sich natürlich – unter Abbedingung von Art. 14 KaufÜ – auch ohne eine solche Festlegung binden; geschieht dies stillschweigend, so wird man den Käufer für verpflichtet halten müssen, den üblichen, in dessen Ermangelung den vom Verkäufer nach billigem Ermessen festgesetzten Preis zu zahlen. Doch muss dies nach dem KaufÜ die Ausnahme sein.

Deshalb ist den Vertragsparteien bei Verträgen, die einen Preis oder dessen Berechnung noch nicht festlegen (können), anzuraten, jedenfalls einen Hinweis auf seine Bestimmbarkeit in den Vertrag aufzunehmen. Dabei genügt der Verweis auf den üblichen Preis oder die Ermächtigung des Verkäufers, den Preis nach billigem Ermessen festzusetzen.

---

[22] Dazu HERBER/CZERWENKA, Art. 55 Rn. 1.

e) Gerichtsstand für die Kaufpreisklage

Nach Art. 57 KaufÜ hat der Käufer den Kaufpreis mangels abweichender Vereinbarung am Ort der Niederlassung des Verkäufers zu zahlen. Dieser Ort ist der Erfüllungsort, so dass sich auch der Gerichtsstand für Klagen des Verkäufers gegen den Käufer auf Kaufpreiszahlung hiernach richtet [23]. Das kann für den Käufer eine Härte bedeuten. Auch der Verkäufer wird nicht stets daran interessiert sein, in seinem eigenen Land zu klagen, wenn er im Käuferland vollstrecken muss; er wird sich allerdings den Gefahren der Regelung regelmässig entziehen können, weil ihm alternativ der Gerichtsstand des Sitzes des Käufers zur Verfügung stehen wird.

Eine Korrektur dieses Ergebnisses ist den Vertragsstaaten, die an das europäische Übereinkommen über die Anerkennung und Vollstreckung gerichtlicher Entscheidungen gebunden sind, nicht in der Weise möglich, dass sie in diesem Fall – ausnahmsweise – den Erfüllungsort nicht als gerichtsstandsbegründend anerkennen. Lediglich die Parteien des Kaufvertrages können diese Folge durch eine Gerichtsstands- (oder Schiedsgerichts-) Klausel herbeiführen; natürlich steht es ihnen auch frei, den Erfüllungsort durch Vereinbarung zum Käufer zu verlegen, wodurch die entsprechenden prozessualen Folgen automatisch eintreten. Der Käufer wird auf eine entsprechende Gestaltung des Vertrages Wert legen müssen, wenn er zu den Gerichten im Verkäuferstaat kein Vertrauen hat oder jedenfalls den Prozess nicht an einem entfernten Ort nach fremdem Prozessrecht führen möchte.

f) Verzinsung

Das KaufÜ legt eine Pflicht der Vertragspartei, die eine geschuldete Zahlung nicht rechtzeitig erbringt, zur Verzinsung des Anspruchs fest (Art. 78); die Konferenz konnte sich jedoch nicht auf einen Zinssatz einigen, der deshalb nach nationalem Recht (des Vertragsstatutes, welches für den Kaufvertrag gelten würde, unterfiele er nicht dem KaufÜ) zu ermitteln ist [24]. Dies birgt Gefahren und Unsicherheiten für beide Vertragsparteien in sich. Dabei braucht gar nicht einmal der extreme Fall in Betracht gezogen zu werden, dass das anwendbare Recht eine Verzinsungspflicht gar nicht kennt und deshalb auch keinen Zinssatz vorsieht. Die Regelungen über die Verzinsung weichen sehr voneinander ab, die Feststellung des Vertragsstatuts ist den Parteien oft nicht möglich, solange nicht der Gerichtsstand (und damit das anwendbare internationale Privatrecht) feststeht. Alle diese Gründe sprechen für die Vereinbarung eines Zinssatzes.

---

[23] Vgl. BGHZ 74, 136, 141; ausführliche Nachw. bei HERBER/CZERWENKA, Art. 57 Rn. 12.
[24] Vgl. HERBER/CZERWENKA, Art. 78 Rn. 6.

Im Zusammenhang mit der Verzinsung sollte auch die Frage bedacht werden, ob Zinsen auch bei einem nach § 79 befreienden Leistungshindernis (etwa einem staatlichen Zahlungsverbot) zu zahlen sind. Die Konferenz ist davon ausgegangen, dass dies der Fall ist; Art. 78 ist deshalb entsprechend auszulegen [25]. Den Vertragsparteien mag dies jedoch nicht immer angemessen erscheinen.

g) Umfang der Schadenersatzpflicht, insbesondere bei Folgeschäden

Das Übereinkommen enthält eine – vom Verschulden unabhängige, allerdings auf vorhersehbare Schäden begrenzte – Pflicht des den Vertrag verletzenden Teils zum Ersatz aller dem anderen Teil entstehenden Schäden, einschliesslich etwaiger Folgeschäden. Es geht damit ausserordentlich weit und hinsichtlich der erforderten Vorhersehbarkeit des Schadens sogar noch über das englische Recht hinaus, indem es den Ersatz jedes Schadens vorschreibt, den die vertragsbrüchige Partei bei Vertragsabschluss «als mögliche Folge der Vertragsverletzung vorausgesehen hat oder ... hätte voraussehen müssen» [26].

Dieser sehr weite Kreis zu ersetzender Schäden sollte von den Vertragsparteien entsprechend den Gegebenheiten eines bestimmten Vertrages nach Möglichkeit näher eingegrenzt werden. Werden etwa Zubehörteile oder Rohstoffe für Industrieanlagen geliefert, so können die Schäden bei Mängeln der Lieferung unabsehbaren Umfang annehmen. Gleichwohl wird man nur selten sagen können, dass solche Folgen nicht vorhersehbar gewesen wären. Deshalb erscheint es notwendig, den Kreis der Verletzungsfolgen, für die ein Vertragspartner einzustehen hat, jedenfalls bei Lieferungen mit besonderem Schadensrisiko so genau wie möglich zu umschreiben. Sofern dies auf Schwierigkeiten stösst, ist auch daran zu denken, eine summenmässige Begrenzung der Haftung zu vereinbaren; dabei muss jedoch darauf geachtet werden, dass die Begrenzung nicht unangemessen im Sinne der nach anwendbarem nationalem Recht massgebenden Gesetzgebung (insbesondere nach dem AGB-Gesetz) ist [27].

h) Umschreibung der entlastenden Umstände

Die Schadenersatzpflicht der Kaufvertragsparteien bedarf keines – auch nicht eines vermuteten – Verschuldens. Gleichwohl tritt in (seltenen) Ausnah-

---

[25] Vgl. HERBER/CZERWENKA, Art. 78 Rn. 4.

[26] Im englischen Recht dürfte die Rechtsprechung immerhin noch voraussetzen, dass der Schaden als *wahrscheinliche* Folge der Vertragsverletzung erkannt wurde oder erkannt werden musste, vgl. dazu v. CAEMMERER/SCHLECHTRIEM – STOLL, Art. 74 Rn. 26.

[27] Vgl. dazu oben II.3.b.

mefällen eine Befreiung von der Schadensersatzpflicht ein, wenn die Nichterfüllung der Vertragspflichten auf einem ausserhalb des Einflussbereichs der
Vertragspartei liegenden Hinderungsgrund beruht und dieser von ihr weder
vorhergesehen werden konnte, noch seine Folgen zu vermeiden oder zu über-
winden waren (Art. 79 KaufÜ). Diese scharfe Haftung, die das Einstehen
selbst für Umstände (etwa einen Streik) einschliesst, die der Schuldner nicht
vermeiden konnte, sofern er sie nur hätte vorhersehen und die Auswirkungen
auf den Vertrag (etwa durch Wahl eines anderen Beförderungsweges) vermeiden können, gilt auch für Bedienstete, deren sich der Schuldner bedient.
Schaltet der Schuldner Dritte zur Erfüllung des Vertrages ein, so müssen die
Voraussetzungen der Befreiung sowohl bei ihm selbst als auch bei dem Dritten gegeben sein (Art. 79 Abs. 2 KaufÜ).

Schon im Hinblick auf die Unsicherheit darüber, welcher Einflusssphäre
bestimmte mögliche Hinderungsgründe zuzurechnen sind, sollte im Vertrag
möglichst versucht werden, Kategorien solcher Gründe (etwa Embargos, De-
visentransferverbote, Streiks, Wetterrisiken) bestimmten Vertragsparteien zu-
zuordnen und damit die Haftungsbefreiung im Fall ihres Eintretens zu regeln.

Darüber hinaus birgt Art. 79 Abs. 2 KaufÜ ein Rechtsproblem, das auf der
Konferenz nicht befriedigend geklärt werden konnte: Wann bedient sich der
Schuldner eines Dritten zur Vertragserfüllung? Soweit diese Frage zu bejahen
ist, entfällt die Befreiung schon dann, wenn der Dritte das Hindernis hätte
vorhersehen oder vermeiden können; andernfalls – wenn die Handlungen
des Dritten dem Schuldner nicht im Sinne des Art. 79 zuzurechnen sind – nur
bei entsprechenden Voraussetzungen in der Person des Schuldners selbst
oder seiner Bediensteten.

Zweifelhaft ist die Einordnung Dritter namentlich bei Zulieferern des Verkäufers. Zwar wird nach überwiegender Auffassung in der deutschen Literatur[28] der Begriff des Dritten eng dahin auszulegen sein, dass der Schuldner
ihn zur Erfüllung einer von ihm eingegangenen Verpflichtung seinerseits herangezogen haben muss. Doch ist naturgemäss nicht auszuschliessen, dass Gerichte in anderen Vertragsstaaten – so namentlich in Skandinavien – jeden
Lieferanten als Dritten in diesem Sinne ansehen. Deshalb liegt es nahe, bei
Risiken solcher Art die Haftung für Zulieferungen ausdrücklich auszuschliessen; dies erscheint auch unter dem Gesichtspunkt der Billigkeit jedenfalls
dann vertretbar, wenn der Verkäufer die Qualität der Zulieferungen, soweit
ihm dies möglich ist, regelmässig durch Stichproben überprüft.

Eine interessante Frage in diesem Zusammenhang ist, ob auch die etwaige
Haftung aus einer besonderen Produkthaftungsgesetzgebung vertraglich aus-

---

[28] Vgl. HERBER/CZERWENKA, Art. 79 Rn. 3; auch v. CAEMMERER/SCHLECHTRIEM – STOLL, Art. 79
Rn. 38.

geschlossen werden kann. Dies wird in Ausnahmefällen selbst dann zu bejahen sein, wenn die entsprechende Regelung einen zwingenden Charakter hat[29]. Ist die Produkthaftung als eine vertragliche ausgestaltet, so fällt sie in den Regelungsbereich des Übereinkommens und ist deshalb von der Vorschrift des Art. 6 KaufÜ, das die Abdingbarkeit der Haftung grundsätzlich garantiert, erfasst. Im Verhältnis der EG-Staaten untereinander – nicht also für die Schweiz – gilt allerdings nach Art. 90 KaufÜ der Vorrang der EG-Produkthaftungsrichtlinie. – Praktisch wird die Frage deshalb keine grosse Bedeutung haben, weil Produkthaftungsansprüche selten Sachschäden betreffen werden, Personenschäden aber nach Art. 5 KaufÜ von der Übereinkommensregelung ausgeschlossen sind.

i) Währungsfragen

Nicht geregelt im Übereinkommen ist die Frage, in welcher Währung der Kaufpreis geschuldet wird. Dies richtet sich deshalb nach nationalem Recht, ist jedoch umstritten[30]. Richtiger Ansicht nach bestimmt sich die Vertragswährung nach dem Recht, das als Vertragsstatut anzuwenden wäre, unterläge der Vertrag nicht dem KaufÜ[31]. Ist deutsches Recht anzuwenden, so wird im allgemeinen das Verkäuferrecht die Währung bestimmen; allerdings kann ein in ausländischer Währung zu zahlender Kaufpreis bei Zahlungsort im Inland regelmässig auch in Deutscher Mark erfüllt werden (§ 244 BGB). Die Parteien können natürlich eine echte Valutaschuld vereinbaren, doch ist dies auch bei internationalen Kaufverträgen nicht ohne weiteres anzunehmen[32].

Die erheblichen Zweifel, die demnach mit der Bestimmung der geschuldeten Währung nach dem KaufÜ verbunden sind, geben jedenfalls Anlass zu der Empfehlung, die Währung für den Kaufpreis und etwaige andere Geldschulden im Vertrage festzulegen.

k) Nähere Präzisierung unbestimmter Rechtsbegriffe und allgemein umschriebener Fristen für den speziellen Vertrag

Es wurde bereits eingangs darauf hingewiesen, dass es sich in jedem Falle empfiehlt, die in dem KaufÜ enthaltenen allgemeinen Rechtsbegriffe und unbestimmten Fristen nach den Gegebenheiten des einzelnen Vertrages näher zu präzisieren. Denn das KaufÜ ist für die Anwendung bei einer Vielzahl verschiedenartigster Kaufverträge geschaffen worden und muss der Ausle-

---

[29] Dazu v. CAEMMERER/SCHLECHTRIEM – HERBER, Art. 5 Rn. 13 f.
[30] Vgl. die gegenteilige Auffassung von MAGNUS, RabelsZ *1989* 116 ff., 130, wonach dem KaufÜ der Grundsatz zu entnehmen sei, dass die Verkäuferwährung im Zweifel den Kaufpreis bestimme.
[31] Vgl. HERBER/CZERWENKA, Art. 53 Rn. 5 ff.
[32] Vgl. zum EKG OLG Karlsruhe, RIW/AWD *1978* 544.

gung durch die Gerichte daher einen sehr weiten Spielraum geben, den die Vertragsparteien, soweit sie darüber einig sind, nach Möglichkeit einschränken sollten.

Das gilt auch und insbesondere für die Modalitäten der Lieferung, namentlich den Gefahrübergang. Dabei stehen den Parteien des Vertrages namentlich die Definitionen der INCOTERMS[33] zur Verfügung, welche die wechselseitigen Pflichten bei Vereinbarung der unterschiedlichen zur Verfügung stehenden Lieferklauseln sehr viel eingehender regeln als das KaufÜ. Die Bezugnahme auf die INCOTERMS ist mit dem KaufÜ selbstverständlich vereinbar; auch soweit sie Abweichungen von einzelnen Bestimmungen enthalten – in der Regel wird es sich um Konkretisierungen handeln –, sind diese durch Art. 6 KaufÜ gedeckt.

IV. Schlussbemerkung

Der kurze Überblick, den ich über die Möglichkeiten der Vertragsgestaltung nach dem neuen internationalen Kaufrecht geben konnte, sowie die Hinweise auf einzelne Regelungskomplexe, in denen ergänzende Vertragsbestimmungen besonders angebracht erscheinen, konnte naturgemäss nicht vollständig sein.

Wenn das KaufÜ für Deutschland und die Schweiz in Kraft tritt, werden die international tätigen Unternehmen ihre Geschäftsbedingungen sorgfältig daraufhin zu prüfen haben, ob sie mit dem neuen Recht noch in Einklang stehen.

Entschliessen sie sich, das KaufÜ generell abzubedingen, so muss dies unmissverständlich geschehen, um wirksam zu sein. Auch bei grundsätzlich negativer Einstellung zum KaufÜ sollte ein international tätiges Unternehmen allerdings Vorsorge für den Fall treffen, dass es im Einzelfall die Abbedingung des Übereinkommens gegenüber seinem Geschäftspartner nicht durchsetzen kann. Wenn nicht – was nach meiner Auffassung vorzuziehen wäre – Allgemeine Geschäftsbedingungen jedenfalls für die Fälle entwickelt werden, in denen nicht – und das dürfte künftig die Ausnahme sein – die Vereinbarung schweizerischen oder deutschen Rechts durchgesetzt werden kann, so muss doch wenigstens eine Liste der neuralgischen Punkte erarbeitet werden, auf die im Falle der Notwendigkeit, sich auf das KaufÜ einzulassen, geachtet werden muss.

Es scheinen mir aber – jedenfalls bei einem in vielen ausländischen Staaten Handel treibenden Unternehmen – gute Gründe dafür zu sprechen, das

---

[33] In einer neuen, auch auf die modernen Transporttechniken abgestellten Fassung vom 1. Juli 1990, abgedruckt bei HERBER/CZERWENKA, Anh. 4.

KaufÜ allgemein auf die Auslandskaufverträge anzuwenden und durch ergänzende Vertragsbedingungen – die dann einheitlich für alle Verträge lauten könnten – auf die Notwendigkeiten des eigenen Geschäfts zuzuschneiden.

Ich würde mich jedenfalls freuen, wenn ich für Ihre Entscheidung hierüber einige Gedanken hätte beitragen können.

Allgemeine Diskussion zwischen den Teilnehmern und den Referenten über Probleme und Möglichkeiten der Vertragsgestaltung

RA Dr. U. LISCHER, Sandoz Pharma AG, Basel, *einleitendes Votum:* Zunächst möchte ich mich zur Wünschbarkeit der Anwendung des Wiener Kaufrechts aus der Sicht des Praktikers äussern. Auch wenn das WKR viele Ungewissheiten und unbestimmte Rechtsbegriffe enthält, ist doch das Element der Voraussehbarkeit bzw. der weiten Verbreitung ein sehr stark positives Element, das in der Praxis eine gewichtige Rolle spielt und das vermutlich dem WKR zum Durchbruch verhelfen wird.

Ein Gesichtspunkt, der allenfalls den Ausschluss des WKR im Einzelfall naheegen könnte, ist die Komplexität eines Rechtsverhältnisses. Als Beispiel möchte ich den Unternehmenskauf nennen. Es existieren dort viele Ungewissheiten, ob bzw. auf welche Teile des Vertrages das WKR Anwendung findet, so dass es von Vorteil sein dürfte, es von vornherein auszuschliessen. Zu beachten ist weiter, dass etwa eine ungeschickte Wahl des Forums letztlich zum Ausschluss des WKR führen kann, nämlich dann, wenn das gewählte Forumsrecht einen Vorbehalt hinsichtlich der Anwendbarkeit des WKR angebracht hat.

Vertragliche Gestaltungsmöglichkeiten bei der Anwendung des WKR bestehen zum einen in denjenigen Bereichen, die gerade nicht vom Abkommen geregelt werden, wie z. B. in demjenigen der Gültigkeit des Vertrages oder der Stellvertretung, zum andern im Bereich der unbestimmten Rechtsbegriffe. Hier wären etwa zu nennen die Festlegung der Mängelrügefrist bzw. der Frist für die Prüfung des Zustands der gekauften Ware durch den Abnehmer. Ferner sind vertragliche Gestaltungsmöglichkeiten auch für solche Regelungen gegeben, die im Abkommen zwar klar definiert, aber dispositiv sind und von denen die Parteien abweichen möchten. In diesem Zusammenhang scheint mir der Gefahrübergang ein wichtiger Punkt. Denkbar wäre es, in Abweichung des WKR festzulegen, dass der Verkäufer mit Abgabe der Ware, z. B. an den Frachtführer, richtig erfüllt hat. Man könnte auch einfach Lieferklauseln (INCOTERMS) vereinbaren. Die Regelung der Kostentragung ist ebenfalls ein wichtiger Punkt, z. B. der Frage, wer welche Versicherungsprämien zu übernehmen hat bzw. wer die Versicherung abzuschliessen hat. Dann kann man natürlich bei der Gewährleistung bestimmte Rechtsbehelfe ausschliessen oder die Reihenfolge ihrer Anwendbarkeit abändern.

Zwei Punkte möchte ich zum Schluss kurz ansprechen. Den einen habe ich erwähnt; es ist der gemischte Vertrag. Ich möchte das Forum anregen, darüber zu diskutieren, wieweit es Sinn macht, aus bestimmten Verträgen Kaufelemente aufzunehmen, diese dem UN-Kaufrecht zu unterstellen, und den übrigen Teil den subsidiär eingreifenden IPR-Regeln zu überlassen oder diesen einem materiellen Recht zu unterstellen. Die Gefahr, die natürlich dabei besteht, ist, dass das kommerzielle Gleichgewicht eines Vertrages aus den Fugen geraten kann, wenn nicht eine einheitliche Beurteilung auf der Grundlage eines bestimmten Rechts in Streitfragen Anwendung finden kann. Der zweite Bereich, den ich kurz anschneiden möchte, betrifft das Konzernrecht: Zwei Schweizer Firmen schliessen über pharmazeutische Produkte einen Vertrag ab. Die Erfüllung findet jedoch nicht in der Schweiz statt. Bekanntlich haben Konzerngesellschaften im Ausland ihre Niederlassungen oder Tochtergesellschaften. Und hier die Frage: Ist es möglich, dass z. B. bei der Herstellung von Produkten in einem Tochterwerk dieses als Erfüllungsort qualifiziert wird und gleichzeitig als Ort der Niederlassung gilt, so dass man dann plötzlich (obwohl man nichts geregelt hat bezüglich Anwendung des Rechts in diesem Vertrag) vor der Anwendung des WKR steht?

Prof. Dr. R. BÄR: Welche Erfahrungen haben Sie gemacht mit der Möglichkeit, z. B. europäische Rechte, überhaupt Rechte von Industriestaaten durchzusetzen gegenüber Entwicklungsstaaten?

Dr. U. LISCHER: Zum Glück kommt es nur sehr selten zu Streitfällen, und diese werden meist auf dem Verhandlungswege beigelegt. Das Problem in diesen Staaten scheint mir folgendes: Selbst wenn man in einem neutralen Staat Schiedsgerichtsbarkeit vereinbart und ein neutrales Recht wählt, ist die Durchsetzbarkeit von Urteilen in den entsprechenden Ländern erschwert bis verunmöglicht. Man stösst auf Widerstand, weil eben in diesen Staaten oft zwingend die Anwendung des lokalen Rechts vorgeschrieben ist. Allerdings gibt es einige Länder, die eine gewisse Liberalisierung anstreben. Gerade hier scheint mir der Wert des WKR zu liegen. Wir können durch die Anwendbarkeit des WKR die Rechtssituation transparenter gestalten, ohne dadurch den Vertragspartner zu diskriminieren.

Prof. Dr. R. BÄR: Ist es aus Souveränitäts- und Prestigegründen schwieriger geworden, mit der Dritten Welt sogenannte westliche Rechtsordnungen zu vereinbaren?

Dr. U. Lischer: Meistens sind die Probleme mit diesen Staaten schlicht kommerzieller Natur. In Drittweltländern bewegt sich unsere Geschäftstätigkeit im Vergleich zu den Industriestaaten auf einem geringen Niveau, aus verschiedensten Gründen. Die Probleme, die sich dort stellen, sind nicht so sehr juristischer als mehr ökonomisch-praktischer Natur. Die Frage, welches Recht Anwendung findet, scheint mir zweit- oder drittrangig; primär stellt sich die Frage, ob mögliche Vertragspartner überhaupt die erforderlichen finanziellen Mittel aufbringen können. Wenn diese Grundlagen nicht gegeben sind, dann kommt ein Geschäft in aller Regel nicht zustande. Diesbezüglich zweifle ich daran, ob das WKR zu einer Verstärkung der Geschäftstätigkeit führen wird.

Prof. Dr. R. Bär: Ich möchte jetzt zeigen, warum ich diese Ergänzungsfragen an Herrn Dr. Lischer gestellt habe: Wir haben von den Referenten fast durchwegs die Empfehlung gehört, es sei doch immerhin dieses UN-Kaufrecht, bei allen Schwierigkeiten, die es durch Unbestimmtheiten mit sich bringt, immer noch besser als «exotische» Rechte, von denen man noch viel weniger wisse als vom UN-Kaufrecht. Das ist sicher richtig. Ich frage mich nun, ob unter kontinentalen Rechten, oder sagen wir, unter Rechten alter Industrienationen, ein solcher Bedarf nicht bestehe, weil hier die Kenntnis des jeweiligen Rechts ausreicht und das Risiko, auf das UN-Kaufrecht auszuweichen, grösser ist, während umgekehrt im Verhältnis zu den Entwicklungsländern das WKR von Vorteil ist? Auch von den anwesenden Praktikern wüsste ich gern: Wie sehen Sie die Tendenz?

Prof. Dr. K. Neumayer: Man wird exotische Rechte nicht vereinbaren; man wird sich ungern ihrer Herrschaft unterstellen wollen. Vielmehr besteht doch wohl im internationalen Geschäftsverkehr die Praxis, sich einem Recht zu unterwerfen, das weithin bekannt ist. Dies bietet gegenüber der Konvention den Vorteil, dass hinter den einzelnen Kaufrechtsvorschriften ein kohärentes Rechtssystem existiert, aus dem allgemeine Grundsätze zu beziehen sind. Ferner gibt es eine langjährige Rechtsprechung; viele Fragen sind durch die Gerichte eindeutig entschieden. Ist es also nicht gewagt, sich einer Konvention zu unterwerfen, bei der wir doch wissen, dass man die Auslegung sehr vieler Vorschriften vorläufig noch nicht zuverlässig voraussehen kann? Viele Begriffe sind vage; in vielen Fällen sind Kompromisse getroffen worden, und nun muss man erst einmal abwarten, wie ein solcher Kompromiss von den Gerichten angewendet wird. Die Frage an die Praktiker lautet daher: Werden Sie von der bisherigen Praxis, die Geltung des schweizerischen, des englischen Rechts zu vereinbaren, nun zugunsten der Konvention abweichen? Ist das nicht ein Sprung ins dunkle Wasser? Ich habe keine Zweifel, dass auf lange Dauer – aber ich weiss nicht, wie lange es währen wird – sich diese Wiener Konvention durchsetzen wird und irgendwie zu einer «Amalgamisierung» der nationalen Rechte, der Wiener Konvention und des selbstgeschaffenen Rechts der Wirtschaft führen wird. Aber wie wird es in den nächsten Jahren aussehen?

B. Kolb, Fürsprecher, Bern: Ich möchte vielleicht in einem anderen Bereich noch Bedenken anmelden, und zwar, was den Gegenstand der Konvention betrifft. Herr Herrmann hat gestern auf eine entsprechende Frage geantwortet, Software falle auch darunter. Wenn ich mir aber komplexe Anlagen anschaue, wo eben Hardware- und Software-Komponenten enthalten sind, wo es um lizenzrechtliche Probleme geht, habe ich Zweifel, ob der Software-Bereich unter das Abkommen fällt. Wird er aber nicht erfasst, haben wir wieder die Konkurrenz von Wiener Kaufrecht und IPR. Der Weg des geringsten Widerstandes ist es dann, das WKR auszuschliessen.

Dr. G. Herrmann: Den Bereich der Software habe ich gestern erwähnt in Abgrenzung zu der möglichen Fehlinterpretation der Ware als körperliche Sache. Ich habe keine Zweifel, dass Software unter das WKR fällt. Bei der Entscheidung, welches Recht Sie dann positiv wählen, spielt natürlich auch eine Rolle, was Herr Prof. Neumayer erwähnt hat. Es ist verständlich, dass ein neues Recht am besten zu erklären ist im Vergleich zu einem vertrauten Recht. Dieser Vergleich soll aber nicht die Entscheidung als solche bindend festlegen, ob man es in einem gegebenen Fall anwendet oder nicht. Für manchen der Praktiker in der Schweiz oder in Deutschland ist das englische Recht bereits exotisch, wenn man etwa an den Unterschied zwischen «conditions» und «warranties» oder an «implied terms» denkt.

Prof. Dr. F. Bydlinski: Im Verlauf dieser Veranstaltung habe ich den Eindruck gewonnen, dass meine bisherigen Bedenken hinsichtlich der Möglichkeit einer strikt einheitlichen Anwendung des WKR, die auf dessen zahlreichen Vagheiten und Lücken beruhen, noch zu schwach waren. Ich möchte das an vier Beispielen, die man noch vermehren könnte, darstellen:
Heute morgen stiessen wir auf das Problem der relativen Berechnungsmethode bei der Preisminderung. Inzwischen habe ich, belehrt durch Schweizer Kollegen, festgestellt, dass die Meinung, es handle sich in Art. 50 der Konvention gar nicht um die relative Berechnungsmethode, sondern um einen Vergleich der Werte, in der Bundesratsbotschaft, Seite 57, ausdrücklich niedergelegt ist. Diese Lösung steht jedoch schlicht in vollem Widerspruch zum Wortlaut des Art. 50. Man kann deshalb wohl keinem nationalen Richter ei-

nen Vorwurf machen, wenn er dieser Ansicht nicht folgt. Auf diese Weise lässt sich, glaube ich, eine Rechtsvereinheitlichung gewiss nicht herbeiführen. Ein zweites Beispiel ist der Rechtsmangel-Artikel 41. Herr Schlechtriem hat ihn so ausgelegt, dass bloss behauptete Rechte und Ansprüche Dritter genügen. Die Lösung, es müsse der Käufer in der Lage sein, quasi Gewährleistungsrechte gegen den Verkäufer geltend zu machen, nur deshalb, weil ein Dritter Ansprüche stellt, die vielleicht völlig unberechtigt sind, ist jedoch schlicht im Art. 41 nicht enthalten.

Drittes Beispiel ist die Unwiderruflichkeit des Offerts. Gemäss Art. 16 Ziff. 2 a kann das Offert nicht widerrufen werden, wenn es durch Bestimmung einer festen Frist zur Annahme oder in anderer Weise zum Ausdruck bringt, dass es unwiderruflich ist. Dies ist einfach so zu lesen, wie es dasteht: Die Bestimmung einer festen Frist zur Annahme ist eine Möglichkeit, die Unwiderruflichkeit zum Ausdruck zu bringen, und andere Möglichkeiten gibt es auch. Weithin wird jedoch die Interpretation lanciert, die Fristbestimmung für die Annahme sei noch lange kein Hinweis auf die Unwiderruflichkeit. Ich frage mich, warum dann genau auf diesen Umstand als einen entscheidenden im Gesetzestext hingewiesen wird.

Viertes und letztes Beispiel ist das sehr wichtige Zulieferer-Problem. Wenn sich die Lösung etablieren sollte, dass auch Zulieferer von Art. 79 Ziff. 2 erfasst werden, könnte man von keinem Gericht einer Rechtsordnung, die das Gegenteil bisher mit Grund praktiziert hat, erwarten, dass es dieser Lösung folgt, weil sie schlicht konventionswidrig ist.

Mir scheint also, dass wir uns mit einer mittel- oder langfristigen Situation anfreunden müssen, die sich höchstens allmählich herantastet an eine einheitliche Auslegung und Anwendung dieser Konventionsvorschriften, auf einer Ebene, die ganz gewiss nicht mit dem Text der Konvention in Widerspruch stehen darf. Eine strikte Maxime einheitlicher Auslegung müsste praktisch der ersten Judikatur, die sich zu einer bestimmten Rechtsfrage irgendwo etabliert, ein unangemessenes Übergewicht geben; womöglich sogar, wenn sie eine der an den Beispielen aufgezeigten, in Wahrheit mit dem objektiven Inhalt der Konvention unvereinbaren Lösungen vertritt, die offenbar auch immer gewichtige Literaturstimmen für sich haben.

Die ungefähre Lösung für die Vertragspraxis müsste m. E. bis auf weiteres darin liegen, dass sie überall dort, wo als Alternative nicht irgendein entlegenes und exotisches Recht droht und wo zugleich eine Rechtswahl im Verhandlungsweg durchzusetzen ist, besonders im Verhältnis Deutschland–Schweiz–Österreich, sich weiterhin einer vertrauten, hinsichtlich der Zweifelsfragen «ausjudizierten» Rechtsordnung zuwenden und die Konvention ausschliessen sollte. In den vielen verbleibenden Fällen, in denen entweder das sonst in Frage kommende Recht ungreifbar ist oder aus Prestige oder wirtschaftlichen Gründen die Vereinbarung eines wünschbaren Rechtes scheitert, wird es dabei bleiben, dass die Konvention anzuwenden ist. In diesem Rahmen wird es allmählich zur Ausarbeitung sachgerechter und einheitlicher Lösungen kommen.

Dr. V. DELNON, Rechtsanwältin, Zürich: Zu dem, was Sie jetzt sagen, glaube ich, dass es eine sehr weite Anwendung des UN-Kaufrechts dort geben wird, wo die Parteien eben vergessen, ein spezielles Recht zu vereinbaren und das UN-Kaufrecht nicht auszuschliessen. Heute schon kann das in der Schweiz der Fall sein, wenn z. B. italienisches Kaufrecht zur Anwendung kommt und das UN-Kaufrecht nicht ausgeschlossen wurde. Damit bekommen wir natürlich auch die Praxis, die uns heute noch fehlt.

PD Dr. R. WEBER: Ich möchte noch kurz etwas zur Ausschliessung des UN-Kaufrechts aus anwaltlicher Sicht sagen. Ich glaube, der Anwalt muss nicht nur überlegen, welches Recht er haben möchte, sondern auch, welches Urteil er wo durchzusetzen hat. Dieser Aspekt mag durchaus für das UN-Kaufrecht sprechen, weil ich eher eine Hoffnung habe, dass ein Urteil gestützt auf UN-Kaufrecht durchgesetzt wird, sobald es auch unmittelbar anwendbares Recht z. B. in Ägypten, Marokko oder Island ist, als ein mühsam erkämpftes Urteil unter schweizerischem Recht, das in diesen Ländern gar nicht akzeptiert wird.

Prof. Dr. R. HERBER: Ich meine, man darf nicht den Fehler machen, zu sehr auf Details zu sehen. Lösungen sind meist nicht besser und nicht schlechter, sie sind aber oft in der Praxis erprobt. Dieses Abkommen ist «Neuschnee», den man erst einfahren muss.

Noch eine Bemerkung zur Minderung: Sie sollte ursprünglich aus dem Abkommen gestrichen werden. Die deutsche Delegation hat dann in grosser Eile einen Vorschlag gemacht, der vielleicht problematisch war, um die Minderung als Institut überhaupt beizubehalten. Wenn Sie sich vorstellen, sie wäre gestrichen worden, und das Abkommen wäre in dieser Form in Kraft getreten, dann können Sie sicher sein, dass wir in zehn Jahren als Kontinentaleuropäer die Minderung nicht mehr hätten durchsetzen können. Wir können aber nicht unsere europäische Tradition einfach aufgeben. Deshalb halte ich es rechtspolitisch für ausserordentlich wichtig, dass wir das Abkommen auch mit Leben erfüllen, denn wahrscheinlich werden die Kontinentaleuropäer mit ihrer römisch-rechtlichen Tradition das Abkommen ganz anders prägen können und müssen als die anderen Staaten.

Prof. Dr. W. WIEGAND: Ich will kurz etwas zum BGB sagen, das passt nämlich sehr gut. Als das BGB in Kraft trat, gab es eine etwa dreissigjährige Rechtsprechung des deutschen Reichsgerichts, die, abgesehen von wenigen

Dingen, nachher weitgehend unverändert übernommen wurde. Genau das ist aber ein gutes Argument für dieses Abkommen. Denn für viele Punkte, über die wir sprechen, gibt es eine kontinuierlich gefestigte Rechtstradition in Kernbereichen. Es gibt die Rechtsprechung zum Einheitlichen Kaufrecht, die den Europäern einen ungeheuren Vorsprung gibt vor allen andern, eben die Interpretation zu beeinflussen. Deshalb bin ich gar nicht so pessimistisch wie Sie, sondern glaube, dass es relativ leicht gelingen kann, gewisse Konturen durchzusetzen.

Dr. G. HERRMANN: Natürlich kann man nach dieser Veranstaltung von dannen gehen mit dem Eindruck, dass doch alles ziemlich zweifelhaft und nicht nur in Grenzfragen unklar sei. Die grosse Mehrheit klarer Antworten, die dieses Übereinkommen gibt, haben wir jedoch gar nicht besprochen. Es erhebt auch niemand den Anspruch, dass wir hundertprozentige Vereinheitlichung erreicht hätten. Jeder, der an der Ausarbeitung dieses Abkommens beteiligt war, weiss, das wir die 100 Prozent nicht erreichen können. Sehen Sie doch aber die 97 oder die 96 Prozent.

Eine Sache, die ich nicht so stehen lassen will – mit Verlaub, Herr Professor Bydlinski – ist ein Missverständnis: Es hat meines Wissens bisher niemand gesagt oder angenommen, dass, wenn irgendwo ein Gericht in einem bestimmten Sinne entschieden hat, dies dann irgendeine Priorität hätte. Vor allem trifft das nicht auf die Fälle zu, die Sie zitiert haben, wo eine Interpretation zumindest Ihrer Meinung nach dem Wortlaut des Übereinkommens widerspräche.

Dr. A. WALDE: Ich möchte mich noch an die von Herrn Neumayer aufgeworfene Frage heranwagen, wie nun endlich der Praktiker auf diese Konvention reagieren wird. Es wird in höchst seltenen Situationen dazu kommen, dass ein Kaufvertrag abgeschlossen wird, in dem lediglich statuiert wird, die Sache ist X, der Preis ist Y, Lieferort ist Z, und im übrigen gilt diese UN-Konvention. Vielmehr wird der sorgfältige Praktiker die Fragen, die sich in der Praxis stellen, weiterhin im Vertrag sorgfältig redigieren und dabei darauf hinweisen, dass auch der Gerichtsstand und das anwendbare Recht dazugehören. Im übrigen wird uns diese Konvention zusätzlich als Argument dafür helfen, dass wir auch gegenüber sogenannten Exoten unser europäisches (nationales) Recht werden durchsetzen können, weil wir diesen Staaten gegenüber aufzeigen können, dass die Kernfragen für sie ebenfalls verständlich sind und in den Punkten, die das Kaufrecht betreffen, von ihnen mitratifiziert sind.

Prof. Dr. R. BÄR: Ich möchte noch einmal auf das Thema des Einstehens für Hilfspersonen zurückkommen, das heute morgen nicht abschliessend behandelt werden konnte. Vielleicht kann Herr Bucher noch einmal sagen, um was es geht.

Prof. Dr. E. BUCHER: Mein Argument war, dass man grundsätzlich den Zulieferer nicht vom Lieferer unterscheiden kann und soll und dass daher ein Versagen des Zulieferers den (verschuldenslos) nicht erfüllenden Vertragspartner nicht entlastet. Umgekehrt ist eine den Zulieferer treffende «force majeure» ebenfalls zugunsten des (dadurch bloss indirekt betroffenen) Vertragspartners zu berücksichtigen. Insgesamt scheint mir dies der Sinn von WKR Art. 79 Abs. 1 und 2 zu sein, der m. E. im praktischen Ergebnis kaum von dem nach OR geltenden abweicht.

PD Dr. R. WEBER: Ich bin aufgrund der Durchsicht der Materialien zum Schlusse gekommen, dass der Zulieferer nicht von Art. 79 Ziff. 2 erfasst wird, d. h. nicht ein Dritter ist im Sinne dieser Bestimmung. Damit ist aber nicht gesagt, dass im Falle eines Versagens des Zulieferers der Schuldner befreit sein soll. Ich habe deshalb in meinem Referat ausgeführt, dass im Falle des Versagens des Zulieferers die Bestimmung von Ziff. 1 des Art. 79 zur Anwendung kommen kann, weil grundsätzlich der Schuldner das Beschaffungsrisiko für Gattungswaren trägt. Wenn es sich um gewöhnliche Gattungswaren handelt, ist er dafür verantwortlich, dass er diese Waren von seinem Zulieferer auch erhält und sie an den Käufer weiterleiten kann. Deshalb sehe ich bei gewöhnlichen Gattungswaren kaum je eine Befreiungsmöglichkeit für den Schuldner bei einem Fehlverhalten des Zulieferers. Ich meine auch, dass sich diese Rechtslage insoweit mir OR 97 und 101 deckt. Der Schuldner hat im Grundsatz für das von ihm versprochene Leistungsprogramm einzustehen.

Prof. Dr. E. BUCHER: Ich würde gern eine Fussnote anbringen im Zusammenhang der Frage der Möglichkeiten der Vertragsgestaltung. Als ich vor dreissig Jahren in England meine erste Einführung in englisches Recht genoss, wurde ein sehr bekannter Entscheid besprochen, der Hadley-Baxendale-Fall aus der Mitte des letzten Jahrhunderts, als es noch keine Elektrifizierung gab: In einer Fabrikhalle war eine der Transmissionswellen an einer Dampfmaschine gebrochen, was den Stillstand der Fabrik zur Folge hatte. Hadley, der Fabrikbesitzer, übergab die Welle dem Frachtführer Baxendale, der sie zur Reproduktion zum Lieferanten bringen und mit der neuen Welle zurückkehren sollte. Infolge der Nachlässigkeit des Baxendale blieb die Welle eine Woche liegen. Hadley verlangte nun Ersatz für den Schaden, der ihm durch die Verzögerung entstanden war. Da aber der arme Fuhrmann doch nicht gewusst hatte, dass wegen der Welle die gesamte Fabrikation stillstand, hat man ihn nicht für den ganzen Schaden haften lassen. Seit jeher habe ich unter dem Eindruck von Hadley/Baxendale die Regel vertreten, diese Philosophie sollte eigentlich auch in der Schweiz gelten; aber grundsätzlich wird hier das Gegenteil angenommen (umgekehrt kennen entsprechende Regeln der franz. CC (art. 1150) und viele andere).

Die Regelung des Schadenersatzes in Art. 74 WKR verwirklicht genau die Hadley-Baxendale-Rule: Der Vertragsbrüchige muss Schaden ersetzen nur im Umfang, als er die möglichen Folgen der Vertragsverletzung voraussehen konnte. Und diese Lösung wird in Art. 25 noch extrapoliert auf die wesentliche Vertragsverletzung. Auch hier wird die Voraussehbarkeit der Folgen der Vertragsverletzung gefordert. Was heisst das nun für die Vertragsgestaltung? Um die Grenze zugunsten des Käufers zu verschieben, d. h. um einen höheren Schadenersatzanspruch zu erlangen oder eher eine wesentliche Vertragsverletzung behaupten zu können, kann der Käufer in den Vertrag hineinschreiben: Der Lieferant nimmt zur Kenntnis, dass der Besteller die Ware für einen bestimmten Zweck benötigt, dass er seinerseits bei Nichterhalt der Ware Schadenersatzansprüche zu gewärtigen hat oder dergleichen.

Prof. Dr. W. WIEGAND: Ich glaube, dass das schweizerische Recht dieses Problem teils über die Kausalität bzw. über Art. 44 OR löst, indem man sagt, dass ein solcher nicht vorhersehbarer Schaden ausserhalb des Zurechenbaren liegt. Man korrigiert das also schon, aber diese gesetzliche Regelung des Wiener Kaufrechts ist natürlich besser; das ist ein Fortschritt.

Prof. Dr. A. HARMATHY, Budapest: Ich möchte einige Bemerkungen im Zusammenhang mit der Frage der Haftung für Zulieferer machen. Die Frage lautet, ob Zulieferer Dritte sind oder nicht. Die Antwort hängt davon ab, was der Sinn der Haftung für Dritte ist. Dogmatisch gibt es, glaube ich, zwei mögliche Lösungen: Man kann sagen, wenn jemand seine Verpflichtungen verletzt hat, dann muss er dafür einstehen. Die andere Antwort ist das Verschuldensprinzip. Ich wäre für die erste und meine auch, dass Zulieferer Dritte sind. Wenn der Käufer den Zulieferer ausgewählt hat, kann man Art. 79 Ziff. 2 mit Hilfe von Ziff. 1 interpretieren und definieren, was «ausserhalb ihres Einflussbereiches» und «vernünftigerweise nicht erwartet werden kann» bedeuten. Mit diesen Elementen kann man erreichen, dass der Verkäufer nicht verantwortlich wird, wenn der Käufer die tatsächliche Situation kannte oder die Nichterfüllung selbst verursacht hat.

H. RENFER, Fürsprecher, Riedholz: Ich habe eine Frage zum sachlichen Anwendungsbereich des Übereinkommens. Wenn ich als Schweizer Unternehmung das hundertprozentige Aktienkapital einer deutschen Unternehmung erwerbe, kaufe ich da Wertpapiere und falle gemäss Art. 2 lit. d nicht unter das Übereinkommen? Wie ist es, wenn ich 100 Prozent Gesellschaftsanteile einer GmbH in Deutschland übernehme?

Prof. Dr. R. HERBER: Der Unternehmenskauf fällt m. E. nicht unter das Abkommen. Kaufen Sie das Unternehmen, indem Sie Aktien erwerben, ist die Anwendung des WKR gemäss Art. 2 lit. d ausgeschlossen. Kaufen Sie eine GmbH, sind die GmbH-Anteile nach deutschem Recht keine Wertpapiere, aber Sie kaufen Rechte und keine beweglichen Sachen; damit wird auch dieses Geschäft nicht vom Abkommen erfasst. Kaufen Sie das Unternehmen als solches, d. h. als eine Sachgesamtheit, dann wäre es natürlich theoretisch denkbar – ist jedoch wohl reine Theorie –, dass es nur aus beweglichen Sachen besteht. Im allgemeinen werden Rechte mit Forderungen, meist auch Grundstücke, übertragen, so dass der Unternehmenskauf im Prinzip nicht unter das WKR fällt.

Ähnlich ist die Problematik im Bereich der Computerprogramme. In der nationalen deutschen Rechtsprechung gibt es Fälle der Gleichstellung mit dem Sachkauf, in denen das Computerprogramm irgendwie materiell gebunden war. Sie verkaufen z. B. eine Diskette «Word Perfect» mit allen möglichen Rechten und Urheberrechten, aber Sie haben doch immer noch das materielle Substrat. Wenn Sie nur das Recht am Programm verkaufen, ohne dass Sie überhaupt materiell etwas übergeben, hätte ich Zweifel, ob man das WKR anwenden kann.

Dr. A. WALDE: Ich möchte noch einmal zurückkommen auf den persönlichen Geltungsbereich des Abkommens. Es geht um den Fall zweier Konzerngesellschaften, die im Inland einen Vertrag abschliessen, der aber schwergewichtsmässig zwischen zwei im Ausland befindlichen Töchtern abgewickelt wird. Findet in einem solchen Fall WKR Anwendung?

Dr. G. HERRMANN: Die entscheidende Frage ist: Wer sind die Vertragsparteien? So, wie Sie den Fall dargestellt haben, wird der Vertrag geschlossen zwischen den beiden Konzernen, den Müttern, wie ich sie einmal nennen möchte. Das ist allein entscheidend, so dass das Übereinkommen hier nicht anwendbar wäre.

Dr. A. WALDE: In der Praxis werden relativ häufig Verträge abgeschlossen, in denen festgehalten wird, dass die Konzernmutter einschliesslich ihrer Tochtergesellschaften Vertragsparteien sein sollen, auch wenn vom Vertragsinhalt her zwischen der Mutter und der Gegenpartei überhaupt keine vertraglichen Handlungen durchgeführt werden. Kann man in einem solchen Fall davon ausgehen, dass allein aufgrund der Tatsache, dass die Konzernmutter den Vertrag unterschreibt und damit formell primär Vertragspartei ist, der Sitz der Konzernmutter massgeblich ist?

Dr. G. HERRMANN: In diesem Fall muss man untersuchen, wo die Gegenpartei sitzt. Bei verschiedenen Niederlassungen stellt sich die Frage, welches die entscheidende Niederlassung ist. Sie befindet sich nicht automatisch dort, wo die Unterschrift geleistet worden ist; das ist nur einer von mehreren Faktoren. Würde der Vertrag zu 90 Prozent durch die Tochter abgewickelt, läge sicher ein so klarer Schwerpunkt bei der Tochter, dass die reine Tatsache der Vertragsunterzeichnung beim Hauptsitz nicht ins Gewicht fiele.

Prof. Dr. R. HERBER: Wenn Sie mir erlauben, würde ich gerne den Fall variieren. Stellen Sie sich vor, eine schweizerische Gesellschaft kauft einen LKW von einer anderen schweizerischen Gesellschaft, und diese hat rechtlich unselbständige Niederlassungen in der Schweiz, in Frankreich und in Deutschland. An sich hätten die Parteien in der Schweiz ein schweizerisches Geschäft geschlossen, aber das ist nicht möglich, weil z. B. das Auto in der Schweiz nicht vorrätig ist. Und nun kauft die schweizerische Käuferin bei der unselbständigen Niederlassung in Frankreich, schliesst dort den Vertrag, dort wird auch ausgeliefert, aber der Vertrag wird rechtlich geschlossen mit der einzigen juristischen Person in der Schweiz. Da würde Herr Herrmann wohl sagen: Beide Vertragspartner befinden sich in der Schweiz, damit scheidet das Übereinkommen aus. Dies ist wohl nicht richtig. Sie müssen wohl Art. 10 einbeziehen und berücksichtigen, dass diese Gesellschaft mehrere Niederlassungen hat. Die engste Verbindung zum Vertrag, kann man hier wohl annehmen, hat die französische, und damit ist es ein schweizerisch/französisches und kein rein schweizerisches Geschäft. Es entscheidet für die Zuordnung der Verkäuferin die unselbständige Niederlassung, die am nächsten am Vertrag ist. Wenn das richtig ist, muss dann nicht für den Fall einer selbständigen Niederlassung das gleiche gelten? Ich würde dort nein sagen, aber ich habe gewisse Sympathie für die Frage, weil die Niederlassung nie von dieser Seite betrachtet wurde.

F. CHAPMAN, Vizedirektor, Schweiz. Institut für Rechtsvergleichung, Lausanne: Ich möchte gern zurückkommen auf die erste Frage von Herrn Neumayer. Sollte man der Geschäfts- und Rechtssicherheit halber vielleicht sogar, wenn WKR auf den Vertrag Anwendung findet, trotzdem eine Art subsidiäre Rechtswahl treffen, d. h. für alle Fragen, die nicht vom Abkommen geregelt sind, ein nationales Recht vereinbaren?

Dr. G. HERRMANN: Ich glaube, die einfachste und klarste Lösung wäre, beispielsweise zu sagen, es gilt schweizerisches Recht einschliesslich UN-Kaufrecht. Es sind auch schon Musterklauseln dieser Art vorgeschlagen worden.

Professor Dr. BRUNO HUWILER

Die «Vertragsmässigkeit der Ware»
Romanistische Gedanken zu Art. 35 und 45 ff. des Wiener Kaufrechts

I. Problemstellung: Gewährleistungs- versus Erfüllungstheorie

Das Wiener Kaufrecht, in dessen Zeichen dieser Band steht, geht von einer
Regelung der Leistungsstörungen aus, welche Nichterfüllung, Schlechterfüllung und Leistung mangelhafter Ware in einen einheitlichen Begriff der Vertragsverletzung einbezieht und mit Rechtsbehelfen versieht, die der Käufer
nach seiner Wahl geltend machen kann: Er kann Erfüllung, Ersatzlieferung,
Nachbesserung, Wandelung oder Minderung verlangen[1]. Damit hat das UN-
Kaufrecht unter anderem eine dogmatische Auseinandersetzung entschieden,
welche die Doktrin der in der romanistischen Tradition stehenden Kodifikationen seit deren Erlass beschäftigt hat, nämlich die Frage nach der Rechtsnatur der Pflicht zur Gewährleistung von Sachmängeln beim Stückkauf.
Denn sowohl in der Lehre zum Deutschen Bürgerlichen Gesetzbuch (BGB)
wie zum Schweizerischen Obligationenrecht stellte sich infolge des Schweigens des Gesetzgebers die Frage, ob es sich bei dieser Haftung um ein Einstehenmüssen für Schlechterfüllung des Vertrages (sog. Erfüllungstheorie[2]) oder
aber um einen Sondertatbestand gesetzlicher Haftung handle, gestützt auf die
Überlegung, dass das Gesetz beim Spezieskauf keine mangelfreie Erfüllung
fordere, so dass der Vertrag auch durch Leistung eines mangelhaften Kaufobjektes erfüllt sei. Folglich wären Nicht- oder Schlechterfüllungsfolgen tatbestandsmässig gar nicht gegeben (sog. Gewährleistungstheorie[3]). Die jewei-

---

[1] Dazu jetzt statt vieler: U. HUBER, Die Haftung des Verkäufers nach dem Kaufrechtsabkom-
men der Vereinten Nationen und nach deutschem Recht (1991), pass. bes. S.9 ff. mit der Literatur.
– Mit bes. Berücksichtigung des schweiz. Rechts; LAUTENBACH, Die Haftungsbefreiung im internationalen Warenkauf nach dem UN-Kaufrecht und dem schweiz. Kaufrecht (Diss.iur. Zürich 1990),
bes. S.93 ff.

[2] So HONSELL, bei STAUDINGER, Kommentar zum Bürgerlichen Gesetzbuch 2.Buch: Recht der
Schuldverhältnisse (§§ 433–580a), (12.Aufl., 1978) Rn.7 Vorbem. zu § 459 BGB. – Andere sprechen von «unechter Gewährleistung»: HERBERGER, Rechtsnatur, Aufgabe und Funktion der Sachmängelhaftung nach dem Bürgerlichen Gesetzbuch (1974), S.23 ff. mit der Literatur.

[3] Dasselbe meint «echte Gewährleistung» vgl. HERBERGER (Fn.2). – Zur Sache statt vieler etwa:
GRAUE, Die mangelfreie Lieferung beim Kauf beweglicher Sachen (1964), S.269 ff.; HONSELL
(Fn.2), Rn.7 Vorbem. zu § 459 BGB mit der Literatur; für das schweiz. Recht: GIGER, Berner
Komm. Bd. VI: Obligationenrecht, 2.Abt./1.Teilband: Kauf und Tausch, 1.Abschnitt: Allgemeine
Bestimmungen – Der Fahrniskauf (Art.184–215 OR) (2.Aufl., 1980), Vorbem. zu Art.197–210 OR
NN.16 ff.

ligen Rechtswirkungen der beiden Erklärungsmodelle der Gewährleistungspflicht unterscheiden sich erheblich: Während die Erfüllungstheorie die
kaufrechtlichen Gewährleistungsnormen folgerichtig als leges speciales be-
greift und somit grundsätzlich auch die allgemeinen Regeln des Rechtes der
Nicht- oder Schlechterfüllung zulässt, soweit diese nicht wegen Unvereinbarkeit des Normzwecks derogiert werden, ist Entsprechendes für die Gewährleistungstheorie von vornherein begrifflich ausgeschlossen. Denn für sie ist
trotz der Mangelhaftigkeit der gelieferten (Spezies-)Kaufsache der Vertrag
zunächst erfüllt, weil der geschuldete Gegenstand geleistet worden ist. Deshalb sind die Gewährleistungsansprüche hinsichtlich ihrer objektivrechtlichen Grundlage Sonderrecht und haben tatbestandsmässig mit einer nicht
gehörigen Vertragserfüllung nichts gemein[4].

Die Gewährleistungstheorie ist noch heute in der Doktrin zum Deutschen
BGB herrschende Lehre[5]; im Schrifttum zum Schweizerischen Obligationenrecht ist die Frage nach der angemessenen Theorie kontrovers. In letzter Zeit
hat sich aber zunehmend eine Hinwendung zur Erfüllungslehre vollzogen[6].
Insbesondere argumentierte die bundesgerichtliche Rechtsprechung stets er-
füllungstheoretisch[7]. Da die Rechtslogik keineswegs zur Annahme einer gesetzlichen Erfolgshaftung ausserhalb der Verpflichtungslagen beim Kaufvertrag zwingt[8], stützen sich die Befürworter der Gewährleistungstheorie nicht
zuletzt auch auf die historische Entwicklung, welche die Rechtsnatur der Gewährleistungspflicht für Sachmängel als ausservertragliche Erfolgshaftung
nahelege[9]. Die nachfolgende Skizze macht es sich nun zur Aufgabe, diese
These weithin zu relativieren. Zwar trifft es zu, dass das heute geltende Recht
der Mängelgarantie im römischen Recht der Antike seinen Ursprung hat; un-
richtig ist aber, dass hierbei unvermittelt und ausschliesslich an das ädilizische Recht angeknüpft worden sei. Vielmehr wird zu zeigen sein, dass bereits
in der römischen Hochklassik das ius civile die (markt-)polizeirechtlich und
nicht vertraglich fundierte ädilizische Haftung, zwar was den Inhalt der Wan-
delungs- und Minderungsansprüche angeht, getreulich aufnahm und weiter-

---

[4] HONSELL (Fn. 2); GRAUE (Fn. 3).

[5] HONSELL (Fn. 2).

[6] GIGER (Fn. 3), Rn. 25; vgl. jetzt auch WIEGAND, recht 7 (1989) 105 Anm. 13; SCHLUEP, Der
Nachbesserungsanspruch und seine Bedeutung innerhalb der Mängelhaftung des Schweizer Kaufrechts (Diss. iur. Bern 1990), S. 29 ff., bes. 47 ff.

[7] GIGER (Fn. 3), Rn. 24; seither etwa BGE *107* II 166 f., *107* II 421 f. – Vgl. zur Rechtsprechung
des Bundesgerichts auch BUCHER, Obligationenrecht, Bes. Teil (3. Aufl., 1988), § 4, VII, 3, b,
S. 105 f., und GUHL/MERZ/KUMMER, Das schweiz. Obligationenrecht (7. Aufl., 1980), § 42, IV, 6,
S. 352 f.

[8] So auch GRAUE (Fn. 3), bes. S. 270 ff.; HONSELL (Fn. 2).

[9] So GRAUE (Fn. 3), bes. S. 269 ff. – Vgl. bes. auch HONSELL, Gedächtnisschrift für Wolfgang
Kunkel (1984), S. 61 ff.; KUNKEL/HONSELL, Römisches Recht (4. Aufl., 1987), § 116, III, S. 319 f. –
Für die frühe Literatur nachdrücklich KUHLENBECK, Von den Pandekten zum Bürgerlichen Ge-
setzbuch, 2. Theil (1899), bes. S. 257 ff.

tradierte, deren Rechtsgrund aber ganz entschieden in den Kaufvertrag selbst verlegte. Damit ist die Sachmängelgewährleistung – neben den ausservertraglichen ädilizischen und damit honorarrechtlichen Ansprüchen – gleichzeitig als Tatbestand einer Vertragshaftung des ius civile für qualitativ nicht gehörige Erfüllung des Kontraktes erkannt und anerkannt. Insofern war denn auch bereits im antiken römischen Recht eine Anspruchskonkurrenz zwischen den ädilizischen Rechtsbehelfen und der actio empti entstanden. Und diese Quellenlage war in der Folge gleichsam der Fluchtpunkt einer jahrhundertelangen steten dogmatischen Auseinandersetzung und Entfaltung des Problems der Rechtsnatur der Sachgewährleistung, und zwar bis ins 19. Jahrhundert.

II. Antikes römisches Recht

1. Vorklassik und Klassik

Das Römische Kaufrecht ist in seinen frühen Schichten, wie wohl alle antiken Rechte, auf den Typus des Barkaufs hin angelegt[10]. Eine Weiterwirkung kaufrechtlicher Verpflichtungen über den Vollzug des Leistungsaustausches hinaus ist dieser Stufe des Rechtsdenkens noch nicht zugänglich[11]. Folglich erwirbt der Käufer gleichsam tel quel[12], allfällige Mängel der Kaufsache stehen gänzlich in seinem Risikobereich. Dem entspricht, dass zunächst alle Gewährleistungsansprüche, sowohl für Rechts- wie für Sachmängel, deliktischer Natur sind[13] und zumeist auch auf einem zusätzlichen, zum Kaufgeschäft

---

[10] In allen antiken Rechten ist der Kauf zunächst Barkauf und seinem Typus nach vor allem Marktkauf: Dazu KOSCHAKER, Rechtsvergleichende Studien zur Gesetzgebung Hammurapis Königs von Babylon (1917), S. 73 ff. und bes. 91. Auch Platon geht in seinen Nomoi bei seinen Vorschlägen für die Gestaltung des Warenkaufs vom Marktkauf aus: Vgl. jetzt HERRMANN, Studi Biscardi II (1982), S. 460 ff. – Allgemein zum Barkauf als dominante Form des antiken Güteraustauschs: M. WEBER, Wirtschaft und Gesellschaft (5. Aufl., hg. von J. Winckelmann, 1985), S. 403 ff.; SAN NICOLÒ, Die Schlussklauseln der altbabylonischen Kauf- und Tauschverträge (2. Aufl., 1974), S. 76 ff.; PRINGSHEIM, Greek Law of Sale (1950), S. 86 ff.; HERRMANN (Fn. 10), S. 459 ff. – Für das röm. Recht: BECHMANN, Der Kauf nach gemeinem Recht, I. Theil (1876): Geschichte des Kaufs im römischen Recht, S. 7 ff.; PRINGSHEIM (Fn. 10), S. 87; KASER, Das römische Privatrecht, 1. Abschnitt (2. Aufl., 1971), § 9, II, S. 44 f. vor allem zur mancipatio; RABEL, Grundzüge des Römischen Privatrechts (Neudruck 1955, ex 1915), S. 107; KUNKEL/HONSELL (Fn. 9), § 114, I, 2 f., S. 304 ff.; J. G. WOLF, TR 45 (1977) 1 ff., bes. 13 f.; WEYAND, TR 51 (1983) 225 ff. mit weiterer Literatur.

[11] So insbes. MAX WEBER (Fn. 10), S. 382 ff. und bes. 403 ff.; SAN NICOLÒ (Fn. 10); PRINGSHEIM (Fn. 10), S. 87.

[12] RABEL (Fn. 10), S. 109; HONSELL (Fn. 9), S. 55 f. – Vgl. auch PRINGSHEIM (Fn. 10), S. 472 ff.

[13] So ist die alte, mit der Manzipation verbundene, mittels actio auctoritatis geltend zu machende Haftung für Rechtsmängel nach einhelliger Lehre deliktischen Ursprungs: LEVY, Konkurrenz der Aktionen und Personen, Bd. II (1922), S. 239; RABEL, Haftung des Verkäufers wegen Mangels im Recht (1904), S. 8 f.; BONFANTE, Corso di Diritto Romano, Vol. II/2 (Rist. 1968, ex 1926),

hinzutretenden Rechtsakt beruhen[14]. Dies ist die Ausgangslage für die bahn-brechende Weiterentwicklung des Sachmängelgewährleistungsrechtes durch die für das Marktwesen zuständigen Magistraten, die kurulischen Ädilen. Wohl bereits im dritten Jahrhundert vor Christus[15] haben sie zunächst für den Kauf von Sklaven, später auch im Falle des Erwerbs von Zug- und Last-tieren (iumenta)[16], für ganz bestimmte Mängel (vitia) dem Käufer Gewährlei-stungsansprüche zuerkannt: Die actio redhibitoria auf Wandelung und die actio quanti minoris auf Minderung[17]. Und zwar haftet der Verkäufer für die Zusicherung bestimmter Eigenschaften bzw. der Mangelfreiheit[18] sowie da-für, dass er bestimmte, nicht offenkundige[19] Mängel der Kaufsache uner-

S.195; HÄGERSTRÖM, Der römische Obligationsbegriff, Bd.II (1941), S.332f.; KASER, Eigentum und Besitz im älteren römischen Recht (2. Aufl., 1956), S.115f.; *ders.*, RPR I² (Fn.10), § 33, I, 1, S.132f. – Dasselbe gilt für die älteste – auf die Zwölftafeln zurückgehende – Sachmängelhaftung mittels der actio de modo agri, welche im Falle einer gegenüber dem Kaufvertrag zu geringen Fläche des Grundstücks zusteht; auch sie beruht auf einem Delikt: PERNICE, Labeo Bd.III/1 (1892), S.115ff.; HAYMANN, Die Haftung des Verkäufers für die Beschaffenheit der Kaufsache (1912), S.14; LENEL, Das Edictum perpetuum (3. Aufl., 1927) S.194f.; BONFANTE, a.a.O.; PEROZZI, Istituzioni di diritto romano, Vol.I (2. Aufl., 1928), S.648.

[14] Durch die «dicta et promissa», also zur Manzipation hinzutretende (dicta) oder stipulations-weise (promissa) zugesicherte Eigenschaften. Dazu: KALTER, Dicta et promissa (Proefschrift Ut-recht 1963), pass. – Bestritten ist die Frage, ob neben der actio de modo agri bereits die Zwölftafeln eine Haftung für zugesicherte Eigenschaften aufgrund eines dictum in mancipio gekannt haben. Die Befürworter stützen sich auf den verbürgten Zwölftafelsatz «uti lingua nuncupassit, ita ius esto» (tab.6,1 = Festus 173). So: MONIER, La garantie contre les vices cachés dans la vente romaine (1930), S.6ff., bes. 8; ihm folgend KUNKEL, RE 14, s.v. «mancipatio», S.1000; HONSELL, Quod inter-est im bonae fidei iudicium (1969), S.62ff.; *ders.*, GS Kunkel, (Fn.9), S.56. – Anderer Ansicht ARANGIO-RUIZ, La compravendita in diritto Romano Vol.II (1954), S.353f.; STEIN, Fault in the Formation of Contract in Roman and Scots Law (1958), S.7f. und 28f.; KALTER, a.a.O. S.33f.; KA-SER, RPR I² (Fn.10), § 131, II, 1, S.557, Anm.34. – Die ablehnende Meinung ist wahrscheinlicher, denn VARRO, De re rustica 2,10,5, erwähnt für die Zusicherung der Gesundheit beim Sklavener-werb lediglich die stipulatio (promissum) «stipulatio intercedit sanum esse», von einem entspre-chenden dictum ist nicht die Rede. Vgl. auch KALTER, a.a.O. S.33ff.

[15] Zur Datierung insbes. MONIER (Fn.14), S.19ff., und jetzt WIEACKER, Römische Rechtsge-schichte, 1.Abschnitt (1988), § 27, I, 1, S.479, demnach wäre die Überlieferung der ädilizi-schen Haftung durch die plautinischen Komödien freilich «unsicher». Vgl. auch KASER, RPR I² (Fn.10), § 131, II, 4, S.559, Anm.47.

[16] Das sog. Sklavenedikt ist älter: BECHMANN (Fn.10), S.410; HAYMANN (Fn.13), S.27; PRINGS-HEIM (Fn.10), S.473; KASER, RPR I² (Fn.10), S.560. – Andere antike Rechte hatten für den Skla-venkauf ebenfalls Garantiepflichten entwickelt, nicht alle aber auch für den Viehkauf. Dies hängt vielleicht damit zusammen, dass der Viehverkäufer regelmässig Mitglied derselben sozialen Gruppe ist, anders als der Sklavenhändler. – Zu alldem PRINGSHEIM (Fn.10), S.472ff.

[17] Ulp D 21,1,19,5f.: «(5) Deinde aiunt aediles: emptori omnibusque ad quos ea res pertinet iudi-cium dabimus. pollicentur emptori actionem et successoribus eius qui in universum ius succedunt. emptorem accipere debemus eum qui pretio emit. sed si quis permutaverit, dicendum est utrumque emptoris et venditoris loco haberi et utrumque posse ex hoc edicto experiri. (6) Tempus autem red-hibitionis sex menses utiles habet: si autem mancipium non redhibeatur, sed quanto minoris agitur, annus utilis est. sed tempus redhibitionis ex die venditionis currit aut, si dictum promissumve quid est, ex eo ex quo dictum promissumve quid est.»; vgl. auch LENEL (Fn.13), S.555, Anm.12. – Zum Verfahren jetzt WIEACKER (Fn.15), S.479.

[18] Gai D 21,1,18; Ulp D 21,1,19 pr. – 4. – Vgl. auch KALTER (Fn.14), S.40ff.; MEDICUS, Id quod interest (1962), S.125.

[19] Ulp D 21,1,1,6 (Text hinten in Fn.42).

wähnt liess[20], wobei es irrelevant blieb, ob er selbst diese Mängel gekannt hatte[21] oder nicht[22]. Aber diese Garantiehaftung war gegenständlich beschränkt, denn das Edikt der kurulischen Ädilen sah sie nur für den Kauf von Sklaven[23] und Vieh[24] vor. Dabei handelte es sich ebenfalls um eine deliktische Haftung[25], um marktpolizeilich begründetes Honorarrecht zum Zwecke der Verhinderung und allfälliger Sanktionierung betrügerischen Verhaltens des Verkäufers[26].

Spuren einer vertraglichen Mängelhaftung werden schliesslich im ersten vorchristlichen Jahrhundert fassbar. Cicero[27] und Valerius Maximus[28] berichten glaubhaft von einem Liegenschaftsverkauf mit bewusst verschwiegener, vom zuständigen Magistrat bereits ausgesprochener (Teil-)Abbruchsver-

---

[20] Ulp D 21,1,1,1 (Text hinten in Fn.40); vgl. auch Ulp D 21,1,38 a. A.

[21] Und damit dolos handelt: MEDICUS (Fn.18), S.125.

[22] Dies ist gesichert durch CICERO, de off. 3,17,71: «qui enim scire debuit de sanitate, de fuga, de furtis, praestat edicto aedilium.» So auch KASER, RPR I² (wie Fn.10), § 131, II, 4, S.560, Anm.52. Dagegen will KASER (a.a.O.) in Ulp D 21,1,1,2 (Text hinten in Fn.26) nur die Meinung erkennen, der Verkäufer könne sich lediglich auf Rechtsirrtum, will sagen auf die Unkenntnis des Ediktes berufen. Anders, d.h. als Zeugnis für die ädilizische Haftung auch des venditor ignorans wohl KUNKEL/HONSELL (Fn.9), § 116, I, 3, S.316, Anm.17, was in der Tat einleuchtender scheint.

[23] Vgl. den Bericht des Ediktstextes betreffend Sklavenkäufe in Ulp D 21,1,1,1 (Text hinten in Fn.40).

[24] Der Ediktstext betreffend den Kauf von Vieh spricht von Zug- und Lasttieren («iumenta»; referiert in Ulp D 21,1,38; Text siehe hinten in Fn.41) und wurde später auf das übrige Vieh ausgedehnt: Ulp D 21,1,38,5 («de cetero quoque pecore omni»).

[25] So Ulp D 21,1,23,4: «Si servus sit qui vendidit vel filius familias in dominum vel patrem de peculio aedilicia actio competit: quamvis enim poenales videantur actiones, tamen quoniam ex contractu veniunt...»; dazu die einhellige Lehre: WLASSAK, Zur Geschichte der negotiorum gestio (1879), S.176ff.; PERNICE, Labeo II/2 (2.Aufl., 1900), S.52f.; KARLOWA, Römische Rechtsgeschichte Bd.II (1901), S.1296f.; RABEL (Fn.10), S.109; ders., Das Recht des Warenkaufs Bd.II (1958, Repr. 1967), S.102; DE FRANCISCI, Studi sopra le azioni penali e la loro intrasmissibilità passiva (1912), S.25f.; LEVY (Fn.13), S.135; IMPALLOMENI, L'editto degli edili curuli (1955), S.238: «un atto illecito extracontrattuale».

[26] Die «ratio legis» dieses Edikts eindrucksvoll in Ulp D 21,1,1,2: «Causa huius edicti proponendi est, ut occurratur fallaciis vendentium et emptoribus succurratur, quicumque decepti a venditoribus fuerint: dummodo sciamus venditorem, etiamsi ignoravit ea quae aediles praestari iubent, tamen teneri debere. nec est hoc iniquum: potuit enim ea nota habere venditor: neque enim interest emptoris, cur fallatur, ignorantia venditoris an calliditate»; vgl. auch WLASSAK, (Fn.25), S.175ff. – Vgl. dazu die Literatur in Fn.25, und darüber hinaus noch MOMMSEN, Römisches Staatsrecht, 2.Bd., 1.Teil (3.Aufl., Repr. 1952), S.501f. – Die Ädilen schreiten auch in anderen Fällen gegen gemeinschädliche Missbräuche ein und ordnen Rechtswirkungen an, welche unter das Kriminalrecht fallen: MOMMSEN, Römisches Strafrecht (1899), S.159f.

[27] CICERO, de off.3,16,65ff.: «Ac de iure quidem praediorum sanctum apud nos est iure civili, ut in iis vendendis vitia dicerentur, quae nota essent venditori. nam cum ex duodecim tabulis satis esset ea praestari, quae essent lingua nuncupata, quae qui infitiatus esset, dupli poenam subiret, a iuris consultis etiam reticentiae poena est constituta. quidquid enim est in praedio vitii, id statuerunt, si venditor sciret, nisi nominatim dictum esset, praestari oportere. ut, cum in arce augurium auguri acturi essent iussissentque T.Claudium Centumalum, qui aedes in Caelio monte habebat, demoliri ea, quorum altitudo officeret auspiciis, Claudius proscripsit insulam, emit P.Calpurnius Lanarius. huic ab auguribus illud idem denuntiatum est. itaque Calpurnius cum demolitus esset cognossetque Claudium aedes postea proscripsisse, quam esset ab auguribus demoliri iussus, arbitrum illum adegit, QUIDQUID SIBI DARE FACERE OPORTERET EX FIDE BONA. M.Cato sententiam dixit, huius

fügung. Diese Verhaltensweise des Verkäufers löste eine Gewährleistungsverpflichtung ex empto[29] aus, welche sich, wie beide Quellen beinahe identisch überliefern, auf die intentio der actio empti «quidquid sibi dare facere oporteret ex fide bona»[30] stützte. Damit war ausgangs der Republik ein gewisser Durchbruch gelungen, indem sich die Einsicht Bahn gebrochen hatte, dass die bona fides als regulatives Prinzip – MAX KASER spricht von einem «Massstab»[31] – auf die Rechtsverhältnisse und Verpflichtungslagen einwirkt. Folgerecht entwickelte sich denn auch in der republikanischen Jurisprudenz für den Fall eines «Treuebruchs»[32] des Verkäufers – wegen arglistigen Verschweigens eines Mangels oder aber im Gefolge ausdrücklicher Zusicherung der Mangelfreiheit bzw. bestimmter Eigenschaften (dicta) der Sache – eine Haftung mittels der Kontraktsklage (actio empti)[33]. Sie geht auf «id quod interest», d.h. auf entsprechende Preisanpassung sowie den Ersatz gewisser Mangelfolgeschäden[34].

Diese Vertragshaftung bildete zusammen mit den ädilizischen Rechtsbehelfen die «objektivrechtliche» Grundlage des römischen Sachmängelrechts am Beginn der klassischen Epoche. Die auffallend lückenhafte Normierung einer notorisch häufigen Interessenkollision war wohl nur deshalb im Geschäftsverkehr erträglich, weil die Vertragsparteien durch Zusicherungen (dicta et promissa) das sonst unangemessen hohe Käuferrisiko milderten. Freilich liegt es auf der Hand, dass eine anonyme, arbeitsteilige Gesellschaft, die notwendigerweise auf täglichen Güteraustausch angewiesen ist, längere Zeit einer von konkreten Zusicherungen unabhängigen Gewährleistungsregelung nicht entraten kann. Allein schon die nachträglichen Beweisschwierigkeiten des Käufers in einem grundsätzlich mündlichen Privatrechtsverkehr drängten wohl auf eine Weiterentwicklung des bisher fragmentarischen Gewährleistungsrechtes.

nostri Catonis pater – ut enim ceteri ex patribus, sic hic, qui illud lumen progenuit, ex filio est nominandus – is igitur iudex ita pronuntiavit, ‹cum in vendundo rem eam scisset et non pronuntiasset, emptori damnum praestari oportere›. ergo ad fidem bonam statuit pertinere notum esse emptori vitium, quod nosset venditor.»

[28] VALERIUS MAXIMUS 8,2,1: «Claudius Centumalus ab auguribus iussus altitudinem domus suae, quam in Caelio monte habebat, summittere, quia his ex arce augurium capientibus officiebat, uendidit eam Calpurnio Lanario nec indicauit quod imperatum a collegio augurum erat. a quibus Calpurnius demoliri domum coactus M. Porcium Catonem inclyti Catonis patrem arbitrum cum Claudio adduxit formulam, QUIDQUID SIBI DARE FACERE OPORTERET EX FIDE BONA. Cato, ut est edoctus de industria Claudium praedictum sacerdotum suppressisse, continuo illum Calpurnio damnauit, summa quidem cum aequitate, quia bonae fidei uenditorem nec conmodorum spem augere nec incommodorum cognitionem obscurare oportet.»

[29] Darstellung des Sachverhalts bei HONSELL (Fn. 9), S. 56 f.

[30] CICERO, a.a.O.; VALERIUS MAXIMUS, a.a.O. (Texte vorne in Fn. 27 und 28).

[31] KASER, RPR I[2] (Fn. 10), § 114, IV, 3, S. 487.

[32] So KASER (Fn. 10), § 131, II, 2, S. 557.

[33] Zu alldem KASER (Fn. 10), S. 557 f. mit den Quellen.

[34] Grundlegend MEDICUS (Fn. 18), bes. S. 110 ff., 128 ff., 138 ff.; seither HONSELL (Fn. 14), pass., bes. S. 62 ff.; zusammenfassend KASER, RPR I[2] (Fn. 10), § 131, II, 2, S. 557 f., bes. Anm. 39. – Vgl. aber bereits auch PARTSCH, Aus nachgelassenen und verstreuten Schriften (1931), bes. S. 51 ff.

Bereits die hochklassische Doktrin schloss dann diese Lücke, und zwar durch eine analytische Arbeit am Begriff des Kaufes als eines dem Prinzip von Treu und Glauben offenen Vertragsverhältnisses. So geht Salvius Iulianus[35] – die Schlüsselfigur der Fortentwicklung des Gewährleistungsrechtes – davon aus, dass die bona fides den Massstab für die Bestimmung des konkreten gegenseitigen Leistungsinhaltes sei und die Funktion der Herstellung des Verpflichtungsrahmens des Schuldners übernehme. Denn in den formulae bonae fidei reflektiert die bona fides das «dare facere oportere», d. h. das Leistungsprogramm. Konkret bedeutet dies, dass unter Annahme eines objektivierten Redlichkeitsstandards und unter Berücksichtigung der Verkehrssitte Inhalt und Umfang der schuldnerischen Leistungspflicht umrissen werden, wobei sich in diesem Zusammenhang selbstverständlich auch das dem Kaufvertrag begriffsnotwendig inhärente (funktionelle) Synallagma zur Geltung bringt[36].

Alldies führt Julian schliesslich zur Auffassung, dass ganz generell in den Fällen mangelhafter Leistung beim Stückkauf eine Verletzung des von den Parteien im Konsens hergestellten Äquivalenzverhältnisses vorliege, welches gestützt auf den Vertrag selbst (ex empto) einer neuen Abstimmung der gegenseitigen Leistungen, will sagen einer Preisanpassung bedürfe. Dies führt ihn zu der in D 19,1,13 pr. von Ulpian referierten Lehre, dass die Kontraktsklage, die actio empti, im Falle objektiver Mangelhaftigkeit der gelieferten Sache – auch ohne dolus beziehungsweise entsprechenden Zusicherungen des Verkäufers – auf Preisminderung gerichtet sei[37], womit ein ebenfalls

---

[35] Zu Julian, dessen Lebensdaten unsicher sind (geb. zwischen 80 und 110 n.Chr.; gest. nach 170 n.Chr.), statt vieler: SEIDL, in Festgabe für Ulrich von Lübtow (1970), S.215ff.; und neuestens BUND, in Aufstieg und Niedergang der römischen Welt, Bd. II/15 (1976), S.408ff., beide mit weiterer Literatur.

[36] Zu alldem tiefdringend ESSER, Schuldrecht (2.Aufl., 1960), §§ 31ff., S.99ff.; und auch § 105, S.483ff.

[37] Julian bei Ulp D 19,1,13 pr.: «Iulianus libro quinto decimo inter eum, qui sciens quid aut ignorans vendidit, differentiam facit in condemnatione ex empto: ait enim, qui pecus morbosum aut tignum vitiosum vendidit, si quidem ignorans fecit, id tantum ex empto actione praestaturum, quanto minoris essem empturus, si id ita esse scissem: si vero sciens reticuit et emptorem decepit, omnia detrimenta, quae ex ea emptione emptor traxerit, praestaturum ei: sive igitur aedes vitio tigni corruerunt, aedium aestimationem, sive pecora contagione morbosi pecoris perierunt, quod interfuit idonea venisse erit praestandum.» Vgl. aber auch Julian bei Marcianus D 18,1,45: «Labeo libro posteriorum scribit, si vestimenta interpola quis pro novis emerit, Trebatio placere ita emptori praestandum quod ignorans interpola emerit. quam sententiam et Pomponius probat, in qua et Iulianus est, qui ait, si quidem ignorabat venditor, ipsius rei nomine teneri, si sciebat, etiam damni quod ex eo contingit: quemadmodum si vas aurichalcum pro auro vendidisset ignorans, tenetur, ut aurum quod vendidit praestet.» – D 19,1,13 pr. ist heute als echt anerkannt. Vgl. die ältere Literatur bei IMPALLOMENI (Fn.25), S.248, Anm.25f., und seither: v. LÜBTOW, in: Studi in onore di Ugo Enrico Paoli (1955), S.492ff.; MEDICUS (Fn.18), S.128ff.; 140ff.; KALTER (Fn. 14), S.116ff.; HONSELL (Fn. 14), S.83ff.; KASER, RPR I² (Fn.10), § 131, II, 2, Anm.40, S.558; dort auch die ältere Lit., welche die Stelle als Ergebnis justinianischer Überarbeitung bewertete. Im übrigen auch KASER, RPR II² (Fn.14), § 264, V, 2, S.393, Anm.77. – Gegen die Klassizität der Stelle auch: IMPALLOMENI (Fn.25), S.248ff., mit einer Rekonstruktion (a.a.O., S.253), welche freilich nicht überzeugt.

glaubhaft überliefertes Auslegungsergebnis der hochklassischen Jurisprudenz korrespondiert, wonach Leistungsinhalt des «facere» durchaus auch ein «reddere» sein könne[38]. Der unmittelbare Anlass zu Julians Neuerung war gewiss die bereits erwähnte Lücke hinsichtlich der Haftung für Sachmängel[39]. Denn mangelhafte Lieferung beim Spezieskauf war bislang – wenn nicht ein Treuebruch des Verkäufers vorgelegen hatte – nur im Falle des Kaufs von Sklaven[40] und Vieh[41] gestützt auf das Edikt der kurulischen Ädilen möglich. Die julianische interpretatio der actio empti ermöglichte nun eine Behaftung jedes Verkäufers, gleichgültig um welchen Kaufgegenstand es sich gehandelt haben mochte, wenn nur die Kaufsache objektiv, dem Käufer unerkennbar[42]

[38] Pomp D 50,16,175: «‹Faciendi› verbo reddendi etiam causa continetur.»

[39] Vgl. bereits WLASSAK (Fn. 25), S. 171.

[40] Siehe den Ediktstext für Sklavenkäufe bei Ulp D 21,1,1,1: «Aiunt aediles: Qui mancipia vendunt certiores faciant emptores, quid morbi vitiive cuique sit, quis fugitivus errove sit noxave solutus non sit: eademque omnia, cum ea mancipia venibunt, palam recte pronuntianto, quodsi mancipium adversus ea venisset, sive adversus quod dictum promissumve fuerit cum veniret, fuisset, quod eius praestari oportere dicetur: emptori omnibusque ad quos ea res pertinet iudicium dabimus, ut id mancipium redhibeatur. si quid autem post venditionem traditionemque deterius emptoris opera familiae procuratorisve eius factum erit. sive quid ex eo post venditionem natum adquisitum fuerit, et si quid aliud in venditione ei accesserit, sive quid ex ea re fructus pervenerit ad emptorem, ut ea omnia restituat. item si quas accessiones ipse praestiterit, ut recipiat. item si quod mancipium capitalem fraudem admiserit, mortis consciscendae sibi causa quid fecerit, inve harenam depugnandi causa ad bestias intromissus fuerit, ea omnia in venditione pronuntianto: ex his enim causis iudicium dabimus. hoc amplius si quis adversus ea sciens dolo malo vendidisse dicetur, iudicium dabimus.»

[41] Der Ediktstext für den Viehkauf («iumenta») bei Ulp D 21,1,38 pr./1: «(pr.) Aediles aiunt: Qui iumenta vendunt, palam recte facito, quid in quoque eorum morbi vitiique sit, utique optime ornata vendendi causa fuerint, ita emptoribus tradentur. si quid ita factum non erit, de ornamentis restituendis iumentisve ornamentorum nomine redhibendis in diebus sexaginta, morbi autem vitiive causa inemptis faciendis in sex mensibus, vel quo minoris cum venirent fuerint, in anno iudicium dabimus. si iumenta paria simul venierint et alterum in ea causa fuerit, ut redhiberi debeat, iudicium dabimus, quo utrumque redhibeatur. (1) Loquuntur aediles in hoc edicto de iumentis redhibendis.» – Nachdem das Edikt sich ursprünglich nur auf «iumenta», will sagen auf Zug-und Lasttiere bezogen hatte, wurde es später auf alle Nutztiere erweitert: Ulp D 21,1,38,5: «Idcirco elogium huic edicto subiectum est, cuius verba haec sunt: quae de iumentorum sanitate diximus, de cetero quoque pecore omni venditores faciunto.» – Der Zeitpunkt ist unbekannt, ebenso ist unklar, auf welche Weise die Erweiterung stattgefunden hatte. HONSELL (Fn. 14), S. 82, Anm. 75, geht von einem magistratischen Akt seitens der Ädilen aus; BECHMANN, Der Kauf nach gemeinem Recht, Teil III/2 (1908), S. 115, Anm. 4, nimmt eine «authentische Interpretation» des Edikts an. Gl. M. ARANGIO-RUIZ (Fn. 14), S. 395. – Zum Begriff «pecus» auch PS 3,6,73: «Pecoribus legatis quadrupedes omnes continentur, quae gregatim pascuntur».

[42] Ulp D 21,1,1,6: «Si intellegatur vitium morbusve mancipii (ut plerumque signis quibusdam solent demonstrare vitia), potest dici edictum cessare: hoc enim tantum intuendum est, ne emptor decipiatur.» und Ulp D 21,1,14,10: «...ad eos enim morbos vitiaque pertinere edictum aedilium probandum est, quae quis ignoravit vel ignorare potuit.» Vgl. etwa ARANGIO-RUIZ (Fn. 14), S. 364 f. – Die Erkennbarkeit eines vorhandenen Mangels führt zu einer Einrede (wohl eine exceptio doli) des ädilizisch beklagten Verkäufers: Pomp D 21,1,48,4: «In aediliciis actionibus exceptionem opponi aequum est, si emptor sciret de fuga aut vinculis aut ceteris rebus similibus, ut venditor absolvatur.» Vgl. dazu: HANAUSEK, Die Haftung des Verkäufers für die Beschaffenheit der Waare, I. Abth. (1883), S. 83 ff.; und auch ders., a.a.O., Abth. II/1 (1884), S. 183 ff. – Für Echtheit der Stelle auch IMPALLOMENI (Fn. 25), S. 222 ff.

und erheblich[43] mangelhaft war. Soweit dafür auch nach ädilizischem Edikt gehaftet wird, lag eine Klagenkonkurrenz (Anspruchskonkurrenz)[44] vor. Damit war nun ein für alle Sachverhalte wirksames, von Zusicherungen unabhängiges, gleichsam «objektiviertes» Institut der Sachmängelhaftung entwikkelt. Unbesehen des Kaufgegenstandes und auch gegen den «venditor ignorans» steht die actio empti als Minderungs- und vielleicht auch als Wandelungsanspruch zur Verfügung[45], und zwar einzig unter der Prämisse der Mangelhaftigkeit der gelieferten Kaufsache.

Für die fernere dogmatische Entwicklung war nun freilich nicht nur dieses Ergebnis als solches vorbildlich, sondern ebensosehr die begriffliche Voraussetzung, die ihm zugrunde liegt. Denn Julian musste – wohl als erster in der Dogmengeschichte – die Lieferung einer mangelhaften Kaufsache als Tatbestand der Vertragsverletzung, d. h. als Leistungsstörung[46], erkannt haben. Dies folgt zwingend aus dem Umstand, dass er als Rechtsfolge solcher Lieferung die Kontraktsklage, die actio empti vorsieht, welche in ihrem Klagefundament (intentio) darauf gerichtet ist, das Leistungsprogramm der Verkäuferverpflichtung durchzusetzen. Der geschuldete Leistungsinhalt hinwiederum steht innerhalb des synallagmatischen Vertrages im wertmässigen Äquivalenzverhältnis zur Gegenleistung, welches von den Parteien durch ihren Konsens konkretisiert wurde. Da nun aber rücksichtlich der Redlichkeitsgrundsätze der bona fides das gesamte von den Parteien ausgehandelte Austauschprogramm verbindlich ist, wird die (subjektive) Äquivalenz zum Inhalt der Obligation. Und diese wird im Falle mangelhafter, will sagen unterwertiger Leistung verletzt: Lieferung einer mangelhaften Kaufsache ist folglich Vertragsverletzung wegen Äquivalenzstörung und somit ein Tatbestand der

---

[43] Die in D 21,1,1,8 innerhalb der Doktrin zum ädilizischen Edikt entwickelte Voraussetzung der Erheblichkeit des Mangels war nach der Natur der Sache auch für die Gewährleistungsansprüche aufgrund der actio empti massgebend. Dem entspricht die seit WLASSAK (Fn.39), S.173, unbestrittene Annahme, dass die actio empti gleichsam als «Hülle» die Inhalte der ädilizischen Klagen aufnehme. Gl.M. auch RABEL (Fn.13), S.138. – Ulp D 21,1,1,8 lautet: «Proinde si quid tale fuerit vitii sive morbi, quod usum ministeriumque hominis impediat, id dabit redhibitioni locum, dummodo meminerimus non utique quodlibet quam levissimum efficere, ut morbosus vitiosusve habeatur ...»

[44] Zum Begriff noch immer v. TUHR, Der Allgemeine Teil des Deutschen Bürgerlichen Rechts, Bd. I (1910), § 16, II, S.282ff.; für das schweiz. Schrifttum: v. TUHR/PETER, Allgemeiner Teil des Schweiz. Obligationenrechts, Bd. I (3.Aufl., 1979), § 5, S.39ff. – Wichtig auch REGELSBERGER, Pandekten I (1893), S.653ff.; aus der neueren Literatur: GEORGIADES, Die Anspruchskonkurrenz im Zivilrecht und Zivilprozessrecht (1968), pass. mit der Literatur. – Für das römische Recht nach wie vor LEVY, Konkurrenz I (Fn.13), pass., mit der neueren Literatur: LIEBS, Die Klagenkonkurrenz im römischen Recht (1972), S.15ff. und 230ff.

[45] So MEDICUS (Fn.18), S.140ff., bes. 146ff.; HONSELL (Fn.14), S.82 mit weiterer Literatur; vgl. auch KASER, RPR I² (Fn.10), § 131, II, 2, S.558, bes. Anm.41. – Mir ist die Wandelung als Inhalt der actio empti für die Hochklassik zweifelhaft.

[46] Dazu allgemein: FIKENTSCHER, Schuldrecht (7.Aufl., 1985), § 8, 3, S.28; für das schweiz. Recht vgl. auch WIEGAND (Fn.6), S.105, Anm.13. – Dies gegen FLUME, Eigenschaftsirrtum und Kauf (1948, ex 1933), S.41, der zwischen Vertragsverletzung und Leistungspflichtverletzung unterscheiden will.

Schlechterfüllung. Nach dem Grundsatz, wonach eine Vertragsverletzung Ansprüche ex contractu erzeugt, entsteht diesfalls folgerichtig die actio empti, und zwar auf die angemessene Sanktion, d. h. auf Anpassung des Preises[47]. Damit ist auch indiziert, dass die klassische Jurisprudenz die Leistungsstörung im Falle mangelhafter Lieferung nicht als Verletzung einer stillschweigenden Vereinbarung der Mangelfreiheit begriffen hat[48]. Sonst wäre in der Tat nicht einzusehen, warum nicht ebenfalls eine Haftung auf «id quod interest» Platz greifen müsste.

Als Zwischenergebnis steht fest: Bei objektiver Mangelhaftigkeit, ohne Verschulden und ohne Treuebruch des Verkäufers, entsteht nicht etwa eine Haftung auf das positive Interesse, sondern Julian übernimmt die sachgerechten Rechtsfolgen des ädilizischen Edikts, nämlich die Preisanpassung durch Minderung, vielleicht auch schon mittels Wandelung. Insofern ist Ernst Rabel heute noch beizupflichten, wenn er die actio empti wegen Sachmängeln gegen den «venditor ignorans» als die kontraktsrechtliche «Hülle» – noch genauer wäre das Bild des «Trägers» – der ädilizischen Haftung beschreibt[49]. Denn Julian wollte offenkundig diese Rechtsbehelfe inhaltlich nicht verändern. Aber es war ihm, wie bereits angesprochen, ersichtlich darum zu tun, die bisher erst fragmentarisch entwickelte Gewährleistungspflicht zu einer lückenlosen Normierung der mangelhaften Sachleistung zu entfalten. Dies setzte er ins Werk durch die Schaffung eines zusätzlichen, neben die ausservertragliche ädilizische Erfolgshaftung tretenden Gewährleistungstatbestandes des ius civile. Erreicht hat dies Julian durch eine interpretatio der actio empti, welche die inhaltsstiftende Funktion der bona fides in deren intentio mitbedachte. Nunmehr qualifizierte sich jede Leistung einer mangelhaften Kaufsache als Vertragsverletzung und löste als Tatbestand einer Schlechterfüllung die actio empti auf Minderung und vielleicht auf Wandelung aus. Wlassak und andere sprechen in diesem Zusammenhang mit guten Gründen von einer «Rezeption» der ädilizischen Rechtsbehelfe in das ius civile[50].

[47] Dem entspricht die grundsätzliche Einsicht, dass aus einer vertraglichen Haftung eigentlich nur der Ersatz für unmittelbare Schädigung durch Schlechterfüllung, d. h. der Minderwert des Leistungsobjekts entschädigt werden kann (so: Fikentscher (Fn. 46), § 47, III, S. 271). – Sogenanntes «übererfüllungsmässiges Interesse» (Fikentscher) wird aber seit dem römischen Recht der späten Republik in den Fällen der verschuldeten Leistungsstörung oder besonderer Zusicherungen in die vertragliche Haftung miteinbezogen («id quod interest»), obgleich die Vertragsverletzung an sich nur das Rechtsgut des geschuldeten und mithin dem Gläubiger bereits zustehenden Leistungsinhalts beeinträchtigt und keinesfalls weitere Rechtsgüter. Das «übererfüllungsmässige Interesse» ist im Grunde ein Objekt des Deliktsrechts. – Zu alldem Fikentscher, a. a. O.

[48] So freilich Carcaterra, Intorno ai bonae fidei iudicia (1964), S. 76 f.; ihm folgend Honsell (Fn. 14), S. 81. – Im selben Sinne auch De Zulueta, The Roman Law of Sale (1945), S. 49, welcher dem römischen Gewährleistungsrecht in dieser Frage zu unrecht die Theorie der ‹implied warranty› des Common Law unterlegt.

[49] Rabel (Fn. 13), S. 138, und bereits Wlassak (Fn. 25), S. 173.

[50] Wlassak (Fn. 25), S. 169 ff. – Kein Beweis, aber immerhin ein gewichtiges Indiz für die Rechtsnatur mangelhafter Lieferung der Kaufsache als Leistungsstörung liefert die exceptio redhi-

2. Justinianisches Recht

Dieser Meinungsstand der hochklassischen Jurisprudenz wurde in der Folge nachhaltig wirksam, denn Justinian machte sich die dogmatische Deutung der Sachgewährleistung als Tatbestand der Vertragshaftung zu eigen und lässt im Falle mangelhafter Lieferung der Kaufsache generell ex empto haften[51]. Die ädilizischen actiones quanti minoris und redhibitoria werden völlig zurückgedrängt, für Justinian handelt es sich bei diesen Rechtsbehelfen nur mehr um «Anhängsel»[52] der actio empti, der eigentlichen sedes materiae. Die Vereinheitlichung[53] des Sachgewährleistungsrechtes führt – auf den ersten Blick paradoxerweise – auch dazu, dass nunmehr die Klagevoraussetzungen der ädilizischen actiones erweitert werden. Sie sollen nun gemäss D 21,1,1 pr. (itp) für sämtliche Kaufobjekte – nicht mehr nur für Sklaven und Vieh – anwendbar sein. Hierbei handelt es sich um einen justinianischen Textein-

bitionis (zu ihr LENEL, EP [Fn. 13], S. 504 f.), welche der Käufer, der eine unbrauchbare Sache erworben hat gemäss Ulp D 21,1,59,1 der Kaufpreisforderung des Verkäufers entgegensetzen kann: «Si quis duos homines uno pretio emerit et alter in ea causa est, ut redhibeatur, deinde petatur pretium totum, exceptio erit obicienda: si tamen pars pretii petatur, magis dicetur non nocere exceptionem, nisi forte ea sit causa, in qua propter alterius vitium utrumque mancipium redhibendum sit.» Dass die Stelle aus dem römischen Bankierrecht stammt (vgl. LENEL, Palingenesia iuris civilis, Vol. II [1889], Ulp 1660: «Si ex contractibus argentariorum agatur»), verschlägt nichts. Denn die Bankiers pflegten, wenn sie für Kunden Güter versteigerten, sich den Kaufpreis stipulieren zu lassen (THIELMANN, Die römische Privatauktion [1961], S. 99 und 132 ff.) und klagten dann gegebenenfalls mittels einer actio stricti iuris, so dass in einem solchen Fall tatsächlich die Frage nach einer exceptio des Beklagten sich stellen konnte, anders als wenn eine emptio venditio vorläge, weil die actio venditi ein iudicium bonae fidei ist. Somit wäre das hier aufgeworfene Problem durch den iudex aufgrund der bona fides von Amtes wegen unter dem Gesichtspunkt allenfalls dolosen Verhaltens des Klägers zu untersuchen (THIELMANN, a.a.O., S.98). Wenn man nun in Rechnung stellt, dass Ulpian dem Käufer einer wandelungsreifen Sache gegen die condictio des Versteigerers auf den Kaufpreis die exceptio redhibitionis gewährt, verhilft er m. E. damit einem Leistungsverweigerungsrecht des Käufers zur Wirkung, welches die ausgebliebene gehörige Erfüllung des Verkäufers reflektiert. (Zum Ganzen THIELMANN, a.a.O., S. 96 ff., mit weiterer Literatur.) Die in diesem Fragment von Ulpian vorgelegte Entscheidung ist wohl dahingehend verallgemeinerungsfähig, als der Käufer bei sonst gleichbleibender Sachlage gewiss auch der actio venditi gegenüber aufgrund der diesem Formular inhärenten bona fides geschützt würde, ein Fall, welcher – soweit ich sehe – in den Quellen nirgends diskutiert wird.

[51] Dies ist einhellige Lehre: DE ZULUETA (Fn. 48), S. 49, der mit allfälligen vulgarrechtlichen Vorläufern rechnet; vgl. ferner MONIER (Fn. 14), S. 164 ff., 186 ff.; LEVY, Weströmisches Vulgarrecht: Das Obligationenrecht (1956), S. 223 f.; ARANGIO-RUIZ (Fn. 14), S. 394 ff.; SCHULZ, Classical Roman Law (1951), S. 538; PRINGSHEIM (Fn. 10). S. 479; KUNKEL, bei JÖRS/KUNKEL/WENGER, Römisches Privatrecht (3. Aufl., 1949), S. 235; KASER, RPR II² (Fn. 14), § 294, V, 2, S. 393 f.

[52] Justinian nennt sie «actiones pedisequae»; so: c. Tanta 5; c. Omnem 4; dazu KASER (Fn. 14), S. 393 f., und LEVY (Fn. 51), S. 223 f.

[53] Sehr anschaulich SCHULZ (Fn. 51), S. 538: «the actio empti was amalgamated with the aedilician actions».

[54] Ulp/Lab D 21,1,1: «Labeo scribit edictum aedilium curulium de venditionibus rerum esse tam earum quae soli sint quam earum quae mobiles aut se moventes», ein Fragment, welches bereits Labeo die Ausdehnung ädilizischer Haftung auf alle Kaufgegenstände – Mobilien wie Immobilien – zuschreibt (sic!), ist eine «altbekannte Interpolation»: so MEDICUS (Fn. 18), S. 125, Anm. 2; vgl. auch IMPALLOMENI (Fn. 25), S. 265 ff.; ARANGIO-RUIZ (Fn. 14), S. 394 ff.; MONIER (Fn. 14), S. 161 ff.; KASER, RPR II² (Fn. 14), § 264, V, 2, S. 393; HONSELL (Fn. 14), S. 81 f., Anm. 75; LEVY

griff[54], der trotz der Verlagerung des Sachmängelrechts in den Tatbestandsbereich der vertraglichen Leistungsstörungen durchaus Sinn macht. Denn die auf das ädilizische Recht sich beziehenden Ediktstexte, Juristenmeinungen und Kaiserkonstitutionen behielten auch weiterhin ihre Bedeutung für die Interpretation der actio empti, wenn sie wegen Sachmängeln auf Wandelung oder Minderung gerichtet war[55].

Justinian hat also den von Julian vollzogenen und ins klassische Recht eingegangenen Durchbruch wirkungsgeschichtlich zu einem gewissen Abschluss gebracht, indem er ganz bewusst die ädilizische Haftung zugunsten der Deutung der Mangelgewähr als Leistungsstörung vernachlässigt hat; die actiones quanti minoris und redhibitoria werden im Grunde «überflüssig» (KASER)[56]. Trotzdem nimmt Justinian, wie soeben notiert, die dem ädilizischen Recht gewidmeten Texte in sein Corpus iuris civilis auf, was neben den erwähnten Gründen gewiss auch mit seiner klassizistischen Haltung und Absicht erklärbar ist[57]. Wie dem auch sei: auf alle Fälle hat Justinian dadurch zwei verschiedene Konzepte des Gewährleistungsrechtes in sein Gesetzbuch eingebracht, welche zudem unvermittelt einander gegenüberstehen[58], denn anhand der in den Digesten und im Codex versammelten Fragmente ist der dogmatische Standort Justinians nicht erkennbar. Vielmehr musste aufgrund dieser Quellenlage das Thema der Anspruchskonkurrenz für die folgenden Jahrhunderte zwangsläufig zu einem Brennpunkt der begrifflich-exegetischen Arbeit werden. Bis ins 19. Jahrhundert wird das Verhältnis der actio empti als Sachmängelklage zu den ädilizischen Rechtsbehelfen die Kaufrechtsdogmatik lebhaft beschäftigen.

III. Mittelalter, Humanismus und Usus modernus pandectarum

Die mittelalterlichen Autoritäten knüpfen insoweit am antiken Meinungsstand an, als auch sie die Anspruchsgrundlage der Sachgewährleistung überwiegend in der actio empti erkennen und Quellenexegesen vorschlagen, wel-

---

(Fn. 51), S. 223; SCHULZ (Fn. 51), S. 538, der hinsichtlich der Zuschreibung der Ausdehnung an Labeo von «a queer sense of humour» der Kompilatoren spricht! – Im übrigen auch Ulp D 21,1,63: «Sciendum est ad venditiones solas hoc edictum pertinere non tantum mancipiorum, verum ceterarum quoque rerum...» Dazu der Index-Itp.

[55] Daraus erklärt sich auch, dass Justinian in den Digesten und im Codex je einen Titel dem ädilizischen Recht widmet: D 21,1: «De aedilicio edicto et redhibitione et quanti minoris»; C 4,58: «De aediliciis actionibus». – Zur Frage auch KLEMPT, Die Grundlagen der Sachmängelhaftung des Verkäufers im Vernunftrecht und im Usus modernus (1967), bes. S. 16 ff.

[56] KASER, RPR II² (Fn. 14), § 264, V, 2, S. 393 f.

[57] KASER (Fn. 14), S. 394.

[58] KLEMPT (Fn. 55), S. 15 ff.

che geeignet sind, die Vereinheitlichung der Mängelhaftung zu fördern[59]. Aber sowohl Glossatoren wie Kommentatoren sind – trotz einiger weiterführender Ansätze – noch nicht in der Lage, eine tragfähige Grundlage für ein einheitliches dogmatisches Konzept entwickeln zu können. Die angesichts der quellenmässigen Anspruchskonkurrenz auf deren Hebung gerichteten Bemühungen werden in der Folge vom Humanismus und vom Usus modernus pandectarum aufgenommen und fortgesetzt, und zwar ebenfalls mit dem Bestreben, die Gewährleistung in bezug auf ihre Anspruchsgrundlage zu vereinheitlichen[60]. Als Axiom ist diesen Analysen der intrikaten Quellenlage freilich vorgegeben, dass die Haftung für Mängel jederzeit auch ein Tatbestand der Schlechterfüllung ist; hinter diese Einsicht geht die humanistische wie auch die spätere Dogmatik nicht mehr zurück. Cujaz argumentiert dabei noch durchaus auf der Grundlage einer Konkurrenz zwischen zivilrechtlicher und ädilizischer Haftung. Im Zentrum steht aber auch für ihn die actio empti, denn diese enthält seiner Meinung nach aufgrund der ihr inhärenten bona fides begriffsnotwendig alle möglichen Inhalte des ädilizischen Ediktes[61]. Diesen Ansatz zur Systematisierung und Vereinheitlichung der Mängelhaftung entwickelt schliesslich Donellus zielgerichtet weiter. Er versteht diese als Folge der impliziten vertraglichen Verpflichtung jedes Verkäufers, mangelfreie Ware zu leisten, so dass Sachmängel mittels der Kontraktsklage, der actio empti sanktioniert werden, welche diesfalls auf die Rechtsfolgen des ädilizischen Edikts gerichtet ist. Denn nach der Auffassung des Donellus hat das Edikt der kurulischen Ädilen eine neue actio empti geschaffen, eine Vertragsklage, welche aber aufgrund ihrer honorarrechtlichen Herkunft eine actio civilis nicht sein kann[62]. Mit diesem historisch gewiss nicht haltbaren Systematisierungsversuch hatte Donellus die Dogmengeschichte jedoch tiefgreifend beeinflusst. Nachhaltig wirkt vorab seine scharfe Konturierung des an sich schon quellenmässigen Ansatzes, wonach der Gewährleistungsanspruch bei Sachmängeln unmittelbar auf dem Kaufvertrag selbst gründe, weil kraft Konsenses dem Käufer eine mangelfreie Sache zustehe. Denn für namhafte Autoren des Usus modernus pandectarum, wie etwa Lauterbach, Struvius oder Vinnius, ist diese Einsicht bereits fragloser Ausgangspunkt ihrer Dogmatik des Gewährleistungsrechtes. Lieferung einer mangelhaften Kaufsache ist in der Wissenschaft des Usus modernus unbestritten ein Tatbestand der Leistungsstörung[63]. Die Rechtfertigung dieses Dogmas liegt in der durch die

---

[59] DILCHER, Die Theorie der Leistungsstörungen bei Glossatoren, Kommentatoren und Kanonisten (1960) bes. S. 218 ff. und 231 ff.; KLEMPT (Fn. 55), S. 13 ff.
[60] KLEMPT (Fn. 55), S. 18 ff.
[61] KLEMPT (Fn. 55), S. 18 ff.
[62] KLEMPT (Fn. 55), S. 20 ff.
[63] KLEMPT (Fn. 55), S. 66 f.

mangelhafte Leistung bewirkten Beeinträchtigung der vertraglich hergestellten, wertmässigen Äquivalenz zwischen Preis und Sache[64].

An dieser grundsätzlichen Einschätzung der Sachmängelproblematik ändert auch der späte Usus modernus nichts, selbst nachdem der einflussreiche J.H. Boehmer – nach einem gewissen Vorgang U. Hubers – die Lehre vortrug, die actio empti sei als Kontraktsanspruch ihrem Wesen nach auf Erfüllung gerichtet, folglich gar nicht in der Lage, eine Aufhebung des Vertrages durch Wandelung durchsetzen zu können[65]. Damit wird freilich die insbesondere durch Donellus vorangetriebene Vereinheitlichung der Sachmängelhaftung durch deren Deutung als Vertragsanspruch, wieder auf die Konkurrenzlage zwischen zivilrechtlichen und ädilizischen Rechtsbehelfen zurückgeworfen. Nicht mehr in Frage gestellt wird allerdings die Rechtsnatur der mangelhaften Erfüllung als ein Tatbestand der Leistungsstörung. Denn nach wie vor richtet sich die actio empti auf die Kaufsache «in debita qualitate», so dass in allen Fällen, in welchen sie diese Beschaffenheit nicht aufweist, Schlechterfüllung der Obligation vorliegt[66]. Wenn diesfalls also der späte Usus modernus aus dem von J.H. Boehmer namhaft gemachten Grunde die ädilizischen Klagen anzuwenden sich genötigt sieht, kann er offenkundig dies nur deswegen tun, weil er die actiones quanti minoris und redhibitoria als Rechtsfolgen einer Leistungsstörung einschätzt. Insoweit hat also der Usus modernus pandectarum am Begriff der mangelhaften Sachleistung als Vertragsverletzung nichts verändert. Wieder aufgebrochen wurde dagegen die seit Donellus angebahnte Vereinheitlichung der Anspruchsgrundlage der Gewährleistungsklagen.

Damit war der Meinungsstand der gemeinrechtlichen Dogmatik erreicht, wie er schliesslich zu Beginn des 19. Jahrhunderts von der historischen Schule und anschliessend von der Pandektistik angetroffen und ihrerseits aufgearbeitet wurde.

IV. Das Vernunftrecht

1. Doktrin

Entschiedener und im Grunde folgerichtiger als die gemeinrechtliche Tradition verankerte die vernunftrechtliche Lehre die Sachmängelhaftung im Vertrag, und zwar seit Grotius über Pufendorf bis zu Christian Wolff[67]. Alle drei

---

[64] KLEMPT (Fn. 55), S. 69
[65] KLEMPT (Fn. 55), S. 56 f.; zu J.H. Boehmers Wirken und seinem Einfluss: RÜTTEN, Das zivilrechtliche Werk Justus Henning Böhmers (1982) pass., bes. S. 119 ff.
[66] KLEMPT (Fn. 55), S. 57.
[67] KLEMPT (Fn. 55), S. 32 ff.

setzen zunächst beim Wesen und beim Zweck des Vertrges auf Güteraustausch an und weisen in dessen Zentrum den gegenseitigen Willen der Parteien auf ein wertmässig ausgewogenes Austauschverhältnis, die sog. «aequalitas»[68] nach. Wird diese Relation, beispielsweise durch Leistung einer mangelhaften Sache gestört, folgt daraus notwendigerweise ein Ausgleichsanspruch[69]. Pufendorf und Wolff verändern diese grotianische Lehre nur mehr unbeträchtlich; das theoretische Vernunftrecht bleibt im Grundsatz bei der Bewältigung des Sachmängelproblems als eines Anwendungsfalles der Äquivalenzstörung im synallagmatischen Vertrag. Diese begriffliche Verschränkung der Sachmängelhaftung mit der Äquivalenzstörung ist letztlich eine Fortsetzung der seit der Scholastik im Gange sich befindenden moraltheologischen Diskussion über das «iustum pretium»[70], und zwar bis auf Christian Wolff[71]. Sie übte auf die im 18. Jahrhundert entstandenen, d. h. bereits erlassenen oder vorbereiteten Kodifikationen einen bestimmenden Einfluss aus[72].

2. Gesetzgebung

Sowohl das Preussische Allgemeine Landrecht (1794) wie das Österreichische allgemeine Bürgerliche Gesetzbuch (1811) gelangen in Übernahme der Lehre Christian Wolffs zu einer begrifflichen und systematischen Vereinheitlichung des Gewährleistungsrechtes in zweierlei Hinsicht. Zunächst wurden im ALR[73] wie im ABGB[74] – hier unter preussischem Einfluss – Sach- und Rechtsgewährleistung zu einem einzigen Rechtsinstitut zusammengefasst[75]. Noch tiefgreifender ist die andere, damit zusammenhängende Generalisierung, indem der Gewährleistungstatbestand im Sinne einer allgemeinen Vertragspflicht für sämtliche entgeltlichen Kontrakte und Austauschgeschäfte einheitlich, gleichsam im «Allgemeinen Teil», und nicht – wie im BGB und

---

[68] Zu Grotius vgl. KLEMPT (Fn. 55), S. 33 f.; zu Pufendorf: ders. (Fn. 55), S. 41 ff.; zu Wolff: ders. (Fn. 55), S. 45 ff.

[69] KLEMPT (Fn. 55), S. 79. – Bei Grotius handelt es sich diesfalls noch um einen Anspruch auf Abschöpfung einer ungerechtfertigten Bereicherung.

[70] Zur Frage noch immer SCHREIBER, Die volkswirtschaftlichen Anschauungen der Scholastik seit Thomas v. Aquin (1913), S. 25 ff.; 161 ff.; neuesten mit der seitherigen Literatur: MARAZZI, Das iustum pretium im Tractatus de emptionibus et venditionibus des Petrus Ioannis Olivi (Diss. iur. Zürich, 1990), bes. S. 49 ff.

[71] Polemik gegen die heuristische Bedeutung der Lehre vom iustum pretium entsteht dann freilich bei Thomasius: KLEMPT (Fn. 55), S. 47 ff.

[72] RABEL (Fn. 13), S. 315 f.; 321 ff.; LAUTNER, Grundlagen des Gewährleistungsrechtes (1937), S. 12 f., beide mit den Quellen und Belegen aus den Gesetzgebungsarbeiten; vgl. auch KLEMPT (Fn. 55), S. 77.

[73] ALR I, 5, §§ 319 f.

[74] § 923 ABGB. – Zur Einflusslage: RABEL (Fn. 13), S. 315 f.; 321 ff.; LAUTNER (Fn. 67), S. 12; KLEMPT (Fn. 55), S. 74.

[75] Dazu mit der Gesetzgebungsgeschichte für das ALR: RABEL (Fn. 13), S. 321 ff.; für das ABGB: LAUTNER (Fn. 67), S. 10 ff.; vgl. auch KLEMPT (Fn. 55), S. 74 f.

im OR – je bei den einzelnen Vertragstypen, vorab im Kaufrecht geregelt wird. Hierin macht sich unübersehbar die vernunftrechtliche ratio legis jeden Gewährleistungsanspruchs geltend, nämlich die aufgrund des Prinzips der aequalitas beim synallagmatischen Vertrag notwendig gewordene Ausgleichspflicht, falls durch mangelhafte Leistung das Äquivalenzverhältnis beeinträchtigt worden war. Darin liegt fraglos eine Leistungsstörung, so dass die Gewährleistungspflichten in der Doktrin zum ALR wie zum ABGB[76] denn auch völlig zu Recht als Tatbestände der Schlechterfüllung beschrieben worden sind[77].

V. Historische Rechtsschule und Pandektistik

1. Doktrin

In der historischen Rechtsschule und in der Pandektistik des 19. Jahrhunderts wird der Meinungsstand – wie bereits KLEMPT gesehen hat[78] – unübersichtlicher. Angesichts der lediglich historisch zu erklärenden Quellenlage im Corpus iuris civilis, des Nebeneinanders zweier Konzepte der Sachmängelgewährleistung[79], gelangt eine schliesslich herrschende Lehre zur Auffassung, dass zwischen der actio empti und den ädilizischen actiones grundsätzlich eine elektive Klagenkonkurrenz bestehe[80]. Im Falle dolos verschwiegener

[76] Für das ALR vgl. BORNEMANN, Systematische Darstellung des preussischen Civilrechts mit Benutzung der Materialien des allgemeinen Landrechts 2. Bd. (2. Aufl., 1842), § 157, S. 331 f.; und auch GRAUE (Fn. 3), S. 121 f. – Für das ABGB eindrucksvoll der Kommentar des Redaktors der Schlussfassung: v. ZEILLER, Commentar über das allgemeine bürgerliche Gesetzbuch für die gesammten Deutschen Erbländer der Österreichischen Monarchie Bd. III/1 (1812), N. 1 zu § 922 ABGB.

[77] Vgl. zum ALR die diesbezüglichen Ausführungen des Gesetzesredaktors C. G. SVAREZ, in: Vorträge über Recht und Staat (hg. von CONRAD und KLEINHEYER, 1960), S. 280 ff. (aus den sog. «Kronprinzenvorträgen»), wonach Wandelungs- und Minderungsansprüche «Folgen der nicht gehörig geleisteten Erfüllung» sind. – Noch Jahrzehnte später war dies in der unterdessen pandektistisch beeinflussten Theorie zum ALR immer noch herrschende Lehre: FÖRSTER/ECCIUS, Preussisches Privatrecht, I. Bd. (6. Aufl., 1892), § 84, S. 494. – Für das ABGB ergibt sich dies aus § 932 ABGB, wo ein Nachbesserungsanspruch vorgesehen ist. Vgl. ZEILLER (Fn. 76), N. 2 zu § 932 ABGB. Aus der neueren Literatur etwa: KLEMPT (Fn. 55), S. 77 und insbes. GRAUE (Fn. 3), S. 128 f. und 205 mit weiterer Literatur.

[78] KLEMPT (Fn. 55), S. 57: keine «wirkliche Klärung» des Konkurrenzproblems.

[79] KLEMPT (Fn. 55), S. 15 ff.

[80] SCHMIDT/WEBER, Praktisches Lehrbuch von gerichtlichen Klagen und Einreden (6. Aufl., 1803), § 942 mit Verweisen; (HEISE), v. WENING-INGENHEIM, Lehrbuch des gemeinen Civilrechts, Bd. I (3. Aufl., 1827), § 363, S. 765; THIBAUT, System des Pandekten-Rechts, I. Bd. (7. Aufl., 1828), § 190, S. 147 f.; MÜHLENBRUCH, Lehrbuch des Pandekten-Rechts, II. Theil (3. Aufl., 1840), §§ 400 ff., bes. § 401, S. 388 ff. und § 402 Anm. 6, S. 395; v. HOLZSCHUHER, Theorie und Casuistik des gemeinen Civilrechts 3. Bd. (3. Aufl., hg. von Kuntze, 1864), § 244, ad 9), S. 382 f.; VANGEROW, Lehrbuch der Pandekten 3. Bd. (7. Aufl., 1869), § 609, Anm. 2, S. 304 ff.; SINTENIS, Das practische Gemeine Ci-

Mängel oder nicht eingehaltener Zusicherungen ist die actio empti freilich, neben dem Anspruch auf Minderung oder Wandelung, zusätzlich auf das (positive) Interesse des Käufers gerichtet[81]. Im hier besonders interessierenden Fall jedoch, beim Vorliegen eines verdeckten Mangels ohne Zusicherungen und ohne einen dolus des Verkäufers, bildete sich zunehmend die Lehre heraus, dass aufgrund der Quellen auch diesfalls die actio empti zustehe – Schlüsselstelle ist D 19,1,13 pr. –, weil sie als Vertragsklage einen Anspruch auf Minderung oder Wandelung enthalte, wobei dann allerdings auch die Voraussetzungen, namentlich die kurzen Fristen der ädilizischen Klagen, massgebend seien[82]. Die von WLASSAK und RABEL schon für das antike Recht diagnostizierte Funktion der actio empti als «Hülle» des ädilizischen Rechts trifft zweifelsohne auch für den Meinungsstand der Pandektenlehre zu[83]. Wiewohl freilich die römischen actiones als formale Träger des ihnen innewohnenden subjektiven Rechtes mangels des antiken Formularverfahrens keine Funktion mehr haben[84], spielt doch, auch nach der Herausarbeitung des materiellen Anspruchsbegriffes aus der antiken actio[85], die Frage nach der Subsumtion eines Sachverhaltes unter den Tatbestand einer im Corpus iuris zur Verfügung gestellten actio noch immer eine Rolle; «qualis sit actio» ist nach wie vor die Frage jeder Rechtsanwendung[86]. Denn auch in der pandektistischen Zivilrechtslehre bereitet die Erörterung einer actio stets noch den Subsumtionsvorgang vor, und zwar, weil die Voraussetzungen, Tatbestandselemente und Rechtsfolgen der Ansprüche mangels eines kodifizierten objektiven Rechts diejenigen der im Corpus iuris vorgesehenen actiones sind. Stellt nun man in Rechnung, dass die actio empti einen auf Vertragsverletzung beruhenden Anspruch verkörpert und gemäss den Quellen auf Minde-

---

vilrecht, Bd. II (2. Aufl., 1861), § 16, bes. Anm. 99, S. 610 ff.; BRINZ, Lehrbuch der Pandekten, Bd. II/1 (2. Aufl., 1879), § 327a, Anm. 22a, S. 719, vgl. auch § 327b, S. 729; WINDSCHEID, Lehrbuch des Pandektenrechts 2. Bd. (7. Aufl., 1891), § 393, S. 435 ff. – A. A. etwa: PUCHTA, Pandekten (12. Aufl., hg. von Schirmer, 1877), § 363, S. 535 f.; *ders.*, Vorlesungen über das heutige römische Recht (hg. von Rudorff), Bd. II (1848), § 363, S. 207 ff.; WÄCHTER, Pandekten Bd. II (1881), § 206, S. 468 ff.; welche keine Konkurrenz annehmen, sondern im Falle mangelhafter Leistung gegen eine Zusicherung oder aufgrund eines dolus des Verkäufers die actio empti, ansonsten die ädilizischen Klagen geben. Für DERNBURG, Pandekten II. Bd. (7. Aufl., 1903). §§ 100 f., S. 275 f.), ist die Sachmängelgewährleistung stets ein Anwendungsfall des ädilizischen Rechts.

[81] Statt vieler: WINDSCHEID (Fn. 80); KUHLENBECK (Fn. 9), S. 255 ff.

[82] Besonders deutlich WINDSCHEID (Fn. 80), § 393, Anm. 1, S. 436, und Anm. 12, S. 438; vgl. auch VANGEROW (Fn. 80), beide mit weiterer Literatur.

[83] Vgl. vorne bei Fn. 49.

[84] Vgl. etwa für das hier diskutierte Problem der Sachmängelgewährleistung TREITSCHKE/WENGLER, Der Kaufkontrakt unter besonderer Beziehung auf den Waarenhandel (2. Aufl., 1865), § 92, S. 336 f.; SINTENIS (Fn. 80), § 116, bes. Anm. 99, S. 610 ff.

[85] Durch WINDSCHEIDs Buch «Die actio des römischen Rechts vom Standpunkte des bürgerlichen Rechts» (1856). – Dazu statt vieler mit der weiteren Literatur: VOSSIUS, Zu den dogmengeschichtlichen Grundlagen der Rechtsschutzlehre (1985), S. 104 ff.; DE BOOR, Gerichtsschutz und Rechtssystem (1941), S. 16 ff.

[86] So WIEACKER, Privatrechtsgeschichte der Neuzeit (2. Aufl., 1967), S. 438.

rung oder Wandelung gerichtet sein kann, so steht für die Pandektenlehre fest, dass die Leistung eines mangelhaften Kaufgegenstandes, welche einen solchen Anspruch auslöst, als Vertragsverletzung, d. h. als Leistungsstörung notwendigerweise vorausgesetzt ist.

2. Gesetzgebung

Kein wesentlich anderes Bild bietet sich hinsichtlich der Dogmatik, welche den Gesetzbüchern bzw. den Kodifikationsentwürfen der zweiten Hälfte des 19. Jahrhunderts in der Normierung der Sachmängelhaftung beim Stückkauf zugrunde liegt. Deren vernunftrechtlich beeinflussten Vorgänger, das ALR sowie das ABGB, wirken bei einer Gruppe von Kodifikationen insoweit nach, als diese das Gewährleistungsrecht wie ihre Vorbilder begrifflich und systematisch generalisiert und folgerichtig im Allgemeinen Teil des Schuldrechts ansiedelt: so der hessische Entwurf (1853), das sächsische BGB (1863) und diesem folgend der Dresdner Entwurf von 1866. Die Einordnung des Gewährleistungsrechtes in Rubriken, welche die Entstehung von Obligationen aus Vertrag und im Unterabschnitt die Pflichten des Verkäufers regeln[87], lässt keinen Zweifel zu, dass die Gewährleistungsansprüche begrifflich auf der Verletzung des Vertrages beruhen. Dementsprechend wird für den hessischen Entwurf die Normierung der Gewährleistung im Umfeld der Vertragswirkungen damit motiviert, es liege für den Verkäufer «in der Natur der Sache, dass er schon stillschweigend für die verborgenen Fehler zu haften verbunden ist»[88]. Noch deutlicher erklärt sich der sächsische Gesetzgeber in den «Speciellen Motiven», in seiner Erläuterung, man habe hinsichtlich der Sachmängel «die Grundsätze des ädilicischen Edicts und die in Betreff der entsprechenden Contractsklagen combinirt»[89]. Während in der hessischen

---

[87] *Entwurf eines bürgerlichen Gesetzbuches für das Grossherzogthum Hessen,* Vierte Abtheilung: von den Verbindlichkeiten (1853) regelt die Gewährleistung im Titel II: «Von der Entstehung der Verbindlichkeiten» unter dem 6. Abschnitt: «Von den Wirkungen eines Vertrages», Art. 164 ff. – Das *Bürgerliche Gesetzbuch für das Königreich Sachsen* (1863) regelt die Gewährleistung für Sachmängel («Gewähr der Fehler») im 3. Abschnitt des Allgemeinen Teiles des Schuldrechts: «Entstehung der Forderungen» unter II. «Durch Verträge» (§§ 899 ff.) – Der *Dresdner Entwurf* (= Entwurf eines allgemeinen deutschen Gesetzes über Schuldverhältnisse aus dem Jahre 1866) stellte die Gewährleistungsregeln ebenfalls in den Allgemeinen Teil ein, und zwar in die II. Abtheilung: «Entstehung der Schuldverhältnisse durch Verträge und unerlaubte Handlungen»; 1. Hauptstück: «Verträge», 7. «Rechte und Verpflichtungen aus Verträgen», c) «Gewährleistung wegen Mängeln der Sache» (Art. 172 ff.).

[88] *Entwurf eines bürgerlichen Gesetzbuches für das Grossherzogthum Hessen,* 4. Abt. II. Motive, (1853), S. 93 f.

[89] *Specielle Motiven* und Publications-Verordnung zu dem Entwurfe eines bürgerlichen Gesetzbuches für das Königreich Sachsen (1861); abgedruckt bei SIEBENHAAR/PÖSCHMANN, Commentar zu dem bürgerlichen Gesetzbuche für das Königreich Sachsen II. Bd.: Das Recht der Forderungen (2. Aufl., 1869), vor § 899 SächsBGB, S. 143.

Motivierung die vernunftrechtliche Theorie offenkundig noch nachwirkt, und bemerkenswerterweise zum ersten Mal die auch dem Common Law geläufige ratio legis der Mängelhaftung vorgetragen wird[90], steht das sächsische BGB – PAUL KOSCHAKER nannte es gelegentlich ein in Paragraphen umgegossenes Pandektenlehrbuch[91] – noch ganz im Banne der zeitgenössischen gemeinrechtlichen Lehre.

Nicht anders liegen die Dinge bei jenen Gesetzgebungswerken des 19. Jahrhunderts, die sich insoweit von den Vorbildern lösen, als sie die Gewährleistung nicht mehr im Allgemeinen Schuldrecht, sondern je bei den entsprechenden Vertragstypen regeln: das Zürcherische Privatrechtliche Gesetzbuch (1853–1855) und der Bayrische Entwurf von 1861[92]. Diese andere systematische Anordnung ist aber ersichtlich mit keinerlei materiellen und begrifflichen Konsequenzen verbunden. Die Gewährleistungsansprüche bleiben auch in diesen Kodifikationen Forderungen, die wegen nicht gehöriger Erfüllung eines Kaufvertrages entstanden sind. Dies meint der bayrische Gesetzgeber, wenn er die Haftung des Verkäufers für verborgene Mängel mit der Begründung motiviert: «Es genügt, dass seine Vertragspflicht in Betreff der Beschaffenheit des Kaufobjektes nicht erfüllt ist, um den Anspruch des Käufers zu erfüllen» (sic). Die Gewährleistung ist demgemäss eine «allgemeine Haftungsverbindlichkeit des Verkäufers»[93]. Von denselben Vorstellungen ging auch J. C. BLUNTSCHLI für das von ihm vorbereitete Zürcherische Privatrechtliche Gesetzbuch aus. Denn was die ratio legis des Gwährleistungsrechtes im PGB angeht, stellte er bündig fest: «Der Grundgedanke ist der, dass der Verkäufer für redliche Erfüllung des Vertrages zu haften habe.»[94].

Diese Gewährleistungsdogmatik blieb anscheinend nicht ohne Wirkung auf die spätere Kodifikation des Schuldrechts im schweizerischen Obligationenrecht von 1881. Dieses steht im Banne verschiedener Vorbilder, insbesondere aber des französischen Code civil, des Dresdner Entwurfs sowie namentlich auch des Zürcherischen PGB[95]. In seiner Normierung der Sachgewährleistung sind vorab Einflüsse der Dresdner und der zürcherischen Kodi-

---

[90] Vgl. hinten nach Fn. 126.

[91] KOSCHAKER, Europa und das römische Recht (1947), S. 258.

[92] *Entwurf eines bürgerlichen Gesetzbuches für das Königreich Bayern* (1861), Zweites Buch: «Von den Schuldverhältnissen im Besonderen», I. Hauptstück: «Kaufvertrag»; II. Abt.: «Wirkungen des Kaufvertrages»; 2. «Verpflichtungen des Verkäufers»; d) «Verpflichtung zur Gewährleistung wegen Mängel und Fehler» (Art. 317 ff.). – *Privatrechtliches Gesetzbuch für den Kanton Zürich* (1855), (PGB) 7. Abschnitt: «Vom Kauf und Verkauf»; 2. Kapitel: «Wirkungen des Kaufvertrages»; A. «Verpflichtungen des Verkäufers»; II. «Gewährleistung für thatsächliche Mängel» (§§ 1414 ff. PGB).

[93] *Motive* zum Entwurfe eines bürgerlichen Gesetzbuches für das Königreich Bayern (1861), S. 136.

[94] BLUNTSCHLI, Das zürcherische Obligationenrecht mit Erläuterungen (1855), Erl. 1 zu § 1414 PGB.

[95] Vgl. im allgemeinen zur Einflusslage MERZ, Festschrift für K. Zweigert (1981), S. 667 ff.; *ders.*, in: Hundert Jahre Schweiz. Obligationenrecht (1982), S. 3 ff. mit weiterer Literatur.

fikation erkennbar [96]; die letztere bestimmte vor allem die Systematik. Denn anders als der Dresdner Entwurf folgte das Obligationenrecht dem zürcherischen Vorbild und regelte die Gewährleistung diesem folgend im Kaufvertragsrecht. Leider schweigen sich die Materialien zur Dogmatik aus, doch besteht überhaupt kein Anlass zur Annahme, das aOR habe sich von den Vorstellungen seines einflussreichen Mitredaktors – Bluntschli wirkte auch bei dieser Kodifikation mit –, welche zudem mit den gängigen zeitgenössischen Lehren in der Sache übereinstimmten, trennen wollen. Dementsprechend vertritt denn auch die Doktrin zum aOR nahezu einhellig die Auffassung, die «Gewährleistungspflicht» sei nichts anderes als eine «besondere Folge der Nichterfüllung oder ungehörigen Erfüllung von Verträgen» [97].

VI. Die modernen Kodifikationen: BGB und OR

Anlässlich der Revision des Obligationenrechtes in den Jahren nach 1904 sollte an der Grundkonzeption des Sachgewährleistungsrechtes nichts verändert werden [98]. Dessen ungeachtet hatte die ältere Lehre zum revidierten OR dem deutschen Vorbild folgend, sich ebenfalls der Gewährleistungstheorie angeschlossen. Die Mangelfreiheit des Kaufgegenstandes war folglich nicht Inhalt des Vertrages, eine konkurrierende Anwendung der allgemeinen Erfüllungsnormen kam somit schon wegen fehlender Tatbestandsmässigkeit nicht in Betracht [99]. Freilich hatte das Bundesgericht in ständiger Praxis die Meinung vertreten, die Lieferung einer mangelhaften Kaufsache stelle eine Leistungspflichtverletzung und damit im Sinne des Art. 97 OR eine nicht gehörige Erfüllung dar [100]. Diese Auffassung wird zunehmend auch von der Dok-

---

[96] Meili, Die Entstehung des schweiz. Kaufrechts (Diss. iur. Zürich 1976), Rn. 328 f. und bes. Rn. 532 ff.

[97] So Hafner, Das Schweiz. Obligationenrecht mit Anmerkungen (2. Aufl., hg. von Goll, 1905), N. 2 zu Art. 110 aOR. – Im übrigen sind derselben Meinung: Schneider/Fick, Das schweiz. Obligationenrecht (2. Aufl., 1896), N. 9 zu Art. 110 aOR (Sachmängel als «Vertragswidrigkeit»); Jäger, Die Haftung des Verkäufers für die Mängel der Fahrniskaufsache nach dem schweiz. Obligationenrecht (Diss. iur. Zürich 1911), bes. S. 11 ff.: «Man kann nicht sagen, dass er (sc. der Kaufvertrag) nicht erfüllt sei, wohl aber dass nicht richtig erfüllt sei»; keine «gehörige Erfüllung» (S. 12); vgl. schliesslich auch Haberstich, Handbuch des Schweiz. Obligationenrechts II. Bd. (1885), S. 23. – Vgl. auch die bundesgerichtliche Praxis: BGE *17*, 317; *26* II 558.

[98] So auch Meili (Fn. 96). Rn. 332.

[99] Becker, Berner Kommentar zum Schweiz. Zivilgesetzbuch, Bd. VI: Obligationenrecht, II. Abt. Die einzelnen Vertragsverhältnisse (Art. 184–551 OR) (1934), Vorb. zu Art. 197–210 OR, Rn. 1; weitere Literatur bei Giger (Fn. 3), Rn. 16 zu Vorbem. zu Art. 197–210 OR. – Aus der neuesten Doktrin vgl. vor allem Bucher (Fn. 7), § 3, IV, S. 68 ff.; vgl. auch § 4, VII, 3, S. 105 f.; Cavin, in: Schweiz. Privatrecht, Bd. VII/1 (1977), bes. S. 109 ff.

[100] Dazu mit den Nachweisen Bucher (Fn. 7), § 4, VII, 3, b, S. 105 f.; zuletzt BGE *107* II 161 ff.; *107* II 419 ff. Vgl. auch Cavin (Fn. 99), S. 111 f.; Guhl/Merz/Kummer (Fn. 7), § 42, IV, 6, S. 352 f. – Bemerkenswert, dass Bucher (a. a. O. S. 106) diese Praxis – trotz eigenen abweichenden Standpunktes – «insgesamt begrüsst», unter anderem wegen entsprechender Entwicklungen in anderen Rechtsordnungen und wegen der einschlägigen Dogmatik des Wiener Kaufrechtes.

trin übernommen[101], so dass heute im Schweizerischen Recht durchaus eine Neigung besteht, die Sachmängelgewährleistung als eine Vertragshaftung für qualitativ nicht gehörige Erfüllung zu deuten (Keller). Die Sachmängelnormen sind somit als besonderer Anwendungsfall der Schlechterfüllung leges speciales, welche – soweit nicht Unvereinbarkeit gegeben ist – die allgemeinen Erfüllungsregeln keineswegs ausschliessen[102].

Ähnliches gilt mutatis mutandis wohl auch vom Deutschen BGB von 1896. Aufgrund dessen Enstehungsgeschichte sind wir sogar verlässlich davon unterrichtet, dass der Gesetzgeber sich von den theoretischen Grundlagen des Pandektenrechtes und der vorbestehenden Kodifikationen keinesfalls absetzen wollte. Dies sagt er in den Motiven ausdrücklich[103]. Und auch im Zusammenhang mit seinem Entschluss, Rechts- und Sachmängel getrennt zu regeln, insoweit also von den vernunftrechtlich geprägten Kodifikationen Preussens und Österreichs abzuweichen, beeilt er sich zu versichern, dass diese beiden «Rechtsinstitute» auf einer gemeinsamen Basis beruhten, indem die Haftung in jedem Falle «unmittelbar aus dem Rechtsgeschäfte, an das sie sich knüpft, entspringt» und somit nicht auf einer «besonderen, nebenherlaufenden Garantiepflicht beruht»[104]. Deutlicher kann die Qualifikation des Gwährleistungsanspruchs als Sanktion einer Vertragsverletzung kaum formuliert werden.

Diese gesetzgeberische Entscheidung wurde freilich in der Folge verstellt, weil ohne Diskussion in den Gremien einem Antrag stattgegeben wurde, die Gewährleistungsregeln aus dem Allgemeinen Teil des Schuldrechtes, wo sie nach dem Vorbild des Dresdner Entwurfes eingestellt waren – übrigens unmittelbar auf die Erfüllungsregeln folgend[105] – ins Kaufrecht zu verlegen[106]. Freilich geschah ausweislich der Gesetzgebungsgeschichte diese Umstellung ohne jede dogmatische Absicht, einzig aufgrund der Überlegung, dass das

---

[101] Giger (Fn.3), Rn.13 ff. Vorbem. zu Art.197–210 OR; Keller/Lörtscher, Kaufrecht (2.Aufl., 1986), S.68 ff., alle mit weiterer Literatur; seither auch Wiegand (Fn.6), S.105, Anm.13.

[102] Giger (Fn.3), bes. Rn.20 ff., Vorbem. zu Art.197–210 OR; Keller/Lörtscher (Fn.101), bes. S.97 ff.

[103] *Motive* zu dem Entwurfe eines bürgerlichen Gesetzbuches für das Deutsche Reich, bei Mugdan, Die gesammten Materialien zum Bürgerlichen Gesetzbuch für das Deutsche Reich Bd.II (1899), S.123: «Die Verpflichtung zur Gewährleistung wegen physischer Fehler (Mängel) der veräusserten Sache ist von dem Entwurfe im Anschlusse an das gemeine (röm.) Recht geregelt, (...) Mit dem Anschlusse an das gemeine Recht befindet sich der Entwurf im Wesentlichen in Übereinstimmung mit dem preuss. A.L.R., dem sächs. G.B. §§ 899 ff., dem schweiz. Bd. Ges. Art.243 ff., code civil Art.1603, 1625, 1641 ff., sowie mit den neueren Entwürfen (hess. Entw. Art.164 ff., bayr. Entw. Art.317 ff., dresd. Entw. Art.172 ff.)».

[104] *Motive*, a.a.O. Mugdan II, S.116.

[105] Im 2.Abschnitt «Schuldverhältnisse unter Lebenden», im 1.Titel: «Allgemeine Vorschriften» war nach III.: «Inhalt der Schuldverhältnisse aus Verträgen» unter IV. und V. die Gewährleistung für Rechts- und Sachmängel geregelt.

[106] *Protokolle* der zweiten Kommission Bd.II, bei Mugdan II, S.646 für die Rechtsgewährleistung; für die Sachgewährleistung soll «aus den gleichen Gründen dasselbe gelten» (*Protokolle* bei Mugdan II, S.657).

Gesetz durch diese neue Anordnung an «Anschaulichkeit» sowie «Verständlichkeit» gewinne und dessen «Handhabung» vereinfacht werde, wenn man die Gewährleistung im Kaufrecht regele, «auf dessen Gebiete die Hauptanwendungsfälle liegen»[107]. Durch diese systematische Trennung der Gewährleistung von den Erfüllungsnormen wurde der begriffliche Zusammenhang beider gewiss verdunkelt, was – wie HERBERGER richtig beobachtete[108] – die Auseinandersetzung über das Wesen der Sachmängelgewährleistung in Gang gesetzt hat, um so mehr als das Gesetz selbst zu deren Begriff schweigt[109]. Dass dann bereits im frühen Schrifttum nahezu einhellig die sogenannte Gewährleistungstheorie vertreten wurde[110], mag auch damit zusammenhängen, dass das BGB bekanntermassen einen ausserordentlich engen Begriff der Leistungsstörungen bildete, der im Grunde auf (nachträgliche) Unmöglichkeit und Verzug beschränkt wurde[111]. Dies führte bekanntermassen kurz nach Inkrafttreten des Gesetzbuches zur Konstruktion der sogenannten «positiven Vertragsverletzung»[112], wodurch eine ganze Reihe von Sachverhalten nicht gehöriger Erfüllung überhaupt erst sanktionierbare Tatbestände der Leistungsstörung wurden[113]. Die Deutung des Sachgewährleistungsrechtes als ausservertragliche Erfolgshaftung, d.h. im Sinne der sogenannten Gewährleistungstheorie[114], wurde in der Doktrin zum BGB herrschende

---

[107] *Protokolle* (Fn.106) bei MUGDAN II, S.646.

[108] HERBERGER (Fn.2), S.17.

[109] So richtig ECK, Vorträge über das Recht des Bürgerlichen Gesetzbuches, Bd.I (1./2.Aufl., 1903), S.448.

[110] Vgl. nur etwa CROME, System des Deutschen Bürgerlichen Rechts, Bd.II (1902), S.443f.; ENDEMANN, Lehrbuch des Bürgerlichen Rechts, Bd.I/2: Das Recht der Schuldverhältnisse (8./9.Aufl., 1903) § 160, 3, c), S.966, und § 161, 2, b), S.947; und schliesslich der besonders einflussreich gewordene Essay von Friedrich SCHOLLMEYER, in Jherings Jahrbücher *49* (1905) 93ff. – Eine Übersicht hinsichtlich der weiteren Entfaltung des Gegensatzpaares Erfüllung–Gewährleistung bieten SÜSS, Wesen und Rechtsgrund der Gewährleistung für Sachmängel (1931), S.122ff.; HERBERGER (Fn.2), S.20ff. – Zweifel an der Gewährleistungstheorie hegt allerdings der verständige DERNBURG, Das bürgerliche Recht des Deutschen Reichs und Preussens II/2 (3.Aufl., 1906), § 184, I, S.60; zu ihm auch HERBERGER (Fn.2), S.21.

[111] Dazu statt vieler ESSER (Fn.36), § 75, 6, S.321f.; MEDICUS, Schuldrecht I: Allgemeiner Teil (5.Aufl., 1990), § 28, II «Arten der gesetzlich geregelten Leistungsstörungen». – Der historische Grund dieser engen Begriffsbildung liegt bekanntlich in der «unrichtigen Verallgemeinerung» der nur für die obligationes stricti iuris auf dare entwickelten Grundsätze des klassischen römischen Rechts im Gefolge der entsprechenden Arbeiten Friedrich Mommsens. Zu diesem «Versehen» (KASER) des Gesetzgebers: KASER, Jus *7* (1967) 343; WIEACKER, Festschrift für H.C.Nipperdey, Bd.I (1965), bes. S.790; WOLLSCHLÄGER, Die Entstehung der Unmöglichkeitslehre (1970), S.118ff.; JAKOBS, Unmöglichkeit und Nichterfüllung (1969), bes. S.145ff.; guter historischer Überblick jetzt bei EMMERICH, Das Recht der Leistungsstörungen (2.Aufl., 1986), S.6ff. mit der Literatur.

[112] H.STAUB, Die positiven Vertragsverletzungen (1904), wiederabgedruckt in JHERING, Culpa in contrahendo. – STAUB, Die positiven Vertragsverletzungen (hg. mit einem Nachwort von EIKE SCHMIDT, 1969), S.93ff.

[113] Dazu eingehend Eike SCHMIDT (Fn.112), S.131ff., mit der Literatur; seither etwa FIKENTSCHER (Fn.46), § 47, S.267ff.; EMMERICH (Fn.111), S.190ff.

[114] So: HONSELL (Fn.2), Rn.7,. Vorbem. zu § 459 BGB. – Gelegentlich auch «echte Gewährleistung» genannt: HERBERGER (Fn.2), S.22ff., bes. Anm.26; vgl. auch GRAUE (Fn.3), S.59ff. und 287ff.

Lehre[115], nach der Formel, beim Spezieskauf sei der Vertrag trotz Untauglichkeit der Sache wegen Leistung des geschuldeten Gegenstandes erfüllt. Zunehmend wird freilich in der neueren deutschen Literatur, nach dem Vorgang von ERNST RABEL[116], auch die andere Meinung vertreten, wonach die Leistung mangelhafter Ware beim Stückkauf sowohl unter die kaufrechtlichen leges speciales der Gewährleistung fällt als gleichzeitig auch den Tatbestand einer Leistungsstörung erfüllt[117]. Denn die Lieferung unterwertiger Ware stört das von den Parteien hergestellte synallagmatische Austauschverhältnis und somit notwendigerweise auch das nach Treu und Glauben abzuwickelnde Leistungsprogramm[118]. Anscheinend verschafft sich die sogenannte Erfüllungstheorie in der Doktrin zum Deutschen BGB langsam Gehör.

VII. Zusammenfassung und Folgerungen

Die vorstehende Skizze will den Nachweis führen, dass für die Gewährleistungstheorie aus der Dogmengeschichte nichts abzuleiten ist[119]. Es trifft zwar zu, dass das Sachmängelrecht der kurulischen Ädilen wohl aufgrund seiner hohen Sachgerechtigkeit, als Rechtsfolge mangelhafter Leistung einer Kaufsache als zu allen Seiten geltendes und praktiziertes Recht sich durchgesetzt hat und sich auch in den modernen Kodifikationen findet. Gleichwohl bedeutete es eine unzulässige Verkürzung, wenn man in dieser Allgemeinheit annähme, Wandelung und Minderung seien als honorarrechtliche Rechtsbehelfe des seinerzeitigen Ediktes rezipiert worden[120]. Übernommen wurden sie zwar als Ansprüche in ihrer Tatbeständlichkeit, nicht aber in ihrer ursprünglichen objektivrechtlichen Abstützung als ausservertragliches, marktpolizeilich motiviertes Deliktsrecht. Vielmehr macht die Dogmengeschichte deutlich, dass bereits der römischen Hochklassik die mangelhafte Leistung als Tatbestand der Vertragsverletzung und damit als Leistungsstörung bewusst

---

[115] HONSELL (Fn. 2), Rn. 7. Vorbem. zu § 459 BGB.

[116] So RABEL bereits im Jahre 1937 in «Nichterfüllung gegenseitiger Verträge», wiederabgedruckt in: Gesammelte Aufsätze Bd. III (1967), bes. S. 162 ff.: «Die Grundanschauung aber, dass die «Mängel» wirkliche, obwohl besonders geordnete Fehler der Vertragserfüllung sind, ist meines Erachtens nicht nur für das ABGB richtig, sondern überhaupt die gesundeste» (S. 163). – Im selben Sinne *ders.,* Warenkauf (Fn. 25), S. 107.

[117] Vgl. nur etwa ESSER (Fn. 36), § 105, 1, S. 483; aber auch § 32, 2, S. 103, und § 32, 5, S. 105; FIKENTSCHER (Fn. 46), § 42, S. 218 ff.; § 47, I, 1, bes. S. 268; § 68, III, S. 420, und § 70, S. 428 ff.

[118] FIKENTSCHER (Fn. 46), § 70, IX, S. 452 ff.; insoweit auch BALLERSTEDT, bei SOERGEL/SIEBERT, Bürgerliches Gesetzbuch, Bd. II, Schuldrecht I (§§ 241–610 BGB), (10. Aufl., 1967), Rn. 15, Vorbem. § 459 BGB; weitere Literatur bei HONSELL (Fn. 2), Rn. 8, Vorbem. zu § 459 BGB. – Zum Problem der Leistungspflichten im Schuldverhältnis jetzt auch GERNHUBER, Das Schuldverhältnis (1989), S. 15 ff. und 309 ff. (zum Synallagma).

[119] Dies gegen HONSELL (Fn. 9), S. 61.

[120] WLASSAK (Fn. 25), S. 163 ff., bes. 167 ff.

geworden war[121]. Seit dem Humanismus stand die Rechtsnatur der Mängelansprüche als Erfüllungsklagen gänzlich ausser Streit. Und schliesslich hatte auch die Theorie des 19. Jahrhunderts, die unmittelbare Basis der heute in Geltung stehenden Kodifikationen, die Mängelhaftung neben der ausservertraglichen Erfolgshaftung im Verhältnis der Anspruchskonkurrenz durchaus als Vertragsanspruch wegen qualitativ ungehöriger Erfüllung begriffen.

Die Dogmengeschichte spiegelt also gleichzeitig ein Dilemma, in welchem sich die Zivilistik stets befunden hat, hervorgerufen durch das nicht näher vermittelte Nebeneinander der ädilizisch und der vertraglich fundierten Sachmängelhaftung[122]. Und diese Zweideutigkeit war begrifflich, d. h. in synchroner Lesart der Quellen, ohne Rückstände oder zumindest ohne einige Verwerfungen wohl gar nicht aufzulösen, denn wie schon ERNST RABEL gesehen hat[123], ist das Recht der Mängelhaftung angemessen nur als ein Zusammenwirken diachron wahrzunehmender, in verschiedenen historischen Schichten entwickelter Konzepte verstehbar. Immerhin aber ist der gemeinrechtlichen Dogmatik Julians bahnbrechende Einsicht, dass es sich bei der Leistung eines mangelhaften Kaufgegenstandes um eine Leistungsstörung handelt, nie mehr abhanden gekommen. Gerade die Annahme einer Anspruchskonkurrenz hielt neben der ädilizischen, ausservertraglichen Erfolgshaftung ex lege immer auch den Gedanken der Haftung wegen Schlechterfüllung lebendig. Und wie die Zeugnisse belegen, haben die Gesetzgeber seit dem preussischen Landrecht sich zwar tatbeständlich des Ädilenrechtes bedient, die Wandlungs- und Minderungsansprüche jedoch stets als Rechtsfolgen einer Vertragsverletzung verstanden. Und auch die Redaktoren des Deutschen BGB und des Schweizerischen OR dachten offenbar nicht anders.

Wenn nun die Dogmengeschichte sowenig wie der Wortlaut des Gesetzes für die Gewährleistungstheorie in Anspruch genommen werden kann[124], entbehrt diese jeder Rechtfertigung, um so mehr als unbestrittenermassen auch keinerlei rechtslogische Gründe für die Sachmängelgewähr als ausservertragliche Erfolgshaftung sprechen[125]. Damit ist der naheliegendsten, ungezwungensten und angemessensten Beschreibung der Gewährleistung – der Erfüllungstheorie – die Bahn gebrochen: Wandelung und Minderung sind zwar

---

[121] Zu alldem vorne nach Fn.35; in der Sache gl.M. FLUME (Fn.46), bes. S.58f., der allerdings die «Verschmelzung» von ädilizischem und Zivilrecht erst bei Justinian und noch nicht bei Julian annimmt und, seinem Lehrer Schulz (SCHULZ, Einführung in das Studium der Digesten [1916], S.119f.) folgend, Iul/Ulp D 19,1,13 pr. als von Justinian überarbeitet erachtet. FLUME, a.a.O. S.58, Anm.16, und S.61f.

[122] KLEMPT (Fn.55), S.15ff., bes. 17.

[123] Schon ERNST RABEL hatte festgestellt, dass die «Sachmängelgewähr eine besondere, eigentümliche Rechtsinstitution» sei, deren «Wesen» lediglich «historisch erklärbar» sei. RABEL (Fn.25), S.132.

[124] «Die historische Entwicklung» wird aber gerade als Argument für die Gewährleistungstheorie angeführt: HONSELL (Fn.2), Rn.7, Vorbem. zu § 459 BGB.

[125] So auch HONSELL (Fn.2), Rn.8., Vorbem. zu § 459 BGB.

kaufrechtliche leges speciales mit dem Zweck, unbesehen allfälligen Verschuldens des Verkäufers das gestörte Synallagma des Austauschverhältnisses wiederherzustellen. Gleichzeitig aber verletzt die Lieferung der mangelhaften Sache das vertraglich festgelegte Leistungsprogramm und erfüllt somit auch den Tatbestand einer Vertragsverletzung. Angesichts der Rechtsnatur der mangelhaften Lieferung als Leistungsstörung ist auch klargestellt, dass – soweit nicht wegen des Normzwecks der Gewährleistung Unvereinbarkeit entgegensteht – die leges generales, will sagen die allgemeinen Bestimmungen über Nicht- bzw. nicht gehörige Erfüllung durchaus Anwendung finden können.

Was dieses Ergebnis betrifft, steht das Wiener Kaufrecht der hier vorgeschlagenen Aneignung der kontinentaleuropäischen Wirkungsgeschichte im Ergebnis sehr nahe. Freilich ist für den in dieser Kodifikation zugrundegelegten Begriff der Vertragsverletzung nicht die skizzierte romanistische Dogmengeschichte massgebend geworden, sondern offenkundig der dem angloamerikanischen Rechtskreis grundsätzliche Begriff des «breach of contract»[126]. Dieses verschuldensunabhängige, Erfüllungs-, Schadenersatz- und Anpassungsansprüche auslösende Rechtsinstitut des Vertragsrechtes[127] reflektiert aber nicht, wie wir dies für die romanistische Tradition dingfest gemacht haben, die Äquivalenzverletzung als haftungsauslösendes Moment, sondern beruht auf der Überlegung, dass jeder Vertragsschluss eine stillschweigende Garantie für die Vertragsgemässheit der geschuldeten Ware in sich enthalte («implied warranty»)[128]. Mangelhafte Leistung verletzt diese Garantie, so dass die Sachmängelgewährleistung, mit MAX RHEINSTEIN zu reden, geradezu den «Mustertyp der Vertragshaftung nach Common Law darstellt»[129]. Diese verschiedenen Ansätze führen freilich zum selben Ergebnis

---

[126] Vgl. nur etwa RABEL (Fn. 25), S. 107.
[127] Zum Begriff des breach of contract im englischen Recht (mit der historischen Herleitung) ausgezeichnet STAEHELIN, Die Vertragsverletzung im englischen und schweizerischen Privatrecht (1954), S. 70 ff. und 234 ff.; zum amerikanischen Recht grundlegend: RHEINSTEIN, Die Struktur des vertraglichen Schuldverhältnisses im anglo-amerikanischen Recht (1932), S. 148 ff.; jetzt auch ZWEIGERT/KÖTZ, Einführung in die Rechtsvergleichung, Bd. II: Institutionen (2. Aufl., 1984), § 13, IV, S. 221 ff.
[128] RHEINSTEIN (Fn. 127). – Im schweizerischen und im deutschen Recht – mit ihrer romanistischen Tradition – ist dieser Begriff eines «Vertragsbruchs» unbekannt: STAEHELIN (Fn. 127), pass.; bes. S. 323 ff.; FIKENTSCHER (Fn. 46), § 42, I, 2, d, 7, S. 221,
[129] RHEINSTEIN (Fn. 127), S. 155.

der verschuldensunabhängigen Haftung für Sachmängel. Dies kann freilich nicht überraschen, weil sich beide Rechtssysteme im Sinne des tertium comparationis über die Vertragswidrigkeit der mangelhaften Kaufsache einig sind. Von daher bleibt somit zu hoffen, der Einfluss des Wiener Kaufrechtes auf die nationalen Kaufrechtssysteme und deren Doktrin werde dergestalt sein, dass dem offenkundig zutreffenden Gedanken zum Durchbruch verholfen wird, wonach «in einem rationellen System Gewährleistung ein Stück Vertragsrecht ist» (RABEL)[130].

---

[130] RABEL (Fn. 25), S. 132. – Im Rahmen der Überarbeitung des deutschen Schuldrechts wird dieser Einsicht offenkundig bereits Rechnung getragen, indem das Recht der Sachmängelgewährleistung der allgemeinen Regelung der vertraglichen Pflichtverletzungen angeglichen werden soll. Vgl. statt vieler: U. HUBER, Leistungsstörungen, in: Gutachten und Vorschläge zur Überarbeitung des Schuldrechts (hgg. vom Bundesminister der Justiz), Bd. I (1981), S. 647 ff., bes. S. 699 ff. und 866 ff.; MEDICUS, Archiv für die civilistische Praxis, Bd. 188 (1988), S. 172 ff. bes. 175.

Liste der Signatarstaaten

Stand 1. April 1991

Staaten	Ratifikation Beitritt	in Kraft ab	Vorbehalte Erklärungen
Ägypten	6.12.1982	1. 1.1988	
Argentinien	19. 7.1983	1. 1.1988	Art. 96
Australien	17. 3.1988	1. 4.1989	Art. 93 [1]
Bjelorussische Sowjet-Republik ..	9.10.1989	1.11.1990	Art. 96
Bulgarien	9. 7.1990	1. 8.1991	
Chile	7. 2.1990	1. 3.1991	Art. 96
China	11.12.1986	1. 1.1988	Art. 95
Dänemark	14. 2.1989	1. 3.1990	Art. 92–94 [2]
Deutschland Bundesrepublik	21.12.1989	1. 1.1991	Art. 95 [3]
[Deutschland Demokratische Republik	23. 2.1989	1. 3.1990]	
Finnland	15.12.1987	1. 1.1989	Art. 92–94 [4]
Frankreich	6. 8.1982	1. 1.1988	
Ghana*			
Irak.........................	5. 3.1990	1. 4.1991	
Italien	11.12.1986	1. 1.1988	
Jugoslawien..................	27. 3.1985	1. 1.1988	
Lesotho	18. 6.1981	1. 1.1988	
Mexico......................	29.12.1987	1. 1.1989	
Niederlande*			
Norwegen	20. 7.1988	1. 8.1989	Art. 92–94 [5]

* Ratifikation/Beitritt ausstehend.

[1] Art. 93: Sämtliche Gebiete mit Ausnahme der Insel Christmas, Cocos (Keeling), Ashmore, Cartier.

[2] Art. 92: Ausschluss von Teil II.
Art. 93: Keine Anwendung auf Färöer-Inseln und Grönland.
Art. 94: Zwischen Finnland, Island, Norwegen und Schweden.

[3] Art. 95: Vertragsvorbehaltsstaaten werden von der BRD in Fällen des Art. 1 Abs. 1 Bst. b als Nichtvertragsstaaten betrachtet; die BRD übernimmt daher in solchen Fällen keine völkervertragliche Verpflichtung, das Übereinkommen anzuwenden.

[4] Art. 92: Ausschluss von Teil II.
Art. 94: Zwischen Schweden, Dänemark, Island und Norwegen.

[5] Art. 92: Ausschluss von Teil II.
Art. 94: Zwischen Dänemark, Island, Finnland und Schweden.

Staaten	Ratifikation Beitritt	in Kraft ab	Vorbehalte Erklärungen
Österreich	29.12.1987	1. 1.1989	
Polen*			
Sambia......................	6. 6.1986	1. 1.1988	
Schweden	15.12.1987	1. 1.1989	Art.92–94[6]
Schweiz	21. 2.1990	1. 3.1991	
Singapur*			
Syrien.......................	19.10.1982	1. 1.1988	
Tschechoslowakei	5. 3.1990	1. 4.1991	Art.95[7]
Ukrainische Sozialistische Sowjet-Republik.............	3. 1.1990	1. 2.1991	Art.96
Ungarn......................	16. 6.1983	1. 1.1988	Art.90–96[8]
Venezuela*			
Vereinigte Staaten von Amerika ..	11.12.1986	1. 1.1988	Art.95

[6] Art.92: Ausschluss von Teil II.
Art.94: Zwischen Dänemark, Finnland, Island und Norwegen.
[7] Art.95: Die Tschechoslowakei erklärt, dass sie sich an Art.1 Abs.1 Bst.b des Übereinkommens nicht gebunden fühlt.
[8] Art.90: Anwendung auf die allgemeinen Lieferbedingungen des Comecon.

Stichwortverzeichnis zum Wiener Kaufrecht